한국인의 에너지, 평등주의
– 평등주의와 서열주의의 모순적 공존

피어나

역동적 한국인 총서
2

한국인의 에너지, 평등주의

평등주의와 서열주의의 모순적 공존

정태석 지음

피어나

서문

인류의 삶이 시작된 이래로 평등은 아마도 끊임없는 화두였을 것이다. 사람은 살아가면서 물질적이든 감정적이든 서로의 처지를 비교하기 마련인데, 이것이 차별과 불평등에 민감하게 한다. 물론 힘없고 가난한 사람일수록 더 민감해지겠지만, 그렇다고 힘 있고 부유한 사람이라고 해서 모두 차별과 불평등에 둔감하다고 말할 수는 없다. 왜냐하면 사람은 이기적이기도 하지만 이타적이기도 하기 때문이다. 그러므로 차별과 불평등이 눈에 보이는 사회에서 이것들을 외면하거나 관심을 두지 않고 살아가기란 그 누구도 쉽지 않을 것이다.

나의 어린 시절 삶도 이런 환경에 둘러싸여 있었다. 부모님 덕에 지방의 작은 도시에서 나름 넉넉한 삶을 살았지만, 동네 골목에서 친구들과 어울리며 이집 저집 옮겨 다니다 보면서 자연스럽게 서로의 삶을 비교하게 되었다. 그 시절에는 대부분 대문을 열어놓고 지냈는데, 친구네 집에서 놀기도 하고 밥을 얻어먹기도 했다. 그때마다 그 집 살림살이를 둘러보면 왜 이 친구네는 쪼들리는 삶을 살고 있을까 하는 의문이 들기도 했다. 또 그럴 때면, 우리 집은 더 잘 사는데 하는 우쭐함보다는 내가 너무 풍족하게 살고 있는 것이 아닌가 하는 미안한 감정이 더 크게 느껴졌던 것 같다. 아마도 어린 시절부터 품게 된 이런 의문과 감정이 나의 마음속에 평등이라는 화두를 오랫동안 간직하게 했을 것이다.

"왜 사람들은 서로 불평등하게 살아가야 할까?" 하는 생각을 품고 또 일상 속에서 그런 모습을 목격하면서, 나는 사회문제에 관한 관심을 키워왔고 이러한 관심이 나를 사회학으로 인도했다. 그리고 결국 사회학 연구자가 되고 교수가 되어 사회의 차별과 불평등 문제를 연구하고 실천적 해결방안을 제시해보려는 학자의 삶을 살게 되었다. 좀 더 실천적인 삶을 사는 사람들에게는 미안함도 느끼고 있지만 말이다.

다른 사회과학도 다 비슷하겠지만, 특히 사회학은 늘 이런 문제를 고민하고 또 연구주제로 다루지 않을 수 없다. 나는 그동안 사회학 이론, 시민사회 이론, 정치사회학, 환경사회학 등에 관심을 가지고 연구해왔는데, 차별과 불평등은 늘 이러한 연구영역의 중심 주제이다. 그래서 사회학을 공부하면서 이 문제는 끊임없이 던져지는 고민거리였다. 하지만 차별과 불평등에 대해, 그리고 평등에 대해 본격적이고 체계적인 연구를 할 기회를 잡기란 쉽지 않았다. 그런데 마침 성공회대학교 사회과학연구소의 연구팀이 수행하는 '다이나믹 코리아'라는 집단과제에서 '평등주의'라는 주제에 대해 집필할 기회를 얻게 되었다. 이 과제는 책임연구자인 김동춘 교수와 구자혁, 김정훈, 오유석, 이창언 선생들과 함께 1880년부터 100년에 걸쳐 한국사회에서 중요한 사고양식 또는 행위양식으로 작동해온 가족주의, 집단주의, 실용주의, 민족주의, 평등주의에 대해 주제별로 한 권의 책을 집필하는 것이다. 늘 관심이 있었지만, 체계적으로 연구하지 못했던 '평등'이라는 주제에 대해 집중적으로 고민하고 연구할 기회를 제공해주신 분들께 진심으로 감사를 드린다. 3년여 동안 이 과제에 참여하며 함께 토론하고 작업하면서 나름 재미있고 의미 있는 시간을 보낼 수 있었다.

평등에 관한 책을 써야 하는 상황이 되면서, 나는 이 시대 한국사회에서 던져야 할 핵심적 질문이 무엇일까 다시 한번 생각해보게 되었다. 한국 사람들은 그동안 평등을 적극적으로 추구하는 역동적인 삶을 살아왔는데도, 지금 현실은 '갑질'로 상징되는 권위주의와 강한 서열의식이 만연해 있다. 그래서 한국사회에서 서로 모순이라고 할 수 있는 평등주의와 서열주의가 어떻게 공존하였는지 질문하면서 그 역사적, 사회적 근원을 찾아보고 싶었다. 이 책이 이러한 질문에 얼마나 설득력 있는 대답을 내놓고 있는지는 모르지만, 한국사회에서는 독특한 서열주의가 평등주의의 발달을 제약해왔고 따라서 평등주의의 발달을 위해 서열주의를 해체하려는 노력이 무엇보다 중요하다는 사실을 보여준다면 그것으로 족하다.

이 책을 출판하기 위해 애써주신 도서출판 피어나 김명진 대표와 실무진, 그리고 초고를 꼼꼼하게 읽고 좋은 지적과 논평을 해준 대학 친구 이건범 작가에게도 진심으로 감사드린다. 이건범 작가는 내가 대학 생활 이후 연구자의 길을 가는 데 친구이자 길잡이가 되어준 '중요한 타자들' 중 한 사람이다. 이 자리를 빌려 특별히 고마움을 표하고 싶다. 이 외에도 주변의 많은 사회학, 또는 사회과학 연구자들이 나의 생각과 논리를 전개하고 정리하는 데 직접적으로나 간접적으로 도움을 주었음을 부인할 수 없다. 그래서 사회과학 연구는 기본적으로 공동작업의 산물이라 하지 않을 수 없다. 나의 지적 여정에 도움을 준 모든 분께도 감사드린다.

무엇보다도 중요한 것은 나의 책이 한국사회의 평등 문제, 즉 차별과 불평등 문제에 대한 대중적 관심을 확산하고 나아가 실질적으로 차별과 불평등을 완화하는 데 조금이나마 기여할 것이다. 물론 이렇게 완성된 작업도 다시 토론과 비판과 논쟁의 대상이 될 것이라는 사실에는 추호의 의심도 없다. 이론적 논쟁 속에서 현실적 평등이 진전될 수 있다면 그것으로 족하다. 이 책이 한국사회, 나아가 세상의 차별과 불평등에 대해 성찰하는 작은 계기나마 될 수 있기를 진실로 희망한다.

2020. 1. 12.
이국땅을 돌아다니며
다양한 자연과 사람을 만나는 길에서
정태석

차례

서문 ··· 5

I. 한국인은 과연 평등하기를 원하는가? ··· 13

II. 평등과 평등주의의 개념적 이해 ··· 31

1. 평등과 불평등을 바라보는 다양한 시각 ··· 34
   (1) 불평등의 다양한 영역과 쟁점들 ··· 35
   (2) 다양한 맥락의 평등: 본체론적 평등과 기회/조건/결과의 평등 ··· 58
   (3) 왜 '과정의 불평등'이 중요한가? ··· 63
2. 능력우선주의는 평등의 원리가 될 수 있을까? ··· 68
   (1) 능력우선주의와 중간계급 이데올로기 ··· 68
   (2) 조건/과정의 불평등과 능력우선주의의 한계 ··· 72
   (3) 경쟁의 불공정성과 능력우선주의의 정당성 딜레마 ··· 77
3. 평등주의의 정의 ··· 80
   (1) 이념으로서의 평등주의 ··· 80
   (2) 심성 및 행위양식으로서의 평등주의: 아비투스와 행위 ··· 85
4. 한국사회의 평등주의를 조망하기 위한 개념틀 ··· 89
   (1) 지식사회학의 관점과 평등주의 아비투스 ··· 89
   (2) 전통과 현대의 모순적 융합 속의 평등주의 ··· 95
   (3) 평등과 평등주의의 역사적 유형들 ··· 102
   (4) 평등주의 행위전략과 그 사회적 결과: 몇 가지 가설 ··· 114

III. 개화기와 일제강점기 평등주의의 불균등 발전: 전통과 현대의 엇갈림 … 121

1. 개화기의 평등주의와 신분차별에 대한 저항 … 124
(1) 조선후기 신분제도의 동요와 실학 및 서학의 탈신분제적-인격적 평등주의 … 124
(2) 평민문화의 신분해방 의식과 탈신분제적-인격적 평등주의 …130
(3) 민중들의 탈신분제적-인격적 평등주의와 신분제도에 대한 도전 … 132

2. 개화기 평등주의의 분화: 시민적 평등주의와 분배적 평등주의 … 137
(1) 개화사상의 시민적-인격적 평등주의 … 137
(2) 동학사상의 탈신분제적-인격적 평등주의와 분배적 평등주의 … 141
(3) 갑오개혁과 구체제 개혁에서의 인격적 평등주의와 시민적 평등주의
(4) 백정들의 반란: 형평운동의 탈신분제적-인격적 평등주의와 분배적 평등주의 … 148

3. 민족주의와 평등주의의 연대와 갈등: 주권평등 운동과 사회주의운동 … 154
(1) 식민지배 시대의 민족운동과 평등주의 …154
(2) 농민과 노동자들의 저항: 주권평등운동과 분배적 평등주의 … 160
(3) 3.1운동의 주권평등 운동: 민족주의와 사회주의의 연대 … 166
(4) 대한민국 임시정부의 이념: 민족주의와 평등주의 … 168
(5) 신간회의 사회운동: 민족주의와 평등주의의 연대와 균열 … 171
(6) 민족계몽과 교육운동에서의 민족주의와 평등주의 … 174

4. 사회주의 이념의 확산과 분배적 평등주의 … 177
(1) 식민지배 시대의 사회주의운동과 평등주의 … 177
(2) 사회주의운동과 조선공산당의 분배적 평등주의 … 180
(3) 계급문학운동과 분배적 평등주의 … 186

5. 전통적 위계서열주의와 현대적 평등주의의 모순적 공존 … 189
(1) 전통적 위계서열주의의 존속과 시민적-인격적 평등주의의 저발전 … 190
(2) 시민적-인격적 평등주의의 저발전과 분배적 평등주의를 향한 투쟁 … 199
(3) 평등주의와 인격적 위계서열주의의 모순적 공존 … 202

IV. 해방 이후 반공주의·권위주의 통치 시기 평등주의의 모순적 분출 … 205

1. 해방공간에서 반공자유주의의 지배와 평등주의의 억압 … 207
   (1) 건국준비위원회의 시민적·정치적 평등주의와 분배적 평등주의 … 207
   (2) 해방공간의 이념 갈등과 평등주의의 억압 … 209
   (3) 미군정과 한국민주당의 제한적인 분배적 평등주의 … 213
   (4) 미군정의 남한 단독정부 수립과 민중의 시민적·분배적 평등주의 요구 … 215
   (5) 이승만 정권의 농지개혁:
       분배적 평등주의 수용과 시민적 평등주의 억압 … 220
   (6) 이승만 정권의 반공주의 통치와 이념 갈등 … 224
   (7) 이승만의 권위주의·반공주의 통치와 시민적·정치적 평등주의의 억압 … 231

2. 권위주의·반공주의적 발전국가와 시민적·분배적 평등주의의 저발전 … 237
   (1) 박정희 정권의 경제개발 정책: 시민적·분배적 평등주의의 억압 … 237
   (2) 전태일의 분신과 노동운동의 분배적 평등주의 … 242
   (3) 반공주의·권위주의 통치와 시민적·정치적 평등주의의 저발전 … 244
   (4) 부마항쟁과 정치적·분배적 평등주의의 분출 … 246
   (5) 자본주의적 공업화와 지위상승 경쟁: 사적 평등 지향의 확산 … 249

3. 평등주의의 딜레마: 사적 평등 지향의 확산과 공적 평등주의의 저발전 … 254
   (1) 시민적·정치적 평등주의의 억압과 분배적 평등주의의 분출 … 255
   (2) 사적 평등 지향의 확산과 공적 평등주의의 저발전 … 258

V. 근현대사 속 다원적 평등주의의 분출과 인격적 위계서열주의의 존속 … 263

1. 성 평등주의와 여성운동의 분출 … 265
   (1) 개화기 여학교의 설립과 성 평등주의 … 265
   (2) 근현대 여성운동의 출현과 성 평등주의 … 268
   (3) 문학 속의 성 평등주의 … 276

2. 다원적 평등주의의 확산과 인격적 위계서열주의의 저항 … 280
   (1) 제헌헌법 속의 다원적 평등주의 … 280
   (2) 교육기회 확대와 개인적 평등 지향 확산 … 283
   (3) 학교교육과 다원적 평등주의의 확산: 탈권위주의와 성 평등주의 … 292
   (4) 존대법과 문화적 평등주의의 억압: 인격적 위계서열주의의 저항 … 297

  3. 인격적 위계서열주의의 존속과 다원적 평등주의의 억압 … 300
   (1) 존대법의 존속과 인격적 위계서열주의: 시민적-인격적 평등주의의 저발전 … 300
   (2) 지위서열 사회 평등주의의 모순:
       상향적 평등의식과 하향적 차별의식의 공존 … 303
   (3) 시민적-인격적 평등주의의 저발전과 다원적 평등주의의 억압 … 306

VI. 한국사회의 평등주의 전망:
    제도적 평등 실현과 인격적 서열주의 해체 … 311

  1. 근현대 한국사회의 평등주의와 시민적-인격적 평등주의의 저발전 … 313

  2. 1980년 이후의 평등주의: 다원적 평등주의의 불균등 발전 … 317

  3. 평등주의의 과잉?:
     시민적-인격적 평등주의의 저발전과 인격적 서열주의 … 324

  4. 현대적 신분사회로서 지위서열 사회: 인격적 서열 매기기와 존대법 … 331

  5. 평등주의의 미래: 시민적-인격적 평등과 다원적 평등의 실현을 위하여 … 335
   (1) 제도적 평등의 실현: 경제적·분배적 평등과 시민적·정치적 평등의 과제 … 336
   (2) 문화적·인격적 평등의 실현: 평등한 언어생활과 인격적 서열주의 해체 … 340
   (3) 다원적 평등의 실현: 문화적 다양성 및 차이의 인정과 공존 … 347

   참고 문헌 … 351
   찾아보기 … 357

I. 한국인은 과연 평등하기를 원하는가?

역사적으로 인류는 점점 더 평등한 사회로 진화해온 것처럼 보인다. 원시 공동체 사회가 얼마나 평등했는지 상상하기란 쉽지 않지만, 이후의 역사에서 공동체의 규모가 커지자 사람들은 서로 권력과 부를 더 많이 차지하려고 치열하게 경쟁해온 것은 분명하다. 그리고 불평등과 차별이 확대되자 이에 대한 저항이 분출되었고, 이러한 저항은 평등을 요구하고 있었다.

지배세력은 피지배세력의 저항을 누그러뜨리려고 일정하게 양보하기는 했지만 스스로 기득권을 포기하며 평등을 추구한 사례는 역사적으로 찾아보기 어렵다. 제도나 문화에서 확대된 평등주의는 피지배 대중의 저항과 투쟁을 통해 이루어졌다. 그래서 평등주의는 언제나 불평등과 차별을 겪는 민중의 심성이자 이념으로 표출되었다. 한국사회 역시 오랜 신분제 사회를 거치고 또 일제의 식민지배를 거치면서 피지배 대중과 민중은 불평등과 차별에 대해 저항하였고 끊임없이 평등을 요구해왔다.

예를 들면, 1987년 6월 군사독재에 저항한 민주항쟁과 7~9월 노동자 대투쟁, 2002년 미군 장갑차에 희생된 여중생을 추모하며 미국의 사과와 동등한 외교관계를 요구한 촛불집회, 2008년 미국산 광우병 의심 쇠고기 수입반대 촛불집회, 2014년 4월 세월호 참사에 대한 국가의 부실대응 책임을 물은 대규모 촛불집회, 그리고 2016년 말 최순실 국정농단을 방조한 박근혜 대통령의 탄핵을 요구한 장기간의 대규모 촛불집회 등이 그렇다.

또 반독재 민주주의, 노동자들의 권리보장과 노동조건 개선, 국민적 자존심과 동등한 한미관계, 국민의 건강과 안전을 책임지는 국가, 권력 남용 없는 정상적인 민주적 통치, 국민을 위한 민주주의 등을 요구해온 시민대중의 행동에는 정치공동체 대한민국의 시민으로서 모두가 평등한 대우를 받으며 평등한 권리를 누려야 한다는 생각과 심성이 깔려 있다. 말하자면 정치적 평등, 경제적(분배적) 평등, 군사외교적 평등, 안전과 삶의 질의 평등 등 다양한 평등주의 요구를 함축하고 있다. 이렇듯 한국인의 마음속에는 평등주의 이념과 심성이 자리잡아왔고, 또 이것이 다양한 영역에서 행동과 실천으로 표출되면서 한국사회가 역동적인 변화 속에서 좀 더 평등한 사회로 나아가도록 하는 데 큰 기여를 한 것처럼 보인다.

그렇다면 이처럼 사회 불평등에 저항해온 한국인은 일상생활에서도 서로 평등해지기를 원하면서 평등하게 살아가고 있는 것일까? 현실을 돌아보면 별로 그런 것 같지 않다. 오히려 사회적 지위가 높다고 생각하는 사람들이 음식점, 술집 등 유흥업소나 서비스 업소 등에서 종업원에게 자신의 우월한 지위를 은연중에 과시하려 하고 낮춤말을 쓰면서 지위서열을 인정받으려는 듯한 모습이 자주 눈에 띈다. 특히 나이가 어린 종업원에게 하대하거나 무시하는 말투를 쓰기도 한다. 마치 서비스직 종사자들은 자신과 동등한 존재가 아니라고 말하려는 것처럼 말이다. 이러한 행동을 요즘 흔히 '갑질'이라고 하는데, 갑질은 부나 권력을 가진 지위가 높은 사람이 그렇지 못한 사람들에 대해 지위서열을 강요하며 인격적으로 무시하거나 차별하고 심지어 폭력까지 휘두르는 행위를 일컫는 말이다.

한동안 대기업 회장이나 그 가족들이 직원에게 폭언을 하거나 모욕을 주고 폭력까지 행사한 사건들이 연이어 폭로되었다. 그뿐 아니라 교수가 학생에게 가한 갑질, 회사 상사가 하급직원에게 가한 갑질, 아파트 주민이 경비원에게 가한 갑질 등 수많은 갑질이 언론을 끊임없이 장식했다. 사실 이런 사건들은 어제오늘의 일이 아니다. 오히려 과거에는 더 빈번했지만 그것을 당연하게 여겨 사회적 관심거리가 되지 못했으며 나아가

권위주의 시대에 권력에 의한 차별과 무시는 하급자나 서민이 감수해야 할 일로 치부했다. 그나마 민주주의가 발달하고 시민의식이 성장하면서 갑질이 점차 사회적으로 중요한 쟁점으로 부상할 수 있었다. 이런 점에서 확실히 민주주의가 발전하고 권위주의가 약화되면서 평등주의가 점진적으로 발전해온 것처럼 보인다. 그렇지만 사회적·제도적으로 민주주의와 평등에 대한 요구가 더욱 커진 것에 비해 일상생활에서 개인들 간의 상호인정과 평등한 인간관계의 형성은 더딘 것처럼 보인다.

실제로 기성세대들 중에는 사회적으로는 평등을 주장하는 진보적인 사람들이 일상생활에서는 권위주의적 태도를 보이면서 지위나 나이의 고하를 따지고 지위가 높은 사람이나 고령자에 대한 대우와 예의를 요구하는 모습을 쉽게 발견할 수 있다. 그 이유는 일상생활에 뿌리내리고 있는 한국사회의 전통적인 위계서열 문화를 버리기가 쉽지 않기 때문이다. 이러한 한국사회 평등주의의 현주소는 2019년 어느 신문에 보도된 한국계 캐나다 청년의 말에서 잘 드러난다.

> 캐나다에서는 교수, 학생, 청소부가 친구가 될 수 있지만 한국에서는 불가능한 것 같다. 노동자를 존중하지 않고 직업의 귀천을 따지는 문화가 있는 것 같다. 캐나다에서는 배관공과 교수의 임금 차이가 크지 않다.[1]

한국인은 제도적인 평등을 추구하고 인격적인 차별에 민감한 것처럼 보이지만 또한 일상적 인간관계에서 지위에 따른 격차를 인정해주기를 바라는 심성도 존재한다. 한국사회의 전통적인 권위주의와 위계서열주의는 한편으로는 불만과 저항의 대상이면서 다른 한편으로는 인정하고

---

1. 『서울신문』, 「캐나다는 교수·학생·청소부 친구 가능한데 한국은 직업에 귀천 있는 것 같아요」, 2019. 4. 23.

지켜야 할 일상적 문화라는 양가적인 규범으로 존재하는 듯하다. 이로 인해 우리는 "한국인은 진정으로 평등주의 심성을 지니고 있기나 한 것일까?" 하는 의심을 거두기 어렵다. 그리고 "한국인이 평등주의 심성을 지니고 있다면, 도대체 어떤 평등을 원하는 것일까?" 하는 질문을 해보게 된다. 사람들이 공적으로는 평등을 요구하는 집합행동이나 사회운동에 참여하거나 평등하고 공정한 사회가 되어야 한다고 주장하면서도, 사적으로는 직업의 귀천을 따지면서 격차를 당연하게 여기고 지위서열이나 나이 서열에 따른 차이를 암묵적으로 인정하는 태도를 보이는 현실을 도대체 어떻게 이해해야 하는 것일까? 왜 평등주의는 일상생활의 문화적 장벽을 쉽게 넘어서지 못하는 것일까?

역사적으로 보면 분명히 '평등주의'가 한국인의 마음속을 지배해왔다고 말할 수 있다. 조선시대 말 형평운동, 소작쟁의, 동학혁명 등을 통해 신분제와 소작제도에 저항했던 민초들의 모습이나 3.1운동, 무장투쟁 등 일본의 식민지배에 저항했던 백성의 모습, 4.19혁명, 전태일의 분신저항, 5.18광주항쟁, 민주화운동, 6월항쟁, 민주노조운동, 여성운동 등 독재와 권위주의에 저항하고 억압적 노동환경에 저항했던 시민들, 노동자들, 성차별에 맞선 여성들의 모습을 보면 평등을 지향하는 심성이 한국인의 마음속에 뿌리내리고 있었다는 점은 분명하다. 그래서 평등주의는 한국사회의 역동적 변화를 이끌어낸 중요한 힘의 원천으로 작동했다.

이처럼 한국인의 평등주의 심성이 역사적 과정 속에서 끊임없이 사회적으로 표출되고 제도적 차원의 평등을 발전시키는 데 일정하게 기여하였는데도 일상적, 문화적 차원의 평등한 인격적 관계는 왜 성공적으로 확산시키지 못한 것일까? 평등주의를 이념이나 심성, 또는 행위양식으로 볼 때, 평등주의의 존재 자체가 곧바로 사회적 평등의 개선이나 실현을 의미하는 것은 아니다. 따라서 평등주의가 한 사회에서 얼마나 의미있는 변화를 초래했는지 평가하려면 평등주의가 제도를 통해 얼마나 실현되었고 또 실현되고 있는지에 먼저 주목해야 한다.

사실 한국사회에서 평등주의 심성의 확산이 거시역사적으로 사회제도를 평등하게 변화시키는 데 기여했다고 말하지만, 현실적으로 많은 저항과 제약이 존재했고 심지어 모순적인 양상도 나타났다. 다른 나라와 비교해보면 한국사회의 민주주의 발전 속도는 빠른 편이며, 이러한 발전은 다양한 면에서 평등주의의 진전을 포함하고 있다. 하지만 평등주의 심성이 널리 확산된 것에 비해 제도적 평등이 그만큼 발전하였는지는 의문이다.

물론 한 사회에서, 그것도 불평등이 구조화되어 있는 사회에서 제도개혁을 통해 평등한 권리나 평등한 소유를 실현한다는 것은 쉬운 일이 아니다. 기득권을 유지하려는 세력들의 반발과 저항이 존재하기 때문이다. 게다가 마르크스가 주목했듯이, 이데올로기적 지배는 피지배집단의 불만을 약화시키고 이들이 불평등을 인정하며 수용하도록 만들기도 한다. 이러한 현실적 조건에도 불구하고 평등을 사회적으로 실현하려면 평등을 향한 개인의 열망이 집합적으로 조직화되고 정치적 힘을 형성하여 사회제도의 개혁을 이끌어낼 수 있어야 한다. 그만큼 평등주의 이념이나 심성의 제도적 실현은 집합적 대중의 지속적인 정치적, 실천적 노력이 필요하다. 따라서 민주주의를 향한 대중의 요구를 억압할수록 평등의 실현은 어려워질 수밖에 없다. 물론 사회주의를 내세운 나라는 권위주의적 통치 속에서 물질적 평등을 실현하기도 했지만 말이다.

평등주의 심성을 제도적으로 실현하는 것을 방해하는 것은 지배세력의 저항이나 조직화된 정치적 힘의 부재만이 아니다. 개인이 평등주의 심성을 지니고 있다고 하더라도 이것이 왜곡된 방식으로 표출되면 오히려 평등의 실현을 제약하는 역설이 나타날 수도 있다. 평등을 추구하는 심성을 지닌 어떤 개인이 스스로 평등을 추구하는 행위를 했다고 하더라도 그것이 사회적, 제도적 개혁이 아니라 개인적 지위상승, 즉 상향적 평등을 추구한 것이라면 사회적으로는 지위불평등 구조를 유지시키면서 오히려 불평등을 강화하는 결과를 낳을 수 있기 때문이다.

불평등한 사회에서 어떤 사람이 자신보다 지위가 높은 사람들과 동등해져야 한다는 생각으로 개인적 지위상승을 추구하는 것은 평등주의 심성의 표출일 수는 있다. 이러한 행위를 개인적인 '상향적 평등 지향'이라 할 수 있는데, 이것은 비록 평등주의 심성에서 비롯된 것이라고 하더라도 사회적·제도적 평등을 추구하는 것이 아닐 뿐만 아니라 실제로 이것이 사회적·제도적 평등을 개선할 것이란 기대도 하기 어렵다. 이런 점에서 개인적인 지위상승을 추구하는 상향적 평등 지향은 '평등주의 심성의 왜곡' 또는 '왜곡된 평등주의 심성'이라고 봐야 한다. 따라서 이처럼 개인적, 사적 평등을 추구하는 행위는 진정한 의미에서 평등주의의 추구라고 말하기 어렵다.

조선후기 신분제도에 대한 저항과 개화기 이후 시민사회 사상 및 사회주의 사상의 확산은 평등주의 이념/심성의 발달을 낳으면서 일정하게 제도적 개혁을 낳았지만, 일제 식민통치 시기와 해방 이후 보수우익에 의한 반공주의·권위주의 통치 시기에 평등을 확대하기 위한 사회적·제도적 개혁이 억압되면서 자본주의적 시장경제와 사유재산제도하에서 가난한 개인 간의 생존경쟁이 치열해졌다. 이에 따라 많은 사람에게 평등주의 심성은 '상향적 평등'을 추구하는 개인주의적 지위상승 욕망으로 전환되었다. 즉, 사회적·제도적 불평등은 개선되지 않으면서 지위상승을 추구하는 개인 간의 경쟁이 치열해졌는데, 이것은 제도적 평등을 확대하는 것을 방해하게 되었다. 특히 형식적인 기회의 평등이 개선되면서 능력우선주의가 다양한 불평등과 지위 격차를 정당화하는 중요한 논리로 떠오르게 되었다. 경쟁이 치열해지고 개인주의적 지위상승 전략이 확산되면 사회적·제도적 평등을 추구하는 힘은 약화될 수밖에 없다. 이렇게 평등주의 심성의 실현이 사회적·제도적 평등 추구와 개인적 지위상승(상향적 평등) 추구로 균열되면서 서로 모순적인 상황에 놓이게 된 것은 '평등주의의 딜레마'라고 하지 않을 수 없다. 개인적으로 사람들이 평등을 추구하면 할수록 사회적으로는 지위서열을 강화하고 불평등을 심화시키는 결과를 낳고 있는 것이다.

지금까지 우리는 평등주의 이념/심성의 발달과 사회적·제도적 평등 실현 간의 관계를 사회/제도와 집단/개인의 관계 속에서 간략히 살펴보았다. 분명한 것은 평등주의 심성을 단순히 개인적 심성이나 행위의 차원에서만 보아서는 안 되며, 이것이 사회적·제도적 평등의 개선에 미치는 효과를 따져보아야 한다는 점이다 그래서 평등주의 심성이 개인주의적 지위상승 전략으로 표출되는지 아니면 사회적 연대와 사회운동과 같은 집합적인 사회개혁 전략으로 표출되는지에 따라 그 의미는 달라진다고 하겠다.

한편 평등주의 심성이 단지 제도 영역과 연관되어 있는 것만은 아니라는 점에 주목해야 한다. 평등을 제도적 차원과 문화적 차원으로 크게 구분해서 볼 때 평등은 두 영역에서 모두 실현되어야 하는 가치이다. 사회가 평등하다고 느끼려면 제도가 평등하고 사람들 간의 일상적 관계도 동등하다고 느껴야 한다. 그래서 제도적 평등 못지않게 문화적 평등이 중요하며, 오히려 문화적 평등, 즉 사람들이 일상적인 관계에서 느끼는 인격적 평등이 더 중요하다고 할 수 있다.

제도적 평등이 사람들의 물질적, 물리적 삶의 조건을 평등하게 해줄 수는 있겠지만, 일상생활 속에서 내면화되어 있는 전통적인 인격적·정서적 인간관계의 규칙이나 규범까지 쉽게 바꾸지는 못한다. 제도는 일상적 인간관계에서 사람들이 권력이나 재산, 그리고 이와 더불어 책무를 서로 나누는 방식을 사회적 규칙으로 강제할 수는 있지만, 일상적 인간관계 속에서 작동하는 권위주의적 규범이나 이로 인한 인격적 차별이나 무시를 없앨 수는 없다. 따라서 제도를 넘어 전통적인 권위주의적, 위계서열적 문화와 지속적으로 단절하지 않는다면 사람들은 아마도 일상생활에서 모두 동등한 인간으로 살아간다고 느끼기 어려울 것이다.

2019년 인도에서 발생한 다음과 같은 사건은 법·제도와 문화 간의 괴리를 보여주기에 충분하다. 자신의 딸이 불가촉천민과 결혼하자 이에 반대하여 사위를 청부살해한 사건인데, 이것은 인도에서 신분제도, 카스트제도가 법적, 제도적으로는 사라졌지만 일상적 인간관계에서는 여전히 인격적 차별의 문화로 살아남아 있음을 잘 보여주는 예이다. 반면 서구 선진국의 경우 법적, 제도적 평등이 강화되고 있을 뿐만 아니라 일상생활에서 개인 간의 인격적 차별이나 무시도 찾아보기 어렵다. 물론 인종적, 종족적 차별이 암묵적으로 존재하고 있지만 대다수 시민들은 이러한 차별에 반대하는 태도를 보여주고 있다.

한국사회는 인도와 달리 민주주의의 발달 속에서 평등주의 의식이 대중적으로 확산되어 오늘날 공식적인 관계에서 인격적 차별은 존재하지 않는다. 하지만 비공식적, 사적 영역에서는 여전히 인격적 차별행위가 나타나고 있으며, 지위서열을 따지는 문화는 쉽게 사라지지 않고 있다. 앞에서 언급한 '갑질'이 바로 그 생생한 예이다. 물론 겉으로 개인의 지위를 확인할 수 있는 징표는 없다. 하지만 사람들은 인간관계에서 일상적으로 서로 나이, 직업과 직위, 학력과 학벌을 묻고 이를 통해 암묵적인 지위서열을 확인하는 행위를 한다. 그래서 상대방이 자신의 나이나 지위에 걸맞은 호칭을 사용하고 대우를 해줄 것을 암묵적으로 요구한다. 그리고 서로 이렇게 하는 것이 당연한 예의로 여긴다. '형님', '언니',

'선생님', '사장님', '교수님', '부장님', '이사장님', '의사선생님' 등등의 호칭이 일상화되었으며, '~씨'라는 표현은 이제 낮춤말이 되어버렸다. 이처럼 일상적으로 지위서열을 확인하고 싶어 하는 이러한 위계서열 문화를 자연스럽게 받아들이고 살아가는 사람들이 어떻게 평등주의 심성을 지니고 있다고 생각할 수 있을까? 프랑스 사회학자 부르디외(P. Bourdieu)의 표현에 따르면, 이러한 문화는 일종의 '아비투스'라고 말할 수 있을 텐데, 자연스럽게 내면화되어 있어서 성찰이 어려운 무의식적 실천과 같다. 그러니 이것이 평등주의 심성과 모순된다는 점조차도 잘 인식하기 어려운 것이다.

한편으로는 평등주의 심성이 제도적 평등을 개선하는 데 기여해왔고 또 이것을 추구하는 듯이 보이지만, 다른 한편으로는 일상생활에서 위계적이고 불평등한 인격적 관계를 해소하려는 적극적인 힘으로 표출되고 있지는 못하다. 그래서 오히려 지위서열을 따지고 인정하며 이에 걸맞은 대우를 하는 것을 일상적 예의범절로 여기는 듯한 모순적인 태도가 쉽게 눈에 띈다. 이러한 위계서열주의적 태도는 평등주의 심성의 발달과 평등의 제도적 실현에 제약이 된다. 이것은 한국사회에서 또 다른 중요한 '평등주의의 모순'이라고 할 수 있다. 평등주의를 확대하려고 끊임없이 노력하고 있지만, 위계서열주의와 공존하면서 평등주의의 진전이 벽에 부딪히고 있다는 것이다.

지금까지 한국사회 평등주의의 딜레마와 모순에 대해서 말했는데, 이러한 현실에 대한 문제제기는 다른 나라와 비교하여 좀 더 선명하게 부각할 수 있다. 제도적 차원에서 나라별로 복지제도의 형태나 사회적 재분배 수준을 알 수 있는 각종 국가통계 수치를 비교해보는 것도 한 가지 방법이다. 예를 들어 조세부담률이나 복지비지출 수준, 지니계수나 5분위 분배율 등과 같이 복지나 분배와 관련된 지수를 비교해볼 수 있다. 그리고 복지제도를 잘 갖추고 있는 유럽 선진국을 보면 국민 간에 경쟁의식보다는 연대의식이 강하다는 사실을 다양한 자료를 통해 확인할 수 있다. 많은 고소득자가 높은 개인 세율에도 불구하고 사회복지를 위해서는 부담할 수 있다는 태도를 보이는 것은 높은 연대의식을 보여주는 것이다.

한편 문화적으로도 선진국 사람들이 서로에 대한 인격적 평등의식이 얼마나 확고한지 확인할 수 있다. 미국이나 유럽의 선진국에서 생활해 본 사람들은 쉽게 느끼겠지만, 이 나라 사람들은 나이를 묻거나 따지지 않을 뿐만 아니라 남녀노소의 차별 없이 동등한 인격체로서 서로 대화하고 소통한다. 지위서열을 굳이 확인하려고 하지 않으며 특별한 존칭이나 존대법 없이 서로 편안하게 대화한다. 그래서 노인과 젊은이가 서로 격의 없이 대화하는 모습을 쉽게 볼 수 있다. 요즘 세계여행을 다니면서 외국인과 영어로 대화를 나눠본 한국사람은 아마도 존대법이 없는 영어가 사람들 간의 대화를 얼마나 편안하게 하는지 이해할 것이다. 영어는 나이나 지위를 따질 필요가 없으며 눈치 볼 일도 없기 때문이다. 이것은 언어의 성격이 지위서열을 따지는 문화와 깊은 상관관계를 지닌다는 점을 암시한다.

선진국에 비해 지위서열 문화가 강한 한국사회의 존대법 체계는 지위서열 문화를 유지·존속시키는 데 큰 영향을 미쳤다. 지위서열을 일상적으로 확인하는 언어생활 속에서 서열주의 문화가 큰 흔들림 없이 존속함에 따라 평등주의 심성의 사회적 실현이 제약당하고 있는 것이다. 미국에서 나이 서열이나 성차별 없는 평등한 문화를 접한 해외유학파 학자들조차도 한국에 돌아와서는 지위서열 문화를 혁파하려고 하기보다는 성찰 없이 그저 적응하거나 "역시 한국이 좋아!" 하면서 오히려 지위를 누리려던 사례를 보면, 한국인의 평등주의 심성이 일상적 삶에서 얼마나 허약한 것인지 확인할 수 있다. 다시 말해 학벌주의, 전문직 우월의식, 부와 권력 과시 등에서 알 수 있듯이 경쟁의식과 서열주의가 강한 사회는 '상향적 평등 추구'와 함께 '하향적 차별 성향'도 강화된다. 민주화운동, 노동운동, 다양한 시민운동을 펼치며 평등주의를 발전시켜왔는데도 여전히 일상적 인간관계에서 각종 갑질이 만연하고 있는 것을 보면 한국사회가 얼마나 허약한지 알 수 있다. 물론 이것은 어려서부터 사회적으로 학습되고 내면화되어 당연시되고 있는 일상의식(아비투스)과 문화의 영향이 크기도 하겠지만 말이다.

평등주의 심성이 처해 있는 두 가지 문제(딜레마와 모순)는 평등주의의 발전을 제약하는 개인주의적 경쟁의식과 위계서열주의 문화와 연관되어 있다. 서로 비교하면서 앞서가려는 경쟁의식과 지위서열을 따지는 위계서열주의 의식은 동전의 양면처럼 서로 의존하면서 강화하는 관계이다. 이 둘은 서로 밀접히 얽혀 있으면서 제도적으로나 문화적으로나 평등주의의 발전을 제약해왔다. 그래서 오늘날 한국사회 평등주의의 현실을 올바로 진단하고 또 바람직한 미래와 이를 실현할 방안을 모색하려면 이러한 딜레마와 모순의 역사적 뿌리를 되돌아보지 않으면 안 된다.

이 책은 한국사회 평등주의의 현주소를 이해하려고 바로 이러한 문제들의 역사적 뿌리를 추적한다. 이러한 시도는 한국사회에서 평등주의가 역사적으로 발전하면서 만들어낸 사회적 변화와 함께 오늘날 평등주의의 발전 또는 평등주의 심성의 사회적 실현을 제약하는 요인이 무엇인지 찾아낼 것이다.

사실 근현대 한국사회의 역사에서 평등주의는 사회에 역동성을 불어넣은 중요한 이념이자 심성이다. 물론 사회의 역동성은 다양한 요인으로 생겨나며, 다양한 맥락에서 표출된다. 어떤 사람은 한국인이 빨리빨리 움직이고 밤낮없이 열심히 일하는 활동적인 모습을 보며 역동적이라고 말하고, 또 어떤 사람은 거리나 상가, 술집 등에서 사람들이 밤이 늦도록 서로 어울려 놀고, 떠들며 얘기하고, 술 마시며 노래하는 모습이 역동적이라고 말한다. 또 어떤 사람은 거대한 촛불집회를 통해 집합적이며 적극적으로 의사를 표출하는 모습을 보면서 역동적이라고 말한다. 그런데 이러한 역동성은 개인의 심성 또는 성격과 연관되어 있기는 하지만 그 자체로 어떤 적극적인 가치지향을 내포하는 것은 아니다. 역동성은 물질적 욕구, 감정, 생존본능, 자아성취 욕구, 가족이나 집단의 정체성, 민족, 계급, 환경, 평화, 인권 등 다양한 욕구나 가치지향 속에서 표출될 수 있으며, 평등은 이것들 중 하나이다.

또 역동성은 때로는 기존 사회질서 속에서 개인적, 집합적 성취나 발전을 적극적으로 추구하려는 성향으로 표출되기도 하고, 또 때로는 기존 사회질서에 저항하면서 새로운 방향으로 사회개혁이나 사회변혁을 적극적으로 추구하려는 성향으로 표출되기도 한다. 전자를 '적응적 역동성'이라고 한다면 후자는 '저항적 역동성'이라고 할 수 있다. 평등주의의 역동성도 마찬가지로 이러한 양면적 성격을 지닌다. 따라서 적응적 역동성이 '적응적 평등 지향'을 통해 표출된다면, 저항적 역동성은 '저항적 평등 지향'을 통해 표출된다.

그런데 양자가 모두 역동적이기는 하지만, 진정으로 평등주의적인지는 따져보아야 한다. 왜냐하면 적응적 평등 지향의 역동성은 사실상 기존 질서에 적응하여 개인적 지위상승을 추구하는 '상향적 평등 지향'의 역동성을 의미하기 때문이다. 이렇게 보면 이것은 엄밀한 의미에서 평등주의의 역동성이라고 보기 어려우며, 개인적 평등 지향 행위의 역동성이라고 보아야 할 것이다. 반면에 저항적 평등 지향의 역동성은 기존의 사회질서와 사회적 규칙이 낳는 불평등에 저항하면서 좀 더 평등한 사회를 만들기 위해 사회의 개혁이나 변혁을 추구한 결과라는 점에서 진정한 의미에서 평등주의의 역동성이라고 할 수 있다.

근현대 한국사회의 역사에서 나타난 사례들을 보면, 이런 점이 좀 더 분명하게 드러난다. 신분제 사회에서 평민이 돈으로 족보를 사서 신분상 승을 하려고 하거나 현대사회에서 교육을 통해 지위상승을 적극적으로 추구한 행위들은 일종의 상향적 평등추구로서 '적응적 평등 지향'의 역동성이다. 이것은 평등주의 심성이 개인화되고 왜곡된 표출이다. 반면에 신분철폐운동, 민주화운동, 노동운동 등과 같이 평등주의 이념이나 심성을 지닌 사람들이 집합적으로 제도적 개혁이나 혁명을 지향하는 행위를 한 것은 '저항적 평등 지향'의 역동성이다. 이러한 두 가지 형태의 역동성은 모두 평등주의 심성에 기인하지만, 그 목표나 사회적 효과라는 점에서 서로 다르다.

평등주의가 한국사회의 역사적 변화 과정에서 역동성을 불어넣은 중요한 이념이자 심성이라는 점은 분명하다. 하지만 그 역동성의 방향에 따라 평등주의의 발전은 방해받기도 하였고 촉진되기도 하였다. 다양한 평등주의가 분출되는 동시에 권위주의나 위계서열주의와 같은 차별주의, 개인적인 상향적 평등 지향이 공존하는 딜레마와 모순 속에서 발전해온 독특한 한국사회의 역사를 이해하려면 평등주의의 다양한 모습을 이해할 필요가 있다. 그래서 우선 이 책에서 말하고자 하는 평등과 평등주의의 의미를 간단히 짚고 넘어갈 필요가 있다. '평등'이라고 한다면 일반적으로 사람들이 물질적으로나 인격적으로나 서로 공평하고 동등한 대우를 누리는 상태라고 말할 수 있다. 물론 조건의 평등이냐, 기회의 평등이냐, 과정의 평등이냐, 결과의 평등이냐 하는 복잡한 논의가 따라올 수 있겠지만, 사람들이 불평등이나 차별을 느끼지 않는다면 그것이 곧 평등이 될 것이다. 그리고 평등'주의'라고 한다면, 이러한 평등한 상태를 지향하거나 추구하는 이념이나 심성, 행위양식을 일컫는다.

그런데 앞서 지위상승 추구와 같은 '상향적 평등 지향'에 대해 살펴보았듯이, 평등을 지향하거나 추구한다고 해서 무조건 평등주의라고 말하기는 어렵다. 그러므로 평등주의를 심성이나 행위양식이라고 말할 때는 이것이 개인적 지위상승을 추구하는지, 아니면 제도적 개혁, 문화적 혁신, 집합적 지위상승 등을 통해 사회적 평등의 개선을 추구하는지 여부를 따져볼 필요가 있다. 평등을 추구하는 집합행동이나 사회운동은 평등주의 심성의 집합적 표출 또는 사회적 실천이라고 할 수 있으며, 비록 개인적 행위라고 하더라도 사회를 평등하게 하는 데 기여하거나 제도적으로 평등하게 개혁하려는 사회적·공적 목표를 지향하는 것이라면 역시 평등주의 심성의 실천이라고 할 수 있다. 물론 이러한 목적이나 목표가 기대한 대로 실현되기는 쉽지 않겠지만 말이다.

이 책에서는 평등주의라는 말의 의미를 분명하게 한정하기 위해 사회적·공적 평등을 지향하는 이념이나 심성에 한해서만 사용하고자 한다. 앞서 보았듯이 개인적·사적인 평등추구 욕구나 성향은 비록 '평등주의 심성'에서 비롯되었다고 하더라도 그 자체를 평등주의라고 말하기는 어렵기 때문이다. 특히 이 점은 평등주의 딜레마와 깊이 관련되어 있다는 점에서 중요하다.

또 평등주의(이와 함께 차별주의)는 제도적 영역과 문화적 영역에서 다양한 방식으로 작동하는데, 이것을 '탈인격적 평등주의'와 '인격적 평등주의'로 구분해볼 것이다. 그래야만 평등주의 딜레마와 모순이 지닌 다양한 모습을 이해하고 이를 통해 한국사회 평등주의의 한계를 인식할 수 있기 때문이다.

어느 사회나 비슷하지만 한국사회도 평등주의는 때와 장소에 따라, 사회적 상황에 따라 서로 다른 모습으로 표출되었다. 그런데 이념적, 제도적 평등을 지향한 다양한 집합행동과 사회운동이 분출되어온 역사에 비추어보면 일상생활에서 차별과 무시의 문화가 확산되어 있는 현실은 일견 기이해보이기까지 하다. 탈인격적 평등주의와 인격적 차별주의가 공존하고 있다고나 할까? 그래서 한국사회 평등주의의 이런 모순적인 양상의 뿌리를 찾는 작업은 무엇보다도 중요한 연구과제이다.

물론 경제적 불평등과 격차가 존재하는 자본주의 사회라면 어디서나 민주주의와 평등을 요구하는 목소리와 함께 지위서열을 따지면서 구별 짓기를 하고 하위자를 차별하는 문화가 공존한다고 반박할 수도 있다. 하지만 앞서 언급한 한국계 캐나다 청년의 말을 보면 선진 자본주의 사회는 한국만큼 인격적 차별 문화가 확산되어 있는 것으로 보이지 않는다. 그래서 제도적 불평등의 원인과 함께 어떻게 평등주의 심성의 발달이 인격적 차별주의와 공존하게 되었는지를 살펴보는 것이 중요하다.

이 책에서는 우선 1880년대 이후 100년여에 걸쳐 발전한 평등주의의 다양한 흐름을 추적할 것이다. 이 과정에서 평등주의가 다양한 영역에서 다양한 요구로 분출되어왔고, 이러한 평등주의, 그리고 이에 따른 평등이 불균등, 엇갈림, 모순 속에서 어떻게 발전했는지 보여줄 것이다. 이와 함께 역사적으로 평등주의 심성이 지속적으로 확산되고 또 평등주의 이념이 출현하여 사회적 영향력을 확대해왔는데도 여전히 한국사회 평등주의가 직면하고 있는 딜레마 및 모순과 관련하여 불평등의 두 가지 풍경에 주목하고자 한다.

하나는, 평등주의가 확산됐는데도 일제 식민지배, 반공주의·권위주의적 통치의 지속, 미국의 군사·외교적 지배, 발전국가(또는 개발독재)와 자본주의 시장경제의 발달 등과 같은 사회역사적 조건에서 집합적 노력을 통한 제도적 평등의 개선이 제약당하면서 개인 간에 사적인 상향적 평등 지향이 강화되어온 현실이다. 이것은 소득경쟁, 지위경쟁을 심화시키고 전통적인 지위서열의식을 유지시키는 데 기여함으로써 평등주의의 확산과 제도적 평등 개선을 제약해온 것처럼 보인다.

다른 하나는, 나이와 성별에 따른 차별을 정당화하는 신분제적 전통에 기인하는 권위주의, 위계서열주의 문화가 신분제도 해체 이후에도 존속되자 지위서열을 따지고 상위자의 하위자에 대한 인격적 차별과 무시를 정당화하는 문화가 지속되는 현실이다. 여기서 존대법 체계 때문에 생기는 불평등한 언어생활이 위계서열주의 문화의 존속에 미치는 영향에 대해서도 살펴볼 것이다. 이러한 사회역사적 조건들 때문에 평등주의 이념과 심성의 역사적 확산과 민주주의가 발달했는데도 여전히 인격적 차별주의 문화는 쉽게 사라지지 않고 있다. 이것은 한편으로는 차별감이나 모욕감 때문에 저항의 급진화가 펼쳐졌지만 다른 한편으로는 지위서열에 대한 인정욕구를 강화시켜 오히려 평등주의의 발달을 가로막고 있는 것처럼 보인다. 이것은 단순히 일상적 인간관계에서 인격적 평등의 정착을 제약할 뿐만 아니라 지위서열 의식을 통해 제도적 평등의 확대도 가로막고 있는 것처럼 보인다.

그동안 한국사회는 평등주의가 발전하면서 다양한 영역에서 평등이 확대되었다. 그렇지만 어떤 영역에서는 여전히 불평등과 차별이 쉽게 사라지지 않고 있다. 평등주의가 현대성의 중요한 이념이나 가치 중의 하나라고 한다면, 이러한 현실은 한국사회의 역사적, 사회적 특수성 때문에 생긴 현대성의 불균등 발전 또는 모순적 발전의 산물이라고 할 만하다. 이것은 물론 전통과 현대의 모순적 뒤섞임의 산물이기도 하다. 이런 점에서 한국사회 평등주의에 대한 연구는 다양한 평등주의의 불균등 발전과 엇갈림, 전통과 현대의 모순적 융합, 특히 탈인격적 평등주의와 인격적 차별주의의 모순적 공존을 이해하면서 진행해야 할 것이다.

II. 평등과 평등주의의 개념적 이해

2016년 말 촛불혁명으로 박근혜 대통령을 탄핵하고 이후 촛불의 요구를 안고 새로 집권한 문재인 대통령은 취임연설문에서 "문재인과 더불어민주당 정부에서 기회는 평등하고, 과정은 공정하며, 결과는 정의로울 것입니다."라고 선언했다. 촛불혁명을 지지한 많은 사람이 큰 기대를 품었다. 하지만 서로 다른 사회적 위치에서 서로 다른 이해관계와 가치를 지닌 사람들이 평등, 공정, 정의를 판단하는 기준이 동일할 것으로 기대하는 것은 애초에 불가능했다. 왜냐하면 사람들이 생각하는 평등, 공정, 정의에 대한 잣대가 서로 달라서 어떤 상태가 평등한지에 대한 평가도 달라질 수밖에 없기 때문이다. 이것은 또 다른 논쟁과 갈등, 나아가 투쟁의 대상이 된다.

  사람들은 모두 똑같이 평등, 공정, 정의를 얘기한다. 하지만 각자의 마음속에 품고 있는 평등, 공정, 정의의 모습은 다르다. 어떤 사람은 기득권을 훼손하지 않는 범위에서 기회의 평등이 주어지면 충분하다고 생각하고, 어떤 사람은 기회가 평등하고 과정만 공정하면 능력에 따라 분배받는 '능력우선주의(meritocracy)'가 곧 정의라고 생각하며, 또 어떤 사람은 불평등한 조건에서 주어지는 기회나 과정은 평등하지도 공정하지도 않다고 생각한다. 어떤 사람은 나이 서열주의를 지켜야 할 전통문화라고 생각하고, 또 어떤 사람은 차별의 근원이라고 생각한다. 이처럼 다양한 평등주의 이념과 심성이 서로 갈등하거나 대립하고 있다. 따라서 현실에서 평등주의가 만들어내는 긴장과 갈등을 좀 더 잘 이해하려면, 평등이 지니는 다양하고 복합적인 의미를 살펴보지 않을 수 없다.

1. 평등과 불평등을 바라보는 다양한 시각

평등주의를 말하려면 우선 평등이 무엇인지 답해야 한다. 평등주의가 평등한 상태를 지향하는 이념, 사고, 심성, 행동 등을 말하는 것이라면, 이때 지향하는 평등한 상태가 어떤 상태인지 먼저 얘기하지 않으면 안 되기 때문이다. 사람들은 정당한 이유 없이 다른 사람한테 차별받거나 무시당하면 본능적으로 반발심이나 저항심을 느낀다. 이렇게 보면 평등은 본능에 가깝다고도 말할 수 있다. "지렁이도 밟으면 꿈틀거린다."는 속담이 있듯이, 비록 신분제에서 순종이 체화된 천민이라고 하더라도 인격적인 자존심이 짓밟히는 상황에서는 반발심을 느끼지 않을 수 없다. 이처럼 인간은 누구나 내면에 동등한 존재로서 평등을 추구하는 심성을 지니고 있는데, 이것을 '인격적 평등'이라고 말할 수 있다.

오늘날 민주주의 사회에서 사람들은 누구나 평등해야 한다고 당연하게 말한다. 그런데 "평등이 무엇이냐?" 하고 물어보면 쉽게 대답하지 못한다. 그런데 반대로 "불평등이 무엇이냐?" 하고 물어보면 쉽게 이런저런 불평등의 경험을 떠올린다. 말하자면 사람들은 불평등의 체험을 통해 평등을 생각하는 것이다. 사람들은 주변의 일상 공간에서 서로의 소득과 생활수준 격차를 확인하고, 차별대우를 감지하며, 권력의 격차도 느낀다. 타고 다니는 자가용의 등급을 비교하는 것은 사회 불평등을 확인할 수 있는 가장 손쉬운 방법 중 하나이다. 직장에서는 성별에 따른 임금 격차나 승진기회의 차이를 통해서 성차별을 확인할 수 있고, 하급자는 상급자의 부당한 지시에 반발하지 못하는 자신의 모습을 보며 권력 격차를 느낀다.

이처럼 평등을 얘기하려면 이상적 평등의 상황을 추상적으로 정의하려고 하기보다는 현실의 불평등으로부터 그것이 약화되거나 사라진 상태를 떠올리는 편이 나을 것이다. 그런데 현실의 불평등은 다양한 영역과 쟁점에 걸쳐 있고 또 다양한 사회적 맥락 속에서 생겨난다. 그래서 이러한 다양한 쟁점과 복잡한 맥락을 이해하려면, 학자마다 평등을 정의하고 또 설명하는 다양한 방식을 이해할 필요가 있다. 여기서는 우선 불평등의 다양한 영역과 쟁점을 제시하면서, 왜 본체론적 평등, 기회의 평등, 조건의 평등, 결과의 평등을 구분하지 않을 수 없는지를 살펴볼 것이다. 그리고 나아가 이러한 구분으로도 충분히 설명하기 어려운 또 다른 평등/불평등의 영역으로서 '과정의 불평등'의 중요성을 이야기하고자 한다. 이를 통해 자본주의 사회의 착취 구조처럼 불평등이 반복적으로 재생산되는 과정을 이해할 수 있을 것이다.

(1) 불평등의 다양한 영역과 쟁점들

〈신분과 계급〉

사회 불평등을 얘기할 때 가장 많이 언급되는 개념이 아마 신분과 계급일 것이다. 불평등과 차별의 양상을 이해하는 데 현대 자본주의 사회의 계급제도와 전근대 사회의 신분제도를 비교하는 것만큼 간명한 방법이 없기 때문이다. 신분은 전통적이면서도 대표적인 차별과 불평등의 사례로 언급된다. 예를 들어 인도의 '불가촉천민'은 카스트—원래는 바르나(Varna)라고 불림—제도의 외부에 존재하면서 인격적 동등성 자체가 인정되지 않는 대표적인 최하층 신분이다. 마찬가지로 조선시대 양반제도의 천민(노비)도 자식에게 대물림되어 신분상승이 어려우며 차별받는 신분이다. 이처럼 신분제도는 신분의 등급에 따른 인격적 불평등이나 차별 자체를 사회적으로 정당한 것으로 인정하는 대표적인 사회제도이다. 신분에 따른 재산소유의 차별은 당연한 것이고 하급신분에 대한 신체적인 구속, 무시, 착취도 정당화된다.

한편 자연 상태에서 인간은 모두 자유롭고 평등한 존재라는 자연법 전통을 이어받은 (정치적) 자유주의 이념은 이러한 신분제도에 반대하면서 인격적 불평등을 폐지하고 모든 개인의 자유를 동등하게 보장해야 한다고 주장한다. 그리고 민주주의 이념은 이러한 자유롭고 평등한 개인이 정치공동체를 구성하는 주권자가 되고 통치 권력은 이들에 의해 정당성을 부여받아야 한다고 주장한다. 그래서 자유주의와 민주주의 이념에 바탕을 두고 있는 현대사회는 신분차별은 물론이고 어떠한 '인격적 불평등'도 용인하지 않는다.

물론 자유주의와 민주주의의 이념이 인격적·시민적 평등에 기초하고 있다고 해서, 현실 민주주의 사회에서 어떠한 차별과 불평등도 존재하지 않는 것은 아니다. 무엇보다도 자본주의라는 경제체계 위에서 발달한 자유주의와 민주주의는 결코 자신의 이상적 원리를 그대로 실현할 수 없었다. 부르주아지의 입장을 대변했던 자유주의는, 정치적으로 모든 개인이 자유롭고 평등해야 한다고 주장했지만 경제적으로는 재산권의 자유를 중요한 덕목으로 보았다. 그런데 개인의 재산과 이익을 보호해줄 것을 주장했던 경제적 자유주의의 원칙은 자본주의 사회에서 계급 불평등을 낳게 되면서 개인의 평등을 주장한 정치적 자유주의 원칙과 충돌하지 않을 수 없었다. 자유주의가 옹호한 경제적 자유(재산권의 자유)는 자본가계급에게는 시장의 자유를 가져다주었지만 노동자계급에게는 자본에의 종속과 피착취를 가져다주었다. 이것은 자본가가 지배하는 자본주의 사회에서는 노동자들이 실질적인 자유와 평등을 누릴 수 없다는 현실을 의미한다.

부르주아 민주주의 혁명을 통해 신체적인 구속에서 해방된 대다수 민중은 정치적 자유를 얻었지만 재산을 소유하지 못해 경제적으로 자본에 종속된 상태에서 벗어나기는 어려웠다. 시장경제의 발달과 공업적 생산의 확대로 부르주아지는 자본을 축적했지만 재산이 없어서 노동을 팔아야 하던 프롤레타리아트는 공장에서 노동을 한 대가로 받은 임금으로 살아가지 않을 수 없었다. 중세 봉건영주의 신분차별과 착취에서 벗어난 신민은 부르주아 혁명을 통해 신분해방과 정치적 자유를 누릴 수 있었지만, 결국 부르주아지가 실질적으로 지배하는 자본주의 시장경제에서 경제적으로 종속된 임금노동자로 살아가야 했던 것이다.

마르크스는 이러한 자본주의 사회의 구조적 불평등을 설명하기 위해 '계급(class)'이라는 개념을 제시했다. 그는 생산수단을 소유하고 있는지에 따라 양대 계급으로 구분하였다. 부르주아지는 일반적으로 사적으로 소유한 자본을 생산에 투자하거나 이에 부수적인 활동으로 소득을 얻는다는 점에서 자본가계급이 되며, 프롤레타리아트는 일반적으로 자본가계급에 고용되어 노동에 따른 보상인 임금을 받아 생활한다는 점에서 노동자계급이 된다. 물론 자본가계급과 노동자계급은 자본주의적 생산의 핵심적인 계급이지만, 이들 사이에는 다양한 중간계급이 존재한다. 그리고 자본가계급과 노동자계급 내부에서도 자본소득의 유형이나 노동 숙련도 차이에 따라 다양한 계층 분화가 나타날 수 있는데, 베버(M. Weber)는 이러한 기준에 따라 마르크스의 계급 분류를 좀 더 세분화하려고 하였다. 예를 들어 공업자본가는 이윤을, 금융자본가는 이자를, 토지자본가는 지대를 소득으로 얻는다. 그리고 노동자들은 숙련 노동자, 반(半)숙련 노동자, 미숙련 노동자로 나뉘어 임금 수준이 차이가 난다.

오늘날 민주주의가 발달한 정치공동체인 국민국가에서 시민들은 헌법을 통해 인격적 평등을 보장받고 안전을 보호받는다. 하지만 자본주의 경제체계는 계급에 따른 차별과 불평등을 낳고 이것이 다양한 사회 불평등으로 이어지면서, 민주주의가 현실적으로 다양한 평등을 보장해줄 것이란 기대를 하기는 어렵다. 경제적 자유의 원칙에서 재산(자본)의 사적 소유를 보호하고자 하는 경제적 자유주의를 중요한 이념적 기초로 삼고 있는 자유민주주의 정치체제에서, 자본주의가 만들어내고 또 확대시키고 있는 재산소유의 불평등을 해소한다는 것은 현실적으로 불가능에 가깝다. 복지국가의 발달이 분배의 불평등을 어느 정도 완화해주고 있지만, 이것이 계급 불평등을 폐지하는 것은 아니다. 물론 계급 불평등의 근본적인 폐지가 아니면 모든 것이 무의미하다고 주장할 수는 없지만 말이다.

신분이 전근대 사회의 불평등과 차별의 양상을 보여주는 것이라면, 계급은 신분이 철폐되고 인격적 평등이 실현된 현대 자본주의 사회의 불평등과 차별의 양상을 잘 보여준다. 신분이 '인격적 차별과 불평등'을 포함하는 것이라면, 계급은 시민적·정치적 평등을 통해 '인격적 차별과 불평등'을 폐지시킨 사회에서 나타나는 경제적 차별과 불평등이 특징인 것처럼 보인다. 그런데 현실을 보면 이러한 구분은 지나치게 도식적이다. 신분의 철폐가 곧바로 완전한 인격적 평등을 실현시키는 것도 아니며, 계급이 인격적·시민적 평등과 별개로 존재하는 불평등인 것도 아니기 때문이다. 물론 나라마다 차이가 있겠지만, 계급이 현대적 신분으로서 인격적 차별의 근거가 되기도 한다. 그래서 현대사회에서 신분과 계급이 각각 어떤 양상을 띠고 있는지를 살펴볼 필요도 있다.

마르크스는 봉건적 신분제도가 해체되고 자본주의가 발달한 근현대 사회에서 불평등의 근원은 기본적으로 자본주의적 생산관계, 즉 자본-노동 관계에서 형성되는 계급관계에서 찾아야 한다고 보았다. 그는 유물론적 관점에서 토대인 경제관계(생산관계)가 다른 상부구조(국가, 법, 이데올로기, 문화 등)의 모습이 형성되는 데 결정적인 영향을 미친다고 보았다. 따라서 자본주의 사회의 경제 불평등, 즉 계급 불평등이 다른 정치적·문화적 불평등 양상의 틀을 짓는 기반이 된다는 점을 강조한다.

고전 사회학자 베버 역시 계급의 중요성을 무시하지는 않지만 계급관계로 환원되지 않는 다른 불평등의 영역이 존재한다고 강조한다. 특히 재산 격차만을 내세우는 계급과 달리 공통의 생활양식을 통해 위신이나 명예를 공유하는 신분집단이나 지위집단이 중요한 불평등의 원천으로 존재한다고 보았다. 그는 전통적 신분은 해체되었지만 여전히 지위집단이 현대적 신분으로 형성되어 불평등을 낳고 있다고 보는데, 오늘날 의사, 교수, 법조인 등 전문직 직업이 높은 사회적 지위로 평가받고 있는 현실은 지위집단이 계급으로 완전히 환원된 것은 아니라는 사실을 보여준다. 이러한 시각은 현대사회의 불평등이 계급 불평등을 넘어서 훨씬 더 복잡한 양상을 띨 수 있다는 점을 이해하는 데 도움을 준다. 물론 현대사회의 지위집단이 재산이나 소득과 같은 경제적 부에 기초하고 있는 면이 강하기는 하지만, 직업적 지위에 따른 다양한 권력자원을 이용하여 하위자들을 차별하거나 무시하고 또 물질적 혜택을 누리려고 한다는 점에서 계급집단과 분명히 다른 양상을 보여준다고 하겠다.

〈정치/경제/사회·문화의 불평등〉

현대에 들어 인간사회의 규모가 커지고 복잡화되면서 삶의 영역이 다양하게 분화되었다. 농업 중심의 신분제사회에서는 권력에 따른 지배-피지배 관계와 착취관계가 상대적으로 투명하게 보였다. 그런데 사회 규모가 커지고 통치기구로서 국가가 조직화되자 국가권력의 행사는 점차 불투명해졌다. 한편 상공업의 발달과 함께 화폐를 매체로 하여 작동하는 교환(시장)경제가 확장되면서 부를 축적한 부르주아지 집단이 형성되기 시작했고, 시장경제의 흐름은 국가권력이 완전히 통제하기 어려운 상황으로 나아갔다. 말하자면 국가(권력)로부터 자유로운(분리된) 시장경제가 발달한 것이다.[2]

사유재산제도와 시장경제에 바탕을 둔 자본주의 경제는 무엇보다도 자유로운 경제주체 간의 계약관계와 화폐를 매개로 한 상품의 등가교환이라는 외양을 지니고 있었다. 마르크스는 『자본론』에서 이처럼 상품과 화폐 간의 등가교환이라는 자본주의 시장관계의 외양 속에 인간소외와 착취라는 인간관계의 본질이 감추어지고 있다고 폭로하면서, 이러한 현실을 물신주의(fetishism)라고 비판했다. 상품과 화폐를 물신처럼 맹목적으로 추구하도록 만드는 시장에서의 등가교환이라는 외양이 계급적 지배-피지배 관계, 착취관계를 불투명하게 만들어버렸다는 것이다. 결국 마르크스는 이러한 시장(유통공간)의 형식적 평등 이면에 공장(생산공간)의 계급 불평등이 존재하며, 나아가 이러한 불평등을 법적·제도적으로 뒷받침하기 위해 지배계급이 장악한 국가권력이 작동하고 있음을 보여주고자 하였다. 이것은 경제적·계급적 불평등이 정치적·권력적 불평등과도 밀접히 연관되어 있으며, 결국 서로 다른 영역에서 존재하는 불평등이 현실적으로 서로 밀접히 연관되어 있다는 점을 시사한다.

사실 마르크스, 베버, 뒤르켐(E. Durkheim) 같은 고전사회학자들과 파슨스(T. Parsons), 알튀세르(L. Althusser), 하버마스(J. Habermas), 부르디외(P. Bourdieu) 등 현대사회이론가들에 이르기까지 많은 학자는 전통사회에서 현대사회로 이행하는 과정에서 삶의 영역이 분화되고 복잡화되어 왔음을 다양한 방식으로 보여주었다. 그런데 이러한 사회분화는 동시에

---

2. 위르겐 하버마스, 『의사소통행위이론 2』(장춘익 옮김), 나남, 2006. 261-262쪽.

불평등과 차별 양상의 분화와 복잡화를 함축하고 있다.[3]

　서양에서는 봉건적 질서가 해체되고 신분차별이 철폐되면서 시민적 자유와 인격적 평등이 정치적으로 보장되기 시작했다. 그런데 이러한 시민적·정치적 권리의 평등이 법적인 형식으로 보장되었다고 하더라도, 이것이 곧바로 현실의 모든 실질적 차별과 불평등의 소멸을 가져오는 것은 아니었다. 구질서 속에서 형성된 사유재산권이 완전히 부정될 수 없었고, 상공업과 시장경제의 발달 속에서 새로운 사적 자본이 축적되면서 자본주의 계급 불평등도 점점 더 공고화되었다. 시민사회와 민주주의의 발달에 따라 정치적 평등은 조금씩 진전되었지만, 자본주의 시장경제 질서에서 경제 불평등은 오히려 확대되기도 하였으며, 사회적 지위나 생활양식에 바탕을 둔 사회·문화 불평등도 쉽게 사라지지 않았다.

　경제 불평등의 확대는 빈곤 확대로 이어져 노동자계급의 저항을 낳았고, 경제적 평등을 추구하는 노동운동과 사회주의운동이 확산되었다. 그런데 서유럽 나라에서는 노동자들의 빈곤과 질병으로 인한 노동력 상실이 자본가계급의 입장에서도 결코 긍정적인 양상이 아니라는 인식

---

3. 독일의 현대 사회철학자 하버마스는 이러한 자본주의의 발달 과정을 사회분화라는 시각에서 다소 무미건조하게 그려내고 있다. 그는 국가가 조직화되고 또 시장경제가 자립적으로 발전해가는 과정을 생활세계로부터 체계가 분화되어가는 과정으로 설명하고 있다. 미분화된 삶의 공간인 최초의 생활세계에서 합리성이 점차 증대되어가면서 체계의 복잡성이 커지면, 생활세계와 체계 간의 분리가 일어난다는 것이다. 즉, 언어(의미와 의사소통)를 매개로 소통하는 생활세계(사회·문화 영역)에 통합되어 있던 국가(행정)와 시장(경제)의 기능이 권력과 화폐라는 탈언어화된 소통매체에 의해 조정되고 합리화되면서 점차 독립된 하부체계(국가 영역과 경제 영역)로 분화되고 자립화되어간다는 것이다. 그런데 여기서 그는 생활세계에서 분화되고 자립화된 체계가 자신의 '도구적 합리성' 논리를 생활세계에 침투시켜 '의사소통합리성'을 억압하고 왜곡하는 식민화가 발생한다고 본다. 그래서 이러한 식민화가 생활세계에서 의미상실, 아노미, 정신적 병리현상 등 위기현상을 야기한다는 점을 드러내는 것이 비판적 사회이론의 새로운 과제라고 주장한다. 위르겐 하버마스, 앞의 책, 245, 290, 575-590쪽.

이 생겨났다. 노동자들의 빈곤과 질병, 그리고 집합적인 저항은 공장의 안정적인 가동을 통한 이윤획득에 장애가 되었기 때문이다. 그래서 빈곤의 구제와 복지제도의 도입은 자본가계급의 이익을 대변한 우파정권으로서도 필요한 정책이었다. 이에 따라 우파정권은 노동자들의 노동능력을 보호하고 저항도 약화할 수 있는 복지정책을 적극적으로 도입하기 시작했다.

서유럽 사회의 이러한 일련의 역사는 다양한 불평등을 완화시켜온 과정으로 보이는데, 영국의 사회학자 마셜(T. H. Marshall)은 이것을 시민자격(citizenship)의 점진적 확대과정—물론 불균등 발전과 퇴보를 포함하는 과정—으로 설명하였다. 그는 유럽 근현대 역사에서 불평등과 차별을 당해온 노동자계급이 민주주의와 평등을 쟁취하기 위해 지속적인 저항과 투쟁을 벌여왔으며, 이 과정에서 국가와 지배계급이 노동자계급의 요구를 수용하면서 시민권(시민적 자유)에서 정치권(참정권)으로, 그리고 사회권(복지권)으로 권리를 점진적으로 확장해왔다고 보았다.[4]

물론 마셜이 시민자격의 확대를 아무런 갈등과 투쟁 없이 이루어졌다고 보는 것은 아니지만, 그럼에도 불구하고 점진적 진화 과정처럼 묘사하는 것은 자본주의 계급투쟁의 복잡다단한 과정을 사상(捨象)할 위험을 안고 있다. 유럽의 사회민주주의와 복지국가의 역사적 과정을 연구한 쉐보르스키(Adam Przeworski)와 에스핑 앤더슨(G. Esping-Andersen)에 따르면, 마셜이 사회권이라고 말하는 복지제도의 형성은 제도정치 내부와 외부에서 형성된 자본가계급, 노동자계급, 중간계급, 농민계급 등 다양한 사회계급 간의 세력관계, 그리고 이념과 가치, 이해관계를 둘러싼 이들 간의 갈등, 투쟁, 연대의 산물임을 보여준다. 그래서 미쉬라

---

4. T. H. Marshall & Tom Bottomore, *Citizenship and Social Class*, Pluto Press. Marshall & Bottomore, 1992.

(Ramesh Mishra)는 마셜의 시민자격 이론이 '시민자격의 자연스러운 점진적 진보'라는 진화론적인 시각을 보여줌으로써, 실제로는 집단 간에 나타나는 갈등과 투쟁 양상의 차이로 사회권(복지제도)의 수준이 나라마다 다르다는 점을 제대로 설명하지 못한다고 비판한다.[5]

역사적으로 유럽의 자본주의적 민주주의 나라에서 발달한 시민자격은 나라마다 다른 계급들, 집단들 간의 세력관계와 갈등양상으로 인해 복지제도의 차이를 낳았다는 점은 분명하다. 그래서 '좌파정권이냐 우파정권이냐'에 따라 신자유주의 정책 수용 정도와 국가복지의 수준이 다른 것이다. 그런데 이런 차이에도 불구하고 분배적 평등과 보편적 복지에 대한 시민들의 요구가 커질수록 국가복지의 영역이 점진적으로 확대해온 것은 사실이다. 민주주의 나라에서 복지의 급격한 후퇴는 지지 철회에 따른 권력상실로 이어진다는 점을 인정해야 하고, 어떤 정권이든 대중의 지지를 유지해나가려면 시민들의 요구를 정책적, 제도적으로 수용하지 않을 수 없다.

임금노동자를 고용해 작동하는 자본주의 사회는 모든 임금생활자가 질병, 실업, 재해, 퇴직 등으로 인한 소득 단절과 생존의 불안을 느끼지 않을 수 없다. 이에 따라 민주주의 국가는 무엇보다도 이러한 위험으로부터 개인들을 보호해주는 기본적인 사회보험제도를 발전시켜왔다. 그리고 나아가 다양한 삶의 기회와 조건의 평등을 보장하기 위해 점차 아동수당, 무상교육, 노인복지서비스 등으로 복지제도를 확장시켰다. 복지

---

5. Adam Przeworski. *Capitalism and social democracy*, Cambridge Univ. Press, 1985. Przeworski, Adam & Sprague, John, *Paper Stones: A History of Electoral Socialism*, The Univ. of Chicaco Press, 1986. G. Esping-Andersen, *Politics Against Markets*, Princeton Univ. Press, 1985. 에스핑 앤더슨,『복지 자본주의의 세 가지 세계』(박시종 옮김), 성균관대학교출판부, 2007, 라메쉬 미쉬라,『복지국가의 사상과 이론』(남찬섭 옮김), 한울, 1996.

제도가 물질적 삶의 질을 보장하는 것을 넘어서 다양한 문화 활동과 여가생활의 평등한 향유로 확장되고 있는 것이다. 정권의 성격에 따라 진전과 후퇴가 이루어지는 가운데, 국가는 문화 활동, 평생교육, 스포츠 활동 등 일상적 삶을 즐기기 위한 다양한 기회를 모든 시민이 공평하게 누릴 수 있도록 복지와 공공서비스를 점진적으로 확대해나가고 있다.

마셜의 시민자격 이론은 다양한 영역에서 사회 불평등을 해소하거나 완화하려는 정치적, 사회적 노력이 이루어져왔음을 보여주고 있는데, 이것은 역으로 정치, 경제, 사회·문화 영역들에서 불평등이 존재해왔음을 보여주는 것이다. 실제로 자유주의 이념을 바탕으로 했던 초기 부르주아 국가는 세금을 낼 능력이 없는 노동자들에 대해 참정권을 제한하는 정책을 사용했다. 이것은 정치 불평등을 의미하는데, 노동자들의 참정권운동은 정치적 평등을 달성하려는 사회운동이다. 이와 동시에 노동자들은 경제 불평등과 차별에 저항하는 노동운동을 벌였는데, 이것은 경제적 평등을 추구하는 사회운동이다. 마셜이 말하는 사회권은 이러한 경제 불평등을 완화하여 저항을 약화시키기 위한 수단이 되었다. 그리고 오늘날 사회권의 확대는 경제 불평등을 넘어 다양한 삶의 향유와 연관되어 있는 문화 불평등을 완화하려는 방향으로 나아가고 있다.

역사적으로 자본주의적 민주주의 사회에 존재한 불평등은 이처럼 사회적 삶의 다양한 영역에 따라 정치 불평등, 경제 불평등, 사회·문화 불평등으로 구분할 수 있다. 다만 여기서 중요한 것은 이러한 불평등은 각각 별개로 존재하는 것이 아니라 서로 맞물려 있다는 사실이다. 사회·문화 불평등은 현실적으로 많은 부분의 경제 불평등에 기인하며, 경제적 평등이 확대되면 사회·문화적 평등이 확대될 가능성이 높아진다. 또 경제 불평등이 정치권력의 획득 가능성에 영향을 미친다는 점에서 경제적 평등과 정치적 평등이 밀접히 맞물려 있기도 하다. 따라서 평등의 사회적 확산과 발전을 이루기 위해서는 다양한 영역의 평등/불평등이 서로 어떤 영향을 주고받는지 이해할 필요가 있다.

〈사회·문화 불평등과 인격적 무시〉

프랑스 현대사회학자 부르디외는 다양한 영역의 사회 불평등이 서로 어떤 영향을 주고받는지 경험적으로 연구하여 의미있는 성과를 발표했다. 그는 『구별짓기(distinction)』에서 경제자본, 문화자본, 사회관계 자본 등 서로 다른 종류의 자본을 소유함으로써 각각의 힘과 특권을 지니고 있는 계급이나 계급분파들은 사회적 투쟁을 통해 자본 간의 '전환'을 추구한다고 말한다. 그래서 그는 각 집단이 속해 있는 '객관적인 사회적 위치(계급위치)'와 그들이 실천하고 있는 '생활양식' 간의 관계에 주목하는데, 특정 계급위치에 속한 사람들은 자신들의 필요나 편안함에 따라 구별되는 특징적인 생활양식을 만들어내며 이것이 '계급 아비투스'가 된다고 보았다.[6]

이러한 설명방식은 모든 불평등을 경제적 불평등의 부수적 산물로 보거나, 아니면 각각의 불평등은 독립적으로 존재한다고 보는 양극단의 설명방식에 반대하는 것이다. 그래서 그는 사람들이 자신의 특정 자본을 다른 영역의 자본으로 전환시켜 다른 이익이나 가치를 얻으려고 한다는 점을 보여주려고 한다. 개인이나 가족은 계급관계에서 차지하고 있는 자신의 위치를 유지하거나 개선하려고 하며, 경제자본을 문화자본으로 또는 사회관계자본을 경제자본으로 전환하는 것과 같이 자신이 소유한 자본을 다른 자본으로 전환하여 더 접근하기 쉬우면서도 더 많

---

6. 피에르 부르디외, 『구별짓기』(김종철 옮김), 새물결, 1995, 210-217쪽.

은 이윤을 얻으려고 노력한다는 것이다.[7]

　예를 들어 지배계급 분파들은 경제자본을 학력자본으로 전환하려고 하는데, 여기서 학력자본으로 전환하는 것은 학력자본을 통한 경제자본의 획득이 중요한 목적이 된다. 다시 말해 부자들이 자녀들에게 사교육을 시켜 좋은 학벌을 얻을 수 있도록 하는 것과 같다. 이것은 경제적 불평등이 문화적 불평등을 낳고, 문화적 불평등이 다시 경제적 불평등을 강화하게 되는 불평등의 순환기제가 형성될 수 있다는 것을 보여주는데, 이것을 부르디외는 '교육을 통한 계급재생산'이라고 말한다. 교육제도는 계급이 서로 경쟁하는 영역으로, 부르주아지들은 세대를 이어 계급을 유지하는 데 유리한 방식으로 교육제도를 변형시키려고 한다. 학력 인플레이션 속에서 사교육을 비롯한 다양한 교육투자를 늘릴 수 있는 자본가계급이나 중상계급 부모들은 자신의 경제자본을 자녀의 교육자본으로 전환시키고 또 자신의 문화자본을 자녀에게 물려줌으로써 자녀가 부모의 계급적 지위를 이어받을 수 있게 한다는 것이다.

　다양한 불평등의 영역이 서로 밀접히 연관될 수 있다는 사실은 부르디외의 사회공간 및 장(fields) 이론에서도 잘 설명한다. 공간의 은유를 사용한다면 사회는 사회공간으로 이해할 수 있다. 사회공간은 경제자본, 문화자본, 사회관계 자본 등 다양한 종류의 권력이나 자본들로 구성되며, 이것들은 각각 독립적인 장, 즉 경제의 장, 문화의 장, 사회관계의 장을 형성한다. 각각의 장에서는 자본의 분배형태에 따라 권력관계가 형성되고 이러한 관계는 시간의 흐름 속에서 변화한다. 이러한 장들 속에서 특정한 위치를 차지하고 있는 행위자나 계급은 자신이 소유한 자본을 유지해나가거나 다른 자본으로 전환하려는 전략적 실천을 하게 된

---

7. 피에르 부르디외, 같은 책, 218쪽.

다. 이러한 이론은 다양한 요인, 다양한 자본과 실천이 사회공간 속에서 특정한 관계를 형성하고 또 변형시켜 나간다고 하는 구조적 인과관계, 즉 다원적, 중첩적 결정이라는 시각을 잘 보여준다.[8]

부르디외는 경제적, 계급적 지위가 문화적 생활양식에 영향을 미친다는 점을 보여주기 위해 쁘띠 부르주아지가 노동자계급에 대해 '구별짓기'를 하는 방식을 다음과 같이 설명한다.

> 노동자계급으로부터 프티 부르주아로 올라갈수록 음식과 의복, 더 일반적으로 실질적인 것에 대한 지출과 외양적인 것에 드는 지출 간의 관계가 역전되는 사실이 잘 보여주듯이 중간계급들은 상징적인 것에 많은 비중을 둔다. … 객관적으로는 피지배층의 입장에 처해 있지만 의식적으로는 지배자들의 가치에 동참하려는 의도가 빚어내는 온갖 모순 때문에 산산조각 나 있는 쁘띠 부르주아는 자신이 다른 사람들에게 제공하는 외양과 타인들이 그 외양에 대해 갖고 있는 판단 간의 분열 때문에 크게 시달린다. 그는 표적을 맞추지 못할까 하는 두려움을 갖고 있지만 끊임없이 위를 향해 쏘며, '자신이 어디에 속한다'는 사실을 보여주거나 그런 '인상을 심어주려고' 하지만, 막상 특정한 위치에 속한다는 사실에 대해 불편함과 불안감을 그대로 드러내고 만다.[9]

이처럼 부르디외는 불평등의 다양한 영역 간에 연관성이 존재하며, 특히 경제 불평등을 만들어내는 객관적 계급위치가 문화 불평등의 양상에 상당한 영향을 미친다고 한다. 그래서 얼핏 보기에는 개인이 자연스럽게 타고난 것처럼 보이는 문화적 '취향'이 실제로는 구조적 계급 위치

---

8. 피에르 부르디외, 같은 책, 184-185쪽. 정태석, 『사회이론의 구성』, 한울, 2002, 76-78쪽.
9. 피에르 부르디외, 같은 책, 410-411쪽.

를 반영하여 사회적으로 구성된 '계급 아비투스'라고 하는데, '필요취향'과 '사치(자유)취향'의 비교가 대표적인 예이다.[10]

소비행동의 영역과 이를 한참 넘어선 영역에서도 의연히 관찰되고 있는 차이의 진정한 원리는, 사치취향(또는 자유취향)과 필요취향 간의 대립에서 찾을 수 있다. 사치취향은 필요로부터의 거리, 자유 또는 자본 소유가 보장해주는 편의시설에 의해 규정되는 물질적 존재조건의 산물이다. 필요취향은 필요의 산물로서 바로 그 필요에 적응하는 과정에서 본모습을 드러낸다. 이 때문에 우리는 가장 적은 비용으로 노동력을 재생산해야 할 필요성에서 가장 영양가 있는 동시에 가장 저렴한 음식물에 대한 대중적 취향을 추론해낼 수 있다.[11]

이러한 설명은 문화자본을 모을 수 있는 기회나 조건의 격차는 기본적으로 경제적, 계급적 격차를 반영하고 있다는 것을 의미한다. 심지어 부르디외는 음악, 스포츠 등의 문화적 취향도 계급적 위치를 반영하고 있다고 말한다. 그렇지만 그는 이러한 문화 불평등이나 취향의 차이가 경제적 계급위치에 의해 일방적으로 결정되는 것이 아니라는 점을 잊지 않는다. 앞서 그가 문화자본을 경제자본으로 전환하는 것을 계급투쟁의 중요한 양상으로 보고 있다고 했는데, 이것은 문화 자본 또는 문화적 불평등이 역으로 경제자본 또는 경제적 불평등에 영향을 줄 수도 있다는 사실을 의미한다. 결국 다양한 영역에서 나타나는 불평등의 상호연관성을 구체적 맥락 속에서 이해하는 것이 중요하다.

다양한 자본이 서로 전환을 추구하는 현상은 자본주의 사회에서 다양한 방식으로 나타난다. 한편에서는 문화의 상품화가 이루어지고, 다

---

10. 피에르 부르디외, 같은 책, 98-103쪽, 172-176쪽, 289-291쪽.
11. 피에르 부르디외, 같은 책, 290쪽.

른 한편에서는 상품의 문화화가 이루어진다. 음악, 영화, 연극, 드라마, 시, 소설 등 다양한 대중문화와 문학작품 들이 문화산업에 의해 문화상품으로 만들어져 시장에서 팔리고 있는데 이것은 문화를 이윤획득의 수단으로 삼으려는 자본의 전환전략이라고 볼 수 있다. 또 클래식 공연이나 미술작품 영역에서 문화적 재능을 상품화하여 돈을 벌려는 행위 역시 문화자본을 경제자본으로 전환하는 행위이다. 역으로 경제적 상품에 문화적 의미나 상징을 부여하여 문화자본으로 전환하는 전략도 있다. 하우크(W. F. Haug)의 '상품미학'이나 보드리야르(Jean Baudrrillard)의 '기호가치'는 상품에 다양한 상징적 의미를 덧붙여 상품의 가치를 높임으로써 더 많이 소비하게 한다는 사실을 보여주려는 개념들이다. 현대 소비사회에서 소비가 문화적 행위가 되자 사람들은 소비를 통해 자신의 정체성이나 계급의 지위를 과시하려고 한다.[12] 부르디외가 말하는 구별짓기가 이루어지는 중요한 영역이 바로 사치재와 같은 다양한 의미와 상징을 덧붙인 문화상품의 소비이다.

이러한 현상들은 현대사회에서 불평등이 단순한 물질적 소유의 문제를 넘어서 지위나 명예에 대한 인격적 인정의 문제로 확장될 수 있다는 사실을 보여준다. 시민적 평등의식이 확산되어 있는 사회에서 물질적 소유의 격차는 그 자체로 인격적 인정의 기준이 되기 어려웠다. 하지만 물질적, 계급적 차이가 다양한 생활양식의 차이를 통해 사회적 지위 격차를 만들어내자 이제 사회적 지위는 인격적 인정이나 무시의 근거로 작용하고 있는 것처럼 보인다. 말하자면 사회적 지위 격차가 인격적 인정이나 무시의 감정을 느끼게 한다는 것이다. 이처럼 인격적 인정의 문제는 물질적이기보다는 사회적, 문화적 성격을 띠고 있는 듯하다.

---

12. 볼프강 하우크, 『상품미학비판』(김문화 옮김), 이론과실천, 1994; 장 보드리야르, 『소비의 사회』(이상률 옮김), 문예출판사, 1992.

현대에 들어서면서 신분제 사회에서 탈신분제 사회와 민주주의 사회로 이행됨에 따라 신분차별은 점차 사라졌지만, 그렇다고 해서 다른 모든 형태의 인격적 불평등이 사라진 것은 아니다. 법이나 제도를 통해 형식적으로는 신분에 따른 인격적 차별이 사라지고 모두 자유롭고 평등한 시민으로 인정되었지만, 일상적 문화 속에서 여전히 불평등과 차별은 존재한다. 특히 성별·나이·출신지역·종족·민족·인종·혈통 등에 따른 차별은 쉽게 사라지지 않고, 장애인·정신병자 등 소수자에 대한 차별과 무시는 경우에 따라서 강화되기도 했다. 게다가 물질적, 경제적 격차 역시 인격적 차별과 무시의 잠재적 근거로 작동하기도 한다.

이처럼 현대사회에 다양한 방식으로 살아남아 있는 인격적 불평등과 차별의 문제를 이해하려면 인격적 인정과 무시의 감정에 주목하고 있는 호네트(A. Honneth)의 이론을 살펴볼 필요가 있다. 호네트는 '인정투쟁' 개념을 통해 사회적 인정(recognition)을 무시라는 감정과 연관시키고자 한다.

> 사회적 인정의 경험은 인간이 정체성을 발전시키는 데 결정적으로 필요한 조건이기 때문에, 그러한 인정의 거부, 곧 무시는 필연적으로 인격의 상실을 가져올 수도 있다는 위협을 느끼도록 하게 마련이다. … 어떤 사람에게 자신이 정당하게 누릴 만하다고 여기는 인정이 거부되면서 그와 같은 [사회적 상호작용의] 규범적 전제들이 훼손되면, 그 당사자는 일반적으로 그와 같은 무시의 경험에 수반되는 도덕적 감정들, 그러니까 수치심, 화 또는 분노로 반응하게 마련이다.[13]

호네트의 인정 개념은 신분제 사회의 전통적인 인격적 불평등과 차별

---

13. 악셀 호네트, 『정의의 타자』(문성훈 외 옮김), 나남, 2009, 124쪽.

이 사라진 현대사회에서 새로운 방식으로 출현하고 있는 인격적 불평등과 차별의 문제를 사고하는 데 도움을 준다. 한국사회는 신분제 사회의 유산인 전통적인 위계서열주의 문화가 사라지지 않은 채 차별과 무시에 따른 인격적 불평등이 지속적으로 존재해왔고, 2010년대에 들어서는 부유층이나 권력층이 자신의 부와 권력을 배경 삼아 사회적 약자에게 인격적 차별과 무시 행위를 하는 이른바 '갑질'이 사회문제로 떠올랐다. '갑질'은 한국사회의 특유한 신분제적 심성의 표출로 권력과 함께 부(재산)가 새로운 현대적 신분이 되어 인격적 차별과 불평등을 낳을 수 있다는 사실을 보여준다. 이런 점에서 '인격적 무시'에 주목하는 호네트의 인정 개념은 신분제적인 인격적 위계서열주의 문화와 완전히 단절하지 못한 한국사회에서 불평등과 차별의 문제를 해명하는 데 더 큰 도움을 준다. 또 현대사회는 정치, 경제, 사회·문화 등 다양한 영역에서 불평등이 공존하고 있으며, 특히 인종적·종족적 차별이 문제가 될 경우 선진국에서도 새로운 인격적 차별과 불평등이 나타날 수 있다.

〈불평등의 다양한 쟁점〉

사회 불평등은 앞서 보았듯이 정치, 경제, 사회·문화라는 영역에 따라 구분할 수도 있지만, 다양한 쟁점이나 주제에 따라서도 구분할 수 있다. 현대사회가 다양한 사회문제, 사회적 차별과 격차를 발생시키고 있다고 한다면, 다원적 불평등에 따른 다원적 적대와 갈등의 양상을 이해할 필요가 있고, 나아가 평등과 정의의 문제를 다원적이며 복합적으로 사고할 필요가 있다.

역사적으로 보면 인류는 아마도 처음 사회를 이루어 살아가면서부터 이런저런 불평등과 격차를 겪어왔을 것이다. 물론 초기 소규모 공동체에서는 공동의 삶을 유지하고 또 공동체의 통합을 이루기 위해서 공평한 분배를 지향했을 것이며, 이에 따라 불평등과 격차는 심각한 갈등을 일으킬 정도는 아니었을 것으로 짐작할 수 있다. 그렇지만 사회가 점점 커지면서 일정한 권력의 서열이 형성되기 시작했을 것이며, 이것은 물질적 분배나 일상생활의 규칙에 영향을 미쳤을 것이다. 가장 자연스러운 불평등은 나이에 의한 불평등일 것인데, 어른들은 아이들에게 생존방법을 가르치기 위해 이런저런 규칙과 생활방식을 강제해야 했고 이를 위해 권력을 행사하지 않을 수 없었다. 그리고 종족을 유지하기 위해서 여성들은 출산과 육아를 담당해야 했고, 이것은 여성들에게 특정한 분업을 요구하고 성별에 따른 차이를 강제하는 조건이 되었다. 이처럼 아이들이나 여성들에게 차이와 분업을 강제하고 특정한 규칙과 생활방식을 강요하면서 점차 불평등과 차별이 확장되기 시작했다고 볼 수 있다.

물론 미드(Margaret Mead)의 문화인류학적 비교연구에 따르면, 성별분업에 따른 여성성과 남성성의 차이가 반드시 오늘날 전형적인 여성성과 남성성 간의 차이와 일치하는 것은 아니며, 사회 또는 종족에 따라 여성성과 남성성의 특성이 뒤바뀌어 있거나 특별한 차이가 나타나지 않는 경우도 있다고 보고되고 있다. 그렇지만 대부분의 현대사회에서는 정도의 차이가 있지만 남성이 여성을 차별하고 지배하는 현상이 일반적이다.

앞서 신분과 계급에 따른 불평등, 정치/경제/문화의 불평등에 대해 살펴보았는데, 나이와 성별에 따른 불평등은 이러한 불평등보다 훨씬 오래된 불평등이다. 그렇지만 신분제 사회나 서열사회에서 남성보다 권력서열이 낮은 아이들이나 여성에 대한 차별과 불평등이 당연하게 여겨지면서 나이와 성별에 따른 불평등은 사회의 중심적인 문제로 잘 떠오르지 못했다.

현대사회로 들어서면서 신분으로부터 해방되고 모든 개인의 인격적 존엄성 및 평등에 관한 의식이 성장하자 여성과 아이도 동등한 인격적 존재라는 점이 부각되기 시작했고, 여성운동은 남녀평등 의식을 고취시키는 데 큰 영향을 미쳤다. 그런데 오늘날 남녀평등 의식과 성차별 폐지는 세계적으로 확산되고 있는 데 반해 이슬람권은 종교적인 원리에 근거하여 여성에게 특정한 복장과 처신을 강요함으로써 성차별을 강제하는 법과 문화가 쉽게 개혁되지 않고 있다. 그리고 이러한 인격적 평등에 대한 의식이 확산되어가는 과정에서도 여전히 차별받는 사람이 존재했는데, 특히 유럽과 미국의 백인은 식민지 약탈과 제국주의적 지배 과정에서 흑인이나 식민지 주민을 노예로 이용하면서 인격적인 차별행위를 지속하였다. 이러한 차별 관습은 민주주의가 발달하고 있는 현재까지도 일상문화 속에 잠재되어 있다. 한편 오늘날에는 그동안 사회적으로 억눌려왔던 동성애자를 비롯한 다양한 소수자가 사회적 차별과 배제에 저항하는 목소리를 내기 시작하자 인격적 평등과 동등한 권리를 요구하는 사회운동이 확산되고 있다.

서양의 역사를 보면, 다양한 영역에서 다양한 주체가 평등에 대한 요구를 확장시켜나가는 데 중요한 발판이 된 것이 바로 민주주의의 발달이다. 정치적 참정권을 보면, 자본가계급에서 노동자계급으로, 남성에서 여성으로, 성인에서 청년으로, 점진적으로 확대되어왔는데, 오늘날과 같은 보통선거가 확립된 것은 20세기 초다. 이것은 신분차별이 해체된 이후에도 기득권세력인 부르주아 남성의 계급차별, 성차별, 연령차별 등으로 인해 정치적 자유와 평등의 확대가 더디게 이루어졌다는 사실을 알 수 있다. 이 과정은 참정권 확대를 요구한 노동자 중심의 참정권운동, 노동운동, 여성운동, 청년운동 등 다양한 민주주의 운동이 출현해 보통선거를 확립해가는 과정이다. 물론 청소년의 참정권을 어느 연령까지 확대할 것인가가 여전히 쟁점으로 남아 있기는 하지만 말이다.

참정권이 성인 남성 모두에게 부여되면서 배제된 여성의 저항이 본격화되었고, 한 여성은 경마장에서 달리는 말에 뛰어들어 죽음으로 항거하는 극단적인 선택을 하기도 하였다. 평등 의식과 민주주의 의식이 성장하였지만 여전히 자본가계급이나 노동자계급의 남성이 사회의 중심 주체가 되면서 여성도 차별철폐와 참정권 확대를 요구하는 저항과 사회운동을 본격적으로 시작하였다. 이것은 단순히 정치적 참정권에 한정된 것이 아니라 경제적으로 동등한 참여를 요구하고, 육아나 가사노동과 같은 성별분업 강요, 특정한 의복과 예절 강요 등 일상적 차별에 저항하는 광범한 여성운동이다. 이러한 여성운동은 20세기 초에 유럽과 미국에서 여성에게 참정권이 주어지는 결과로 이어졌다.

유럽과 미국은 20세기 초 공업혁명에 이은 과학기술의 발달, 민주주의의 발달, 노동운동, 사회주의운동, 노동자계급의 조직화와 친노동자적 좌파정당의 형성 등에 따라 물질적 성장과 함께 공공복지제도가 발달하고 친노동자적 정책이 형성되는 등 국가의 민주화와 분배가 개선되기 시작했다. 그런데 국민국가의 발달 속에 식민지 개척 경쟁이 격화되고 민족주의 감정이 고조되면서 두 번에 걸친 세계대전을 겪었다. 그래서 전쟁이 끝나자 유럽은 전후 복구를 위해 노력하지 않을 수 없었는데, 전쟁으로 피폐해진 상황에서 빈곤 때문에 노동자를 비롯한 하층계급의 불만이 커지면서 사회주의운동과 노동운동이 격렬해지기 시작했다. 20세기 초 공업이 발달하며 경제성장을 이룬 미국은 자본주의 진영의 중심국이 되면서 러시아 중심의 사회주의 진영이 확장되는 걸 견제할 필요가 생겼고, 이에 따라 서유럽의 사회주의화를 막는 것이 미국의 중요한 외교적 과제로 떠올랐다. 그래서 미국은 제2차 세계대전 이후 마셜 플랜(Marshall Plan)을 통해 서유럽 나라를 지원함으로써 이들 나라가 사회주의 진영으로 포섭되는 것을 막고자 하였다.

이러한 노력에 따라 사회주의 정부가 수립된 동유럽 나라를 제외한 유럽의 나라들은 민주주의의 발달에 의거하여 노동운동의 제도화와 계급타협을 통한 복지국가로 발달하였고, 과학기술의 발달과 공업화를 통해 물질적 풍요도 얻는 결과를 낳았다. 하지만 어느 정도 정치적, 경제적으로 안정을 찾자 이것은 또 다른 갈등과 저항을 불러일으키는 기반이 되었다. 자본가계급과 노동자계급이 서로 타협하여 복지국가가 확대되고 물질적으로 안정을 되찾았지만, 이 과정에서 국가의 관료주의가 강화되고 제도정치가 물질적 분배 정책을 중심으로 작동하면서 젊은 세대 중심의 새로운 사회적 요구가 정치적으로 표출될 통로가 제한되었다. 그래서 전후에 물질적 풍요 속에서 성장한 젊은 세대는 오히려 물질적 만족에 매몰되어 있는 사회에 대해 문화적 저항을 표출했고, 새로운 사회문제에 관심을 가지면서 관료주의가 강화되고 있는 제도정치와 권위주의에 빠져 있는 기성세대 문화에 도전하기 시작했다.

이들은 탈물질주의, 생태주의, 풀뿌리민주주의 등의 이념과 가치를 내세우면서 노동자 자주관리, 여성해방, 인종차별 철폐, 소수자 권리보호, 환경보호, 반핵, 반전평화, 인권확대, 빈곤문제 해결 등 다양한 쟁점과 영역에서 평등과 정의를 요구하기 시작했다. 신사회운동(New Social Movements)이라고 불리는 이러한 저항과 사회운동은, 현대사회의 복합적인 사회관계 속에서 다원적인 차별적 위치로 인해 불평등, 지배, 억압, 배제, 시민자격의 차별 등을 겪어왔던 시민들이 새로운 민주주의적 저항을 표출하기 시작했음을 의미한다.[14]

가부장적 권위주의와 성차별은 전후 유럽 선진국에서도 지배적인 문화로 유지되었지만, 68혁명과 신사회운동이 활성화되면서 법적, 제도적

---

14. 정태석, 『시민사회의 다원적 적대들과 민주주의』, 한울, 2007, 89쪽.

개혁과 문화적 변화를 이루었다. 민주주의의 발달은 시민의 저항과 인권 의식, 공공선 의식 등을 발달시켜 성 차별, 인종 차별, 지역 불평등, 소수자 차별 등 다양한 문제 해결과 인권 확대를 요구하는 정치적 분노를 표출하는 계기가 되었다. 특히 과학기술과 공업이 발달하여 물질적으로 풍요해지자 환경오염과 파괴가 수반하였는데, 이러한 환경문제를 해결하라는 목소리도 점차 확산되었다. 자본주의적인 공업 생산 확대에 따른 자원과 에너지 소비의 확대는 환경위기를 초래하는 구조적 조건이 되었지만, 자본주의의 이윤추구와 욕구충족의 논리는 환경보호보다 물질적 만족을 우선시하는 경향을 만들어냈다. 물질적 만족을 우선시하는 기성세대의 물질주의 가치에 저항하며 젊은 세대가 환경위기의 해결을 적극적으로 요구하기 시작하면서 탈물질주의를 추구하는 환경운동은 점차 격렬해졌다.

환경 위험은 지구온난화에 따른 기후변화처럼 지구적 환경위기를 초래하므로 벡(Ulich Beck)이 강조하듯이 계급, 성, 지역 등을 초월하는 인류의 위험이기는 하다. 하지만 계급에 따라 특정한 환경오염을 회피할 수 있는 가능성은 달라진다. 말하자면 가난한 사람은 환경오염이 심한 지역에서 살고 또 오염된 작업장에서 일해야 하는 반면 부유한 사람은 좀 더 좋은 환경에서 살면서 오염된 공간을 피할 수 있다는 것이다. 이처럼 사람들 사이에 좋은 환경을 누리면서 환경피해를 회피할 수 있는 기회에서 격차가 나타나는데, 이것을 환경 불평등이라고 부른다. 이러한 환경 불평등은 계급 불평등이나 지역 불평등과도 연관이 있다.

이처럼 20세기에는 전통적인 경제적 분배의 불평등에 대한 저항을 넘어서 다양한 영역, 쟁점을 둘러싼 불평등과 차별에 대한 저항이 확산되었는데, 이것은 민주주의와 함께 평등의식이 성장해온 결과였다. 사실 불평등과 차별은 이미 오래전부터 다양한 방식으로 존재하고 또 지속되어 왔다. 그런데 '자유롭고 평등하게 태어난 개인'이라는 사고를 확산시킨 시민사회 사상의 발달과 이에 따른 부르주아혁명과 민주주의의 발달에 힘입어, 그동안 차별받아온 다양한 피지배자들, 소수자들은 점차 사회를 향해 자신들의 목소리를 낼 기회를 가질 수 있게 되었다. 2010년대 후반에 들어서 미국에 이어 한국사회에서도 미투운동(Me Too Movement)이 확산되고 있는 것은 이러한 사회적 변화 속에서 성 평등의식이 성장한 데 크게 힘입고 있다고 하겠다.

인류의 역사가 시작된 이래로 차별과 불평등은 항상 존재했고, 이에 따라 평등을 추구하려는 의식과 노력도 존재해왔다고 할 수 있다. 그렇지만 사회마다 서로 다른 생산 및 분배 구조가 형성되고 또 다양한 형태의 권력관계와 문화적 질서가 형성되면서 권력으로부터 억압받고 배제되고 주변화되는 세력이나 집단의 성격도 다양해졌다. 물질적 생존이 중요한 과제가 되고 성인 남성이 권력의 중심이 되면서 경제적 불평등과 권력 불평등이 중요한 사회적 관심거리가 되었던 반면에, 다양한 사회적 차별과 불평등은 이러한 사회의 지배적인 질서에 가려 주목받지 못했다. 서양의 선진국에서도 봉건적 질서가 해체되고 자본주의 시장경제가 발달하면서 개인주의에 기초한 자유주의와 민주주의 사상이 싹트기 시작했고, 이것이 평등의식을 확산시키면서 계급이나 권력의 불평등에 집중되어 있던 관심을 점차 다양한 소수자에게로 확산시켜나갈 수 있었다.

한국사회도 신분제도하에서는 차별과 불평등을 당연시하였기 때문에 지배층의 강력한 물리적, 폭력적 지배에 맞서 차별에 조직적으로 저항하며 권리를 주장하기란 쉽지 않았다. 그래서 집합적 저항은 생존 위기에 몰린 민초들의 반란이 때때로 크게 분출되는 정도에 머물렀다. 조선 후기로 오면서 신분차별에 저항하는 운동이 점차 격렬해지고 인격적 평등과 분배적 평등을 요구하는 목소리가 높아지자 제도로서 신분차별은 철폐되었지만, 실제로 일상생활에서 신분차별이 폐지되기까지는 많은 시간이 필요했다. 신분제도를 철폐했는데도 일상생활에서는 여전히 가부장적인 질서가 지배하고 성차별과 연령차별이 존속하였다. 또 해방 후에는 헌법제정과 정부수립을 통해 민주주의 제도가 도입되었지만, 자본주의적인 사적 소유와 시장경제 체계에서 경제적 불평등을 철폐한다는 것은 현실적으로 불가능했다. 현재 한국사회도 유럽의 신사회운동처럼 다양한 불평등과 차별에 저항하는 소수자의 목소리가 분출되었고, 또 분출되고 있다. 사회가 분화되고 다양한 사회적 불평등과 차별, 배제와 무시가 존재하는 한 평등주의는 끊임없이 불평등에 저항하는 에너지로 남아 있을 것이다.

(2) 다양한 맥락의 평등: 본체론적 평등과 기회/조건/결과의 평등

앞서 불평등과 차별이 다양한 영역과 주체 사이에서 존재하고 또 다양한 쟁점을 둘러싸고 있다는 점을 살펴보았다. 그런데 이러한 불평등과 차별은 사회역사적 국면이나 맥락에 따라 다양한 양상으로 나타날 수 있다. 우선 전통사회의 신분차별과 현대사회의 계급 불평등은 그 성격이 다르다. 자본주의 사회에서는 재산을 얼마나 소유하고 있는지에 따라 자본가가 될 수도 노동자가 될 수도 있다. 민주주의가 발달하여 교육기회가 확대되면 기회가 좀 더 평등해질 수 있지만, 학교 밖에서 교육받을 기회나 학생을 지원해줄 경제적 조건은 여전히 격차가 존재한다. 그런데 복지국가가 발달하면 다양한 재분배를 통해 이러한 조건을 훨씬 동등하게 할 수 있다.

이처럼 평등이나 불평등의 양상은 다양한 차이를 나타낼 수 있는데, 이러한 차이를 잘 보여주기 위해 터너(Bryan S. Turner)는 몇 가지 유형을 제시한다. 그는 불평등이 아니라 평등을 네 가지 기본 유형으로 구분하여 차이를 설명하는데, 바로 본체론적 평등, 기회의 평등, 조건의 평등, 결과의 평등 등이다.[15]

우선 '본체론적 평등'은 '기본적 평등'으로 개인 간의 인격적 평등을 의미한다. 이것은 초기 시민사회 사상의 출발점이던 "인간은 자연상태에서 누구나 자유롭고 평등하게 태어났다."고 하는 의미의 평등이다. 말하자면 "인간은 침해받을 수 없는 인격적 존엄성을 타고나므로 누구나 예외 없이 평등하다."는 의미이다.[16] 이것은 평등이 규범적으로 정당함을 역설한다.

'기회의 평등'은 신분제가 해체되면 신분이나 지위, 재산의 소유 여부에 관계없이 누구나 자신의 능력을 펼칠 수 있는 기회를 공평하게 제공받아야 한다는 이념에 기반한다. 경제활동의 자유를 포함하여 모든 개인에게 최대한의 자유를 허용하여야 하며, 이것은 모든 개인에게 동등한 기회를 제공한다는 것을 의미한다. 이러한 기회의 평등은 자본주의 사회가 정당성을 주장할 수 있는 중요한 근거이다. 개인은 부모의 재산이나 지위와 같은 사회적 배경의 차이가 있어도 공평한 기회를 가질 수 있으며, 따라서 모든 결과의 차이는 개인이 지닌 능력과 노력의 차이로 결정된다는 것이다. 그래서 각자의 능력과 노력의 차이로 생겨나는 불평등이나 격차는 정당한 것으로 간주된다. 이러한 기회의 평등 논리는 능력우선주의(meritocracy)를 정당화하는 근거가 된다.[17]

그런데 기회의 평등이라는 원리는 사회적 조건의 차이가 개인 간의 기회의 형평성에 영향을 미치면 그 자체만으로는 더 이상 정당성을 얻기

---

15. 선우현, 『평등』(비타 악티바 26), 책세상, 2012, 30-40쪽.
16. 선우현, 같은 책, 33쪽.
17. 선우현, 같은 책, 34-35쪽.

어렵다. 그래서 '형식적 평등'과 '실질적 평등'의 차이라는 문제가 제기된다. 말하자면 형식적으로는 모두에게 공평한 기회가 주어진다고 하지만, 실질적으로는 그 기회를 누릴 수 있는 여건이 서로 공평하지 않다는 것이다. 예를 들어 자본주의 시장경제에서 부동산 가격이 상승하여 불로소득을 더 많이 벌어들이려면, 부동산에 투자할 여윳돈이 있어야 한다. 즉, 자본주의 시장은 불로소득을 벌어들이는 다양한 기회를 제공하지만 이러한 기회는 돈을 얼마나 소유하고 있는지, 아니면 권력이 얼마나 큰지에 따라 달라진다. 또 대학입시의 기회가 모두에게 공평하게 주어진다고 하더라도, 집안 사정에 따라 어떤 학생은 쾌적한 독방에서 공부에 전념할 수 있는 반면 어떤 학생은 다른 식구들이 함께 생활하는 단칸방에서 상을 펴놓고 공부할 수밖에 없다면 실질적 불평등이 존재한다고 말할 수밖에 없다. 사교육을 받을 수 있는 기회라든지 참고서나 책을 사볼 수 있는 여유 등도 마찬가지이다.

이처럼 대학입시를 치르는 기회가 동등하게 주어졌다고 해서 공부를 위한 실질적 여건이 서로 다른 학생이 기회의 평등을 누리고 있다고 주장하는 것은 별로 설득력이 없어 보인다. 그래서 좀 더 평등한 기회를 제공하려면 개인이 처한 사회적 조건이나 환경을 공평하게 할 필요가 있다. 이런 면의 평등을 우리는 '조건의 평등'이라고 부른다.

루소는 『인간불평등 기원론』에서 자연적 불평등과 사회적 불평등을 구분하였다. 자연적 불평등은 인간의 힘으로 어찌할 수 없는 선천적 불평등이고 사회적 불평등은 자연상태에서 벗어나 점점 더 큰 사회를 이루어 살면서 형성된 후천적 불평등이다. 그래서 루소는 자연상태의 평등을 회복하려면 이러한 사회적 불평등을 해소하려고 노력해야 한다고 주장했다. 예를 들어 빈곤층 자녀들이 학업에 전념할 수 있는 조건을 갖추고 있지 못하다면, 장학금을 주거나 학습공간을 제공하고 나아가 청소년(학생)수당을 주어 경제적인 불이익을 받지 않도록 하는 것들이 조건의 평등을 제공하는 것이다. 오늘날 민주주의 사회는 장애인과 같이 선천적이거나 후천적인 자연적·신체적 조건의 불평등마저도 적극적 조처(afformative action)를 통해 해결하려는 노력을 하는데, 이런 것들은 모두 '조건의 평등'을 지향하는 것이다.

한편 조건의 평등을 추구한다고 하더라도 모두에게 동등한 조건을 제공하기란 현실적으로 쉽지 않기 때문에 조건의 평등을 제공하는 것으로 모든 불평등을 해소하기란 쉽지 않다. 더구나 선천적인 신체적 (무)능력이나 재능의 격차로 생겨나는 불평등을 무조건 당연한 것으로 받아들이도록 하는 것도 도덕적으로 바람직하지 않다. 그래서 다양한 불평등이나 격차 때문에 생겨난 보상의 과도한 불균형을 개선하려는 노력이 필요한데, 이런 방식으로 추구하는 평등을 '결과의 평등'이라고 말할 수 있다. 이것은 선천적 불평등이나 사회적 조건의 불평등 때문에 생겨난 보상의 불균등을 조정함으로써 결과를 평등하게 하려고 한다는 점에서 사회적 약자에 대한 배려를 함축하고 있다.[18] 오늘날 복지선진국을 중심으로 발달한 보편적 복지제도나 기본소득에 관한 논의들도 결과의 평등을 제공하려는 정책적 시도라고 할 수 있다.

터너, 화이트, 롤스(John Rawls)와 같은 정치철학자들은 지금까지 언급한 불평등의 양상들, 즉 '기회/조건/결과의 평등'에 관해 많은 논의를 해왔다. 그런데 불평등이 사회를 유지하는 일상적인 규칙적 과정에서 반복되면서 누적될 수 있다는 점에 거의 주목하지 않는다. 예를 들어 경쟁의 공정성을 강조하기 위해 '달리기의 비유'를 사용하는 것은 출발선의 평등과 종착선의 격차의 공정함에 주목하기 쉽게 한다. 하지만 이러한 비

---

18. 선우현, 같은 책, 38-40쪽.

유로는 반복적 과정에서 불공정한 규칙이 만들어내는 불평등을 밝혀내기는 어렵다. 그래서 출발선의 평등이 주어지는 경쟁은 공정한 경쟁이 되며, 이에 따라 생겨나는 분배의 격차는 정당한 격차로 생각하도록 한다. 이렇게 되면 출발선, 즉 경쟁의 조건을 평등하게 하면 그 결과의 격차는 공정한 것으로 받아들여야 하며, 이제 '결과의 평등'은 조건의 평등에도 불구하고 생길 수 있는 과도한 결과의 격차를 보완하는 원칙이 된다. 그래서 이들은 결과의 평등으로서 복지제도나 '차등의 원칙'(롤스)과 같은 최하층에 대한 배려를 대안으로 제시하는 경향을 보인다.[19]

드워킨(Ronald Dworkin)은 평등을 개인을 "평등한 존재로 대우한다."거나 "평등하게 배려한다."는 의미로 정의하면서 분배의 평등을 이러한 평등의 하위 개념으로 본다. 그리고 '자원의 평등'을 강조하면서 정치적·사회적 불평등은 정당화될 수 없다고 거부한다. 하지만 그는 사회적 자원이나 가치를 모든 개인에게 균등하게 배분하는 것이 진정한 평등이라고 보지는 않으며, 오히려 차등적 배분이 그들을 평등하게 대우하는 것일 수 있다는 점을 강조한다.[20] 드워킨은 분배의 평등을 절대적 균등과 동일시하지 않으면서 평등의 문제를 좀 더 유연하게 사고하고 있기는 하지만 평등의 문제를 규범적인 차원에서 해결하려고 하는 한계가 있다. 이렇게 관심이 규범적 차원으로 넘어가면 이제 기여에 상응하는 공정한 보상의 문제는 크게 중요하게 여겨지지 않는다. 따라서 드워킨에게서도 사회의 지속적 유지 과정에서 생겨나는 불평등 문제는 관심에서 멀어지게 된다.

조건의 평등과 결과의 평등을 대비시키는 롤스를 비롯한 수정자유주

---

19. 선우현, 앞의 책, 36-40쪽. 스튜어트 화이트(Stuart White), 『평등이란 무엇인가』 (강정인· 권도혁 옮김), 까치, 2016, 165-199쪽.
20. 선우현, 같은 책, 169-131쪽.

의자들은 마르크스주의를 인위적인 '결과의 평등'을 지향하는 이념으로 평가한다. 그런데 이러한 평가는 전혀 타당하지 않다. 만약 결과를 낳는 과정의 규칙이 공정하다면, 그래서 노동(기여)에 따른 분배(보상)가 공정하게 이루어진다면, 결과 그 자체는 아무런 문제가 되지 않을 수 있다. 그래서 사회적 배려가 필요한 경우가 아니라면 인위적으로 결과의 평등을 지향해야 할 이유는 없다. 사실 마르크스의 착취이론은 자본주의 사회에서 불공정한 분배규칙으로 인해 노동(기여)에 따른 분배(보상)의 격차가 누적되는 과정이 불평등하다는 점을 보여주는 이론이다. 이런 점에서 마르크스는 '과정의 평등'을 지향하고 있다. 말하자면 인위적으로 결과의 평등을 만들려고 하는 것이 아니라 과정의 불평등을 낳는 착취, 그리고 그 근원이 되는 사유재산제도(자본의 사적 소유)를 폐지함으로써 결과의 평등(사회주의)을 만들어내는 것을 지향하고 있는 것이다. 결국 수정자유주의자들이 마르크스주의를 인위적인 '결과의 평등'을 지향하는 이념으로 평가하는 것은 이 점을 잘 이해하지 못한 결과라고 하겠다.[21]

(3) 왜 '과정의 불평등'이 중요한가?

평등의 유형에 대한 터너의 분류는 평등 개념이 지니고 있는 다양한 맥락을 이해하는 데 도움을 준다. 하지만 이러한 유형 분류로는 불평등의 다양한 맥락을 설명하기에는 충분하지 않다. 왜냐하면 마르크스가 자본주의 사회의 핵심적 기제로 제시하고 있는 분배의 규칙, 즉 착취 과정에서 생겨나는 불평등을 설명할 수 있는 개념이 없기 때문이다. 결국

---

21. 선우현, 같은 책, 63쪽.

사회를 유지하기 위해 반복적으로 이루어지는 노동과 분배의 규칙을 공정하게 하는 것으로서 '과정의 평등'에 주목하지 않는다면, 불평등이 생겨나는 중요한 맥락을 놓치는 결과를 초래한다.

조건의 평등 개념은 기회의 평등 개념이 가진 한계를 잘 보여준다는 점에서 중요하다. 출발선이 다르면 동등한 기회가 보장되었다고 보기 어렵기 때문에, 사회적 배경이나 환경과 같은 출발선의 조건을 동등하게 하는 것은 평등을 위해 중요하다. 그런데 사회적 경쟁의 조건이 동등하기만 하면 모든 결과의 불평등을 받아들일 수 있는 것일까? 그렇지 않다. 경쟁 과정에서 노력에 따른 결과의 분배가 공정하지 않으면 결과의 격차를 정당하다고 인정하기 어렵기 때문이다. 비슷한 노력을 했는데도 어떤 사람은 다른 사람의 두 배가 넘는 보상을 받았다면, 과연 이러한 경쟁의 규칙과 보상의 격차를 공정한 것으로 받아들일 수 있을까? 게다가 이러한 경쟁의 규칙이 반복되어 보상의 격차가 누적된다면 이것을 공정하다고 말할 수 있을까? 이처럼 '과정의 불평등'이 존재하고 그 불공정성이 크다면 사람들은 결과의 불평등을 인정하기 어려울 것이다.

자본주의 사회는 경쟁의 조건을 평등하게 만드는 것뿐만 아니라 경쟁의 과정, 즉 노동과 분배의 규칙을 공정하게 만드는 것도 현실적으로 매우 어렵다. 예를 들어 자본을 소유한 자본가와 자본가에게 노동력을 팔고 임금을 받아 생활하는 노동자가 공정하게 경쟁한다는 것은 불가능하다. 특히 노동자의 노동의 산물을 자본소유자인 자본가의 이윤으로 귀속시키는 것, 즉 착취는 자본의 사적 소유를 인정할 때 가능한 것으로 자본주의 사회의 근간이 되는 원칙이다. 그런데 이러한 착취는 노동(기여)에 따른 공정한 분배(보상)라고 할 수 없다. 자본주의 사회에서 이러한 과정의 평등을 기대하기는 불가능한데, 과정의 평등이 이루어진다는 것은 공동의 자본을 누구나 자유롭게 활용할 수 있고 또 이를 통해 생산한 노동의 산물을 자신이 가질 수 있게 된다는 것, 즉 자본주의의 폐지를 의미하기 때문이다.

　자본의 사적 소유와 노동자들의 노동력 착취가 정당화되는 자본주의 사회에서는 경제적 생산 및 교환 과정에서 구조적으로 불평등한 교환과 착취가 생겨날 수밖에 없다. 자본-노동 관계라는 조건의 불평등은 착취 과정을 반복하도록 만들며, 이로 인해 빈익빈 부익부 현상은 심화된다. 노동자들은 열심히 일을 해도 정해진 임금 이상의 소득을 벌기 어렵지만 자본가들은 자본을 소유하고만 있어도 이윤을 얻을 수 있다. 기업이 자본을 투자하고 노동자들의 노동력을 이용해서 생산한 상품을 팔아서 벌어들이는 돈이 늘어나면, 이윤이 늘어날 뿐 임금으로 지불되는 몫은 정해져 있다. 물론 노동자들은 초과노동 수당이나 약간의 성과급을 더 받을 수 있겠지만, 이것은 이윤의 증가에 비하면 얼마 되지 않는 돈이다. 결국 착취라는 불공정한 분배규칙 때문에 '과정의 불평등'은 지속적으로 반복되며, 이것은 부의 격차를 확대한다. 물론 과정의 불평등은 자본과 노동의 관계에서만 나타나는 것은 아니다. 동일한 노동을 하더라도 대기업 노동자와 중소기업 노동자가, 정규직 노동자와 비정규직 노동자가 서로 다른 보상을 받고 이러한 격차가 반복되고 누적된다면, 이것 역시 '과정의 불평등'의 한 양상이라고 할 수 있다.

　불평등의 이러한 양상은 '조건의 불평등'이나 '결과의 불평등'만으로는 충분히 설명하기 어렵다. 결과의 불평등은 조건의 불평등 때문에 생겨날 수도 있지만 과정의 불평등 때문에 생겨날 수도 있다. 따라서 과정의 불평등을 이해하지 못한다면, 조건의 평등을 제공함으로써 공정성을 충분히 확보할 수 있다거나 결과의 평등을 통해 조건의 불평등을 충분히 보완할 수 있다고 주장하게 될 것이다.

자본주의 사회에서 과정의 불평등은 조건의 불평등이 만들어내는 결과의 격차 이상으로 큰 격차를 만들어내는데, 이것은 무엇보다도 착취, 즉 분배의 불평등이 과정 속에서 반복되고 또 누적되기 때문이다. 이런 점에서 보면 조건의 평등이 공정한 결과를 낳을 수 있도록 하려면 분배의 규칙이 공정해야 한다. 따라서 '기여에 따른 분배'라는 과정의 규칙이 평등을 실현하기 위한 중요한 출발점이 된다. 비록 불평등한 조건에서 출발한다고 하더라도 생산과정에서 기여한 만큼 보상을 받을 수 있다면, 불평등은 출발선의 격차 이상으로 크게 확대되지는 않을 것이다. 이럴 경우 인위적인 결과의 평등을 추구하는 것이 반드시 필요하지 않을 수 있다. 그래서 과정의 공정함과 기여에 따른 분배가 무조건적인 결과의 평등(균등)보다도 오히려 평등의 원칙에 더 부합할 수 있다. 조건과 과정의 평등이 주어진다면, 이에 따른 결과의 불평등은 크지 않을 것이며 그 자체로 공정한 불평등 또는 정당한 차등이라고 말할 수 있다. 그리고 조건의 불평등이 존재하더라도 과정의 평등이 주어진다면, 결과의 불평등은 최초의 조건의 불평등 이상으로 크게 확대되지 않을 것이다. 이 경우에 결과의 평등은 조건의 불평등을 보완하는 역할을 할 것이다.

지금까지 살펴보았듯이 복지제도나 차등의 원칙과 같은 결과의 평등을 자선이나 배려의 차원으로 보고 있는 롤스와 같은 수정자유주의자들은 결과의 평등이 조건의 불평등뿐만 아니라 과정의 불평등에 대한 보상의 의미를 지니고 있다는 점을 간과하고 있다. 그래서 결과의 평등에는 불공정한 과정이 낳은 결과의 격차를 공정하게 보상해주는 의미도 담겨 있다는 점을 이해하지 못한다.

한편 마르크스는 사회주의 사회에서의 초기단계와 성숙단계 간의 차이를 각각 '능력에 따른 노동과 노동에 따른 분배'와 '능력에 따른 노동과 필요에 따른 분배'로 구분한 바 있다. 여기서 전자가 과정의 평등에 상응한다면, 후자는 결과의 평등에 상응한다고 할 수 있다. 그런데 '결과의 평등'은 조건과 과정의 평등을 보장하는 사회주의 사회도 피할 수 없는 자연적 불평등이나 부수적인 사회적 불평등을 보완하는 인본주의적 배려의 원칙을 내포하고 있다.

  현대 자본주의적 불평등 사회에서 본체론적 평등과 함께 기회/조건/결과의 평등을 실현하려는 노력은 불평등을 줄이는 데 크게 기여하고 있다. 그렇지만 착취의 기제가 빈익빈 부익부를 심화시키고 있는 현실을 근본적으로 극복하려면 마르크스가 밝혀준 것과 같은 '과정의 불평등'에 대한 인식에서 출발하지 않으면 안 된다. 무엇보다도 공정한 노동과 분배의 규칙을 만들려는 노력만이 불평등의 확대를 근원적으로 억제할 수 있기 때문이다.

2. 능력우선주의는 평등의 원리가 될 수 있을까?

평등이나 불평등의 문제를 다루다 보면 능력우선주의(meritocracy)를 어떻게 볼 것인지가 고민스러운 쟁점으로 떠오른다. 얼핏 보기에는 "능력이나 노력이 분배의 우선적 기준이 되는 것이야말로 가장 공정한 것이 아닌가?" 하고 생각할 수 있기 때문이다. 이런 점에서 능력우선주의는 불평등을 설명하고 또 정당화할 수 있는 매력적인 설명 논리처럼 보인다. 하지만 앞서 보았듯이 조건의 불평등이 존재하는 상황에서 능력의 격차는 조건의 격차의 산물일 수 있다는 점에서 비판적인 시각이 필요하다. 게다가 이것이 과정의 불평등을 낳는 사회적 조건을 배제할 수 있는 것도 아니다. 결국 능력우선주의가 결과의 불평등을 정당화할 수 있는 논리라는 주장은 그리 설득력이 있어 보이지 않는다. 그래서 여기서는 조건의 불평등이나 과정의 불평등이 존재하는 현실에서 능력우선주의가 어떻게 중간계급의 자기정당화 논리가 되며, 또 어떻게 구조적 불평등을 존속·강화하는지를 따져보려고 한다.

(1) 능력우선주의와 중간계급 이데올로기

개인 간의 불평등이나 격차에 대해 얘기할 때 가장 쉽게 떠올리는 원인은 아마도 개인의 능력이나 노력일 것이다. 물론 과거 신분제 사회에서는 아무리 개인의 능력이 뛰어나고 열심히 노력해도 신분의 장벽을 뛰어넘기는 쉽지 않았다. 하지만 신분제로부터 해방되어 개인이 자유를 누리게 되고 민주주의가 발달하여 개인이 기회의 평등을 보장받으면서, 사람들은 이제 개인적 보상의 차이가 개인의 능력이나 노력에 따르는 것이라고 생각하는 경향이 강해졌다.

이처럼 오늘날 개인의 능력과 노력에 따른 보상의 차이가 불평등을 만들어낸다는 논리를 체계화하고 있는 관념이 바로 '능력우선주의'이다. 이것은 능력주의, 능력의 지배, 실력주의 등 다양한 방식으로 번역되기도 한다. 사회학자 영(Michael Young)이 제안한 이 개념은 세습신분 중심의 사회에서 능력 중심의 사회로 이행하는 것을 보여주기 위한 것으로, IQ와 노력이 능력(merit)으로 규정되었다. 이것은 사회적 지위의 결정이 능력이라는 합리적 기준에 따라 이루어지는 사회를 묘사한다는 점에서 현대사회로의 변동 원리를 잘 보여주는 것처럼 보인다. 그런데 이 개념의 원래 의도는 성공한 사람들이 마치 순전히 자신의 능력으로 성공을 이룬 것으로 믿고 있는 현실을 풍자한 것이다. 평등한 사회적 배경과 공정한 경쟁규칙을 갖추고 있지 않는 사회에서 IQ와 같이 당장 드러나는 능력으로 사람을 평가하고 이에 따라 차별화된 보상을 하는 것은 낮은 사회계층에게 열등감을 불러일으키면서 지위 불평등을 고착화할 수 있다는 것이다.[22]

능력우선주의가 정당화되려면 우선 '기회의 평등'을 보장해야 하고 공정한 경쟁을 전제로 해야 한다. 그래야만 개인의 능력에 따라 지위가 상승하거나 하락하는 것이 정당하다고 인정받을 수 있기 때문이다. 일반적으로 민주주의 사회는 개인의 자유를 보장하며, 자본주의 시장경제는 개인에게 경제활동의 자유를 제공한다고 얘기된다. 그래서 민주주의적 자본주의 사회에서 보장되는 정치적 자유와 경제활동의 자유는 '기회의 평등'을 제공하는 것으로 간주된다. 그리고 기회가 평등한 사회에서 개인이 이룬 성취는 개인의 능력과 노력의 산물이며, 이에 따른 결과의 불평등은 공정하고 정당한 불평등이 된다.

---

22. 스튜어트 화이트, 앞의 책, 122쪽.

그런데 자본주의 사회에서 기회의 평등은 기회의 활용을 뒷받침해주는 조건에서 계급적 격차까지 평등하게 하는 것은 아니다. 물론 역사적으로 이러한 불평등한 조건이 지속해서 개선되어 온 것은 사실이다. 과학기술과 공업의 발달, 기업규모의 증대, 보통교육의 확대 과정을 통해 전문직, 기술직, 중간관리직을 중심으로 하는 중간계급이 형성되면서, 사람들은 점차 지위상승의 기회나 새롭게 부를 형성할 기회를 얻을 수 있었다. 그리고 이를 통해 개인의 능력과 노력에 따라 성공 여부가 결정될 수 있다고 생각하게 되었다. 보통교육을 받고 능력을 키워 지위상승의 기회를 얻은 사람들이나 개인 사업을 통해 부의 축적에 성공한 사람들은 능력우선주의의 신봉자가 되었다. 그들은 자신의 성공이 온전히 자신의 능력과 노력의 산물이라고 생각하면서, 능력과 노력에 따라 지위와 부가 분배되는 것이 공정하고 정의로운 것이라고 주장하였다. 이렇게 본다면 능력우선주의는 전문직 종사자들과 같은 '중간계급의 이데올로기'라고 말할 수 있다.

이러한 능력우선주의에 타당한 근거를 제공하는 이론이 바로 인적 자본이론(Human Capital Theory)이다. 이것은 경제활동 과정에서 인간의 선천적 재능뿐만 아니라 교육을 통한 후천적 노력에 의해 인적 자본을 키우는 것이 노동생산성을 높여 경제적 이익을 늘릴 수 있는 길이라는 점을 강조한다. 그래서 개인의 능력과 노력의 차이가 가져오는 결과의 차이는 정당하다는 관념을 심어준다. 그렇다면 그러한 결과의 차이는 온전히 개인의 능력과 노력의 산물일까? '조건의 평등/불평등' 개념은 바로 이러한 사고에 의문을 제기한다. 이것은 다음과 같은 질문으로 이어진다. 한 사회에서 개인이 자신의 능력을 계발하고 또 발휘할 수 있게 해주는 조건은 평등하게 제공되고 있는가?

능력우선주의에서 능력(merit)은 재능, 실력, 가치, 이점, 공적 등으로 번역할 수 있으며, 선천적인 재능과 후천적인 실력을 포괄한다. 그래서 선천적인 재능의 차이에 따른 성과의 불평등을 정당하다고 인정할 것인지, 후천적인 실력의 차이에 따른 성과의 불평등을 어느 수준까지 인정할 것인지, 그리고 이러한 성과의 불평등이 이후의 기회의 평등을 제약하게 되는 것은 아닌지 등을 둘러싼 많은 논쟁이 있었다.[23]

『평등이란 무엇인가』의 저자 화이트(Stuart White)는 '약한 능력우선주의'와 '강한 능력우선주의'를 구분한다. 능력우선주의에 정당성을 부여할 수 있는 조건이 강한지 약한지가 그 기준이다. 우선 약한 능력우선주의는 교육이나 고용과 같은 중요한 재화에 대한 접근에서 차별이 없다면 능력우선주의가 공정한 원칙이 된다고 본다. 그래서 이러한 원칙의 실현을 방해하는 요소인 국가와 공공기관 또는 사적 영역의 주체들에 의한 차별을 없애는 것이 중요하다고 본다. 이러한 주체들이 국가의 법률이나 종교적 원칙, 기업의 규정 등에 의거하여 성별, 인종, 종족, 종교 등에 따른 차별행위를 함으로써 기회의 평등을 훼손하는 것이 문제이며, 이러한 차별을 없애면 기회의 평등이 보장될 수 있다는 것이다.[24]

반면에 강한 능력우선주의는 "약한 능력우선주의의 목표들을 지지하지만, 그 목표들에 개인들이 자라나는 환경 그리고 그들이 끌어다 쓸 수 있는 초기적 자원에 대한 관심을 추가한다." 그래서 상속된 부, 교육, 가정환경 등에서 받는 불리함에 대해서도 대처할 필요가 있다고 본다. 이러한 사회적 배경의 차이가 기회의 평등을 제약할 수 있기 때문이다.[25]

능력우선주의에서 중요한 쟁점은 그 자체가 정당한 원칙인가 하는 문제라기보다는 과연 현재사회가 능력우선주의 원칙에 부합하는가 하는

---

23. 스튜어트 화이트, 같은 책, 118-131쪽.
24. 스튜어트 화이트, 같은 책, 98-102쪽.
25. 스튜어트 화이트, 같은 책, 104-110쪽.

문제이다. 자본주의 사회에 존재하는 계급적 격차를 능력우선주의로 정당화하려는 학자들은 상층계급과 하층계급 간의 격차가 선천적으로 타고난 지능이나 재능의 차이 때문이거나 동기부여에서 나타나는 차이 때문이라고 주장한다. 하지만 더 높은 지능을 지닌 하층계급의 자녀가 성장과정에서 상층계급의 자녀에게 점차 뒤떨어지거나 동기부여 자체도 가정의 경제적 배경에 따라 강화되거나 약화될 수 있다는 연구결과들은 이러한 주장이 더 이상 설득력이 없다는 사실을 보여준다.[26]

(2) 조건/과정의 불평등과 능력우선주의의 한계

수정자유주의 정치철학자들의 관점에서 보면, 경제활동의 자유와 기회의 평등이 주어지는 자본주의 사회에서 몇몇 조건을 동등하게 하면 경쟁을 통해 생겨나는 격차는 정당한 것으로 받아들일 수 있다. 더구나 실질적인 기회의 평등을 위해 교육, 의료 등 부분적으로 탈시장화된 복지를 제공하고 '차등의 원칙'에 따라 최하층을 배려한다면 능력우선주의를 비판할 여지는 크지 않다. 그래서 출발선의 평등이 주어진다면 능력우선주의가 공정한 경쟁과 분배의 원리가 될 수 있다고 주장한다. 과연 그럴까?

앞서 보았듯이 '기회의 평등'이 실질적으로 보장되려면 '조건의 평등'이 주어져야 한다는 점은 분명하다. 개인의 능력에는 선천적 재능과 후천적 노력이 포함될 수 있는데, 선천적 재능조차도 그 개인이 성장해온 가정적 배경과 사회적 존재조건들에 따라 크게 영향을 받는다. 그래서 강한 능력우선주의는 상속된 부, 교육, 가정환경 등 불평등한 사회적 조

---

26. 스튜어트 화이트, 같은 책, 103, 110-117쪽.

건들에서 비롯되는 격차의 문제를 해결해야 한다고 주장한다.

예를 들어 자본가 집안에서 증여나 상속을 통해 자본을 대물림하고, 이렇게 부모로부터 받은 상속재산으로 사업을 하여 성공을 한 개인들의 모습에서 능력우선주의를 떠올리기는 어렵다. 부모로부터 큰 빌딩을 물려받은 사람과 상가임대료를 직접 내야 하는 사람이 서로 사업 경쟁을 한다면, 두 사람의 성과가 모두 개인의 능력과 노력의 산물이라고 말할 수 있을까? 이것은 능력우선주의가 아니라 상속된 부라는 조건의 불평등을 잘 보여주는 범례이다.

이러한 조건의 불평등은 교육과 가정환경의 면에서도 확인된다. 고등학생이 소위 명문대학 또는 명문학과에 입학해서 좀 더 확실한 미래를 보장받으려면 대학입시경쟁에서 성공해야 한다. 그런데 현재의 대학입시제도는 일반적으로 양질의 더 많은 사교육 기회를 가질수록 성공할 확률이 높다. 그리고 이러한 사교육 기회는 무엇보다도 부모의 경제력에 달려 있다. 결국 학생의 부모가 어떤 계급·계층에 속해 있는가에 따라 사교육의 기회와 수준이 달라지며, 이것이 대학입시경쟁에서의 성공 여부를 판가름하는 데 큰 영향을 미친다. 따라서 이 역시 대학입시의 성과를 단순히 개인의 능력이나 노력으로 설명할 수 없다는 사실을 보여준다.

이처럼 개인은 다양한 사회관계 속에서 서로 다른 사회적 위치에 놓여 있는데, 이러한 사회관계는 흔히 '사회구조'라 불린다. 어느 사회나 개인에게 다양한 자원이나 가치를 배분하는 규칙이 존재하는데, 사회구조는 이러한 규칙에 따라 안정적으로 유지되는 사회관계 또는 사회체계를 말한다. 개인은 이러한 사회관계 속에서 특정한 자리를 차지하게 되는데, 자본주의 사회에서 어떤 개인은 자본가의 위치를 차지할 수 있고 어떤 개인은 노동자의 위치를 차지할 수 있다. 그런데 이러한 위치는 자의적으로 선택할 수 있는 것이 아니라 미리 배분되어 있는 자원이나 가치의 분포에 따라 정해진다. 예를 들어 자본주의 사회구조에서 자본을 소유한 사람들은 자본가계급의 위치를 차지하게 되고 자본을 소유하지 못한 사람들은 노동자계급의 위치를 차지하게 된다. 결국 이러한 계급·계층적 위치가 조건 불평등의 원천이 되며, 경쟁은 바로 이러한 불평등한 사회구조적 조건 속에서 이루어지는 것이다.

20세기 후반 미국의 풋볼 감독이던 스위처(Barry Switzer)가 했다는 다음의 말은, 사람들이 일상적으로 자신의 사회구조적 조건을 생각하지 못하고 살아간다는 사실을 함축적으로 보여준다. "어떤 사람은 3루에서 태어나서 평생을 3루타를 쳤다고 생각하며 살아간다(Some people are born on third base and go through life thinking they hit a triple)." 개인이 느끼지 못하는 구조적 불평등이 존재하는 자본주의 사회에서 대부분의 경쟁은 공정하기 어렵다. 그래서 개인의 성과의 격차를 단순히 개인의 능력이나 노력의 격차로 설명하는 것은 타당하지 않다. 이것은 성과 또는 결과의 격차가 개인이 사회관계 속에서 차지하고 있는 사회적 위치의 차이에 기인하는 것임을 말해주는데, 이것을 추상적인 사회과학적 용어로 표현하면 곧 '사회구조의 효과'이다.

개인의 능력이나 노력은 경제제도를 비롯한 사회제도나 사회관계들, 즉 사회구조 속에서 발휘되며, 개인의 노력에 대한 보상은 사회구조가 강제하는 규칙에 따라 분배된다. 이처럼 사회구조가 제공하는 조건들은 개인의 행위(노력)가 이루어지는 배경이 되며, 이러한 배경, 즉 조건의 차이가 실질적인 기회의 불평등을 만들고, 이로 인해 어떤 개인은 자신의 능력이나 노력에도 불구하고 기대하는 결과를 얻어내기 어렵다.

한편 '사회구조의 효과'는 조건의 불평등에서 생겨나기도 하지만 과정의 불평등에서도 생겨난다. 사회구조는 개인이 사회관계 속의 특정한 위치에 배치되도록 할 뿐만 아니라 노동하고 또 분배받는 규칙도 강제한다. 이런 점에서 사회구조는 개인에게 조건의 불평등을 강제하는 동시에 과정의 불평등을 강제한다. 그래서 사회구조를 유지하는 분배 규칙이 불공정하면 개인의 능력이나 노력에 따른 공정한 보상을 기대하기도 어렵다.

이처럼 '사회구조의 효과'가 개인의 능력이나 노력, 그리고 이에 따른 보상을 얻는 방식에 큰 영향을 미치고 또 결과의 격차가 순전히 개인의 능력과 노력의 차이에 기인하는 것으로 설명할 수 없다는 점을 인정한다면, 다음 두 가지 점에서 능력우선주의에 대해 근본적으로 성찰해야 한다.

첫째, 능력우선주의가 정당성을 가지려면 경쟁하는 개인의 출발선이 평등한지 고려해야 한다. 그래서 화이트를 비롯하여 많은 학자가 지적하고 있는 것처럼, 상속된 부, 교육, 가정환경을 포함하는 개인 간의 사회구조적 조건의 불평등을 해결하는 것이 중요하다. 자유주의자들이 중요시하는 경제활동의 자유는 현실적으로 그가 소유하고 있는 사유재산 또는 자본의 양에 비례한다. 개인의 능력보다 물질적 조건이나 계급적 지위가 더 중요한 성공의 조건이 되는 것이다. 그래서 "자본주의 사회에서는 돈이 돈을 번다."는 얘기가 나온다. 결국 온전한 경제활동의 자유는 자본가와 부유층만이 제대로 누릴 수 있으며, 개인의 능력과 그에 따른 성취의 차이가 많은 부분 출발선의 조건 불평등에 기인하는 것이라면, 모든 결과의 격차를 개인 능력의 산물로 간주하는 능력우선주의는 그 타당성을 인정받기 어렵다.

둘째, 사회구조적 조건이 동등하게 주어진다고 하더라도 불공정한 노동(기여)과 분배의 규칙이 반복적으로 작동하는 사회라면, 개인의 능력과 노력에 상응하는 분배나 보상이 주어지지 않을 수 있다. 앞서 언급했듯이, 자본주의 사회에서 자본의 사적 소유와 착취 기제는 자본가와 노동자 각각의 노력이 불공정한 성과의 분배로 나타나도록 한다. 이러한 과정의 불평등은 개인의 능력과 노력에 상응하는 공정한 분배를 지속적으로 방해하며, 오히려 부의 격차를 끊임없이 확대한다.

이처럼 자본주의 사회에서 사회구조의 효과는 두 가지 형태의 불평등을 낳는데, 자본의 사적 소유가 '조건의 불평등'에 상응한다면 착취 기제는 '과정의 불평등'에 상응한다. 『제3의 길』 저자 기든스(A. Giddens) 역시 자본주의 사회가 능력이 지배하는 사회인 것처럼 보이지만, 실제로는 심각한 불평등을 만들어내고 있다고 지적한다. 노동시장의 승자독식이 그 대표적인 사례이다. "다른 사람보다 단지 근소하게 더 나은 재능을 가진 사람이 다른 사람보다 훨씬 더 많은 보수를 받는다. 일류 테니스 선수 혹은 일류 오페라 가수는 자신보다 못한 사람들보다 훨씬 많은 돈을 번다. 다른 사람보다 능력이 조금밖에 뛰어나지 않다면 보수도 다른 사람보다 조금만 더 받아야 하지 않겠는가?"[27] 이처럼 근소한 차이로 시작해서 그 격차가 점점 벌어지고 성공과 실패가 판가름 난다면, 이 문제는 단순히 조건이나 결과의 평등만으로는 해결하기 어렵다.

자본주의 사회는 작은 능력의 차이를 엄청난 결과의 차이로 만드는 사회이다. 특히 승자독식주의 원칙은 출발선에서 나타나는 작은 차이가 일정한 시간이 지나면 엄청난 격차로 나타나게 한다. 이것은 과정의 불평등이 결과의 불평등을 훨씬 심화할 수 있다는 점을 보여준다. 그래서 앞서 언급하였듯이, 비록 조건의 불평등이 존재한다고 하더라도 '과정의 평등'이 보장되는 사회가 오히려 훨씬 더 공정하고 평등한 사회로 여겨질 수 있다. 매 순간 기여한 만큼의 보상을 받을 수 있다면, 조건의 불

---

27. 앤서니 기든스, 『제3의 길』(한상진· 박찬욱 옮김), 생각의나무, 1998, 160-161쪽.

평등은 부차적인 문제가 될 수도 있기 때문이다. 물론 과도한 조건의 불평등은 여전히 문제가 되겠지만 말이다.

(3) 경쟁의 불공정성과 능력우선주의의 정당성 딜레마

조건의 불평등과 과정의 불평등이 기회와 결과의 공정성을 훼손하고 있는 현실에서는 능력우선주의가 결코 그 자체로 공정성과 정당성을 지닐 수 없다. 그런데도 '기회의 평등'과 경쟁의 공정성을 내세워 결과의 불평등을 능력우선주의 논리로 정당화하려는 것은 오히려 능력우선주의의 허구성을 드러낼 뿐이다.

오늘날 자본주의 시장에서 경쟁의 공정성을 순수하게 믿는 사람은 드물다. 그리고 이러한 의심은 소유(자본, 재산)나 분배(임금, 일자리)와 같은 조건과 과정의 불평등에 대한 비판적 인식으로 이어지고 있다. 이것은 결국 기회의 평등을 넘어 조건과 과정의 평등을 요구하는 목소리로 표출될 것이다. 이러한 현실에서 능력우선주의를 정당화하려 한다면 두 가지 방식의 정당성 딜레마를 피할 수 없을 것이다. 첫째는 경쟁의 공정성을 보장하기 위해 조건/과정의 평등을 주장해야 하는데, 이것은 역으로 능력의 격차가 조건/과정의 격차의 결과임을 받아들이는 것이 되어 능력우선주의의 한계를 인정할 수밖에 없는 딜레마이다. 둘째는 능력우선주의의 정당성은 경쟁이 공정하다는 전제에서 출발하는 것인데, 사람들이 경쟁에 몰두할수록 경쟁의 공정성이 더욱 훼손되는 상황에 직면하고, 이로 인해 능력우선주의의 정당성마저도 훼손되지 않을 수 없는 딜레마이다.

자본주의 사회의 조건/과정의 불평등 문제는 앞서 충분히 논의한 바 있으므로 이제 두 번째 딜레마에 대해 좀 더 살펴보기로 하자. 경쟁의 조건이 좀 더 공평해지고 또 경쟁의 규칙이 공정하다면 아마도 대부분은 경쟁의 결과를 수용할 것이다. 하지만 결과의 격차가 커지면서 경쟁이 치열해지고 승리 욕구, 지위상승 욕구가 강해지면 경쟁규칙의 공정성을 훼손하거나 규칙을 왜곡하려는 시도가 생겨날 수 있다. 한국사회의 대학입시 경쟁은 그 좋은 예이다. 고등학교에서 이루어지는 치열한 성적경쟁이 온갖 탈법·불법·편법 행위들을 양산하고 있는 한국사회의 현실은, 경쟁이 치열해질수록 경쟁의 목적 자체는 의미를 잃어가고 오히려 경쟁의 공정성이 훼손되어가는 '경쟁의 공정성 딜레마'를 잘 보여주고 있다. 경쟁이 치열해지자 불공정하고 부당한 수단을 사용하더라도 경쟁에서 승리하려는 경향이 점점 더 커지고, 이것은 결국 목적과 수단이 전도되는 현상을 낳고 있다. 그래서 지난 몇십 년 동안 입시제도가 계속 바뀌어왔지만 어떤 제도도 공정성 시비에서 자유롭지 못했다.

한국사회에서 개인 간의 입시경쟁, 취업경쟁, 출세경쟁, 소득경쟁 등이 치열해지면서 인맥이나 학맥 등을 동원한 권력형 부정부패가 더욱 만연해진 것도 경쟁이 낳은 공정성 딜레마이다. 그동안 정치인과 관료 들, 지방권력층과 지역유지 들은 친인척, 출신학교, 출신지역 등 각종 연줄로 얽혀 서로 특혜와 보상을 주고받았다. 공공기관이나 사기업을 막론하고 연고주의나 인맥을 동원하여 일자리나 금전적 이익을 추구하는 경향을 당연시하였고, 권력층은 이러한 불법적인 비리를 권력에 따른 당연한 부산물로 여겼다. 정치 권력과 행정 권력은 소득경쟁에도 적극적으로 이용되었는데, 인맥을 동원하여 공공사업 참여기회나 승진혜택을 얻거나 부동산 정보를 빼내 부동산 투기로 돈을 벌 수 있었다. 그런데도 이러한 성취들은 마치 개인의 능력과 노력의 산물로 포장되었고, 이것을 '능력우선주의'의 원리가 실현된 것인 양 묘사되었다.

하지만 불평등의 심화와 치열한 경쟁으로 경쟁 조건이나 경쟁규칙의 불공정성이 커지고 있는 현실에도 불구하고 결과의 불평등을 능력우선주의로 포장하려는 것은 경쟁의 공정성에서 점점 더 멀어지는 길임을 인식할 필요가 있다. 능력우선주의의 정당성은 경쟁의 공정성에 의존하고 있는데, 조건/과정의 불평등이 개선되지 않고 또 경쟁 규칙의 공정성마저 더 이상 유지되지 못하는 상황이 되면 이제 능력우선주의는 불평등과 격차를 정당화하는 설명 논리가 되지 못한다. 공정한 경쟁은 능력우선주의가 정당성을 얻고 또 결과의 불평등과 격차의 공정성을 입증하기 위한 우선적 근거인데, 경쟁의 공정성이 훼손되는 현실은 결국 능력우선주의의 정당성 딜레마를 심화시키는 결과를 낳게 될 것이다.

조건/과정의 불평등이 존재하고 경쟁의 공정성이 유지되기 어려운 현실에서 능력우선주의를 내세워 결과의 불평등을 정당화하는 것은 지위상승에 성공한 중간계급의 자기변호 논리가 되기 십상이다. 이것은 능력이나 노력이 결과의 차이를 평가하는 중요한 기준이 되어서는 안 되기 때문이 아니라 능력이나 노력마저도 조건의 불평등의 영향을 받으며 그 결과의 불평등도 과정의 불평등, 불공정한 경쟁의 산물일 수 있기 때문이다. 그럼에도 능력우선주의를 마치 결과의 불평등을 설명해주는 정당한 논리인 양 주장하고 확산시킨다면, 사람들은 제도적 불평등, 즉 조건과 과정의 불평등에 대한 비판적 인식이 억제되면서 개인적인 상향적 평등 추구, 또는 이기주의적 지위상승 경쟁에 몰두하게 될 것이다.

3. 평등주의의 정의

앞에서 우리는 평등주의를 일반적으로 평등 또는 평등한 상태를 지향하는 이념, 사고, 심성, 행위양식 등을 의미한다고 정의한 바 있다. 평등주의는 논리적인 것과 정서적인 것, 정신적인 것과 실천적인 것을 포괄하고 있는 셈이다. 평등주의를 심성이나 행위양식이라고 말할 때, 평등주의는 이념 또는 사상으로 체계화되기 이전에 일상적인 삶 속에서 자연스럽게 형성되고 표출되는 의식을 의미한다. 그런데 이런 의식이 사회 속에서 발생하는 차별과 불평등, 인격적 무시 등에 대한 체계적인 인식으로 발전하여 논리적인 사고체계를 형성할 때 평등주의 이념이 된다. 사회 속에서 평등주의는 이념과 심성 사이에서 다양한 형태로 존재한다고 할 수 있는데, 역사적으로 평등주의가 어떤 모습으로 출현해왔는지를 살펴보면 그 의미를 좀 더 명확히 이해할 수 있을 것이다.

(1) 이념으로서의 평등주의

역사적으로 공동체사회의 평등이 점차 훼손되고 불평등과 차별이 사회에 확산되기 시작한 이래로 평등주의 이념은 시대에 따라 다양한 모습으로 나타나기 시작했다. 물질적 독점의 추구는 지배의 욕구와 결합되면서 물리적 강압이나 전쟁으로 이어졌고, 피지배집단이 된 피정복자, 여성, 외국인 등 사회적 약자들에 대해서는 경제적 차별은 물론 인격적 차별과 배제도 이루어졌다. 노예제 사회나 봉건제 사회와 같은 신분차별 사회에서는 피지배자들이 물질적, 인격적 차별에 대한 불만을 품도록 했고, 이러한 불평등과 차별에 반대한 사람들 중에서 모든 사람이 조화를 이루며 평등하게 살아가는 유토피아적 공동체를 꿈꾸며 평등주의 이념을 제시하는 사람들이 생겨나기 시작했다.

유럽에서는 자본주의 시장경제의 발달과 부르주아지의 형성을 배경으로 현대적인 평등주의 이념이 출현하였다. 봉건적 지배에 맞서 상공업을 통해 형성한 사유재산권을 보호받기를 원했던 부르주아지는 신분제를 폐지해 인격적 평등을 확보하고 나아가 개인의 정치적, 경제적 권리를 보장할 수 있는 사회를 원했다. 그래서 이러한 시대적 요구를 배경으로 개인은 모두 자유롭고 평등하게 태어났으며 사회 속에서 개인의 자유와 평등을 보장해야 한다는 자유주의 사상이 출현하였다. 왕과 귀족이 독점해온 권력에 대항하여 개인이 모두 평등한 권리를 지니고 있다는 점을 강조했다는 점에서 자유주의 사상은 평등주의 원리를 내포하고 있다. 정치공동체인 시민사회는 주권자인 개인의 합의나 계약을 통해 구성된다고 주장한 점에서 민주주의 원리도 내포하고 있는데, 여기서 민주주의는 곧 정치적 평등주의이다.

홉스, 로크, 루소 등 근현대 초기의 시민사회 사상가들은 '시민사회'를 이성적 존재인 개인이 서로 동의하거나 계약을 맺어 구성한 정치공동체라고 주장했다. 새롭게 부상하는 부르주아지들이 지지할 수 있는 사상을 제시하고자 했던 이들에게서 봉건제 사회를 지탱하던 신분제적 원리와 신적, 종교적 원리에 기초해서 새로운 사회를 전망한다는 것은 더 이상 불가능했다. 그래서 이들은 개인이 자유롭고 평등하게 태어나서 살아가는 '자연상태'를 가정한 후 이것을 시민사회 사상을 설명하기 위한 출발점으로 삼고자 했다. 왕권신수설에 기초한 봉건적인 지배질서와 신분적 불평등을 정당화하는 논리를 근본적으로 해체하고 이성에 기초하여 정당성을 얻을 수 있는 새로운 질서형성의 논리를 세우려면 자연상태에서 개인의 자유와 평등을 출발점으로 삼지 않을 수 없었던 것이다. 그래서 시민사회는 자연상태에서 개인이 누리던 자유와 평등을 좀 더

안정적으로 보장하기 위해 필요한 정치공동체라고 생각했다. 이런 점에서 개인주의에 기초한 자유주의 사상은 봉건제에 대항하여 신분해방과 정치적 평등을 주장한 이념이었고, 부르주아 혁명의 분출에 크게 기여했다.

경제적인 면에서 본다면, 과거에는 경제적인 착취와 빈곤에 맞서서 공동으로 생산하고 공동으로 소비하는 소규모 공동체를 형성하여 평등한 삶을 살아가려고 하는 유토피아적인 사상들이 많이 출현하였다. 16세기 초에 모어(Thomas More)는 봉건적 지주제가 폐지된 이상적 사회를 '유토피아'로 그렸다. 하지만 노예제를 부정하지 않았다는 점에서 진정한 유토피아를 그려놓은 것은 아니었다. 오히려 루소(Jean-Jacques Rousseau)가 사회계약을 통해 형성할 것을 주장한 시민사회가 더 유토피아적이었는데, 그는 국가를 통해 일반의지가 실현되는 자유롭고 평등한 정치공동체를 꿈꿨다.

18세기 이후 국민국가 형성과 공업적 생산에 기초한 자본주의 시장경제의 발달로 자본축적과 착취가 확대되어 불평등이 심화되자 새로운 형태의 평등한 공동체를 꿈꾸는 유토피아 사회주의 사상이 출현하였다. 푸리에(Charles Fourier)는 자본주의와 상업주의 문명을 비판하며 소규모의 공동체적 삶을 추구하려고 하였고, 오언(Robert Owen)은 이상적인 계획도시를 만들려고 시도하였다. 오언은 계획도시가 좌절된 후 협동조합운동에 몰두하기도 하였다. 생시몽(Saint-Simon)은 과학자와 공업적 생산에 참여하는 생산계급이 중심이 되어 서로 협동하면서 계획적으로 생산하는 사회를 건설할 것을 주장하였다.

그런데 이들의 유토피아 사회주의는 인간적인 사상이긴 했지만, 이러한 소규모 공동체로는 당시 부르주아 국가의 지배하에서 자본가들이 공업적 생산을 통해 자본축적을 해가던 자본주의 사회의 가혹한 현실을 근본적으로 바꾸기에는 역부족이었다. 이후 19세기 중반에 등장한 프루동(Pierre-Joseph Proudhon)은 아나키스트로서 국가권력의 분산과 사적 소유를 폐지해 분권화된 협동조합 중심의 공동체를 만들 것을 주장하기도 하였다. 반면 마르크스는 자본의 사적 소유에 기초한 자본가계급의 경제적 지배가 부르주아 국가에 의한 정치적, 이데올로기적 지배를 통해 보장되고 있으며, 이로 인해 자본주의적 착취관계가 지속되어 계급 불평등이 쉽게 사라지지 않는다는 점을 강조했다. 그래서 그는 평등한 사회를 만들기 위해 피지배계급인 노동자에 의한 정치혁명과 뒤이은 사회혁명을 통해 자본의 사적 소유를 철폐하고 공동체적 소유에 기초한 사회주의 사회를 건설해야 한다고 주장했다.

오늘날 평등주의 이념은 다양한 형태로 분화되고 있다. 사회주의 이념이 계급의 폐지를 통한 경제적 평등에 주목해왔다면, 아나키즘(Anarchism) 이념은 협동조합이나 분권화된 공동체를 통한 평등을 추구하고 있다. 또 사회민주주의 이념은 민주주의가 함께 발전해온 자본주의 사회에서는 민주주의를 통해 사회주의로 나아갈 수 있다고 주장하였는데, 실제로 이것은 유럽 좌파정당의 이념이 되면서 유럽의 선진국에서는 정책으로 실현되었다. 민주적 선거를 통해 집권한 좌파정권은 완전 고용, 기간산업 국유화, 보편적 복지의 확대 등 노동자계급 친화적 정책을 통해 평등의 점진적인 확대를 실현하고자 하였다.

한편 이전의 평등주의 이념들이 주로 소유권을 중심으로 하는 물질적, 경제적 평등에 주목해온 것에 대응하여 현대사회의 다양한 불평등과 차별에 주목하려는 평등주의 이념들도 다양하게 생겨났다. 1980년대에 와서 라클라우(E. Laclau), 무페(C. Mouffe) 등 포스트마르크스주의자들은 다양성과 차이의 인정에 기초한 등가적 민주주의를 새로운 사회주의 전략으로 제시하였으며, 왈저(M. Walzer) 역시 복합적·다원적 평등을 정의와 평등에 대한 새로운 대안적 개념으로 제시하였다.[28] 이들은 계급에 따른 차별과 불평등을 넘어서 성, 인종, 종족, 지역, 문화 등에 따른 사회적 차별과 불평등에도 동등한 관심을 지니고, 차이를 존중하면서도 다양한 차별과 불평등을 폐지하기 위해 노력하는 것이 진정한 민주주의이고 평등주의임을 강조하고 있다. 이러한 흐름 중에서 특히 성 불평등에 주목하고 있는 페미니즘은 성 평등의 확대를 정당화하는 이념들을 발전시켜가고 있으며, 이외에도 퀴어이론(Queer Theory) 등 성소수자를 비롯한 다양한 소수자들의 인격적 평등과 권리의 확대를 추구하는 이론과 이념이 등장하고 있다.

그리고 생명이나 환경과 같은 특정한 가치의 평등한 향유를 추구하는 평등주의도 다양하게 출현하고 있는데, 생태사회주의는 계급에 따라 생태적 가치를 누릴 수 있는 기회나 환경적 피해를 피할 수 있는 가능성에서 평등을 추구하고 있다. 이러한 이념은 한편으로는 지구적 평등을 추구하는 이념으로 발전하고 있고, 다른 한편으로는 비인간 생물종들의 권리를 인정해야 한다는 이념으로 확대되고 있다.

평등주의 이념은 평등이라는 윤리적으로 바람직하고 선한 가치를 지향하고 있다는 점에서 비판하거나 비난하기 어려운 것이 사실이다. 그렇지만 이러한 다양한 평등주의 이념이 추구하는 바가 현실 속에서 항상 서로 모순 없이 실현되거나 대립 없이 공존할 수 있는 것은 아니다. 계급 평등을 추구하는 이념이 성 평등이나 환경 평등에 대해서는 무관심하거나 심지어 적대적일 수 있으며, 그 반대일 수도 있다. 또 평등의 가치가 인간의 생존이나 인격을 유지하는 데 필요한 개발/발전, 민족, 국민국가, 공동체, 자유 등과 같은 또 다른 가치들과 갈등 관계에 놓일 수

---

28. 정태석, 앞의 책, 135-144쪽.

도 있다. 게다가 불평등이나 차별을 통해 기득권을 유지하려는 지배계급은 평등의 가치를 회피하고 무시하려고 하거나 심지어 반대하고 거부하려고 한다. 이러한 것들은 평등주의 이상들이 현실 속에서 실현되는 것을 어렵게 하는 다양한 제약이 된다.

(2) 심성과 행위양식으로서의 평등주의: 아비투스와 행위

다양한 평등주의 이념은 기본적으로 현실에서 나타나는 차별, 불평등, 인격적 무시에 대한 저항적 심성이나 일상의식이 체계화된 것이다. 그러면서도 이러한 이념은 역으로 평등주의 심성의 형성과 발달에 영향을 미친다. 이런 점에서 평등주의를 이해하려면 우선 평등주의 심성과 행위양식을 이해해야 하며, 나아가 이념과 심성의 상호작용에 대해서도 주목하지 않으면 안 된다.

사람들은 현실 속에서 평등주의를 이념으로만 사고하고 행동하는 것은 아니며, 다양한 감정, 정서 등 심리적인 것으로 받아들여 행위로 표출하기도 한다. 말하자면 평등주의는 체계화된 이념이나 사상의 형태로 이성적인 의식 속에 존재하기도 하지만, 자연적으로 형성된 일상적인 감정, 정서, 심성, 태도로 존재하기도 한다. 그리고 이러한 이념이나 심성은 다양한 방식의 행위나 실천으로 표출된다. 그래서 폭넓게 보면, 평등주의는 다양한 영역에서 나타나는 불평등과 차별을 비판하거나 이에 저항하는 과정에서 형성되는 평등을 지향하는 감정, 정서, 심성, 습속, 의식, 사상, 이념, 태도, 행위양식 등을 포괄하는 것으로 이해할 수 있다. 정수복은 이러한 것들을 사회제도와 구분되는 문화의 요소라고 보면서 개인의 행위를 이해할 수 있게 해주는 해석의 열쇠라고 말한다. 그래서 그는 사회구성원들의 행위의 저변에 흐르는 공통의 사고방식을 '문화적 문법(cultural grammar)'이라 부른다.[29] 이러한 사회제도와 문화적 문법의 구별은 사회제도 속에서 개인의 행위가 이루어지는 정신적, 심적 메커니즘을 이해하는 데 도움을 준다.

사람들의 심성은 일상생활에서 다양한 사회적 교류와 체험을 통해 형성된다. 그래서 한번 형성되면 쉽게 바뀌지 않으며 행위의 방향에 지속적으로 영향을 미친다. 앞서 보았듯이 이렇게 실천적 삶을 통해 몸에 배어 있는 심성을 부르디외는 '아비투스'라고 불렀다. 아비투스는 개인이 처해 있는 사회적 위치 속에서 형성되는, 습관처럼 체화되어 있는 특정한 심리적, 감정적 성향을 말한다. 사람들은 자신이 살아가면서 맺어온 다양한 사회관계 또는 사회구조 내에서 다중적인 사회적 위치에 속하게 되는데, 이에 따라 다양한 감정이나 사고를 형성하고 다양한 실천을 하면서 살아간다. 일상적 삶 속에서 형성된 감정이나 사고는 하나의 습관으로 체화되어 일관성과 지속성을 지니면서 다양한 실천 또는 행동에 영향을 미친다.[30]

부르디외는 공간의 은유를 이용하여 사회를 '사회공간'으로 규정한다. 다양한 사람이 서로 관계를 맺고 살아가는 모습을 공간 속에서 특정한 자리를 차지하고 있는 개인의 관계로 그림으로써 사회를 좀 더 시각적으로 이해할 수 있다는 것이다. 여기서 사회공간은 서로 다른 목적을 추구하는 각각의 사회적 장들(fields)로 구성되어 있다고 보는데, 각각의 장은 독특한 매체를 둘러싸고 형성되는 사회관계의 망이다. 예를 들어 화폐를 매체로 다양한 교환이 이루어지는 장을 '경제의 장'이라고 할 수 있다. 그래서 권력의 장, 문화의 장, 교육의 장 등 다양한 장을 구분해볼 수 있다. 사람들은 이러한 다양한 사회적 장 속에서 살아가면서 특정한

---

29. 정수복, 『한국인의 문화적 문법』, 생각의나무, 2007, 46-47쪽.
30. 정수복, 같은 책, 75-76쪽.

성향을 체화하는데, 이런 방식으로 구조화된 성향이 바로 '아비투스'이다. 아비투스는 체화되고 구조화되어 있기 때문에 모든 일을 합리적인 사고와 판단을 거쳐 수행하지는 않는다. 그래서 늘 의식하지 않더라도 체화된 판단을 통해 일상적인 실천(행위)을 하게 된다.

평등주의 역시 일상적 삶 속에서 형성된 평등을 지향하는 심성이라고 말할 수 있는데, 이런 점에서 평등주의도 일종의 아비투스라고 할 수 있다. 평등주의 아비투스는 일상생활에서 차별과 불평등에 불만을 느끼고 이에 저항하며 동등한 대우를 요구하는 체화된 심성이라고 할 수 있으며, 자연스럽게 일상적인 행위들로 표출된다. 이런 시각에서 보면, 현대사회에서 평등주의는 자본주의 경제의 장, 사회적 담론과 이데올로기의 장, 문화의 장, 민주주의 정치의 장 등에서 개인이 다양한 사회적 위치들—자본가/노동자, 생산자/소비자, 보수주의자/진보주의자, 자유주의자/평등주의자 등—을 차지하면서 형성된 구조화된 성향(아비투스)이자 행위(실천)가 된다. 부르디외는 '사회공간(장들의 복합체)-아비투스-실천'이라는 개념도식을 제시하며 사회구조와 실천(행위)의 연계과정을 설명하는데, 여기서 평등주의는 감정, 심리, 심성, 의식, 태도를 구성하는 하나의 '아비투스'이자 나아가 구체적인 실천으로 이어지는 '행위양식'이라고 규정할 수 있다.

평등주의를 아비투스(심성)이자 행위양식으로 본다면, 이것은 궁극적으로 개인이 특정한 위치를 차지하고 있는 사회구조적 조건과 맥락을 반영하는 것이다. 예를 들어 자본주의 사회에서 형성되는 평등주의 아비투스는 계급·계층 불평등이 존재하고 또 시장경쟁이 이루어지는 자본주의 사회의 특성을 반영한다. 그런데 자본주의 사회라는 거시적으로는 유사한 사회구조 속에서 살아가는 사람들이라고 하더라도 그들의 평등주의 심성은 구체적인 상호작용의 맥락에 따라 다양한 모습을 띨 수 있다. 그리고 평등주의 이데올로기가 그 사회에서 어떤 내용을 담고 있고 또 얼마나 대중적으로 수용되느냐에 따라 평등주의 행위양식은 급진적 저항의 모습을 띨 수도 있고 체계순응적인 모습을 띨 수도 있다. 사람들이 살아가고 있는 사회가 얼마나 불평등한지에 따라서, 그리고 일상 속에서 그러한 불평등을 얼마나 심각하게 느끼며 불만을 품게 되는지에 따라서 사람들은 급진적인 평등주의 심성을 지닐 수도 있고 온건한 평등주의 심성을 지닐 수도 있다. 그래서 사회체계에 저항하는 행위로 표출될 수도 있고 또 적응하는 행위로 표출될 수도 있다. 그런 면에서 서유럽의 부르주아혁명, 러시아혁명, 동학혁명 등은 민중의 평등주의 심성이 급진적으로 표출된 사회운동이다.

그런데 평등주의를 아비투스로 이해할 때 주목해야 할 또 다른 특성은 평등주의가 장기적이고 지속적인 경험을 통해 사람들의 무의식이나 잠재의식 속에 체화되어 있어서 고정관념이나 습관처럼 쉽게 변하거나 사라지지 않는다는 점이다. 그렇기 때문에 평등주의를 단순히 합리적인 이념으로 이해하고 교육을 통해 주입될 수 있는 사고방식처럼 생각해서는 안 된다. 개인 속의 평등주의 심성은 그들의 고유한 경험의 궤적에 따라 다양한 결을 지니는데, 이러한 결들이 사회적 위치와 경험의 유사성에 기초하여 동질적 심성을 지닐 때 '계급 아비투스' 같은 집합적인 아비투스로 나타난다. 그리고 평등을 지향하는 피지배계급의 아비투스는 평등주의 이념과도 공감하게 된다.

4. 한국사회의 평등주의를 조망하기 위한 개념틀

한 사회에서 평등주의가 어떠한 역사적 과정에서 형성되고 또 발달해 왔는지 이해하려면 그 사회를 전체적으로 조망하고 설명할 수 있는 시각, 즉 설명을 위한 개념틀을 마련하지 않으면 안 된다. 불평등과 차별의 현실적 양상들을 전체적으로 이해할 뿐만 아니라 다양한 영역에서 다양한 불평등과 차별의 양상을 만들어내는 사회적 요인을 찾아내고 이들의 논리적 연관을 설명할 수 있는 분석틀이 필요한 것이다. 따라서 여기서는 한국사회 평등주의 이념/심성의 역사적 형성과 변동의 복합적 과정을 거시적으로 조망하고 또 심층적으로 분석하기 위한 개념틀을 구성하여 제시하고자 한다.

(1) 지식사회학의 관점과 평등주의 아비투스

사람들의 평등주의 심성과 행위양식의 형성에 영향을 미친 사회적 요인을 전체적으로 파악하려면 무엇보다도 사람들의 삶이 이루어지는 거시적인 사회적 존재조건을 살펴보아야 한다. 한국사회에 주목해보면, 내적으로는 평등에 대한 요구가 분출되도록 만든 거시적인 사회적 존재조건과 상황을 살펴보아야 하며, 외적으로는 유럽 등 외국의 평등주의 이념이나 의식이 한국사회에 유입되어온 사회역사적 조건과 맥락을 살펴보아야 할 것이다. 사회학에서는 일반적으로 특정한 행위로 표출되는 개인이나 집단의 심성, 아비투스, 이데올로기와 같은 의식이나 지식 일반을 해명하기 위해 그 개인이나 집단이 살아가고 있는 사회역사적 존재조건에 대한 이해에서 출발하는데, 이러한 거시적 접근방법을 '지식사회학'이라고 말한다.

역사적으로 다양한 모습을 띠고 나타난 평등주의 이념/사상 또는 심성/아비투스의 변이들을 이해하려면, 우선 이것들이 출현한 시대적, 사회구조적 배경을 이해하지 않으면 안 된다. 이것은 일반적으로 의식형태가 시대적, 사회적 존재조건을 반영하고 있다는 유물론적 관점과 연관되어 있다. 일찍이 마르크스는 의식의 형태에 따라 존재의 성격을 설명하는 헤겔(G. W. F. Hegel)의 관념론적 사고에 반대하면서 "사회적 존재가 의식을 결정한다."는 유물론적 설명 원리를 제시하였다. 의식 자체를 사회적 존재(조건)와 무관한 자립적인 존재로 여기는 것은 현실을 설명하기 위한 타당한 관점이 될 수 없다고 본 것이다. 마르크스의 이러한 유물론적 관점은 이후 만하임(K. Mannheim)이 '사회적 존재와 의식 간의 관계'를 설명하는 일반적인 지식사회학적 관점으로 체계화하였다. 만하임은 '지식의 존재피구속성(Seinsverbundenheit des Wissens)'이라는 개념을 통해 지식의 형태나 내용은 사회적 존재조건, 즉 물질적인 생활조건을 포함하는 기초적인 사회구조의 모습을 반영하며, 따라서 사회적 존재조건에 기초하여 설명해야 한다는 점을 강조했다. 예를 들어 사회적 존재조건, 즉 계급적 위치가 서로 다른 사람들은 서로 다른 세계관을 지니게 된다는 것이다.

지식사회학적 관점은 다양한 의식의 기원을 이해하기 위한 중요한 출발점을 제공한다. 그렇지만 모든 의식이 사회적 존재조건에 따라 일방적으로 결정된다고 주장한다면, 의식의 형성과 변화는 시대적 배경이나 사회적 존재조건을 일률적으로 또는 수동적으로 반영하는 결과일 뿐이다. 지식사회학은 단순히 이러한 결정론적 사고를 주장하는 것이 아니며, 사회적 존재조건의 다양한 분화와 의식의 변화를 설명하려고 한다. 인간은 비록 주어진 사회적 조건과 상황에 영향을 받더라도 자율적이고 의식적인 존재로서 주어진 조건이나 상황에서 벗어나는 삶의 변화를 추구할 수 있는 존재이기 때문이다. 이것을 우리는 의식의 상대적 자율성이라고 말할 수 있다.

프랑스의 마르크스주의 철학자 알튀세르는 의식 또는 이데올로기의 상대적 자율성을 강조하면서, 교회, 학교, 대중매체 등과 같이 지배이데올로기를 만들어내는 사회기구들을 통해 피지배계급이 지배이데올로기를 습득할 수 있다는 점을 강조하였다. 피지배계급이라는 사회적 존재조건에도 불구하고 지배이데올로기의 영향을 받아 자신의 존재조건에 어긋나는 의식/지식/심성을 지니게 될 수 있다는 것이다. 특히 이러한 사회기구들은 피지배계급이 일상적 의례와 실천을 반복하며 지배이데올로기를 내면화하도록 함으로써 지배가 안정적으로 이루어지는 것을 돕는다. 개인이 지배이데올로기를 생산하는 사회기구들이 생산한 특정한 이데올로기/의식을 일상적으로 학습하고 내면화하면, 이제 그들은 기존의 불평등한 사회관계에 대해 별다른 불만이나 저항감을 느끼지 못한다는 것이다. 그렇지만 현실적 불평등과 차별이 존재하고 이것들이 피지배계급의 불만을 키우면 지배이데올로기에 균열이 생기지 않을 수 없으며, 피지배대중의 현실적 존재조건과 지배이데올로기 간의 안정적 조화가 깨져서 이데올로기 갈등과 계급적대가 심화되지 않을 수 없게 된다.[31]

평등주의는 피지배대중들 사이에서 형성되고 분출되는 일상적 심성의 형태로, 또는 이러한 심성을 불러일으키는 이념의 형태로 존재하는데 이는 불평등으로 인한 사회적 균열과 저항을 일으키는 데 큰 영향을 미친다. 불평등과 차별이 존재하는 사회에서 일반적으로 지배이데올로기가 불평등과 차별을 정당화하거나 감추려는 것이라면, 평등주의는 이

---

[31] 루이 알튀세르, 「이데올로기와 이데올로기적 국가기구들」, 『레닌과 철학』(이진수 옮김), 백의, 1992.

러한 지배이데올로기에 균열을 일으키거나 저항하려는 것이 된다. 이때 평등주의가 체계화된 이념으로 존재하는지 여부와 이 이념이 불평등과 차별에 대해 불만을 가진 대중을 얼마나 많이 사로잡을 수 있는지 여부는 저항을 급진화하고 또 조직화할 수 있는 정도를 결정하는 데 중요한 영향을 미친다. 이런 점에서 한 사회에서 평등주의가 얼마나 역동적인 에너지가 되는지를 이해하려면, 체계화된 이념/사상의 평등주의와 일상적 심성/의식의 평등주의가 서로 어떻게 영향을 주고받아왔는지를 구체적으로 해명하지 않으면 안 된다. 이것은 곧 평등주의가 형성되고 표출되어온 역사적, 사회구조적 맥락에 주목할 것을 요구한다.

행위양식의 평등주의는 무엇보다도 행위를 불러일으키는 아비투스, 즉 내적인 심성이나 심리, 이데올로기 등에서 나온다고 할 수 있는데, 우리는 앞에서 이것을 '아비투스'라는 개념을 통해 살펴보았다. 그런데 지식사회학적 관점에서 본다면, 이러한 아비투스는 궁극적으로 사회구조적 조건 및 맥락과 연관되어 있다. 그래서 평등주의 행위양식은 심성의 '평등주의 아비투스'가 표출된 것이며, 궁극적으로는 차별과 불평등을 만들어낸 사회적 존재조건과 그 속에서 차지하고 있는 개인의 사회적, 계급적 위치를 반영하고 있다. 이것을 하나의 개념틀로 그려본다면, '사회적 존재조건(사회구조와 사회적 위치)-평등주의 심성(아비투스)-평등주의 행위(실천)'로 표현할 수 있을 것이다. 이 개념틀은 거시-미시 연계를 통해 평등주의의 역사적 전개과정을 이해할 수 있도록 해줄 것이다.

여기서 시대적, 사회구조적 조건이 개인의 평등주의적 심성/아비투스 형성에 어떤 영향을 미치고 또 어떻게 평등주의 행위(실천)로 나아가는지를 좀 더 구체적인 방식으로 보여줄 필요가 있는데, '사회적 성격(social character)' 개념은 이러한 연결고리를 이해하는 데 도움을 준다.

심성/아비투스로 체화된 의식/지식이 어떤 내용을 담고 있는지 이해하려면 개인의 의식이나 이데올로기가 형성되는 기제를 좀 더 구체적으로 살펴보아야 하는데, 이를 위해 '사회적 성격'의 형성과정을 살펴보기로 하자. 일반적으로 성격(character)이라고 하면 "사람들이 지니고 있는 고유한 성질이나 성품을 말하는데, 내성적이거나 외향적이거나, 폐쇄적이거나 개방적이거나, 소극적이거나 적극적이거나, 권위주의적이거나 자유주의적이거나, 온순하거나 공격적이거나 한 정신적, 심리적 성질이나 성품"을 의미한다. 그런데 특정한 성격이 개인을 넘어서 다수의 사람이나 사회집단에 공통적으로 나타날 경우 그 성격을 '사회적 성격'이라고 한다. 여기서 공통의 성격이 형성되는 이유는 무엇보다도 개인이 사회관계 속에서 차지하고 있는 사회적 위치의 유사성과 이에 따른 경험의 유사성에서 찾을 수 있다. 이러한 유사성 때문에 개인은 유사한 의식과 심성/아비투스를 지닐 수 있으며, 이것이 곧 '사회적 성격'이 된다.

예를 들어 프롬(E. Fromm)은 『자유로부터의 도피』[32]에서 '권위주의'를 독일 나치즘(Nazism)에 동조한 하층 중간계급의 사회적 성격으로 규명했다. 제1차 세계대전 이후 독일에서 독점자본주의가 발달하자 소상인이나 소자본가 들은 경제적 조건의 변화로 무력감과 불안함을 느꼈는데, 나치세력은 이들의 전통적인 성격인 검소함과 조심성을 심리적으로 동원하여 위로는 통치 권력에 복종하고 아래로는 지배욕을 충족시킬 수 있도록 함으로써 무력감과 불안에서 벗어나게 했다. 나치는 이러한 권위주의적 성격이 유대인과 같은 사회적 소수자나 약자를 차별하고 무시하는 공격성으로 표출되도록 하였다.

사회적 성격이 집합적인 등질성이나 유사성, 공통의 경험 등을 통해 형성된다고 한다면 국민성 역시 하나의 국민이 사회적 존재조건과 경험

---

32. 에리히 프롬, 『자유로부터의 도피』(김석희 옮김), 휴머니스트, 2012

을 공유한 결과라는 점에서 일종의 사회적 성격이라고 할 수 있다. 예를 들어 한국인이 정이 많고 열정적이라고 말하는 것은 사회적 성격으로서의 국민성을 얘기하는 것이다. 그런데 한 나라의 국민이라고 해서 개인이 처해 있는 사회적 위치나 경험이 항상 유사한 것은 아니다. 개인은 현실적으로 다양하고 복합적인 사회관계 속에서 다원적인 위치를 차지하고 있기 때문에 다양한 이해관계와 가치를 지니면서 다양한 경험을 하게 된다. 따라서 계급, 성별, 지역 등에 따라 서로 다른 사회적 성격이 형성되는데 계급성, 여성성/남성성, 지역성 등이 집합적 심성/아비투스로 형성된다. 부르디외가 주목하고 있는 '계급 아비투스' 역시 이러한 계급적 차이에 따른 사회적 성격의 차이를 보여준다.

지식사회학적 시각은 사회적 존재(조건), 즉 사회구조나 사회관계 속에서 개인이 처해 있는 위치에 주목하는데, 이것은 거시적이고 시대적인 차이를 내포하기도 하지만 상대적으로 미시적이고 상황적인 차이를 내포하기도 한다. 그래서 다양한 사회관계나 인간관계 속에서 개인이 차지하고 있는 일상적 위치들의 차이에 주목할 때 지식/심성/아비투스의 성격을 구체적으로 이해할 수 있다. 이런 점에서 평등주의를 전체적이고 체계적으로 분석하고 설명하려면 한편으로는 각 시대마다 나타나는 불평등의 사회구조적 양상이 지니는 차별적 특성을 이해해야 하고, 다른 한편으로는 특정한 시대의 사회구조를 형성하는 불평등한 사회관계의 일상적 양상을 이해해야 한다. 사회마다 구조적인 불평등과 차별의 양상은 다양하며, 또 이들을 비판하고 저항하는 주체들이 어떤 의미의 평등을 지향하며, 얼마나 급진적으로 평등을 추구하는지도 다양하다. 따라서 한국사회 평등주의의 역사를 총체적으로 이해하려면 거시-미시 연계의 관점에서 다층적인 사회적 존재조건과 사회관계들이 서로 뒤섞이면서 평등주의 이념과 심성(아비투스, 사회적 성격)을 형성하고 또 이것

이 행위로 표출되는 과정을 해명하려고 노력해야 한다.[33]

(2) 전통과 현대의 모순적 융합 속의 평등주의

한국사회의 평등주의 분화와 발전의 지형은 역사적 발전경로의 특수성만큼이나 복잡하다. 사회의 분화와 분화된 다양한 사회적 위치 속에서 나타나는 평등주의 이념이나 심성의 복잡함은 평등주의의 지형에도 그대로 투영되어 있다. 조선후기 평등주의는 양반의 신분 차별과 착취에 저항한 하층민들 사이에서 자생적으로 형성되기도 했지만 서구 열강의 침략과 서구의 사상 및 문화의 유입에 영향을 받아 확산되기도 하였다. 따라서 조선후기 이후 평등주의의 역사적 전개과정을 이해하려면 평등주의에 영향을 미친 국내적 요인과 국외적 요인이 서로 어떻게 상호작용하였는지 살펴볼 필요가 있다. 이러한 시각에서 제시하는 개념틀이나 설명틀은 '전통과 현대의 모순적 융합'이다.

평등주의는 어떤 초월적이고 독립적인 힘을 가진 이념이나 심성이 아니므로 현실에서 다양한 대항적 이념이나 심성과 부딪힐 수밖에 없었다. 이것은 물론 현실적 이해관계나 권력관계와 맞물려 있는 것이다. 그래서 평등을 지향한 다양한 이념과 심성은 전통적인 위계서열주의, 차별주의, 권위주의 등의 심성과 대결하면서 복잡한 지형을 형성해왔다.

근현대 한국사회에서 평등주의의 형성, 분화, 변화 등 복합적인 전개과정을 이해하려면 평등주의의 틀 안에서만 바라보는 좁은 시선에서 벗어나 더 넓은 사회적, 역사적 맥락 속에서 평등주의를 전체적으로 조망할 수 있는 시선이 필요하다. 평등주의를 현대적인 이념이자 심성으

---

33. 거시-미시 연계의 관점에 대해서는 정태석, 『사회이론의 구성』, 한울, 2002를 참조.

로 볼 때, 우선 한국사회에서 현대성의 발전이 서양문물과의 만남 속에서 어떤 성격을 띠게 되었고, 또 이 가운데서 평등주의가 어떤 자리를 차지하고 있는지 거시역사적 맥락 속에서 살펴볼 필요가 있다. 이런 점에서 '전통과 현대의 모순적 융합'이라는 시각은 전체적인 사회적, 역사적 맥락 속에서 평등주의가 겪은 우여곡절을 이해하는 개념틀이다.

〈현대성의 제도들과 현대적 행위 유형〉

현대성(modernity)은 전통사회 또는 전근대사회가 해체되면서 새롭게 형성되기 시작한 사회제도와 인간 행위를 특징짓는 원리이다. 인간의 이성, 합리성, 개인성을 기본 가치로 삼고 있으며 현대사회의 다양하고 복합적인 변화를 가져다주었다. 기든스는 역사적으로 현대성의 이념이 자본주의, 공업주의, 폭력수단에 대한 통제(군사력), 행정적 집중화(감시장치)라는 네 가지 제도로 나타났다고 본다. 자본주의가 자본-노동 관계에 기초한 계급 불평등 체계와 함께 합리화된 시장경제 체계를 발전시켰다면, 공업주의는 공업적 생산기술의 발달에 따른 효율적인 생산체계를 발전시켜 물질적 풍요를 가져다주었다. 행정적 집중화가 중앙집중적인 국가권력의 형성에 기초하여 관료제와 같은 합리적 행정체계를 발전시켰다면, 폭력수단에 대한 통제는 영토 내에서 폭력을 독점하는 현대국가의 발달을 낳았다. 그런데 이러한 현대적 제도의 발달은 다양한 갈등과 불안을 만들어낼 뿐만 아니라 서구사회의 군사력은 제국들 간의 식민지 경쟁으로 확대되어 세계대전이라는 제국주의 전쟁으로 이어졌다.[34]

현대성의 이러한 제도들은 한국 근현대사회의 형성과 변화에도 큰 영

---

34. Anthony Giddens, *The Consequences of Modernity*, Stanford Univ. Press, 1990.

향을 미쳤는데, 특히 서유럽 선진국의 침략 과정에서 유입된 다양한 문물은 한국사회의 자생적 변화가 현대적(서구적) 방향으로 나아가도록 했다. 그런데 이러한 현대적 제도와 문화의 유입은 일상생활의 행위양식에도 영향을 미칠 수밖에 없다. 독일 고전사회학자 베버는 현대화 과정을 합리성의 증대로 이해하면서 행위에서도 전통적, 정서적 행위보다 목적합리적, 가치합리적 행위 들이 우세해진다고 보았다. 이와 비슷한 맥락에서 파슨스는 행위에 관한 유형변수들을 제시하면서 현대화 과정이 행위유형의 변화를 수반한다고 보았는데, 전통사회에서 감정성, 확산성, 특수주의, 귀속성, 집단주의의 가치지향이 중요했다면 현대사회에서는 감정중립성, 한정성, 보편주의, 성취성(업적성), 개인주의의 가치지향이 중요하다.[35]

　예를 들어 전통사회의 인간관계가 가족, 친구와 같은 전인격적 관계로서 감정표현이 중요했다면, 현대사회의 인간관계는 의사와 환자 간의 관계, 고용관계, 매매관계와 같은 탈인격적·공식적 관계로서 서로 감정중립적으로 상대한다. 전통사회의 인간관계가 전면적이고 광범위하여 확산성을 지녔다면, 현대사회의 인간관계는 주어진 목적에 따라 제한되는 한정성을 지닌다. 전통사회가 특정한 관계에서 한정된 규범이나 평가기준에 따라 사람을 대하는 특수주의를 중요시했다면, 현대사회는 보편적인 규범이나 평가기준에 따라 사람을 대하는 보편주의를 중요시한다. 전통사회의 지위가 신분에 따른 귀속적인 것이라면, 현대사회는 업적에 따른 성취적인 것이다. 그리고 전통사회가 집합적 관계를 중요시했다면, 현대사회는 개인의 삶을 중요시한다.

　이러한 행위유형의 구분으로 볼 때 한국사회는 신분제도와 유교적 친족주의, 위계서열주의의 전통 속에서 전통적 가치지향과 행위양식이 강

35.　고영복 편, 『사회학사전』, 사회문화연구소, 2000.

하게 자리잡고 있다. 그래서 서유럽의 현대적 제도를 도입했는데도 가치지향과 행위양식의 현대화는 더디게 일어났는데, 이러한 현실이 평등주의 발전의 방향에도 영향을 미쳤다. 따라서 1880년을 전후한 조선후기 때 서구의 현대적인 사상, 제도, 문화의 유입이 한국의 전통적인 사상, 제도, 문화와 만나면서 자생적 평등주의와 외국에서 유입된 평등주의가 서로 어떻게 융합되고 제도와 행위양식을 변형시켰는지를 살펴보는 것이 중요하다.

〈전통과 현대의 모순적 융합의 역사〉

서양의 현대성이 세계적으로 확장되면서 19세기 조선사회에도 큰 영향을 미쳤다. 유럽 강대국의 문화적 팽창과 제국주의적 침략 시도가 지속적으로 이루어지면서 조선사회는 점차 변화의 소용돌이 속으로 빠져 들어갔다. 조선후기 사회는 상공업의 발달로 시장경제가 확대되고 과학기술의 발달도 서서히 이루어지기 시작했는데, 서양의 현대적 제도와 시민사회 사상, 기독교 문화 등이 유입되면서 이러한 변화는 가속화되었다. 서양의 시민사회 사상과 천주교 문화는 실사구시나 이용후생을 추구하던 실학사상이나 신분차별 철폐를 주장한 동학사상, 민주주의와 민주공화국의 건설을 주장한 개화사상 등에 직·간접적인 영향을 미쳤다.[36] 조선을 식민지화하려는 서구열강과 일본, 중국 등의 군사적 침략

---

36. 실학은 개념 자체가 후대에 만들어진 것으로, 말 자체가 '실용적인 학문'이라는 의미로 추상적이며, 실학을 연구하는 목적과 방향도 다양하여 현재까지 논란이 많은 개념이다. 그래서 엄밀한 학술적 용어로 사용하기에는 부적절하다는 주장도 있다. 그렇지만 조선후기의 새로운 사상과 문화 사조를 하나의 흐름으로 설명하고 정리하는 데 유용한 개념이라는 점에서는 대체로 동의하는 것 같다. 실학 개념을 여전히 많이 사용하면서 연구대상으로 삼는 것은, 이것이 일정하게 공유된 시대정신

과 정치적 개입이 이어지는 가운데 한국사회는 서구적인 사상, 제도, 문화 들을 때로는 강요에 의해 때로는 능동적으로 받아들이면서 현대화를 추구해나갔다. 이것은 한국사회의 자생적 평등주의가 체계적 사상으로 발전하면서 사회개혁을 요구하는 힘으로 성장하는 중요한 계기가 되었다.

유교적 전통 속에서 농업 중심의 신분제 사회를 유지해온 조선이 후기에 농민들의 반란과 신분제도의 동요 속에서 내적인 변화를 겪고 있었다면, 이 시기에 서양의 현대적인 이념과 제도의 유입은 이러한 변화를 더욱 가속화하는 결과를 낳았다. 서구 열강의 간섭과 침입에 대한 저항은 민족주의 정서를 형성하는 계기가 되었고, 권문세가 양반들이 중심이 된 지배층은 세력다툼을 하면서 서로 외세를 이용하여 권력을 유지하는 데 몰두하였다. 또 서구문물을 받아들여 사회를 개혁하기를 원했던 신진 엘리트 세력은 권력을 쟁취하여 통치제도와 조직을 현대화하려고 시도하였다. 이처럼 조선후기와 대한제국 시기의 사회는 기존 사회에 뿌리내리고 있던 전통과 이를 해체하고 새로운 질서를 구축하고자 하는 현대성이 서로 각축하는 장이었다. 내재적인 현대화의 계기가 약했던 상황에서 서양 제국주의 나라들의 개입과 서양문물의 유입은 현대적인 이념과 제도의 발달에 큰 영향을 미쳤으며, 이 과정은 전통과 현대성이 서로 갈등하고, 경쟁하고, 타협하고, 융합하는 과정이 되었다.

일본 식민지 시대를 거치면서 한국사회는 제국주의와 민족주의, 신분제적 지배와 시민적 평등의 요구, 전통문화와 현대문화가 서로 갈등하

을 표현하는 데 적합한 용어라고 널리 인정되기 때문일 것이다. 이와 관련하여 조성산, 「실학개념 논쟁과 그 귀결」, 한국사 시민강좌 48, 일조각, 2011, 20-24쪽. 신항수, 「'사실, 이렇게 본다 2' 비판적 시각으로 살펴본 실학 연구」, 『내일을 여는 역사』 21호, 200-211쪽 등을 참조하라.

고 대립하는 장이 되었다. 외세와 일본제국주의 지배에 대항하는 민족주의 의식이 독립적인 국민국가 형성을 향한 의지로 분출되었고, 지주-소작관계에 대한 불만은 농지개혁에 대한 요구로 분출되었다. 상공업의 발달을 통해 자본주의 시장경제와 사유재산제도가 확대되면서 자본-노동 계급갈등도 점차 확산되기 시작했다. 이처럼 기든스가 제시한 자본주의, 공업주의, 민주주의, 국민국가, 군사력을 통한 통합 등 현대적 제도의 유입은 자생적인 제도와 융합되면서 갈등과 대립의 양상을 훨씬 복잡하게 만들었다. 민주주의를 비롯한 서양의 현대적 이념과 제도의 유입은 사회주의 이념이나 평등주의 심성을 확산하였지만, 신분제적 지배체제와 권위주의적 전통문화를 쉽게 해체할 수는 없었다. 평등주의의 관점에서는 현대적 평등주의와 전통적 위계서열주의가 서로 어떻게 각축해왔는지를 이해하는 것이 중요하다. 예를 들어 서구의 현대적인 시민사회 사상과 민주주의 이념이 신분차별 철폐와 같은 시민적 평등의식을 발달시키는 힘으로 작동했다면, 한국의 전통적 유교문화와 신분차별 의식은 평등주의를 제약하고 방해하는 힘으로 작동하였다.

한편 현대적 이념과 제도의 사회적 영향은 한국인의 일상적 문화와 행위양식의 변화에도 영향을 미쳤다. 파슨스의 행위유형에 비추어보면, 한국사회의 전통적인 유교적, 권위주의적 가치와 문화는 모든 사람을 보편적이고 합리적인 기준에 따라 평등하게 대하는 현대적인 평등주의 가치와 문화의 발달을 제약한다. 귀속성, 특수주의, 집단주의를 강조하는 한국의 전통문화는 현대성의 가치들, 특히 평등주의와 상충되기 때문이다. 따라서 한국사회에서는 전통적인 차별주의, 집단주의, 권위주의를 해체하는 것이 평등주의의 발달을 가져오기 위한 중요한 조건이 된다.

1970년대의 사회학자 최재석과 김경동은 한국인의 사회적 성격과 조직문화를 연구한 바 있다. 최재석은 한국인의 사회적 성격을 가족주의,

감투지향주의, 상하서열의식, 친소구분의식, 공동체지향의식 등 다섯 가지로 제시하였다. 가족주의, 친소구분의식, 공동체지향의식은 집단주의와 특수주의 행위유형과 연관되어 있으며 감투지향주의, 상하서열의식은 전통적인 신분적 귀속의식의 영향으로 수직적, 권위주의적 관계를 지향하는 성격이다. 이것은 전체적으로 전통적 규범과 문화의 영향 속에서 현대적 의식과 행위양식이 저발전되어 있음을 보여준다. 한편 김경동은 한국사회의 조직의 특성을 위계적 권위주의, 집합주의, 연고주의, 온정주의, 도덕적 의례주의, 이분법적 사고, 현실과 이상의 괴리 등 일곱 가지로 요약하였다. 이것들은 전통적인 유교문화 속에서 강조한 규범이자 행위양식 들이다. 이러한 연구를 통해 1970년대까지 일상적인 문화에서 유교적 전통의 영향이 강하게 남아 있음을 알 수 있다.[37]

한편 2000년대에 송호근은 한국인의 사회심리를 평등주의, 의사사회주의, 낙관주의, 권위주의, 이기적 자조주의, 가족주의, 독단주의, 연고주의, 엘리트주의, 국가중심주의 등 10가지로 제시하였다. 정수복은 이러한 사회심리를 두 가지 범주로 나누는데, 첫째, 권위주의, 국가중심주의, 엘리트주의, 독단주의 등이 수직사회의 특징이라면, 둘째, 가족주의, 연고주의, 이기적 자조주의 등은 폐쇄성이나 집단 이기주의가 강한 소집단의 특징이다. 그는 이 두 범주에 포함되지 않는 평등주의, 유사사회주의를 지배엘리트의 정당성 부재 때문에 생겨난 것으로 보고 공공선을 통해 한국사회를 민주적이고 정의로운 사회로 만들어갈 수 있는 도덕적 자원이 될 것으로 기대한다.[38]

송호근이 제시한 사회심리에 대한 정수복의 범주분류로부터 우리는

---

37. 정수복, 앞의 책, 97-98쪽.
38. 송호근, 『한국, 무슨 일이 일어나고 있나: 세대, 그 갈등과 조화와 미학』, 삼성경제연구소, 2003. 정수복, 같은 책, 99-102쪽.

수직적 위계서열주의와 평등주의를 대비시켜볼 수 있는데, 위계서열주의가 전통의 유산이라면 평등주의는 현대성의 한 양상이다. 물론 모든 평등주의가 현대적이라고 말할 수는 없다. 조선후기에 신분체제에 저항해온 세력들은 전통에 기초하면서도 점차 합리적이고 평등한 인간관계를 추구하는 이념이나 심성을 발전시켜왔기 때문이다. 그렇지만 서양의 시민사회사상이 보여주는 현대적인 시민적 평등주의는 한국사회의 전통 속에서 자라나기 어려웠다. 그래서 개화기를 거치면서 인격적 위계서열주의의 전통과 시민적 평등주의의 현대가 서로 어떻게 만나고 융합하면서 공존해왔는지를 살펴보는 것이 중요하다.

근현대 한국사회는 전통적 신분사회의 해체와 현대적 국민국가의 형성, 서양 제국주의 세력의 침략과 한민족의 대응, 서양의 현대적 이념, 제도, 문화, 심성의 유입과 한국적 전통과의 대결, 서구 자본주의에 대한 종속과 자립적 경제발전의 추구 등 다양한 도전과 응전의 역사를 포함하고 있다. 평등주의 역시 바로 이러한 역사적 맥락 속에서 발전해왔다. 그래서 국민국가, 자본주의, 공업주의, 민주주의와 같이 서양으로부터 유입된 중요한 현대적 이념 및 제도들이 내생적으로 발전해온 전통적 이념 및 제도와 서로 뒤섞이는 양상에 주목할 필요가 있다. 따라서 평등주의에 대한 총체적 이해를 위하여 사회주의, 민족주의, 가족주의, 집단주의, 개인주의, 권위주의, 자유주의, 실용주의 등 다양한 이념, 제도, 문화, 심성 들이 평등주의와 어떻게 서로 영향을 주고받았는지 주목할 것이다.

(3) 평등과 평등주의의 역사적 유형들

신분제 사회에서는 다양한 불평등과 차별이 신분의 원리 속에 응축되어 미분화된 상태로 공존했다면, 현대사회로 오면서 신분 차별이 해체되고 다양한 평등의 요구가 분출되면서 평등은 점차 다양한 영역으로 분화해왔다. 한국사회의 근현대 역사에서도 이러한 분화가 나타났으며, 다양한 불평등과 차별에 대한 저항들이 서로 엇갈리고 만나고 갈등하면서 역동적인 변화의 역사를 만들어냈다.

그래서 평등주의가 만들어낸 한국사회의 역동성을 심층적으로 이해하려면, 어떤 계기로 다양한 불평등과 차별이 평등주의의 분화로 이어졌고, 또 이렇게 분화된 평등주의와 평등 지향의 행위들이 어떤 양상으로 서로 엇갈리고 균열하고 결합하며 불균등 발전의 역사를 이루어왔는지 살펴보아야 한다. 이를 위해서는 무엇보다도 다양한 평등주의의 구체적 성격을 좀 더 분석적으로 설명할 수 있는 개념들을 구성해야 한다.

앞서 우리는 평등을 인격적(본체론적) 평등, 시민적·정치적 평등, 경제적 평등, 사회·문화적 평등 등으로 구분한 바 있다. 이러한 구분은 평등주의에도 그대로 적용해볼 수 있다. 전통적 신분제 사회는 인격적 불평등과 차별 속에 다양한 불평등이 응축되어 있었다면, 현대 민주주의 사회는 신분 차별의 철폐를 통해 '인격적 평등'을 이루었지만 또 다른 영역의 평등이 쟁점이 되고 있다. 자본주의의 발달은 전통적 신분에 기초한 인격적 차별을 해체시켰지만 곧바로 계급·계층이라는 새로운 불평등이 등장하였고, 성 불평등은 사라지지 않았으며, 학력이나 직업 등의 지위불평등은 새로운 인격적 차별과 무시를 만들어내고 있다. 민주주의의 발달이 개인에게 민주적 정치공동체의 동등한 구성원 자격을 부여해줄 것으로 기대했지만, 피지배대중이 시민으로서 동등한 권리를 보장받기 위해서는 지속적인 저항과 투쟁이 필요했다.

이처럼 사회적 조건에 따라 그리고 개인의 사회적 계급이나 지위에 따라 평등에 대한 요구는 다양하게 표출되었지만 평등의 다양한 분화와 결합의 양상, 엇갈림과 얽힘의 양상을 이해하려면 평등과 평등주의를 좀 더 세밀하게 구분해볼 필요가 있다. 평등주의 역사의 다양하고 복잡한 가닥을 해명하기 위해서는 다양한 지향을 지닌 평등과 평등주의의 성격과 그 의미를 이해할 필요가 있다.

〈탈신분제적-인격적 평등과 시민적-인격적 평등〉

인격적 평등은 모든 개인에 대해 인간으로서 존엄성을 인정하는 '본체론적 평등'에 해당한다. 서양사회에서는 부르주아혁명을 통해 봉건사회가 무너지고 민주주의 사회로 전환되면서 '인격적 평등'이 시민적 정치공동체 건설의 기본 이념이자 가치가 되었으며, 개인주의에 기초한 인간 평등의식의 성장이 그 바탕이 되었다. 한국사회 역시 조선후기에 전통적 신분제도에 따른 인격적 불평등과 차별에 대한 불만과 저항이 고조되면서 '인격적 평등'을 지향하는 심성이 확산되었다. 그런데 유교의 권위주의·위계서열주의 문화의 영향으로 서양과 같은 개인주의에 기초한 인간 평등의식이 충분히 발달하기 어려웠다. 이로 인해 인격적 평등이 신분 해체를 넘어 정치공동체의 동등한 구성원이라는 시민의식의 형성이 더뎌졌다. 시민적 평등의식은 집단주의적 규범과 규칙의 강요에서 벗어나 개인의 존엄성과 개인의 자유 및 권리를 추구하는 개인주의가 발달할 때 싹틀 수 있기 때문이다.

유럽의 자유주의와 민주주의 사상이 내세운 '자연상태의 개인의 자유와 평등'은 개인이 봉건적 억압에서 벗어나 인격적으로 평등을 누릴 뿐만 아니라 정치공동체를 구성하는 시민으로서 동등한 자격을 지니고 있음을 의미하는 것이다. 이러한 자유주의와 민주주의 사상의 발달은 '인격적 평등'이 '시민적 평등'으로 이어졌다. 반면에 한국사회는 이러한 사상들이 발전하지 못한 상황에서 신분제도의 철폐를 추구함에 따라 법적·제도적으로는 '인격적 평등'이 실현되었지만 정치공동체의 동등한 구성원이라는 의미에서 '시민적 평등의식'의 발전은 곧바로 이루어지지는 못했다. 형식적인 신분은 사라졌지만 일상적인 지위서열은 잔존했기 때문이다.

이처럼 서유럽과 한국에서 신분제 해체를 통한 인격적 평등은 서로 다른 의미를 지녔는데, 이러한 차이를 분명히 보여주기 위해서는 '탈신분제적-인격적 평등'과 '시민적-인격적 평등'을 개념적으로 구분할 필요가 있다. 서유럽에서는 양자가 동시에 실현되었다고 한다면, 한국에서는 '탈신분제적-인격적 평등'의 실현이 '시민적-인격적 평등'의 실현으로 이어지지 못했다. 이것은 무엇보다도 신분제가 해체되어도 전통적인 권위주의와 위계서열주의가 해체되지 않고 존속함으로써 개인에게서 남녀노소가 모두 동등한 시민이라는 현대적 시민-주체의식이 발달하기 어려웠기 때문이라고 하겠다.

〈전통적-인격적 차별과 현대적-인격적 차별〉

한국사회의 신분제도 철폐는 형식적으로는 탈신분제적-인격적 평등을 가져다주었지만, 일상적인 인격적 차별이 사라진 것은 아니었다. 오히려 신분제적-인격적 차별이 변형된 형태로 유지되었는데, 그것은 유교적 전통에 따라 나이와 성별에 따른 서열을 중요시하는 것이었다. 유교적 권위주의와 위계서열주의의 전통에 따라 지속된 인격적 차별은 '전통적-인격적 차별'이라고 할 수 있다. 이러한 '전통적-인격적 차별'은 민주주의와 함께 평등주의가 지속적으로 발달한 오늘날까지도 사라지지 않고 있으며, 나아가 재산, 소득, 학력, 직업, 직위 등 현대적 지위에 따라

서열을 매기며 차별하거나 무시하는 문화로 이어지고 있다. 이러한 인격적 차별은 '현대적-인격적 차별'이라고 부를 수 있다.

한국사회에서 '시민적-인격적 평등의식'이 저발전 상태에 머물러 있는 것은 바로 '전통적-인격적 차별의식'과 그 변형인 '현대적-인격적 차별의식'이 사라지지 않고 있기 때문이다. 따라서 한국사회의 평등주의 역사의 모순과 딜레마를 이해하려면 인격적 차별주의가 역사적으로 어떻게 유지되어왔는지를 살펴보지 않으면 안 된다. 물론 한국사회도 민주주의와 함께 평등주의 의식이 발달하면서 시민적·정치적 평등이나 분배적 평등이 조금씩 진전되어온 것이 사실이다. 하지만 현대적 신분이라고 할 수 있는 계급과 지위의 격차는 암묵적으로 인격적 차별이나 무시를 정당화하는 근거가 되고 있다. 이것은 민주주의가 발달한 유럽 선진국에서는 찾아보기 힘든 현상이며, 이런 점에서 지위서열을 따지며 상대방을 차등대우하려는 한국사회의 독특한 권위주의·서열주의 문화의 산물이라고 하지 않을 수 없다.

자본주의의 발달로 부와 권력의 불평등이 나타나면서 현대사회에서도 사회적 지위의 격차가 새로운 서열을 만들어내고 있는 것은 사실이다. 하지만 모든 개인은 지위고하를 막론하고 시민으로서 동등한 인격적 존엄성을 지닌다는 시민적-인격적 평등의 원칙은 인격적 차별에 맞서는 중요한 이념이 되고 있다. 그러나 한국사회는 신분제 철폐를 통한 탈신분제적-인격적 평등을 실현한 이후 '전통적-인격적 차별주의'와 충분히 단절하지 못해 시민적-인격적 평등의식이 저발전하였고, 오히려 '현대적-인격적 차별'이 지속되는 상황에 놓였다. 그러다 보니 서열의식이 재생산되어 재산, 소득, 권력, 학벌, 학력, 출신지역, 직업, 직위 등 다양한 항목이 지위서열의 기준이 되고, 이에 따른 서열의 인정과 '갑질' 같은 상위자의 하위자에 대한 인격적 차별과 무시마저 당연시하려는 경향이 나타나고 있다. 이제 지위는 '현대적 신분'이 되어 인격적 평등/불평등이 매우 복잡한 양상을 띠고 있다.

〈탈인격적 평등과 인격적 평등: 위계서열과 차별주의〉

위계서열은 개인의 사회적 지위에 따라 권력, 권위, 위신, 명예 등을 차등적으로 부여하고 인정하는 수직적 서열을 말한다. 그리고 위계서열주의는 이러한 위계서열을 중요시하는 사고나 행위의 지향을 말한다. 위계서열은 어느 사회나 존재할 수 있다. 그런데 이러한 위계서열도 기준이 무엇이며, 이에 부여되는 권력, 권위, 위신 등이 얼마나 정당하고 합리적으로 작동하느냐에 따라 그 의미는 달라진다. 말하자면 위계서열에 따른 인간관계가 탈인격적인 성격인지 아니면 인격적 성격인지에 따라 달라질 수 있다는 것이다.

베버는 현대사회에서 지배의 정당성이 법에 근거하며, 이러한 합법적 지배가 효율적으로 이루어질 수 있도록 도입된 조직이 관료제라고 보았다. 그래서 현대 관료제는 합리적, 효율적 행정을 위해 위계서열에 따른 업무수행의 규칙을 법으로 정해놓고 있다. 민주적인 법치국가에서 작동하는 관료제는 관료들 간의 위계서열을 정해놓는데 이것은 업무상의 위계서열일 뿐 인격적인 위계서열을 의미하는 것은 아니다. 지시-이행체계는 공식적인 업무관계에서만 작동하는 것이지 비공식적인 인간 관계에서 작동하는 것은 아니다. 그래서 베버는 공식적인 행정업무를 규칙에 따라 수행하는 상급자와 하급자 간의 관계를 '탈인격적(impersonal)' 관계라고 불렀다.

현대 관료제에서 공식적인 직무 위계서열에 따른 지시-복종 관계가 탈인격적인 관계인 반면에 과거 신분제 사회에서 상위신분에 속한 사람이 하위신분에 속한 사람을 인격적으로 지배하고 복종을 강요했던 관계는 인격적 관계였다. 여기서는 신분이 인격적 지배를 정당화하는 근거이다. 이런 점에서 민주적 법치국가에서 나타나는 위계서열주의와 신분제에서 나타나는 위계서열주의는 근본적으로 다른 것이라고 할 수 있는데, 전자를 '탈인격적 위계서열주의'라고 한다면 후자는 '인격적 위계서열주의'라고 할 수 있다. 이렇게 보면 현대 민주주의 사회의 공식적 조직들에서 존재하는 탈인격적 위계서열주의는 개인 간의 시민적-인격적 평등을 부정하는 것이 결코 아니라는 점을 알 수 있다. 따라서 양자는 엄밀히 구분되어야 한다.

예를 들어 미국 군대는 공식적인 업무 중에만 계급 권한에 따라 상급자의 지시에 하급자가 복종할 뿐 공식적 업무 외의 일상생활에서는 서로 동등한 인간관계로 돌아간다. 이것은 탈인격적 위계서열주의의 전형적인 모습이다. 하지만 한국 군대는 공식적인 업무이든 비공식적인 업무이든 계급에 따른 서열관계가 일상적으로 작동하며, 상급자는 업무 외에서도 상위자가 되어 지위서열을 강요하거나 인격적 차별행위를 하는 경우가 허다하다. 이것은 인격적 위계서열주의에 해당한다.

양자의 구분은 한국사회의 위계서열주의가 지니는 성격을 설명할 때 매우 중요하다. 현대 한국사회는 탈인격적 위계서열주의에 기초하여 작동해야 하는 행정관료조직이나 기업조직과 같은 현대적인 조직에서도 비공식적으로 인격적 위계서열 관계가 작동해왔으며, 이것이 공식적인 업무규칙에도 큰 영향을 미쳤기 때문이다. 상급자는 공식적인 권력을 이용하여 하급자가 사적이며 부당한 지시나 명령에 복종하도록 만들었으며, 심지어 인격적으로도 차별하고 무시하였다. 권위주의 문화가 강한 사회는 탈인격적 위계서열주의가 인격적 위계서열주의를 수반하기 쉬운데, 이것은 공식조직에서 인격적 지배-종속 관계가 완전히 배제되지 않을 수 있다. 그리고 이것은 인격적 차별주의 문화를 확산시켜 평등주의를 억누르는 결과를 가져온다.

〈시민적 평등과 정치적 평등〉

시민적 평등은 개인주의와 정치적 자유주의에 기초하여 개인이 정치공동체의 시민으로서 평등한 자격을 누리는 것을 말한다. 이런 점에서 당연히 시민적 평등은 시민적-인격적 평등을 의미하며(여기서 '시민적-인격적 평등'이라는 표현은 주로 '탈신분제적-인격적 평등'과 대비할 때 사용할 것이다) 이것은 시민자격(citizenship)의 출발점이기도 하다. 민주주의 사회에서 개인은 모두 주권자이자 자유롭고 평등한 시민으로서 동등한 구성원 자격을 지녀야 한다. 시민자격을 지닌 사람들 사이에서 인격적 서열은 존재하지 않는다. 물론 인간 존재 자체로도 그러해야 하겠지만 말이다. 어쨌든 시민자격은 권리, 책무, 덕성이라는 세 요소를 포함하고 있는데, 개인의 자유와 평등은 무엇보다도 '시민자격-권리'의 핵심이다. 정치공동체의 구성원, 즉 공적 시민으로서 개인은 또한 공동체를 유지하기 위해 필요한 공공의 과업들을 수행하는 데 책임을 서로 나눠가져야 하며 공동체의 활동에 적극적으로 참여하는 자세를 취해야 한다. 이것은 '시민자격-책무·덕성'에 해당된다.[39] 그런데 현실적으로 시민자격의 발달이 시민자격-권리와 시민자격-책무·덕성의 균등한 발달로 이어지기는 쉽지 않다. 또 '시민자격-권리'에서 마셜이 구분하고 있는 '시민권', '정치권', '사회권'도 단계적으로 자연스럽게 발달해온 것도 아니다.

시민적 평등이 개인 간에 지위서열이 없는 평등한 시민자격 의식에 기

---

39. 정태석, 「시민자격의 역사적 발달과 세계화 및 위험사회에서의 그 함의」, 『지역사회학』 제15권 4호, 2015.

초하는 것이라면, 정치적 평등은 정치공동체에서 통치가 이루어지는 과정에서 시민들이 단순히 피통치자로 머물러 있는 것이 아니라 정치적 의사결정에 동등하게 참여하는 것을 의미하는 것으로 정의할 수 있다. 말하자면 시민으로서 표현의 자유, 집회·결사의 자유, 이동의 자유와 같은 기본권을 누리는 데서 그치지 않고 정치과정에 참여하는 권리와 권력을 평등하게 누려야 한다는 것이다. 선거와 투표에 참여할 뿐만 아니라 피선거권을 지니면서 통치과정에 참여하고, 또 평등한 선거제도와 투표제도를 만들거나 중요한 정책을 결정하는 과정에 참여하는 것은 권력의 평등한 행사라는 점에서 '정치적 평등'이라고 할 수 있다.

민주주의 사회에서 시민적 평등의식이 발달하면 정치적 평등에 대한 요구도 자연스럽게 발전한다. 그런데 형식적으로는 민주주의 사회라고 하더라도 정치적 지배층이 시민대중의 권리가 확장되는 것을 제약하려고 하면 정치적 평등이 억압될 수 있다. 특히 독재나 권위주의적 통치가 등장하면 정치적 평등, 특히 시민적-인격적 평등까지 억압하는 상황이 발생하기도 한다. 한국사회에서 시민적 평등 또는 정치적 평등의 발전 과정을 보면 집권세력에 의한 권위주의적 통치와 군사독재가 정치적 평등의 확대를 끊임없이 억눌렀고 궁극적으로 시민적 평등의식의 발달도 가로막아왔다. 이러한 오랜 군사독재와 권위주의적 통치는 시민적 평등의식의 저발전으로 이어졌다.

〈시민적·정치적 평등과 분배적 평등〉

조선후기에 신분제도 철폐에 대한 요구는 인격적 평등을 추구한 것인데, 이것은 당연히 평등한 권리에 대한 요구도 포함한다. 여기서 무엇보다도 중요한 요소는 토지제도 개혁, 지주-소작관계 철폐, 소작료의 인하등과 같은 좀 더 공정하고 평등한 물질적 분배이다. 이러한 평등 지향은 '시민적-인격적 평등'보다는 물질적인 재화와 같은 실질적 권익과 관련된 '분배적 평등'을 추구하였다. 말하자면 탈신분제적-인격적 평등과 함께 분배적 평등을 추구한 개인의 이념이나 심성 속에는 동등한 시민자격-권리를 요구하는 시민적-인격적 평등의식이 필수적으로 수반된 것은 아니다.

개인주의보다는 혈연적, 공동체적 동질성에 기초한 권위주의와 집단주의가 강하게 자리잡고 있던 조선후기사회에서 '시민적-인격적 평등'의식이 민중들 사이에 뿌리내리기는 쉽지 않았다. 무엇보다도 상공업의 발달을 통해 사유재산을 형성한 도시 부르주아층과 같은 개인주의와 시민적 평등을 추구할 세력의 형성이 아직 미약했는데, 이것은 이러한 이념이나 심성을 형성할 현실적 조건을 아직 잘 갖추지 못했음을 의미한다. 그래서 당시 탈신분제적-인격적 평등을 요구하던 피지배세력은 지배층에 대한 저항과 함께 무엇보다도 경제적 차별과 불평등의 개선을 우선적으로 추구하는 방향으로 나아갔다. 이처럼 피지배대중이 전통적 권위주의와 집단주의 문화 속에서 분배적 평등에 대한 요구로 쏠리자 이후 시민적-인격적 평등과 정치적 평등의 발전은 더디게 이루어졌고, 이것은 한국사회 평등주의들의 특유의 엇갈림과 불균등 발전을 만들어 냈다. 특히 오랜 권위주의 독재세력의 통치는 시민적·정치적 평등의식의 저발전을 초래했다.

〈다원적 평등과 현대적-인격적 평등〉

앞서 우리는 평등을 제도적 영역과 문화적 영역으로 구분했다. 여기서 제도적 평등이 탈인격적 평등의 성격을 띤다면, 문화적 평등은 인격적 평등의 성격을 띤다. 물론 제도도 문화적 영역에 걸쳐 있고 또 문화도 제도적 영역에 걸쳐 있는 것이어서 단순하게 이분법적으로 구분하는 것이 부적절할 수는 있겠지만, 기본적인 성격을 이념형적으로 구분한다면 그렇다는 얘기다.

평등은 이렇게 사회적 영역에 따라 다른 내용을 담을 수 있는데, 오늘날 사회분화가 가속화되고 있는 현실에서는 쟁점에 따라서도 다양한 성격과 내용의 평등들이 분화되고 있다. 자본주의 사회에서 생겨나는 분배 불평등으로서 계급 불평등은 물론이고, 제국주의 시대를 거치면서 민족·인종·종족 차별도 중요한 쟁점으로 떠올랐다. 민주주의 사회에서는 대의민주주의가 관료제를 발전시키면서 제도정치의 관료주의와 권위주의로 인한 권력의 독점, 남용 등 권력 불평등이 쟁점이 되고 있고, 전통적인 성차별은 여전히 사라지지 않으며, 소수자차별, 성소수자, 장애인, 이주민, 난민 등 다양한 소수자에 대한 차별도 중요한 사회문제로 떠오르고 있다. 과학기술의 발달과 성장주의의 확산 속에서 과학기술전문가주의의 지배가 나타나고, 공업 발달과 에너지사용의 증가, 핵발전 등으로 방사능오염, 기후위기, 환경파괴와 같은 환경 위험과 환경 불평등도 점증하고 있다.

이처럼 불평등과 차별이 다양한 이익과 가치의 영역에서 나타나기 때문에 어느 하나의 불평등이나 차별을 완화한다고 해서 다른 불평등이나 차별이 함께 완화되기를 기대하기는 더욱 어려워졌다. 예를 들어 현대사회에서 계급 불평등이 완화되고 정치제도의 민주주의가 심화되었다고 하더라도 이것이 곧바로 성차별, 소수자차별, 전문가주의의 지배, 환경 불평등 등의 문제를 해결해주는 것은 아니다. 이런 점에서 평등의 요구는 이제 분배적 평등이나 정치적 평등에 한정되지 않으며, 다양한 영역에서 분출하고 있는 불평등과 차별에 대한 저항을 해결하기 위한 다원적 평등이 요구되고 있다. '다원적 평등'은 다양한 차이를 인정하고 각각의 영역에서 평등 요구가 지니는 고유성을 인정하며 다양한 영역에서 평등의 실현을 추구하는 것이다.

다양한 이익과 가치를 추구하는 개인 또는 집단 간의 차이를 인정하고 다원적 평등을 보장하려면, 무엇보다도 인격적·시민적 평등을 인정하는 데서 출발해야 한다. 그런데 시민적 평등에 기초한 시민자격은 누구를 시민으로 인정할 것인가 하는 쟁점을 둘러싸고 차별과 배제가 따를 수 있으며, 시민자격이 주어지지 않은 사람들에 대한 차별의식이나 반감은 인격적 차별과 무시로 발전할 수 있다. 특히 한 사회에서 소수자로 존재하면서 법적으로나 문화적으로나 시민자격을 인정받지 못하는 민족·인종·종족에 대해서는 인격적 차별이 나타나기 쉽다. 2000년을 전후하여 유럽의 선진국은 자국 내에서 실업의 증가와 소득의 감소로 분배 불평등을 겪고 있는 실업자나 저소득층이 이민자, 외국인노동자, 난민 등 외국인과 소수자에 대해 배타심을 표출하면서 인격적 차별 행위를 하는 경향도 확산되었는데, 이것은 분배 불평등에 대한 불만과 인격적 차별이 서로 연관된다는 것을 알 수 있다.

또 여성이나 아동은 법적으로는 시민자격을 인정받고 있다고 하더라도 권위주의적, 성차별적 문화 속에서 여전히 인격적 차별과 무시를 받고 있기도 하다. 이것은 권위주의와 위계서열주의 의식이 시민적 평등의식의 발전을 저해하면서, 다양한 시민의 인격적, 시민적 동등함을 인정하지 않으려는 차별의식이 잔존해온 결과이다.

시민으로서 동등함을 인정하기보다는 자신의 사회적 지위를 과시하며 하위자들이나 소수자들을 차별하려는 의식은 '인격적 차별과 무시'로 나아가기 쉽다. 이것은 '현대적-인격적 차별'이다. 특히 한국사회처럼 전통적인 신분차별이 법적, 제도적으로 사라진 후에도 권위주의, 위계서열주의 문화 속에서 서열의식, 차별의식으로 살아남아 있는 사회는 시민적 평등의식의 저발전으로 인해 소수자나 사회적 약자에 대한 인격적 차별의식이 확산되기 쉽다. 이처럼 시민적 평등의 저발전과 인격적 차별의식의 잔존은 현대적-인격적 평등을 비롯한 다원적 평등의 발전을 제약한다. 따라서 평등주의의 시각에서 다원적 평등을 실현하려면 보편적 인권의 보호와 인격적 차별주의 심성을 해체하는 것이 중요한 과제이다.

(4) 평등주의 행위전략과 그 사회적 결과: 몇 가지 가설

〈평등주의 행위전략들〉

역사적으로 평등주의 이념이나 심성은 다양한 영역에서 다양한 방식으로 표출되어 왔다. 이러한 이념이나 심성의 표출은 다양한 행위전략을 내포한다. 물론 행위전략이라고 말한다고 해서 항상 의식적이고 의도적인 것은 아니며, 오히려 비의식적이거나 비의도적으로 이루어지는 행위들이 더 많을 수 있다. 게다가 행위전략이 목표한 바를 항상 이루는 것도 아니며, 개인적으로 합리적이라고 판단했던 것이 사회적으로 합리적인 결과를 낳는 것도 아니다. 그렇지만 개인이 의도적으로 선택한 행위전략들은 사회에 영향을 미치며, 이것은 기존 사회질서를 유지하거나 강화하는 결과를 낳기도 하고 변화시키고 혁신하는 결과를 낳기도 한다. 그래서 여기서는 평등주의 이념/심성이 어떤 행위전략으로 표출될 수 있으며, 또 그 사회적 효과가 어떠할 것인지에 대해 개괄적으로 살펴보기로 하자.

〈표 2-1〉 평등주의 행위전략들

		행위 목적/목표	
		사적 이익/가치	공적·사회적 이익/가치
행위 단위	개인	개인적 지위상승/이익증대 추구	평등주의 시민참여/시민행동
	집단/사회	집단적 지위상승/이익증대 추구	평등주의 사회운동/제도개혁

인간의 전략적 행위는 기본적으로 목적이나 목표를 추구한다. 그런데 목적이나 목표가 무엇이냐에 따라 개별적인 행동이 이루어지기도 하고 집단적인 행동이 이루어지기도 한다. 개인이든 집단이든 행위의 목적/목표는 사적인 것일 수도 있고 공적인 것일 수도 있다. 물론 어떤 목적이나 목표가 사적인지 공적인지를 결정하는 것은 행위자의 의도에만 달려 있는 것은 아니다. 왜냐하면 개인/집단의 의도가 사회에 그대로 실현되어 행위자의 의도에 늘 부합하는 사회적 결과를 낳는다고 보기 어렵기 때문이다. 그래서 어떤 행위가 사적인지 공적인지를 판단하기 위해서는 행위자의 의도와 그 사회적 결과를 함께 고려하지 않으면 안 된다.

평등주의 심성도 마찬가지인데, 개인이든 집단이든 평등주의 심성에서 비롯된 행위들이 이루어졌다고 하더라도 그것이 엄밀한 의미에서 평등주의적이라고 보기는 어렵다. 〈표 2-1〉과 같이 평등주의 심성의 표출이 개인적으로나 집단적으로 사적인 지위상승이나 이익증대 추구로 나타날 수 있기 때문이다. 이러한 지위상승이나 사적 이익을 추구하는 심성은 앞에서 언급했듯이 '상향적 평등 지향'에 속한다. 반면에 공적·사회적 이익이라고 하면 공정, 공공선, 인권 등과 같이 사회적으로 보편적인 가치에 부합하는 이익이다. 여기서 집단이익은 특정 집단에 편향된 것을 공적·사회적 이익이라고 말하기는 어려울 것이다. 물론 무엇이 공적이며, 공공선이냐 하는 문제는 단순하지 않다.[40] 노동조합의 집단이익 추구를 보면, 낮은 임금과 장시간 노동으로 노동에 걸맞은 공정한 분배를 받지 못하고 있다는 면에서 사회적으로 분배적 정의를 추구하는 공익적 행위라고 말할 수 있다. 그런데 정규직 노동자들이 비정규직 노동자들의 요구를 외면하면서 자신들의 집단이익만을 추구한다면, 이것을 공익적 행위라고 말하기는 어려울 것이다. 그리고 이처럼 기존의 사회제도나 규칙에 적응하면서 좀 더 많은 사적 이익의 배분, 사적인 권익 향상이나 가치 인정을 추구하는 행위전략은 사회적·제도적 개혁을 지향하거나 공익/공공선을 적극적으로 추구하지 않는다는 점에서 '적응적 평등 지향' 전략에 속한다고 하겠다.

한편 개인이든 집단이든 평등주의 심성을 공적·사회적 이익을 추구하는 행위로 표출할 수 있는데, 이것은 각각 평등주의 시민행동과 평등주의 사회운동으로 구분할 수 있다. 물론 양자를 개인의 행동이냐 집단의 행동이냐 하는 기준으로 엄밀히 구분하기 어려운 경우도 있지만 개인으로서 할 수 있는 행동방식과 집단으로 할 수 있는 행동방식은 일정한 차이가 있다. 다만 중요한 것은 개인의 행동이라고 해서 항상 사적이라고 단정할 수는 없다는 점이다. 개인이든 집단이든 시민행동이나 사회운동을 통해서 공익/공공선을 추구하거나 제도개혁을 지향하는 행위를 한다면 이것은 '공적 평등 지향' 행위에 해당된다. 그리고 이처럼 기존 규범이나 질서에 저항하면서 변화를 추구한다는 점에서 '저항적 평등 지향' 행위전략이라고 할 수 있다.

개인이든 집단이든 이처럼 '사적 평등 지향'과 '공적 평등 지향'을 구분해보는 것은 다양한 평등주의 간의 불균등 발전, 균열, 엇갈림, 모순

---

40. 정태석, 「제1장 시민사회와 NGO」, 『NGO란 무엇인가?』, 김동춘 외, 아르케, 2000.

이 진행되는 역사적 맥락을 이해하는 데에도 도움을 준다. 어떤 시대적 조건이 특정한 행위전략이 우세하도록 만들었는지, 그리고 어떤 평등주의가 우세하도록 만들었는지를 이해한다면, 한국사회 평등주의들의 불균등 발전과 모순적 공존의 현실을 좀 더 잘 해명할 수 있을 것이다. 예를 들어 자본주의 시장경쟁 사회에서 개인은 개인적-사적 지위상승 행위전략에 몰두하기 쉬우며, 이것은 개인주의적 경쟁을 심화시켜 공적 평등주의 심성의 확산을 제한할 것이다. 그리고 그만큼 평등한 사회를 실현하기 위한 사회적·제도적 평등의 확대도 제약할 것이다. 한편 지위 서열 의식이 강한 사회에서 경쟁이 상향적 평등의식과 함께 하향적 차별의식, 특히 인격적 차별의식을 확산시킨다면 문화적으로 인격적 평등의식이 확산되는 것을 제약할 것이다. 그리고 이를 정당화하기 위해 능력우선주의 논리를 동원할 것이다. 따라서 특정한 사회적 조건에서 평등주의 심성이 특정한 사적이거나 공적인 행위전략으로 표출되면서 어떻게 제도적 평등이나 문화적 평등의 발전을 확대하기도 하고 또 제약하기도 하는지 살펴보는 것이 중요하다.

〈한국사회 평등주의들의 불균등 발전에 관한 몇 가지 가설〉

근현대 한국사회는 서양의 현대성의 다양한 요소가 유입되고 이것들이 한국의 전통과 뒤섞이며 공존해왔다. 이러한 시대적 조건과 사회적 환경 속에서 한국인은 다양한 평등주의 심성을 형성하면서 동시에 다양한 평등주의 행위전략을 선택해왔다. 다양한 사회적 위치 속에서 형성된 개인의 평등주의 심성과 또 이들이 선택한 평등주의 전략은 평등주의의 분화와 함께 다양한 평등(주의) 간의 모순 및 불균등 발전으로 이어졌다. 이러한 사회적 조건과 평등주의 행위전략 및 양상 간의 관계는 〈그림 2-1〉를 통해 개괄적으로 이해할 수 있다. 지금까지의 논의를 바탕으로 근현대 한국사회 평등주의의 발전 과정에서 나타난 불균등 발전과 모순, 딜레마적 상황들을 설명하기 위하여 다음과 같이 몇 가지 가설을 제시한다.

첫째, 조선후기 신분차별 철폐를 이끌어낸 탈신분제적-인격적 평등주의 심성의 집합적 분출은 평등주의의 제도적 발전을 초래했다. 하지만 전통적인 인격적 위계서열주의와 차별주의의 존속은 탈신분제적-인격적 평등주의 심성이 시민적-인격적 평등의식으로 발전하는 것을 제약하였다. 서양의 현대적인 문물과 평등주의 이념 및 문화가 유입되면서 동학혁명, 소작쟁의, 형평운동, 여성운동, 사회주의운동 등 평등주의 사회운동이 확산되고 또 신분차별이 제도적으로 사라졌는데도 일상생활

〈그림 2-1〉 사회적 조건에 따른 평등주의 심성/행위전략의 형성과 그 양상

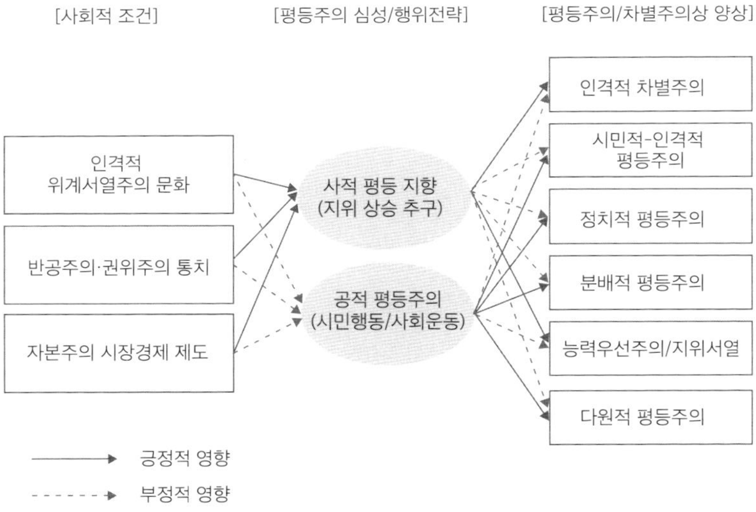

[사회적 조건]   [평등주의 심성/행위전략]   [평등주의/차별주의상 양상]

- 인격적 위계서열주의 문화
- 반공주의·권위주의 통치
- 자본주의 시장경제 제도

→ 사적 평등 지향 (지위 상승 추구)
→ 공적 평등주의 (시민행동/사회운동)

- 인격적 차별주의
- 시민적-인격적 평등주의
- 정치적 평등주의
- 분배적 평등주의
- 능력우선주의/지위서열
- 다원적 평등주의

──→ 긍정적 영향
----→ 부정적 영향

에서 신분사회로부터 이어져온 전통적-인격적 차별주의 전통과 단절하지 못하고 개인주의에 기초한 평등주의 시민의식이 크게 확산되지 못하면서 시민적-인격적 평등의식은 저발전 상태에 머물렀다. 이처럼 개화기 이후 평등주의 심성의 표출은 일정하게 제도적 평등을 발전시킨 반면에 문화적 평등은 여전히 저발전 상태에 놓여 있어서 평등주의의 불균등 발전을 초래한다.

둘째, 반공주의·권위주의적 통치가 강화되면서 사회운동과 같은 공적 평등을 지향하는 행위가 억압되어 정치적 평등(민주주의)이나 분배적 평등과 같은 제도적 평등이 발전하는 데 제약이 있었다. 반면에 자본주의 시장경제의 발달 속에서 많은 개인이 경제적인 생존경쟁과 지위상승(상향적 평등)을 추구하는 사적-상향적 평등 지향 행위전략에 몰두하면서 공적 평등주의 심성이 확산되는 데 제약이 따랐다. 이것은 경쟁의 심화와 함께 능력우선주의 논리의 확산을 낳았다. 특히 반공주의·권위주의적 보수정권의 장기적 지배는 급속한 경제성장에도 불구하고 제도적 평등의 제약에 큰 영향을 미쳤다. 이것은 사적 평등 지향이 공적 평등주의를 억누르는 평등주의의 역설적 상황을 초래한다.

셋째, 인격적 서열주의 문화가 강하게 남아 있는 사회에서, 자본주의의 발달이 만들어낸 경쟁 문화와 현대적 지위서열 의식은 인격적 서열주의를 강화한다. 위계서열사회에서 평등주의 심성의 왜곡된 형태인 상향적 평등 지향이 하향적 차별의식을 수반하면서 인격적 차별주의는 더욱 강화되는 것이다. 특히 존대법의 존속은 전통적-인격적 차별주의 문화를 존속시켜, 지위서열 의식이 현대적-인격적 차별주의 문화로 이어지도록 하는 데 기여한다. 존대법은 지위서열 문화를 강화하고 불평등을 정당화하여 시민적-인격적 평등주의의 저발전을 지속시켰고, 이후 지위서열사회가 형성되어 한국사회의 제도적, 문화적 평등주의가 발전하는 데 제약이 따랐다. 이러한 현실은 지속적으로 확대되어온 평등주의 심성이 인격적 서열주의/차별주의와 공존하도록 하는 모순적 현실을 초래한다.

근현대 한국사회 평등주의는 역동적 에너지를 분출하며 지속적으로 발전해왔다. 서양의 현대적 이념과 제도의 영향을 받으면서 전통사회로부터 현대사회로 이행해온 과정에서 평등주의는 다양하게 분화되어 불균등하게 발전해왔다. 특히 신분차별철폐운동, 농민운동, 평형운동, 사회주의운동, 민족해방운동, 민주화운동, 노동운동, 여성운동, 시민운동, 환경운동 등 다양한 사회운동을 통해 나타난 다양한 차별과 불평등에 저항하는 평등주의 이념과 심성의 분출은 한국사회에서 평등이 다원적으로 발전하도록 하는 역동적 에너지가 되었다.

그런데 이러한 평등주의의 역동적 전개 과정은 평등주의들의 불균등 발전, 사적 평등 지향과 공적 평등주의의 딜레마, 평등주의와 위계서열주의/차별주의의 모순적 공존이라는 모순적, 딜레마적 상황을 만들어냈다. 그리고 이것들은 오늘날의 현실에도 영향을 미친다. 이제 이러한 가설들을 염두에 두고 근현대 한국사회 역사 속에서 전통과 현대가 어떻게 뒤섞이고, 또 그 속에서 평등주의가 어떻게 분화되어 불균등하게 발전해왔는지 구체적인 역사적 경험을 통해 살펴보기로 한다.

III. 개화기와 일제강점기 평등주의의 불균등 발전: 전통과 현대의 엇갈림

유럽의 현대적 평등주의는 봉건제 말기 상공업의 발달과 함께 도시를 중심으로 부르주아지가 형성되는 과정과 밀접히 연관되어 있다. 이들은 시장경제의 발달에 힘입어 사유재산을 형성한 세력들로, 봉건적 지배세력들로부터 사유재산을 방어하고 또 시장에서 사유재산을 보호받기를 원했다. 그래서 부르주아지들은 개인의 자유와 사유재산의 보호에 바탕을 둔 사상의 발전에 지지를 보냈는데, 개인의 자유와 평등을 기초로 한 자유주의 시민사회 사상은 이들의 요구에 부합하는 사상이다. 자유주의는 신분으로부터 해방되고 모든 개인의 동등한 정치적 자유와 권리를 추구하였다. 이런 점에서 자유주의 시민사회 사상은 '탈신분제적-인격적 평등'과 '시민적-인격적 평등'을 지향하는 이념이다.

그런데 개화기를 전후하여 한국사회에 서양의 자유주의 시민사회 사상과 평등주의 문화가 유입되었지만, 이것이 곧바로 '탈신분제적-인격적 평등주의'를 넘어 '시민적-인격적 평등주의'로 발전할 것이라고 기대하기는 어려웠다. 조선시대에 지속된 신분제적 억압하에 살던 조선 민중에게 신분차별은 '탈신분제적-인격적 평등'을 향한 저항의 계기가 되었지만, 이것이 '시민적 평등주의'로 발전해 나가기에는 이에 상응하는 시민의식과 정치적 주체의 형성이 미약했다. 그렇지만 불평등과 차별에 대한 불만과 평등을 향한 열망은 지속적으로 표출되었고, 정치적 억압에도 불구하고 분배적 평등을 요구하는 목소리는 높아졌다. 이러한 흐름은 일제강점기에도 지속되었는데, 특히 민족해방을 향한 투쟁과 결합된 평등주의 심성은 사회주의 이념의 확산으로 이어졌다.

1. 개화기의 평등주의와 신분차별에 대한 저항

(1) 조선후기 신분제도의 동요와 실학 및
　　서학의 탈신분제적-인격적 평등주의

조선사회는 반상(班常)제도라는 신분제도를 통해 유지되었는데, 크게 지배층인 양반(兩班)과 피지배층인 상인(常人)으로 구분하여 사회질서를 유지하였다. 구체적으로 보면 위로는 최상위 지배층인 양반과 중간층인 중인(中人)으로 나뉘었고, 아래로는 피지배층으로 주로 농업에 종사하는 양인(良人)과 노비가 중심인 최하층의 천민으로 나뉘었다. 조선초기에는 신분적 위계질서와 충효사상을 강조한 성리학(性理學)을 내세워 반상제도에 기초한 양반의 지배가 굳건하게 자리잡았지만, 조선후기로 갈수록 반상제도는 조금씩 흔들리기 시작하여 양반의 지배에도 균열이 생기기 시작했다.

17~18세기에는 농업기술이 발달하여 광작이 이루어지고 농업경영방식도 변화하면서 농민층이 양극화되기 시작했고, 또 도시를 중심으로 상공업이 발달하면서 화폐경제가 확대되는 등 사회경제적인 변화가 일어났다. 다른 한편으로는 소수 양반가문이 정치권력을 독점하는 벌족정치를 하면서 몰락하는 양반들이 생겨나는 등 지배층의 분화가 일어났다. 이러한 변화들은 다양한 사회적 갈등과 모순을 만들어내어 벌족정치와 신분제도에 대한 비판의 목소리가 커졌다.

조선후기 실학사상에 바탕을 둔 실용주의도 신분제도를 비판하는 목소리를 내는 사상이었다.[41] 실학사상은 그 흐름이 다양하여 통일된 사상

41.　조성산, 「실학개념 논쟁과 그 귀결」, 한국사 시민강좌 48, 일조각, 2011, 20-24쪽.
　　신항수, 「'사실, 이렇게 본다 2' 비판적 시각으로 살펴본 실학 연구」, 『내일을 여는 역

체계를 가지고 있었다고 보기는 어렵지만, 일부는 명분이나 체면을 중요시한 성리학적 양반문화에서 벗어나 실사구시나 이용후생을 강조하는 개혁적인 흐름을 형성하기도 하였다. 특히 상공업의 발달과 서구문물 유입이라는 시대상황과 맞물리면서 실용주의는 민중들 사이에서 현실적 힘을 얻게 되었는데, 특히 생산적 노동에 참여하지는 않으면서도 상민(양인)과 천민을 착취해온 양반과 달리 생산적 노동을 실질적으로 담당하던 민중(상인)에게 실용주의는 신분차별에 대한 저항의식을 형성하는 단초가 되기도 하였다.

양반들의 벌족정치와 신분차별에 대한 비판의식이 확산되는 데에는 서양 선교사들이 전파한 서양의 문화와 학문도 일정한 영향을 미쳤다. 흔히 서학이라고 불린 천주교(가톨릭)는 유럽을 중심으로 한 서양문화가 조선사회에 전파되기 시작할 때부터 유입되었다.[42] 그런데 서양문화는 조선에 직접 전파되었다기보다는 주로 중국을 거쳐서 들어왔는데, 중국 명나라에는 이전부터 선교사들이 들어와 활동을 하고 있었다. 그래서 명나라를 다녀온 사람들은 서학의 영향을 받아 이를 조선사회에 전파하기 시작했다. 18세기 말 이승훈은 아버지를 따라 북경에 갔다가 서양인 신부에게 세례를 받았는데, 그 영향으로 양반들 사이에서 천주교가 확산되었다. 이들은 대부분 권력에서 밀려난 남인(南人) 시파(時派)이거나 중인이었다. 이들은 중국에서 들어온 천주교 서적인 『천학초함(天學初函)』을 읽고 천주교에 자발적으로 관심을 가지며 믿는 경우가 많았다. 이들은 소수 벌족이 지배하는 양반사회, 성리학이 지배하는 신분사

사』 21호, 2005, 200-211쪽.
42. 서양의 과학기술과 천주교 사이의 내용적 차이를 분명히 하기 위해 양자를 구분하여 각각 서학(西學)과 서교(西敎)로 부르기도 한다. 또 서양문물 전반을 서학이라 부르고, 천주교만을 특정하여 서교로 부르기도 한다(홍원식 외, 『실학사상과 근대성』, 예문서원, 1998, 135쪽).

〈표 3-1〉 초기 천주교 신앙공동체의 신분별 구성

	양반	중인	상민	천민
1784-1801년	20.61%	6.25%	66.66%	6.93%

* 출처: 조광, 「신유박해의 분석적 고찰」, 『가톨릭교회사연구』 제1권, 교회사연구소 편, 1977.(박재정, 「조선후기 가톨릭교회의 정치적 역할에 대한 연구」, 『사회과학연구』 14, 충남대학교 사회과학연구소, 2003에서 재인용).

회의 모순적인 사회현실을 극복할 수 있는 길을 서학에서 찾으려고 하였다.

그런데 유교적인 의식을 거부하는 문제로 사회적 갈등을 빚자 정조 9년(1785년)에 서학은 국가가 사교로 규정하여 탄압을 받기 시작했다. 특히 순조가 즉위한 1801년에 천주교를 혹독하게 박해했는데, 이 사건이 바로 신유사옥(辛酉邪獄)이다. 1784년 조선천주교회가 설립된 이후 신유사옥으로 박해를 받던 시기까지 천주교도의 신분별 구성은 〈표 3-1〉과 같다. 상민들이 66.66%로 전체의 2/3를 차지하고 있는데, 양반도 약 20.61%로 적지 않은 비중을 차지하였고, 천민도 6.93%를 차지하였다. 이로써 신분제도와 유교적 전통문화에 대한 반감이 하층 신분뿐만 아니라 양반들 사이에도 널리 퍼져 있었다는 점을 알 수 있다.[43]

신유사옥으로 천주교를 받아들인 이승훈을 비롯한 많은 학자가 사형을 당했고, 정약용과 정약전은 유배되었다. 그리고 이후 박해가 약화되면서 천주교의 교세가 다시 확장되던 중 헌종 5년(1839년)에 세도정치를 하던 벽파(僻派) 풍양 조씨가 다시 탄압을 주도하면서 기해사옥(己亥邪獄) 사건이 일어났다. 이때 세 명의 서양인 신부와 100여 명의 신도가 사형을 당했다. 이러한 천주교에 대한 박해는 표면적으로는 종교적인 문

---

43. 박재정, 「조선후기 가톨릭교회의 정치적 역할에 대한 연구」, 『사회과학연구』 14, 충남대학교 사회과학연구소, 2003, 132쪽.

제로 보이지만 실질적으로는 시파와 벽파 간의 권력투쟁의 산물이었고, 천주교도가 많던 시파를 약화시키려는 의도가 숨어 있었다.

19세기에 이르러 천주교는 남인 시파를 중심으로 한 양반들을 넘어서 하층신분의 사람들로 널리 확산되어 농업, 공업, 상업에 종사하는 사람들이 천주교도의 큰 비중을 차지하기 시작했다. 이들 중에는 노동자, 여성 등 신분이 낮거나 가난하고 천시 당해온 사람들이 많았다. 천주교는 모든 사람이 똑같이 천주의 자녀라는 평등사상을 지녔고, 중인이나 상민 들도 양반들과 동등한 자격으로 예배를 할 수 있었다. 양반과 신분제도에 불만을 지니고 있던 하층민들은 천주교가 지닌 평등사상과 차별 없는 예배의례에서 해방감을 느꼈으리라 짐작할 수 있다.[44] 당시 관청에서 심문을 받던 중에 나타난 초기 신도들의 신앙관에 대해 달레(C. Dallet)는 다음과 같이 적고 있다.

> 한번 여기 들어오면 양반과 상민의 차이란 아무 소용이 없게 되는 것이다. … 세상이 끝날 때 모든 나라가 없어진 다음에는 양반과 양인, 임금과 백성의 구별이 없이 모든 연령층의 모든 사람이 구름을 타고 하늘에서 내려오는 천주 성자 앞에 모일 것이고 그는 과거와 당시의 사람들을 심판할 것이다.[45]

서학의 실용주의와 평등사상에 영향을 받은 학자들 중에는 토지제도나 행정기구, 군사조직과 같은 제도의 개혁을 통해 현실을 개혁할 것을 주장하는 사람도 있었다. 정약용은 농업 문제를 토지의 소유자인 지주층이 아니라 토지의 경작자인 농민을 중심에 두고 해결해야 한다고 보

---

44. 이기백, 『한국사신론』, 일조각, 1982, 308쪽.
45. C. Dallet, *Histoire de l'Eglise de Coree*, Paris; Librairie Victor Palme, 1874, p. 96.(박재정, 앞의 글, 135쪽에서 재인용).

았고, 이를 위해 마을 단위로 토지를 공동으로 경작하여 수확물을 노동량 기준으로 분배하는 여전제(閭田制)를 주장하였다. 여전제는 물론 전근대적 토지소유관계 자체를 철폐하려는 새로운 급진적인 사상이었다기보다는, 전근대적 통치체제를 안정화하기 위해 이전부터 존재하던 제도를 개선하여 토지국유제에 기초한 토지배분방안을 제시한 것이라고 보는 것이 타당할 것이다. 그렇지만 통치관리들의 수탈을 막을 수 있는 방안으로 독립적인 자영농민들을 동등하게 대우하고자 했다는 점에서 평등사상의 단초를 보여주었다.[46]

한편 도시에서 활동하며 상공업의 발달에 주목한 몇몇 학자들은 청나라의 실용적인 문화를 높게 평가하면서 청나라 문화를 배워 현실을 개혁할 것을 주장했다. 이들은 당시의 양반사회를 비판하였는데, 상공업을 발전시켜 국부를 증강시키려면 기술을 발전시켜 생산을 촉진하고 교통수단을 발전시켜 상품유통을 활발하게 해야 한다고 보았다. 또 사농공상(士農工商)의 차별을 없애고 신분제를 폐지하여 차별 없이 상공업에 종사할 수 있게 해야 하며, 능력에 따른 분업을 실시하고, 균등한 교육을 통해 직업 관리를 양성하고, 이를 통해 이상적인 관료기구를 조직해야 한다고 주장했다.[47]

조선시대 말 양반들은 생계를 위한 생산적인 활동은 하지 않고 사회적 지위를 유지하고 명분을 지키면서 권세만을 누리려고 하였다. 그래서 양반들에 대한 불만과 함께 신분제도에 대한 비판여론이 커져갔다. 당시 외국인의 눈에 비친 양반의 모습을 보면 다음과 같다.

---

46. 이기백, 앞의 책, 279-280쪽. 김남희, 「흠흠신서와 평등권에 대한 담론」, 『법학논총』(숭실대학교 법학연구소) 30호, 2013.
47. 이기백, 같은 책, 281-282쪽.

조선에서 의심할 여지없이 국가 발전의 장애물이 되고 있는 전통이 있는데 그것은 다름 아닌 양반(兩班)들이다. … 양반은 굶거나 구걸할지라도 일하지 않는다. 친척의 도움을 받거나 아내가 생계를 꾸려 나가는 한이 있더라도 양반은 절대로 그의 손에 흙을 묻히지 않는다. 그 관습이 너무나 철두철미하여 실생활에서 지속적으로 준수된다.[48]

이처럼 노동을 경시하면서 특권을 누리려는 양반들이 살아남을 수 있었던 것은 신분제도 때문이다. 토지를 소유한 양반들은 토지이용에 각종 세금을 부과할 수 있는 특권을 누렸고 매관매직을 통해 부를 축적하였다. 물론 모든 양반이 이러한 특권을 누릴 수 있는 것은 아니었다. 초기에 사회개혁적인 주장을 내세우던 계층은 주로 권력에서 밀려난 남인 양반들이었다. 이들이 사농공상의 서열폐지와 신분해방을 주장했지만 이것이 급진적인 인간평등 사상에 기초한 것이었는지는 논란의 여지가 있다. 물론 교도들 사이의 평등을 강조한 천주교를 적극적으로 받아들이던 학자들은 기본적으로 사회적 평등사상을 어느 정도 수용하고 있었다. 이들이 신분제도의 해체를 주장하고 과거제도나 노비문제 등에서 개혁적 시각을 보인 것은 저변에 평등사상을 지니고 있었기에 가능하였다. 그렇지만 그들의 우선적인 관심은 토지개혁을 비롯하여 궁핍한 사회현실을 개혁하는 데에 있었다. 따라서 이들의 신분으로는 한계가 있기 때문에 하층민들의 신분해방과 평등에 대한 요구를 충분히 받아들이는 수준에 이르렀다고 판단하기는 어려워 보인다.[49] 하지만 천주교의

---

48. G.W. 길모어, 『서울풍물지』(신복룡 역주), 한말 외국인기록 17, 집문당, 1999, 88-89쪽.(이수기, 「서양인이 바라본 한국의 신분제와 사회현상들」, 『역사문화연구』 제37집, 2010. 38쪽에서 재인용).
49. 신기현, 「한국의 전통 사상과 평등 인식」, 『한국정치학회보』 29(2), 1995, 415, 419-420쪽.

영향이 평등주의적 심성을 형성하고 확산시키는 데 중요한 단초가 되었다는 점은 분명하다.

개화기에 서양에서 유입된 천주교의 평등주의는 인격적 평등에 기초한 것이며, 이것은 신분차별에 저항한 민중들의 평등주의 심성과 쉽게 접합될 수 있었다. 그리고 이것은 경제적 차별과 착취에 대항하는 분배적 평등의 요구로 발전하였다. 그렇지만 신분제와 가부장적 권위주의의 지배하에서 개인주의 의식에 기초한 시민적-인격적 평등주의 심성의 발전으로 이어지는 데에는 한계가 있었다. 서구사회와 같은 사유재산을 가진 부르주아지의 형성이 미약하였고, 또 개인주의 의식이 발달할 수 있는 사상적, 문화적 토양도 취약하였기 때문이다. 이것은 결국 천주교 등 서구문물의 영향 속에서 인격적 평등의식이 발전하였는데도 시민적-인격적 평등주의가 발전하기 어렵게 하는 중요한 조건이 되었다.

(2) 평민문화의 신분해방 의식과 탈신분제적-인격적 평등주의

청나라의 문물을 수용하고자 한 북학파 박지원은 1780년에 외교사절단으로 청나라를 다녀온 후 『열하일기』라는 여행기를 남겼다. 거기서 그는 서양의 문물을 받아들여 공업을 발전시킨 청나라의 모습을 생생하게 그리면서 서구문물에 대한 편견을 버리고 개방적인 자세를 가져야 한다고 주장했다. 『열하일기』에는 「허생전」과 「호질」이라는 소설이 실려 있으며, 이외에도 박지원은 「양반전」 등의 소설을 남겼다. 그의 소설은 양반의 위선과 무능을 질타하는 풍자소설의 성격을 띤다. 이 외에도 민간에서 전승되던 이야기를 옮겨놓은 단편소설이 많은데, 주로 신분이나 애정 문제를 다루었다. 이 소설들은 몰락한 양반이나 하층민들이 저술한 것으로 전통적인 관념을 뒤흔드는 내용이 많다.

이 시기에는 한글소설도 나오기 시작했는데, 17세기 초에 나온 허균의 『홍길동전』은 서얼차별이나 신분차별 등 사회적 모순을 비판하는 내용이다. 작자미상의 『춘향전』은 애정소설이지만 천민여성 춘향과 양반남성 이 도령 간의 신분의 벽을 뛰어넘는 사랑을 주제로 하여 신분제도와 유교적 여성관의 허구성을 폭로한다. 또 이름을 알리지 않은 작가들의 소설은 하급신분층의 불만과 감정을 노골적으로 드러내기도 하였다. 이러한 한글소설들의 경향은 신분차별에 저항하는 몰락한 양반들이나 하층민들의 인격적 평등주의 심성이 표출된 것이라고 할 수 있다. 이 외에 시조 부문은 몰락한 양반이나 기녀 등 하급신분 출신들이 많은 작품을 남겼고, 미술 부문은 김홍도, 신윤복 등이 풍속도를 그려 서민들의 일상적 삶을 표현하였다.

  이처럼 문학과 예술에서 하급신분 사람들이 작가로 등장하기도 하고 또 이들의 삶이 작품 활동의 대상이 되기도 하는 등 평민문화가 융성하였다. 이제 평민들도 문화를 생산하고 즐기는 주체가 될 수 있다는 경험을 하면서, 평민들 사이에 양반중심의 전통적 유교문화와 신분제도를 비판하고 풍자하는 신분해방 및 평등주의 의식이 점차 확산되었다.

  19세기에 접어들면서 몰락한 양반이나 중인 출신의 학자들이 많이 배출되었는데, 이들은 자신들의 이익을 대변하는 이론을 형성하기 시작했다. 몰락한 양반 출신 최한기는 철종 11년(1860년)에 『인정(人政)』이라는 책을 통해 사농공상 구별 없이 인재를 교육하고 또 등용하여야 하며, 쇄국정책을 버리고 문호를 개방하여 세계와 호흡해야 한다고 주장했다. 그리고 중인 출신의 최성환(崔瑆煥)은 『고문비략(顧問備略)』이라는 책을 통해 양인에 대한 강제 노력동원(부역)을 임금제로 고치고 세금도 돈으로 납부해야 한다고 주장했다. 서류(庶類) 출신의 학자들은 서얼의 역사인 『규사(葵史)』(1859년)를 편찬하여 서류에 대한 차별대우를 철폐해야

한다고 주장하기도 하였다.[50]

19세기에는 평민문학인 판소리가 유행하였다. 판소리는 광대들이 청중을 상대로 장편의 이야기 줄거리를 창으로 부르는 것이다. 판소리의 이야기는 주로 고전소설을 창곡으로 바꾼 것으로 양반에 대한 풍자와 차별받는 하층민들의 현실고발이 중심적인 내용이다. 평민들은 판소리를 통해 자신들의 울분을 표출하고 서로 공감하였으며 춤과 노래와 잡설이 섞여 있는 가면극, 마당극 등도 하층민들의 마음을 울리고 웃기면서 성행하였다.

이처럼 조선시대 말기에는 소외된 양반이나 중인, 평민 들이 물질적 생산이나 경제활동의 중심이 되고 또 신분해방과 인간평등 이념을 담은 문학작품을 생산해내면서 '인격적 평등주의' 심성은 민중 사이로 점차 널리 퍼져나갔다. 인격적 평등의식이 확산되면서 신분제도의 철폐를 요구하는 민란도 자주 발생하였다. 그런데 이것은 탈신분제적-인격적 평등주의와 함께 주로 분배적 평등주의를 요구하는 것이었다. 조선후기에 신분해방 의식의 확산에 기여한 평민문화의 발달은 이후 탈신분제적-인격적 평등과 함께 분배적 평등을 요구한 많은 민란은 물론이고 이후 동학혁명이나 형평운동 등에도 큰 영향을 미쳤다.

(3) 민중의 탈신분제적-인격적 평등주의와 신분제도에 대한 도전

19세기 조선의 역사를 살펴보면, 정치적으로는 순조의 즉위와 함께 세도정치가 시작되어 '세도정치의 시대'로 불리며, 사회적으로는 민중의 삶이 궁핍해지면서 크고 작은 민란이 자주 발생하여 '민란의 시대'로

---

50. 이기백, 앞의 책, 306-307쪽.

불린다. "실제로 19세기는 '민란의 시대'라고 불리는 것이 어색하지 않을 만큼 많은 민중의 저항이 발생한 시기다. 변란이나 민란의 형태로 전개된 각종 저항은 19세기를 관통하였다. 순조 11년(1811)~12년(1812)에 평안도에서 벌어진 홍경래의 난과 철종 13년(1862)의 임술민란, 고종 31년(1894)의 동학농민전쟁으로 이어지는 굵직한 사건들 사이에 크고 작은 많은 변란과 민란이 발생하였다."[51] 그런데 여기서 농민을 중심으로 하는 민중의 반란이 세도정치에 따른 학정 때문이라는 점에서 '세도정치'와 '민란'은 서로 밀접히 맞물려 있다.

19세기 초·중기 순조, 헌종, 철종이 왕위에 오른 시기에는 외척들이 세도정치를 하였다. 영조가 죽고 순조가 11세라는 어린 나이에 즉위하자 외척 세력이 왕권을 압도하면서 세도정치가 시작되었다. 순조 대(1800~1834)에는 안동 김씨(安東 金氏)가, 헌종 대(1834~1849)에는 풍양 조씨(豐壤 趙氏)가, 철종 대(1849~1863)에는 다시 안동 김씨가 세도를 이어갔다. 이제 정치는 양반들 중에서도 일부 친족들의 농단에 좌우되었다.[52]

세도정치로 권력이 집중되자 정치가 문란해졌고, 이로 인해 농민을 비롯한 많은 민중이 피해를 입기 시작했다. 세도정치 때문에 집권세력에게 재물을 바치고 관직을 얻은 관리들이 늘어났고, 관리들은 그 대가를 농민에게 얻어내려고 하였다. 그래서 국가재정기구는 관리들이 사재를 모으는 수단으로 변질되어갔다. 이에 따라 조세제도인 소위 '삼정(三政)'의 문란이 극심해졌다. 삼정은 토지에 비례하여 쌀을 세금으로 받는 전정(田政), 장정들에게 병역을 면제해주며 군포(軍布)를 받는 군정(軍政), 춘궁기에 농민들에게 곡식을 빌려주었다가 이자를 붙여 되돌려 받는 환

---

51. 김우철, 「철종 2년(1851) 李明燮 모반 사건의 성격」, 『한국사학보』 (40), 2010, 183-184쪽.
52. 이기백, 앞의 책, 296-297쪽.

곡(還穀)을 말하는데, 지방 관리들은 각종 편법을 동원하여 농민들로부터 부당하게 세금을 거둬들였다. 관리들은 직책을 맡기 위해 자신의 상관에게 직책값[任債]으로 뇌물을 바쳐야 했는데, 이것을 보상받기 위해 말단관리들도 편법을 동원하여 농민들로부터 부당하게 세금을 거둬들였다.

많은 농민이 높은 세금부담으로 점점 가난해져갔고, 특히 흉년이 들면 굶주린 사람들이 크게 늘고 굶어죽는 사람도 늘어났다. 그래서 산속으로 들어가 화전민이 되는 사람도 생겨났다. 그런데 화전민에 대해서도 조세를 거두어들이려고 하자 국경을 넘어 이민을 가는 사람도 생겨났다. 이렇게 농민의 삶이 궁핍해지면서 이들의 불만은 높아져갔고, 이러한 불만은 오늘날 대자보와 같은 괘서(掛書) 또는 방서(榜書)를 붙이는 사건으로 표출하기도 하였다.

순조 4년(1804년)에는 서울 도성 4대문에 「관서비기(關西秘記)」라는 것이 나붙는 사건이 발생하였는데, 평민출신의 사람들이 조정을 비방하는 내용이었다. 또 순조 26년(1826년)에는 청주에서 정부를 저주하는 괘서가 나붙는 사건이 발생하였다. 이 외에도 이 시기에 유사한 사건들이 자주 발생하였는데, 모두 농민을 비롯한 피지배층이 지배층의 착취에 대해 불만을 표현하는 것이었다.

농민의 불만은 비밀스럽게 괘서를 붙이는 수준에 머무르지 않고, 무리지어 도적이 되어 포악한 관리들에 대항하기도 하였다. 나아가 조직을 형성하기도 하였고 민란을 일으키기도 하였다. 순조 11년(1811년)에 일어난 홍경래의 난은 농민이 주도한 민란은 아니지만, 민심을 동요시킨 대표적인 난이다. 홍경래는 평안도 출신의 잔반으로서 출세를 하지 못한 데 불만을 품고 평안도인에 대한 차별대우를 내세워 지방 관리들, 부농, 상인 등과 결합하여 반란을 계획하였다. 때마침 기아에 허덕이던 백성을 광산채굴을 명분으로 모아 군사훈련을 시킨 후 난을 일으켰다. 한때 홍경래는 청천강 이북을 거의 장악하였으나 관군에 패배하여 전사함으로써 난은 평정되었다. 하지만 홍경래의 난의 여파로 소규모의 민란이 전국 곳곳에서 일어났다.

철종 13년(1862년)에는 마침내 농민이 중심이 되어 일으킨 전국적 규모의 임술민란이 발발하였다. 2월 진주에서 시작된 민란은 5월까지 점차 경상도, 전라도, 충청도 지역으로 확산되었다. 임술민란은 삼정문란을 비롯하여 정부 관료와 관리의 농민 억압과 수탈이 직접적인 원인이며, 주로 지방토호들과 대지주들이 공격 대상이었다. 이때 정부가 나서서 조세개혁을 약속하여 항쟁이 수그러드는 듯하였지만, 결국 정부가 개혁을 실행하지 못하자 9월부터 전국 곳곳에서 농민항쟁이 다시 일어났고 또 지속되었다.

당시 조선사회는 농업적 상품생산경제, 화폐경제가 점차 발달하면서 농민층의 양극화가 나타났다. 예를 들어 진주는 6%의 지주가 44%의 농지를 소유하였고, 63%의 농민이 18%의 농지를 소유하는 실정이었다. 따라서 신분에 따라 양인(평민)층에 조세부담이 집중된 조세제도에 대해 양인에 속한 농민은 불만을 가지지 않을 수 없었다. 민란을 일으킨 농민이 요구한 조건을 보면, "신분의 고하를 막론하고 군보(軍保)를 1인당 2냥씩 하라.", "각종 군포(軍布)를 소민(小民)들에게만 편중되게 부담시키지 말고 각 호마다 균등하게 부담시키라." 등 군역부담을 신분에 따라 불균등하게 부과하는 제도를 폐지하라는 내용이 포함되어 있다.

이처럼 조선후기에서 개화기로 이어지는 시기에 신분차별에 저항한 인격적 평등주의는 신분제도에 따른 인격적 차별과 경제적 착취라는 이중적 차별 및 불평등에 대한 저항을 담고 있다. 따라서 인격적 평등에 기초한 신분차별에 대한 저항은 현실적으로 분배적 평등에 대한 요구와 맞물릴 수밖에 없다. 그렇지만 민란 등 저항의 주체인 하층민들은 대부분 농촌에서 공동체적인 생활을 하던 농민으로서 전통적인 유교문화와 가부장적 권위주의 문화에 익숙해 있어서 개인주의 의식이나 시민적-인격적 평등의식을 성장시켜 나가기에는 한계가 있었다. 이것은 당시 하층민들 사이에서 인격적 평등의식이 발달했지만 현대적인 시민적-인격적 평등의식으로 발전될 수 있는 사회적 조건을 갖추지는 못했음을 보여준다.

2. 개화기와 일제강점기 평등주의의 분화: 시민적 평등주의와 분배적 평등주의

(1) 개화사상의 시민적-인격적 평등주의

1863년에 철종의 뒤를 이어 조카 고종이 12세의 어린 나이로 왕위에 오르자 고종의 아버지 흥선대원군은 실권을 장악하고 외척의 세도정치를 억누르며 왕권을 강화하였으며, 지역과 신분의 차별 없이 인재를 고루 등용하는 등 과감한 개혁을 단행하였다. 그런데 대외정책은 쇄국정책을 고집하였다. 19세기 들어 서양의 통상요구가 거세지자 이에 대한 대응책을 모색하던 중 중국에서 아편전쟁(1840~1842년)과 애로호 사건(1856년)으로 굴욕을 당하는 모습을 보면서 흥선대원군은 청나라를 제외한 외국의 통상요구를 거절하는 정책을 선택하였다. 게다가 천주교의 확산이 서양의 통상요구에 영향을 미칠 것을 두려워하여 천주교를 탄압하는 정책을 실시하였다. 이와 같은 쇄국정책 때문에 평화적인 방식으로 통상관계를 맺기가 어려워지자 서양의 강대국들은 군사적인 위협을 가하기 시작했는데, 이 천주교 탄압은 그 빌미가 되었다. 1866년 프랑스가 무력침략(병인양요)을 하였고, 1871년에는 미국이 무력침략(신미양요)을 하였다. 하지만 흥선대원군은 두 차례의 침략을 막아내면서 쇄국정책을 더욱 군건히 하였다.

하지만 서양의 문물이 들어오고 외국과 교류가 지속되자 19세기 중엽에 오경석, 유홍기, 박규수 등 일부 학자들은 청, 일본, 나아가 서양과도 적극적으로 통상을 해야 나라가 부강해진다는 생각을 피력하였는데, 이들이 바로 개화사상의 시조이다. 이들은 특히 서양의 과학기술을 적극적으로 수용할 필요가 있다고 주장했다. 그런데 이와 맞물려 사회현실도 홍선대원군의 쇄국정책에도 불구하고 통상과 개화에 대한 요구는 점점 확산되었다. 그러던 와중에 1873년 권력투쟁으로 홍선대원군이 권좌에서 물러나자 쇄국정책은 약화되었고, 이러한 사정을 포착한 일본이 침략하여 개항협상을 강요함에 따라 조선은 1876년에 일본과 강화도조약을 맺으며 강제로 개항을 당하기에 이르렀다.

19세기에 만개한 개화사상은 서양의 과학기술을 적극적으로 수용하고 이용후생(利用厚生)을 중요시한 북학파의 전통을 수용하였다. 그래서 부국강병을 위한 무기기술 및 농업기술의 도입에 큰 관심을 기울였다. 쇄국정책이 무너지고 개항이 이루어진 이후, 서양문물을 배척하며 통상을 반대한 위정척사파와 개화파 간의 갈등이 심화되자 정국은 혼란스러웠다. 하지만 현실적으로 개화로 나아가는 역사적 흐름을 막기는 어려웠다. 개화사상은 양반관리들에게도 영향을 주어 김홍집, 김윤식, 어윤중 등과 명성황후(민비)의 조카 민영익 등이 개화에 찬성하였다. 관직을 맡던 이들은 청나라의 도움을 받으며 점진적으로 개화할 것을 주장하였다.

반면에 척족 민씨에게 압박받던 양반층에 속한 김옥균, 박영효, 서광범, 홍영식 등의 청년들은 급진적인 개화사상을 주장하였다. 이들은 신분차별을 없애야 한다는 평등사상을 내세우며 청의 간섭을 배격하고 일본의 명치유신을 본떠 정치를 쇄신하여야 한다고 주장하였다. 그래서 일본의 원조를 받아야 한다고 생각했다. 이들의 모임에는 중인, 상민 등 신분을 초월한 다양한 사람이 참여하였으며, 개화당 또는 독립당이라고 불렸다.

1882년에는 구식군대가 주도한 임오군란이 발생하였는데, 고종이 신식군대인 별기군을 창설하여 운영하면서 구식군대에 대해 차별대우를 하자 이에 불만을 품은 사병들이 봉기한 것이다. 청나라와 가까웠던 민씨 정권은 청나라에 출병을 요청하여 봉기를 진압하였는데, 이로 인해 일본과 가까웠던 급진개화파의 입지는 크게 약화되었다. 그래서 급진 개화사상을 지닌 개화당은 그들의 이념과 정책을 실현하기 위해 정변을 일으키고자 모의하였는데, 마침 청나라와 프랑스가 전쟁을 벌이는 틈을 타 일본의 원조를 약속받고 1884년에 갑신정변을 단행하였다. 김옥균, 서재필 등이 주도한 정변은 다양한 정치혁신을 추진하고자 하였는데, 그 중에는 "문벌을 폐지하여 인민평등의 권(權)을 제정하고, 사람으로서 관(官)을 택하게 하고 관으로서 사람을 택하게 하지 말 것."이라는 조항이 포함되어 있다. 이것은 인민평등의 권리를 제정하여 신분상으로 평등해야 한다는 것이다. 그리고 왕권을 제한하고 내각의 권한을 강화하는 민주적 제도도 도입하였다.[53] 그런데 일본은 청나라 지원병과 싸움에서 전세가 불리하자 개화당과 한 약속을 저버리고 철수하였는데, 이에 따라 홍영식, 박영교 등은 청나라 군대에 사살되고 김옥균, 박영효, 서광범, 서재필 등은 일본으로 망명하여 갑신정변은 실패로 돌아갔다.

  온건개화파들이 서양 기술을 도입하고 행정 개혁에 중점을 두었다면, 급진개화파들은 서양사상을 도입하고 정치·사회적 개혁을 중요시하였다. 급진개화파들은 급진적인 시민사회 사상을 발전시켰지만 갑신정변을 통해 위로부터 정치·사회적 개혁을 시도하였으나 실패하면서 그 세력이 약화되었다. 이때 급진개화파와 가까웠던 유길준도 갑신정변의 여파로 1885년 말 미국에서 귀국한 후 1892년까지 구금 생활을 하였다. 이 기간에 유길준은 서양의 사회사상을 소개하고 자신의 정치관을 담은 대표적인 책 『서유견문(西遊見聞)』(1889)을 집필하였다. 여기서 그는 서양의 현대문명을 소개하고 법치주의적 민주주의와 자유주의적 자본

---

53. 이기백, 같은 책, 328-331쪽.

주의를 수립하는 것을 중요한 목표로 삼아야 한다고 생각했다.[54] 그렇지만 급진개화파와 일정한 거리를 두면서 자주적 개혁과 입헌군주제 도입, 근대적 세제 개혁과 화폐의 통용, 무역 진흥과 교육제도 개편 등이 조선의 실정에 맞는 우선적인 개혁과제라는 생각을 피력했다.[55]

실학사상과 서양의 시민사회 사상의 영향을 받은 개화파들은 대체로 도시를 활동배경으로 한 중간층 지식인으로서, 서구의 문물을 받아들여 조선사회를 개혁할 것을 주장하였다. 이들은 신분제 해체, 인간평등, 인민주권 등의 사상을 내세웠고 실용적인 제도를 개혁하고자 했으며 탈신분제적-인격적 평등주의를 시민적-인격적 평등주의로 발전시켜나가고자 했다. 따라서 서양의 현대교육을 받고 시민사회 사상을 접하면서 신분제도에 기초한 전근대적 왕조통치체제를 폐지하고 동등한 권리를 지닌 시민들의 민주적 정치공동체(민주공화국)를 만들어야 한다고 생각하였다는 점에서, 이들은 '시민자격-권리'의 평등에 기초한 시민적-인격적 평등주의를 발전시키고자 하였다고 볼 수 있다.

물론 이러한 시민적 평등주의 이념과 심성은 도시의 부르주아지와 엘리트층을 중심으로 확산되었지만 농민을 비롯한 피지배대중에게로 확산되기는 어려웠다. 신분제도에 기초한 전통적 지배체제와 유교적 가부장제 문화, 권위주의적 공동체 문화가 공고히 자리잡고 있어서 개인주의 의식이나 시민적 권리의식이 발달하기 어려웠고, 이러한 사회역사적 조건들 속에서 시민적 평등주의의 발전은 더디게 이루어질 수밖에 없었다. 그렇지만 이러한 제한된 조건에서도 개화파들은 시민적 평등주의를 실현하기 위한 시민행동이나 사회운동과 같은 공적 평등주의 행위전략

---

54. 이기백, 같은 책, 352-353쪽.
55. 김정미, 「『서유견문』을 쓴 한말의 개화사상가 유길준」, 『인물한국사』, 네이버캐스트, 2011.

을 추구하였으며, 이것은 평등주의의 저항적 실천이었다. 이들의 노력은 비록 곧바로 정치적 권력획득과 제도개혁으로 이어지지 못했지만, 이후 현대화 과정에서 시민적 평등주의를 확산시키고 민주적인 제도를 도입하는 데 크게 기여하였다.

(2) 동학사상의 탈신분제적-인격적 평등주의와 분배적 평등주의

개화사상이 도시를 배경으로 시민적-인격적 평등주의를 우선적으로 추구한 이념이라면, 동학사상은 농촌을 배경으로 탈신분제적-인격적 평등주의와 분배적 평등주의를 우선적으로 추구한 이념이다. 그래서 동학사상은 농민을 조직화하여 대규모 사회운동으로 전화될 수 있었다. 당시 인구의 대부분은 농촌에 거주하면서 농민으로 살아가야 했다. 그래서 이들은 세도정치 때문에 겪는 착취의 고통을 직접 느꼈으며, 핍박당하는 처지를 공유하였다.

19세기 초 세도정치로 삼정문란이 심화되자 그 피해는 주로 농민에게 돌아갔다. 이에 따라 농민의 불만이 점점 커져가면서 신분제도에 대한 저항감도 커져갔다. 그래서 철종 대(1849~1863년)에는 임술민란(1862년)을 계기로 전국적으로 민란이 확산되었는데, 이 시기에 신분제에 대한 불만과 외세에 대한 저항감을 품고 있던 최제우는 서학(천주교)에 대항하고 인간평등 사상을 주장하는 민족종교인 동학(東學)을 제창하였다. 그는 기존의 유교·불교·도교의 사상으로는 현실의 위기를 극복하기 어렵다고 보면서도 이들의 장점을 취하고자 하였다. 그래서 이 세 종교의 근원이 하늘에 있다고 보고 천명(天命)을 바르게 이해할 수 있는 새로운 사상을 세우고자 하였는데, 그것이 바로 동학이다.[56] 동학은 비록 당시 시대적 상황 때문에 서학에 대항한다고 주장했지만 실질적으로는 천주교의 평등사상에 영향을 받았다.[57]

최제우는 지방 관리와 토호들의 횡포와 착취, 반복되는 자연재해와 전염병 등으로 피폐해진 농민의 삶을 개선하려면 사회를 근본적으로 개혁해야 한다고 주장했다. 그래서 실학에 영향을 미친 서학(천주교)이 주로 도시를 중심으로 확산되어갔다면, 동학은 농촌에 뿌리를 두고 성장하였다. 동학의 중심적인 사상은 천인일여(天人一如), 시천주(侍天主), 인내천(人乃天) 등으로 이어졌다. 천인일여는 하늘과 인간이 하나로서 동등하다는 뜻이고, 시천주는 인간이 각자 한울(하늘)을 모시고 있다는 뜻이며, 인내천은 인간이 곧 한울(하늘)이라는 뜻이다. 즉, 인간은 누구나 한울 같은 존재로서 귀천이 따로 없는 동등한 인간이라는 평등사상을 보여주는 것이다. "사람은 한울이라, 평등이오 차별이 없나니, 사람이 인위로써 귀천을 분별함은 곧 천의를 어기는 것이다."[58] 이처럼 사회적 신분을 초월하여 모든 인간이 평등하다는 동학의 주장은 신분제적인 통치 때문에 핍박받던 농민에게는 구세주와 같은 사상이었다. 실제로 최제우는 자신의 몸종 두 사람의 노비문서를 불태워 노비에서 해방시켰을 뿐만 아니라 한 명은 수양딸로 또 한 명은 며느리로 삼아서 평등사상을 몸소 보여주기도 하였다. 이처럼 동학은 신분차별을 없애야 한다는 인내천 사상과 부유한 사람과 가난한 사람이 서로 도와야 한다는 유무상자(有無相資) 정신을 강조하였지만, 현실적으로는 천주교와 달리 전통적

---

56. 김혜승, 「동학정치사상과 갑오동학농민운동」, 『정치사상연구』 제11집 1호, 2005, 62쪽. 동학농민혁명기념사업회, 『동학농민혁명의 지역적 전개와 사회변동』, 새길.
57. 박대길, 「동학농민혁명 이전 천주교와 동학의 상호인식」, 『인문과학연구』 제19집, 2008, 77-78쪽.
58. 김혜승, 같은 글, 65쪽.

인 남녀차별이나 조상숭배 의식에서 완전히 벗어나기는 어려웠다.[59]

한편 당시 청나라에 의존하던 고종과 민씨 정권은 삼정문란으로 조세수입이 감소하고 개항 이후 대외협상 과정에서 지출이 증가하여 재정적 궁핍을 겪고 있었다. 따라서 재정문제를 해결하기 위해 농민에게 더 많은 부담을 지울 수밖에 없었는데, 이것은 역으로 농민의 저항을 불러일으켜 민란이 지속적으로 일어나는 원인이 되었다. 이처럼 피폐해진 농촌 현실에서 최제우의 포교활동이 지속되자 동학의 교세는 점차 확장되어갔다. 최제우는 지방에 접소(接所)와 몇 개의 접소를 총괄하는 포(包)를 설치하여 세력을 확장시켜나갔는데, 1863년에는 접소가 14곳, 교도의 수가 3,000명에 이르렀다. 이처럼 교세가 급속히 확장되고 민란이 지속되자 불안을 느낀 조정은 1864년에 교주 최제우를 세상을 어지럽힌 죄로 체포하기에 이르는데, 이러한 상황을 예견한 최제우는 미리 최시형을 자신의 대를 이을 인물로 임명하였다. 1864년에 최제우가 처형되자 2대 교주가 된 최시형은 동학을 재건하려고 노력하였고, 1880년에 『동경대전』, 1881년에 『용담유사』를 간행하여 교리를 체계화하였다.

조정의 탄압에도 농민의 불만이 커지고 동학교도들이 늘어나면서, 이들은 처형된 교조 최제우의 죄를 벗겨 그 원을 풀어주려는 교조신원운동(敎祖伸寃運動)을 벌이면서 종교의 자유를 요구하기 시작했다. 그러자 정부는 동학교도들의 저항운동에 대해 한편으로는 무력으로 탄압하면서도 다른 한편으로는 탐관오리 징벌을 약속하는 회유책을 쓰면서 동학교도들을 해산시키려고 하였다. 하지만 농민의 가담이 늘어나 동학의 규모가 점점 더 커지고 조직화되자 고부에서는 농민을 괴롭혀온 탐관오리에 대항하는 군사적 행동을 하기에 이르렀다. 1892년에 고부 군수

---

59. 박대길. 앞의 글. 80-82쪽.

로 부임한 조병갑은 농민에게 과중한 세금을 거두고 재물을 빼앗는 등 악행을 저질렀는데, 농민은 진정이 받아들여지지 않자 1894년에 전봉준의 지휘 아래 동학농민군을 규합하여 고부 관아를 습격하여 무기고를 파괴하고 창고에 쌓아둔 세곡을 꺼내 농민에게 돌려주었다. 이후 사태를 수습하기 위해 정부가 파견한 안핵사(按覈使)가 사태의 책임을 동학교도에게 돌리면서 여전히 악행을 저지르자 이에 격분한 농민은 여러 지역의 세력을 규합하여 농민전쟁을 일으켰는데, 이것이 바로 '동학혁명'이다.

인내천이라는 평등사상에 기초하여 양반 중심의 신분적 지배에 대항하고 또 외세의 개입에 저항하며 신분차별 없는 평등한 사회를 만들려고 했던 동학혁명은 일본군이 개입하면서 실패하고 말았다. 동학혁명은 외세가 커지고 있던 조선말에 일어난 변혁운동이라는 점에서 갑신정변과 유사하지만 중요한 차이가 있다. 갑신정변이 외세(일본)에 의존한 위로부터 일어난 개혁운동이라면, 동학혁명은 외세를 거부한 아래로부터 일어난 개혁운동이라는 것이다. 평등사상이라는 면에서 볼 때, 갑신정변과 동학혁명은 모두 인간평등과 신분해방 사상을 지니고 있는데, 갑신정변의 주도세력은 잔반과 중인이었고 동학혁명의 주도세력은 평민인 농민이었다는 점에서 이들이 추구한 평등의 의미는 일정한 차이가 있다.

동학혁명군이 노비문서를 불태우고 문벌을 타파하며 토지를 균분할 것을 요구하는 등 탈신분제적-인격적 평등주의와 분배적 평등주의를 추구하였다면, 갑신정변을 일으킨 개화당은 신분상의 평등을 요구하면서도 자유주의적 자본주의를 추구하는 등 시민적-인격적 평등주의를 중요시하였다. 이것은 봉건제에 대항하여 신분해방과 개인의 자유를 추구하던 유럽의 부르주아지와 프롤레타리아트가 각각 자유주의적 자본주의와 사회주의를 지향하던 현실에 대비해볼 수 있다. 조선의 개화파와 유럽의 부르주아지는 사유재산권 자체를 부정하지 않고 자본주의를 새로운 사회 질서로 삼고자 했다는 점에서 공통적으로 경제적 자유를 내세우는 '자유주의'를 지향했다. 이런 점에서 조선의 개화파는 신분차별 철폐를 주장하는 탈신분제적-인격적 평등주의와 함께 민주적 정치공동체를 지향하는 시민적-인격적 평등주의를 추구했다. 반면에 조선의 동학혁명 세력과 유럽의 프롤레타리아트는 토지경작권 또는 재산의 공평한 분배를 요구했다는 점에서 분배적 평등주의를 더 적극적으로 지향했다는 공통점이 있다. 물론 개인주의에 기초한 시민의식의 발달 수준은 서로 달랐겠지만 말이다.

 동학사상에 기초한 동학혁명은 제도개혁을 지향한 공적 평등주의 행위전략을 통해 저항적 역동성을 보여주었다. 그렇지만 동학사상이 신분제적 질서의 급진적 해체를 넘어서 시민적 공동체를 주장하는 현대적인 시민적-인격적 평등주의를 담고 있었는지는 분명하지 않다. 신분제적 서열의식과 유교적 가부장제 문화를 끊어낼 수 있는 적극적 계기가 존재하지 않던 조선후기 농촌사회에서, 동학사상이 신분차별 철폐라는 탈신분제적-인격적 평등주의를 주장하기는 했지만, 유교적 전통과 단절하는 개인주의에 기초한 현대적 시민의식을 발전시켰다고 보기는 어렵다. 동학사상의 인격적 평등주의는 오히려 당시 신분차별과 경제적 착취에 대한 저항의 성격이 강하다는 점에서 분배적 평등주의와 더 잘 결합할 수 있었다.

(3) 갑오개혁과 구체제 개혁에서 드러나는 인격적 평등주의와
 시민적 평등주의

 19세기 말 조선정부는 서구문물의 영향으로 현대화의 압력과 신분차

별과 학정에 대항한 아래로부터 일어난 저항 때문에 제도개혁을 수용하지 않을 수 없었다. 따라서 청일전쟁 중이던 고종 31년(1894년)에 정부는 일본군의 개입하에 갑오개혁(갑오경장)을 단행하였다. 갑오개혁은 서구적 국가체제를 만들고자 했던 현대적 제도개혁이다. 내용은 갑신정변과 동학농민운동을 통해 분출된 구체제 개혁의 요구를 수용한 위로부터 이루어진 제도개혁이며, 다양한 불평등과 차별 철폐를 선언하였다. 실제로 갑신정변을 일으킨 유길준 등 개화당 인사들이 정부의 요직을 차지하였으며, 제도개혁 방안은 문벌과 신분제도의 철폐, 노비제도의 폐지, 부녀자의 재혼 허용 등 신분차별을 없애고 여성차별을 완화하는 등 현대적인 내용을 담고 있다.

그러나 일본은 갑오개혁에 개입하면서 조선의 자본주의 시장경제가 잘 작동할 수 있게 되면 이후 일본의 경제수탈이 원활하게 이루어질 것으로 기대했다. 일본은 화폐제도와 세금제도를 개혁하여 화폐경제가 전국적으로 정착되면 좀 더 효율적으로 경제적 수탈을 할 수 있다고 판단했던 것이다. 그런데 정부는 조세를 화폐로 납부하는 금납제를 실시하려고 하였지만, 당시 조선사회에서 미곡을 화폐로 바꾸는 것 자체가 쉽지 않았다. 여전히 농업중심 사회로서 시장경제가 전국적으로 활성화되지 못했기에 결국 금납제는 좌절되고 말았다.

갑오개혁의 방안이 현대적인 내용을 담고 있긴 하였으나 일본의 침략을 용이하게 하는 방향으로 흘러가자 이에 대한 반발이 높아졌다. 1895년 일본이 고종의 부인 명성황후를 시해한 을미사변을 일으키고 1896년에는 위협을 느낀 고종이 러시아 공사관으로 피신하는 일(아관파천)이 일어나자 반일감정은 더욱 높아졌다. 특히 단발령의 실시는 현대적인 개혁이지만 동시에 민족적 자존심을 건드렸다. 이처럼 일본의 간섭으로 개혁이 타율적으로 강요되자 반발이 커졌고 결국 개혁은 실패하였다.

이에 따라 아래로부터 자율적으로 개혁하려는 노력이 이루어졌는데, 대표적인 것이 재야의 개화파들이 중심이 되어 추진한 독립협회와 만민공동회 운동이었다.

독립협회는 1896년에 서재필의 주도로 설립된 정치운동단체다. 서재필은 갑신정변 실패 후 미국으로 건너가 미국의 민주주의와 현대문화를 습득하였으며, 1896년에 돌아와 민주적 독립국가 건설을 위해 활동하였다. 그는 자주독립을 위해 인민주권의 원리에 따라 인민이 주인이 되는 나라를 건설할 것을 주장하였다. 이를 위하여 자유권, 평등권, 참정권 등 민권의 신장을 주장하였고, 입헌대의군주제나 공화정의 수립을 목표로 하였다.[60]

한편 독립협회는 러시아가 침략의도를 드러내자 자주독립의지를 확고히 보여주기 위해 서울 종로에서 만민공동회를 개최하였다. 만민공동회는 신분이나 관직의 높고 낮음 없이 모두 자주독립의 한뜻을 가진 백성들로서 함께 토론에 참여하는 것을 목표로 한 대규모 민중집회다. 만민공동회에서는 누구나 자유롭게 연설에 참여할 수 있었다. 만민공동회에서는 "우리 국토를 남에게 빌려주는 것은 온당치 못하다."는 주장이 토론주제가 되기도 하고, "러시아의 침략에 반대한다." "자주 독립을 이룩하자."는 주장이 대중적인 지지를 얻었다. 이러한 민중의 열기에 힘입어 정부는 러시아의 침략의도에 맞설 수 있었고 또 침략을 막아냈다.

독립협회는 민권의 신장을 지속적으로 강조하였다. 그래서 "모든 인민이 나라의 주인일 수 있을 때 그들의 애국심이 자라고, 그래서 더욱더 나라의 힘이 길러진다."고 하면서 "인민의 생각이 반영될 수 있는 정치제도를 만들어야 한다."고 주장하였다. 이러한 주장은 독립협회가 인민

---

60. 신용하, 『한국근대사와 사회변동』, 문학과지성사, 1980, 34-35쪽.

주권론과 민주주의, 그리고 '시민적·정치적 평등주의' 이념을 실현하기 위해 사회개혁을 추구한 정치적 사회운동 단체라는 점을 잘 보여준다. 특히 만민공동회를 통해 개화사상을 민중 속에서 실현하고자 하였고 또한 민중과 결합시켰다는 점에서 평등주의 이념과 심성의 대중적 확산에 크게 기여하였다. 독립협회의 활동을 통해 민중이 각성하면서, 1905년 을사조약에 의한 일본의 국권박탈에 저항하는 국권회복운동인 애국계몽운동과 의병운동이 광범위하게 전개되었다.[61]

일본에 의존한 갑오개혁을 비판하며 자주적인 사회개혁을 추진하고자 한 독립협회는 자주독립을 중요한 정치적 목표로 설정하였으나 인민주권론에 기초한 정치공동체의 이상도 실현하고자 하였다. 이것은 대외적으로는 주권평등주의를 주장하고 대내적으로는 시민적·정치적 평등주의를 주장한 것이다. 특히 만민공동회는 비록 도시를 중심으로 이루어지기는 했지만 '시민자격-권리'의식에 기초하여 시민적 평등의식을 확산시키는 데 기여하였다. 이것은 신분차별 철폐를 요구한 탈신분제적-인격적 평등주의가 시민적-인격적 평등주의와 정치적 평등주의로 발전해 가는 양상을 보였다. 서구 열강의 침략과 일본의 침략 속에서 평등주의는 점차 민족적 평등과 독립을 추구하는 민족주의와 연합하지 않을 수 없었는데, 일제강점기에 이러한 연합은 더욱 뚜렷해졌다.

(4) 백정의 반란:
형평운동의 탈신분제적-인격적 평등주의와 분배적 평등주의

백정(白丁)은 고려시대에 농업에 종사하는 평민을 의미하는 말인데 조

---

61. 신용하, 같은 책, 36-41, 79-98쪽.

선시대에 와서 유기제조·도살·육류판매 등을 업으로 하며 생활하던 천민신분층을 일컫는 말이 되었다. 조선시대 노비제도가 1894년 갑오개혁 때 법적으로 폐지되자 백정도 노비신분에서 해방되었다. 그렇지만 아래로부터 저항하여 신분이 해방된 것이 아니라 위로부터 개혁하여 신분제도가 법적으로 해체되었기에, 일상생활에서 전통적인 신분에 따른 차별과 무시의 관습은 쉽게 사라지지 않았다. 그래서 백정은 여전히 신분에 따른 차별을 당하였다.

백정은 기와집에서 살거나 비단옷을 입을 수 없고, 외출할 때는 천민신분을 상징하는 '패랭이'라고 불리는 평량갓을 쓰고 다녀야 했다. 그래서 일찍이 동학농민군은 1894년에 정부에 요구한 폐정개혁안에서 백정이 쓰는 평량갓을 없애자고 주장한 바 있다. 또 백정은 학교에서 다른 사람과 함께 수업을 받을 수도 없고 교회에서도 함께 예배를 볼 수 없었다. 당시 교회는 모든 신분의 사람들이 함께 예배를 봄으로써 신분차별로부터 해방을 경험할 수 있는 공간이지만, 백정만은 예외였다. 게다가 백정은 평민과 떨어진 지역에서 집단 거주해야 했다.

백정에 대한 신분차별은 일제 강점기에도 그대로 이어졌다. 일제는 좀 더 손쉬운 식민통치를 위하여 조선의 전근대적, 신분적 지배관계를 유지하려는 정책을 썼기에 백정에 대한 행정적 차별도 유지하였다. 백정을 호적에 올릴 때 이름 앞에 '붉은 점' 등으로 표시하거나 백정의 다른 표현인 '도한(屠漢)'으로 기재를 했다. 그리고 학교 입학원서나 관공서 서류 등에도 반드시 신분을 표시해야 했다. 이처럼 신분제도의 철폐에도 일상적 차별이 지속되자 이에 불만을 품은 백정들이 1923년 4월 25일 진주에서 '형평사'라는 조직을 결성하여 차별에 반대하는 조직적인 사회

운동을 펼치기에 이르렀다.[62]

　백정의 신분으로 자산가가 된 이학찬은 백정에 대한 교육차별에 분개해 신현수(양반), 강상호(양반), 천석구(양반), 장지필(백정), 그리고 회원 80여 명과 더불어 진주 대안동에서 창립총회를 열어 형평사를 설립했다. 이 같은 형평사의 창립에 대해 당시 『조선일보』는 사설에서 "진주재주의 백정동포가 궐기해 형평사라는 단체를 조직하고 계급 타파 운동을 시작하려고 한다. 이는 말할 나위도 없이 시대에 적합한 행동으로 생각된다. 운동으로의 철저한 노력을 백정동포에게 바란다."라고 격려·지지했다.

　형평사의 평등주의 운동은 신분해방과 평등을 주장하는 사회단체들의 지원을 받았다. 1923~1924년에 설립된 조선노농총동맹, 조선청년총동맹 등 사회주의 계열의 새로운 사회운동 단체들의 지원을 받았고, 또 이들 단체와 제휴하면서 형평운동은 더욱 발전하였다. 그리고 한동안 내부균열로 힘들어하던 형평사의 통합 노력이 결실을 맺으면서 조직도 더욱 확대되어갔다. 지역 곳곳에서 형평청년회가 조직되고 중앙에서는 형평사청년총연맹이 결성되었으며, 자녀 교육을 목적으로 하는 형평학우회도 조직되었다.

　그런데 이러한 형평사의 설립과 형평사 운동의 확산에 반발하는 움직임도 나타났다. 1923년 5월 진주에서는 우육비매동맹(牛肉非買同盟)이 조직되었고, 7월 경상남도 삼가(三嘉)에서, 그리고 8월 경상남도 김해와 충청북도 제천에서 반형평운동이 일어나기도 하였다. 특히 1925년 8월에는 경상북도 예천 형평분사가 습격당하는 사건이 일어났다. 형평사 본부는 긴급회의를 하여 전국 형평사 회원이 예천으로 총출동할 것을 결

62.　김의환, 「형평운동: 평등사회를 위하여」, 『한국현대사 8』, 청구문화사, 1971.

의하였으며, 사회운동단체들도 조사단을 파견하는 등 형평운동을 적극 지원했다. 이러한 정세 속에서 당시의 진보적인 여러 사회운동단체와 형평사의 연대는 더욱 강화되었다. 전국 각지의 형평청년회가 조선청년총동맹에 가입하기 시작했고, 1926년에는 무산자들의 경제적·정치적·사회적 지위를 향상시키고자 하는 무산운동(無産運動)으로 진출을 선언하기도 하였다. 그래서 이후 각종 파업과 소작쟁의 등에 참여하는 등 다른 사회운동단체와 적극적인 연대활동을 전개해나갔다.

형평사 통계에 따르면 당시 백정의 수는 40여만 명이었고, 조선총독부 조사에 따르면 3만 3,712명이었다. 이들 중 일부는 농업에 종사하기도 했으나 대부분 여전히 본업인 도살, 제혁, 유세공(柳細工) 등의 업종에 종사했으며, 주로 삼남지방에 집중되어 있었다. 1926년에 이들은 형평사의 명의로 총독부에 '요망서'를 제출하였는데, 여기서 형평사는 ① 일반인에 의한 차별과 박해가 심한 것 ② 관공리·교원이 차별 대우하는 것 ③ 목욕탕·이발소·요리점 등 사람들이 출입하는 곳에서 공공연하게 차별이 행해지고 있는 것 등을 지적한 후 이를 방지하기 위한 법을 제정해달라고 요구하였다.[63]

형평운동은 백정의 계급해방투쟁과 더불어 민족해방투쟁이라는 성격도 지닌다. 백정의 자기해방을 추구한 동시에 일제식민통치하에서 다른 사회운동단체들과 제휴하여 민족해방에도 기여했던 것이다. 하지만 형평운동이 점차 사회적 연대활동으로 확장되자 사회주의운동과 연대를 둘러싸고 갈등이 생겨났다. 특히 1927년 1월에 일어난 고려혁명당 사건

---

63. 한국학중앙연구원. 『한국민족문화대백과사전』.
https://encykorea.aks.ac.kr/Contents/SearchNavi?keyword=%ED%98%95%ED%8F%89%EC%9A%B4%EB%8F%99&ridx=0&tot=1271(검색일: 2019년 6월).

에 몇몇 중앙 간부가 연루되자 형평운동은 급진파와 온건파의 갈등과 대립이 심화되었다. 물론 이러한 갈등과 대립은 형평사운동뿐만 아니라 사회주의운동 조직에서도 일반적으로 나타난 현상이며, 더구나 지배세력의 탄압이 심한 상황에서는 내부의 분열이 생기기도 하였다. 하지만 갈등과 대립 상항에서도 유지되던 조직과 활동은 1930년대에 일제의 탄압이 심화되자 다른 사회운동단체들과 같이 해체되고 말았다.

농촌공동체에서 백정은 신분제도가 해체됐는데도 여전히 행정적 차별은 사라지지 않았고 또 신분에 따른 주변 사람들의 무시와 비하의 시선에서도 자유로울 수 없었다. 패랭이를 벗어던져 외모의 차이를 없앤다고 하지만 서로 얼굴을 알고 지내는 마을 사람들 사이에서 신분을 감출 수 있는 것도 아니었다. 이러한 일상적 차별에서 벗어나려면 멀리 떨어진 곳으로 거주지를 옮기거나 차별에 적극적으로 저항하여 무시와 비하의 관습과 문화를 타파해야 했다. 하지만 마을에 뿌리를 내리고 살아온 백정들이 이주를 선택하기란 쉽지 않았고, 또 현실적으로 학교나 관공서를 다니지 않을 수도 없어서 신분을 완전히 감추고 살기란 불가능했다.

노비제도가 철폐된 이후에도 여전히 차별과 불평등의 현실에서 벗어날 수 없던 백정들은 인격적 평등주의 심성을 강하게 품을 수밖에 없었고, 인격적 차별에 대한 불만은 결국 집합적-공적 평등주의 행위전략으로서 형평운동으로 분출되지 않을 수 없었다. 그렇지만 동학혁명과 마찬가지로 백정들 역시 농촌공동체에서 개인주의 의식이나 시민의식을 형성할 수 없었으며, 불평등과 차별에 대한 저항은 탈신분제적-인격적 평등주의와 함께 분배적 평등주의의 요구로 분출할 수밖에 없었다. 형평운동이 동학사상이나 사회주의 사상의 영향을 받아 계급차별 철폐를 추구하였지만, 이것은 시민적-인격적 평등주의에 바탕을 둔 주장은 아니었다. 백정들은 최후의 신분으로 남아 있던 자신들의 처지를 적극적으로 개선하려고 하였고, 이것은 무엇보다도 신분차별 철폐를 통한 탈신분제적-인격적 평등주의의 실현과 경제적 지위의 향상을 통한 분배적 평등주의의 요구로 나아갔다.

3. 민족주의와 평등주의의 연대와 갈등: 주권평등운동과 사회주의운동

(1) 식민지배 시대의 민족운동과 평등주의

일본 식민지배 시대는 무엇보다도 국권을 회복하기 위한 민족자주독립운동이 활발하게 일어난 시기이다. 그래서 평등주의 역시 민족주의와 결합하지 않을 수 없었다. 민족주의는 민족 또는 나라 간의 자주와 평등을 지향하는 이념이라는 점에서 민족 간의 평등주의라 할 수 있다. 하지만 민족주의를 지향한다고 해서 모두 (민족 내부의) 평등주의를 옹호한 것은 아니고, 또 그 평등주의가 동일한 목표를 지닌 것도 아니다. 그래서 이 시기 민족주의와 평등주의의 관계는 다양한 연대와 엇갈림으로 복잡한 양상을 띤다.

일제 식민지배 시기 이전부터 다양하게 분출되던 민족운동은 대체로 중간지식층과 기층민중이라는 두 세력이 주도했다. 개화사상을 기반으로 한 독립운동과 애국계몽운동을 주도한 세력이 도시의 중간지식층이라면, 동학농민운동과 의병활동에 참여한 중심 세력은 농민을 중심으로 한 기층민중이다. 이처럼 계급·계층적 기반에 따라 양분된 민족운동의 흐름은 일제 식민지배 시기에 와서 다양한 이념과 결합하여 분화의 양상을 보인다.

일본 식민지배 시대의 조선사회는 일본 통치세력이 지배하였는데 이때 일본인이 이주하여 철도, 도로, 항만 등 사회간접자본을 건설하고 의료시설 등 공공시설을 설립하는 등 현대적인 변화가 시작됐다. 하지만 이러한 시설들은 일본의 식민지배가 목적이어서 주로 일본인을 위해 세워지고 또 그들이 이용했다는 점에서 식민지 한국의 발전은 부차적인 것이고 한국인의 삶은 소외되었다. 부자와 빈자 간의 양극화와 함께 한국인과 일본인 사이의 거주지·교육·의료 등 일상생활의 분리와 차별이 이루어졌다. 이렇게 볼 때 당시 "식민지 조선사회는 민족문제와 계급문제가 복잡하게 얽혀 있는 '중층적 이중사회'로 변모해가고 있었다."[64]

  19세기 말부터 20세기 초에 걸쳐 전근대적 신분질서가 크게 흔들리면서 신분제도가 폐지됐지만, 일상생활에서 양반과 평민, 노비 등 신분구별은 완전히 사라지지 않았다. 자본주의 시장경제와 사유재산제도가 발달하면서 기존의 신분격차는 토지소유에 따른 지주, 자영농민, 소작농민 등 계급·계층적 격차로 재구성되었는데, 이러한 격차는 식민지배하에서 생존조건의 격차를 만들어냈다. 따라서 일제와 지배계급으로부터 더 많은 착취와 수탈을 당한 하층 민중은 더 급진적인 민족해방운동과 계급해방운동을 지지하였다.

  식민지 조선의 민중은 단지 일제의 탄압만 받고 있던 것이 아니라 내부적으로 물질적, 경제적 불평등과 차별로도 고통받았다. 소작농민과 빈민은 식민지배하에서 더욱더 어렵게 생존을 이어갔다. "'한일병합' 후 조선에는 3대 빈민층이 생겨났다. 그것은 곧 농촌의 춘궁빈민과 화전민, 토막민이라 불리는 도시빈민이다. 특히 토막민은 일제 강점의 소산물이다. 이들은 대부분 일제의 '토지조사사업'과 일본 농민의 조선 이주 등으로 농토를 잃고 농촌에서 쫓겨난 사람들이다. 이들 가운데 일부는 일본의 노동시장으로 이주했고, 또 다른 일부는 만주로 이주하거나 산골로 들어가 화전민이 되었으며, 나머지는 도시로 흘러들어가 토막민이 되었다. 이들 토막민은 날품팔이, 지게꾼, 인력거꾼, 행상 등으로 생계를 꾸렸는데, 1928년에는 1,143명, 1931년에는 1,536명, 1938년에는 1만

---

64. 장세윤, 「일제 강점 35년 – 우리는 어떻게 살았을까」, 박도 엮음, 『일제강점기』, 눈빛출판사, 2010, 7-8쪽.

6,644명으로 해마다 그 수가 급증하였다."[65] 그 결과 소작농민이나 토지를 잃은 빈민은 현대적 토지사유제도를 확립하고자 한 일제의 토지제도와 소작제도에 대해 큰 불만을 지녔다. 한일병합 이후 일제는 전근대적 소작제도를 오히려 유지·강화하며 신분제적 강제에서 계약적 강제로 전환하였는데, 이에 따라 소작농민의 저항은 수그러들지 않았다.

일제의 억압과 수탈이 지속되자 1919년에는 각계각층의 사람들이 서로 연합하여 항일운동을 전개한 3.1운동이 일어났다. 하지만 운동이 실패하자 지도층은 향후 통일된 민족해방운동을 전개하기 위해 중국 상하이에서 임시정부를 수립하였다. 이때 3.1운동의 영향을 받은 일본총독부가 '무단통치'에서 '문화통치'로 전환하자 일부 중간지식층이 타협적인 온건노선으로 나아가려는 경향을 보였지만 여전히 다수는 비타협적인 강경노선을 견지하였다.

1917년 러시아혁명 이후 레닌이 서유럽 제국주의 진영에 맞서 반제국주의를 천명하고 외국의 사회주의 혁명을 지원한다는 명분으로 아시아 식민지 나라들의 독립 지원을 약속하였는데, 1921년에 독립운동가 이극로, 이동휘, 박진순 등은 러시아로 가서 레닌을 만나 식민지 조선의 상황을 알리고 지원을 요청하기도 하였다.[66] 이를 계기로 1920년대 독립운동에서 사회주의 이념이 지식인과 학생층에게 적극적으로 수용되기에 이르렀다. 이렇게 하여 확산되기 시작한 좌파민족주의 이념과 운동은

---

65. 장세윤, 같은 책, 391쪽.
66. 이 시기의 일간지나 정기간행물은 유물사관, 러시아혁명, 레닌, 소비에트 혁명정부 등 사회주의와 혁명에 관한 기사를 종종 다루었다(안재성 편, 『잡지, 시대를 철하다』, 돌베개, 2012). 『동아일보』는 1921년 6월 3일부터 8월 31일까지 무려 73회에 걸쳐 「니콜라이 레닌은 어떠한 사람인가?」라는 표제하에 레닌의 일생, 활동, 볼셰비키 혁명 등에 관한 내용을 연재하였다(전명혁, 「식민지 시대 민족해방운동의 근대적 성격과 민주주의」, 조희연 편, 『한국 민주주의와 사회운동의 동학』, 나눔의 집, 2001, 79쪽.

일제의 식민지 지주제로 인한 소작농의 증가(농민의 약 80%에 이름)와 소작료 인상 등 수탈에 대한 소작쟁의의 확산이라는 사회경제적 조건과도 연관되어 있었다.[67]

이처럼 이 시기의 분배적 평등주의 이념이던 사회주의는 기본적으로 민족주의와 결합하는 양상을 보였다. 민족주의는 각 민족 또는 나라의 자결과 이들 간의 평등을 추구한다는 점에서 '민족 간의 평등주의'라는 성격을 지닌다. 하지만 민족 내부의 신분이나 계급·계층 간의 평등에 얼마나 적극적인가에 따라 서로 다른 흐름들이 나타난다. 일제 세력과 결탁한 관료와 지주 등 친일지배계급에 대해 불만을 지니고 있던 중간지식층 중에는 민족해방이 소작농민, 노동자, 도시빈민 등 기층민중의 신분 및 계급 해방으로 이어져야 한다고 생각하는 사람들이 있었는데, 이러한 생각은 평등을 추구하는 사회주의 이념을 적극적으로 받아들이는 경향으로 나아갔다. 하지만 또 다른 중간지식층과 전통적인 양반, 지주, 관료 등 지배계급 출신의 지식층은 대체로 자유주의 이념을 받아들여 정치적 평등에 대해서는 동의하면서도 사유재산을 철폐하고 계급을 폐지하는 데에는 거부감을 가졌다.

해방 직후 결성된 조선공산당 총무부장이던 이관술은 1946년 4월 『현대일보』에 식민지배 시기의 활동을 되돌아보는 「조국엔 언제나 감옥이 있었다」라는 자필수기를 썼다.[68] 이 글을 보면 민족해방운동에서 민족주의자와 사회주의자(또는 공산주의자) 간의 차이가 잘 드러난다.

> 내가 처음 반일혁명투쟁에 첫걸음을 들여놓기는 광주학생 사건이 발발하여 전

---

67. 장세윤, 앞의 책, 14-15쪽.
68. 안재성, 앞의 책, 249-257쪽.

국이 들끓던 1929년경이다. 그 전년 나는 일본 동경고등사범학교를 졸업하고 동덕여학교에 와 있었는데 나는 본래 공산주의자는 아니었다.

　동경고사에 들어간 것도 청년교육을 통하여 민족을 각성시켜보자는 이상에서 들어갔고 또 이민족과 접촉해가는 동안에 얻은 정신적 영향도 역시 민족주의의 강화였다. …그때 당시 동경서 내가 마르크스주의에 접근해간 것도 이러한 약소민족 청년의 독자적 견지에서 그리한 것이요. 그것을 연구하여 우리 민족 현실에 알맞은 길을 발견하자는 것이 진정한 목적이었다.

　광주학생 사건이 일어나서 … 계속 희생자가 나며 그래도 뒤를 이어 운동은 요원의 불처럼 확대되어갈 때 나에게는 두 가지 깊이 감명된 바가 있었다.

　첫째는 학생들이 일본제국주의에 대하여 불같이 열렬한 데 비하여 교사들은 일반으로 냉담하고 비겁하다는 것, 둘째는 그때 학교 내나 사회를 막론하고 소위 민족주의자라고 하는 사람들이 도무지 반일투쟁적이 아니었다는 것, 이 두 가지 사실은 반일적이 아닌 민족주의라는 것이 얼마나 무의미하다는 것을 깨닫게 했으며 또 대부분 일제와 타협해야만 이익을 보장할 수 있는 유산자층이 반일적이지 못하다는 것도 당연한 일이라는 것을 명백히 알게 되었다.

　동시에 민족주의자란 결국 이러한 층이 자기 위장을 하기 위한 정치사상이라는 것도 알게 되었다. 그리하여 일찍이 내가 전공하던 역사 연구의 한 방법론에 지나지 않던 유물사관이 조선에 있어서는 민족해방투쟁에 있어서 유일한 지침으로 내 앞에 실천노선으로 나타나게 되었다.

　이 방향은 그때 전국학생운동이 걸어가고 있던 공통한 길이었고 나는 우선 내가 가르치던 동덕여학생들을 지도하여 1931년에 학생의 교내에서 경찰침입 반대, 교육자의 무성의한 몇 사건을 가지고 동맹휴학을 할 수 있는 단계에까지 들어갔다. 이것이 내가 반일적인 실천운동으로 들어간 제일보요 민족해방의 실천에 있어 공산주의만이 유일한 지침이라는 것은 자명한 일이다.

이 글은 부르주아 민족주의자들의 기회주의적 성격을 지적하고 있는데 이것은 기본적으로 그들의 계급적 기반 때문이었다. 그들이 궁극적으로 원한 것은 계급이 철폐된 평등한 사회가 아니라 자신들의 사유재산과 이익추구의 자유를 보장받는 독립된 사회였다. 그래서 자신들의 이익을 보장받을 수 있다면 언제든지 일제와도 타협할 수 있었다. 이것은 민족주의가 시민적-인격적 평등주의를 넘어 분배적 평등주의와 얼마나 적극적으로 연대하고자 하느냐에 따라 민족주의가 분열될 수 있다는 점을 말해준다.

　주권국가로서 자주독립을 추구한 민족주의운동은 주권평등운동이었다. 그래서 주권평등을 주장한 민족주의는 계급평등을 주장한 사회주의와 연대할 수 있는 이념적 기반을 지니고 있었다. 그렇기 때문에 평등주의를 추구한 사회주의 세력은 식민지배 상황에서 자주독립이라는 과제의 중요성에 공감하며 민족주의 세력과 연대하려고 하였고, 이 과정에서 현실적인 전략적 타협을 추구한 사회주의 세력은 온건한 평등주의 노선을 추구하기도 하였다. 개인적 수준에서는 사적 평등 지향 전략인 지위상승 추구야말로 식민지배 시기에 살아남기 위한 최선의 행동방안이다. 따라서 많은 부유층이나 중간층은 친일파가 되어 관직 등 권력을 얻거나 일제에 협력하여 이익을 얻으려고 하였다. 그렇지만 시민적 평등주의와 함께 분배적 평등주의를 추구한 사회주의자들은 일본제국주의에 저항하여 주권평등을 이루는 동시에 신분과 계급을 폐지하여 평등한 사회를 건설하려는 꿈을 포기하지 않았다. 그래서 이들은 민족해방과 계급철폐라는 공적 평등주의 행위전략으로서 급진적인 사회운동과 투쟁을 전개하지 않을 수 없었다.

(2) 농민과 노동자의 저항: 주권평등운동과 분배적 평등주의

한일병합 이후 일제는 식민지 토지제도를 확립하려고 1910년부터 1918년까지 대규모 토지조사사업을 실시하였다. 일제는 이 사업을 통해 토지사유권제도를 확립할 때 지주의 권리만 인정하고 농민의 권리는 배제하였다. 그리고 국유지를 강제로 확보하여 조선총독부 소유로 하였다. 이에 따라 농민은 대부분 소작농으로 전락하였고, 조선총독부는 토지세와 소작료를 수취하여 재정수입을 확보하였다. 일제가 소작료를 올려 농민을 수탈하고 지배를 강화하자 소작농민의 불만은 고조되었다. 소작인들은 지주에게 예속되어 노력봉사와 경조사비 지불 등 각종 명목을 부담해야 했고, 마름에게 중간착취를 당하기도 하였다.

3.1운동 이후 농민의식이 성장하자 일제에 수탈당하던 소작농민은 1920년부터 자신들의 권익을 보호하기 위해 소작인단체를 결성했는데, 1920년 4월 황해도 봉산에서 결성된 봉산소작인회를 시작으로 수십 개의 소작인단체가 결성되었다. 이 과정에서 조선노동공제회와 조선노농총동맹의 지도와 원조가 큰 영향을 미쳤다. 1926년부터 소작인조합이 농민조합으로 확대, 개편되고 소작농민운동이 조직적으로 발생하자 일제는 탄압을 강화하였고 이에 따라 농민조합은 1930년대에 비밀농민조합으로 개편되었다. 이때 당시 성장해가던 사회주의운동과 결합하여 '적색농민조합'이 생겨났는데, 제2차 세계대전이 발발하기 전후 일제가 더 극심하게 탄압하여 활동이 어려워지자 농민은 개별적으로 독립운동단체에 가입하여 활동하기도 하였다.[69]

일제 식민지배에서 소작료를 인상하는 등 농민의 삶이 궁핍해지자 저

---

69. 한국학중앙연구원, 『한국민족문화대백과』, https://terms.naver.com/entry.nhn?docId=538878&cid=46623&categoryId=46623 (검색일: 2019년 5월).

항은 더 치열해졌다. 1932년에는 조선 최대의 용천소작조합 소작인들이 농지개간비 지급을 거부한 데 항의하여 소작쟁의를 일으켰는데, 일본 경찰이 개입하여 소작인 200명이 검거되고 강제로 해산되었다.[70] 이처럼 농촌 상황이 열악해지자 1932년에 일제는 농촌진흥운동(자력갱생운동)이라는 정책을 시행하였다. 지주 중심의 농업정책에서 농민 중심의 농업정책으로 전환한다고 표방하면서 농가경제갱생계획을 통해 농민을 지도하고자 하였다. 하지만 일제가 1937년에 제2차 세계대전에 주축국으로 참여하고 전쟁물자 조달을 위해 '전시파시즘' 또는 '전시동원' 체제로 전환하면서 농민에 대한 수탈은 더욱 강화되었다. 농민은 대체로 일제의 선전이나 정세변화에 큰 관심을 두지 않았는데, 전시생활통제가 점차 강화되고 1939년 이후 큰 가뭄이 겹치면서 생활상황이 악화되자 불만이 커져갔고 또 일상적으로 불만을 표출하기도 하였다. 이 시기에는 생존이 어려워 불평불만을 표출하는 농민이 많았지만, 일제의 사상통제도 강화되어 소작쟁의 등 직접적인 저항행동으로 나타난 사례는 많지 않다. 그렇지만 민족주의와 사회주의에 공감한 일부 농민은 일제에 대항하는 독립운동 단체에 가입하여 저항투쟁에 참여하기도 하였다.[71]

　일제하에서는 도시 노동자들의 삶도 매우 열악하였다. 낮은 임금과 오랜 작업시간 등 근로조건이 매우 나쁠 뿐만 아니라 공장주의 폭언, 구타, 성희롱 등 인격적 모욕도 심했다. 그렇지만 일자리를 구하기가 힘들어 이러한 열악한 상황을 견뎌내지 않으면 안 되었다. 하지만 근로조건이 점점 더 열악해지고 생존의 어려움을 겪으면서 자연발생적인 파업이 일어나기 시작했다. 조선사회의 첫 파업은 1898년에 광산에서 광부들이 일으켰는데, 이후 광산과 부두 노동자들을 중심으로 파업이 발생하였다. 그

---

70. 장세윤, 같은 책, 461쪽.
71. 변은진, 『파시즘적 근대체험과 조선민중의 현실인식』, 선인, 2013, 161-171쪽.

리고 일제 식민지배에서 공업이 발달하여 공장들이 생겨나고 노동자들의 수가 증가하면서 노동단체와 노동조합이 결성되었고, 이에 따라 열악한 근로조건을 개선하라는 파업이 본격적으로 발생하기 시작했다.

  1919년 3.1운동을 거치면서 노동자들은 공산주의자와 사회주의자의 지원을 얻어 노동운동조직을 결성하기 시작했고, 근로조건을 개선하고 민족의 자주독립과 사회주의 혁명을 지향하는 노동운동을 펼치기도 하였다. 그래서 1920년에 81건, 1923년에 72건, 1925년에 55건의 파업이 발생하였는데, 이에 대응하여 일제는 1925년에 '치안유지법'을 공포하고 노동운동을 공산주의운동으로 간주하며 탄압을 강화하였다. 하지만 파업은 매년 점점 늘어났으며, 1928년과 1929년에는 대표적인 노동쟁의인 원산부두노동자들의 총파업이 발생하였다. 1928년 9월 문평리 석유회사에서 발생한 노동자 구타 사건이 계기가 되어 시작된 파업은 이후 협정체결로 무마되는 듯하였으나, 회사 측이 약속을 어기자 이에 반발하여 1929년 1월 13일부터 4월 6일까지 약 4개월에 걸쳐 원산노동연합회 산하 전 노동조합원 2,200여 명이 총파업을 벌였다. 일본 자본가와 조선 노동자들이 대결을 벌인 이 파업은 일본경찰이 개입하면서 조선 노동자들의 패배로 끝났다. 하지만 노동자들의 항일투쟁정신에 고무되어 이후 노동자 파업은 전국 각지에서 발생하였다.[72] 여성 노동자들 역시 열악한 노동조건에 반발하여 파업을 벌였는데, 1930년 8월 7일에는 평양의 10개 고무공장에서 여성 노동자들이 중심이 되어 1,800여 명이 총파업을 벌였다. 한편 1932년 단천·성진에서는 적색노조사건으로 노조원 다수가 검거되기도 하였다.[73]

---

72. 한국학중앙연구원, 『한국민족문화대백과』, https://encykorea.aks.ac.kr/Contents/Item/E0040696(검색일: 2019년 5월).
73. 장세윤, 앞의 책, 430, 461쪽.

1930년대에는 일제의 공업화 정책에 따라 조선 북부지방을 중심으로 중화학공업이 성장하기 시작했다. 그 결과 자본주의 경제가 확대되고 노동자층이 증가하였다. 하지만 공장에서 "조선인 노동자가 일본인에게 당하는 모욕과 차별대우 등은 거의 일상화되었고 또 노동자는 항상적으로 불안한 상태에 있었기 때문에 일본인 노동자와 자주 갈등하였다. 이러한 차별과 열악한 근로조건에 저항하면서 노동자들의 파업은 점차 늘어났고, 이를 막기 위해 일제도 탄압을 강경하게 했다. 특히 일제가 제2차 세계대전을 일으키며 군국주의적, 파시즘적 지배로 전환하면서 탄압은 더욱 강경해졌다. 이에 노동자들은 암묵적으로 적응하지 않을 수 없었지만, 소극적인 형태의 불만과 저항을 일상적으로 표출하기도 하였다.[74]

일제 식민지배에서 민중의 의식구조를 이해하는 데에는 이들의 현실인식이나 저항행위를 살펴보는 것이 도움이 되는데, 당시 민중의 의식은 민족주의, 사회주의, 국가주의, 민주주의 등의 이념과 맞물려 있었다.[75] 일제의 전시파시즘 체제에서 민족해방운동과 민족주의 및 사회주의 사상에 대한 탄압이 심화되자 민족해방운동 진영은 좌우익을 포괄하는 광범한 민족통일전선을 결성하였다. 그래서 이념적 차이보다는 민족해방을 위한 역량의 결집이 시급한 과제로 인식되었다. 이것은 민중의 저항도 마찬가지였다.[76]

그래서 이 시기의 소위 '불온낙서'들을 보면 조선 민중의 현실인식과 정서를 잘 확인할 수 있다. 다양한 장소에 적힌 불온낙서들을 보면, 일본의 패망과 조선독립을 희구하고, 내선일체론을 반박하며 조선민족의 각성을 촉구하고, 일본 '천황'이나 이완용 등 친일파를 비난하며, 전쟁

---

74. 변은진, 앞의 책, 24, 141-160쪽.
75. 변은진, 같은 책, 27-28쪽.
76. 변은진, 같은 책, 24, 191-193쪽.

에 반대하고 평화를 희구하는 내용이 주를 이루었다. 그런 가운데 공장을 중심으로 자본주의를 비판하며 공산주의를 희구하거나 노동자의 자각을 촉구하는 낙서들도 적지 않았다. 그 내용을 정리하면 대체로 다음과 같다.[77]

- 노동시간 절대 단축, 임금을 인상하라. 과혹(過酷)한 자본주의를 향해 싸우자(제3계급자).
- 횡포 자본주의 무산자.
- 무산자 단결하자. 제국주의·자본주의를 타파하자.
- 세계의 혁명은 일어난다, 노동자여.
- 러시아는 나라를 던져 우리를 위해 싸우고 있지 않은가
- 제국주의를 타도하여 이상의 세계 러시아의 지휘하에 불멸의 세계를 기원하자.
- 부르주아 근성이 있는 자를 타살하자.
- 노동자는 인간의 근본이다.
- 프롤레타리아 혈맹을 조직하자.
- 공산주의 만세.
- 만국의 노동자여, 단결하자. 얻는 것은 자유, 얻을 수 있는 것은 돈이다.
- 가혹한 자본가주의국가를 향해 싸우는 제3계급자여, 각성하자.
- 조선민중의 행복은 조선의 독립에 있다. 자각하자, 반도민중.
- 현대의 사회제도는 불평등하므로 개혁해야 한다.
- 조선인생은 공산당을 지켜야 한다. 청춘을 사랑해야 한다.

---

77. 변은진, 같은 책, 236-263쪽.

- 무산청년에게 고함! 무산자 반도 청춘남녀여! 우리는 하루라도 빨리 공산주의운동을 선동·선전하여 제국주의를 타도하자!

주로 공장에서 발견된 노동자들의 낙서는 공산주의를 지향하는 경향이 강하였다. 물론 공산주의에 반감을 가진 사람들이 간혹 "공산주의를 타도하자!"는 낙서를 하기도 했지만, 빈곤과 차별로 고통받던 많은 노동자는 분배적 평등주의와 계급해방을 주장한 공산주의나 사회주의에 희망을 걸고 있었다는 사실을 낙서를 통해서 확인할 수 있다.

일제 식민지배에서 민족해방은 무엇보다 절실한 과제였다. 하지만 신분차별과 계급차별로 고통받던 농민, 노동자 등 하층 민중에게는 신분해방과 계급해방도 절실한 과제였다. 이들은 민족차별과 신분·계급차별을 함께 겪을 수밖에 없었고, 이로 인해 민족주의와 평등주의 어느 하나도 포기할 수 없었다. 이들은 지위상승이라는 개인적 평등 지향 행위 전략을 거의 사용할 수 없었기 때문에 지배에 순종하며 살 것인지 아니면 민족해방이나 사회개혁을 위해 행동할 것인지를 선택해야 했다. 하지만 어떤 선택을 하든지 그들의 내면에는 분배적 평등주의를 지향하는 심성이 자리잡고 있었다. 그런데 식민지배라는 억압적 상황에서는 개인적 권리의식이 발달하기 어려웠고 민주적 통치제도에 대한 상상도 기대하기 어려웠다. 민중에게는 경제적 착취와 빈곤을 해결하는 게 우선적인 문제였기에 탈신분제적-인격적 평등주의를 넘어서는 시민적-인격적 평등주의는 더디게 발전하였다. 당시에 각계각층의 사람들이 참여한 3.1운동의 영향으로 주권의식과 시민적 평등의식이 성장하고 있었지만, 낙서에서 확인할 수 있듯이 사회주의에서 우선적으로 받아들인 이념은 무엇보다도 분배적 평등주의 이념이었다.

(3) 3.1운동의 주권평등운동: 민족주의와 사회주의의 연대

유럽 제국주의 세력이 서로 대립하여 발생한 제1차 세계대전에서 독일제국, 오스트리아-헝가리제국, 오스만제국 등 동맹국이 패하자 국제관계에 변화가 일어났고, 이들 나라는 공화국을 수립하였다. 이후 식민지배를 받던 수많은 나라가 독립하면서 민족주의가 고조되었다. 특히 1917년 러시아에서 사회주의혁명이 일어나 레닌 등 혁명주도세력이 제정 러시아 치하의 피압박 민족에 민족자결의 원칙을 선언하면서 사회주의 사상이 식민지 민족운동에 점차 큰 영향력을 미치기 시작했다. 1918년 1월 미국의 윌슨 대통령도 민족자결주의를 주창하자 세계의 식민지 약소민족은 크게 고무되었다.

이러한 시대적 분위기는 국내외 항일민족운동에도 영향을 미쳤다. 특히 민족주의자들은 민족자결주의 원칙에 힘입어 독립에 대한 민족의 열망을 확대시켜 독립을 이루려고 하였다. 그래서 일제의 조선 강점의 불법성과 조선 독립의 당위성을 알리기 위한 독립운동이 중국, 미국, 일본 등지에서 추진되었고, 국내에서도 1918년 말부터 국내의 천도교와 기독교 계통의 민족주의자들과 학생들은 독립을 요구하는 운동을 계획하기에 이르렀다. 해외 곳곳에서 독립운동 소식이 전해지자 국내 독립운동도 본격적으로 준비하기 시작했다. 천도교계와 기독교계, 학생들은 처음에는 각각 운동을 계획하다가 1919년 2월부터는 함께 협의하기 시작했고, 여기에 불교계 인사도 가담했다. 그리고 서로 협의하여 2월 18일까지 독립선언서와 일본 정부에 보낼 독립통고서 등을 작성하기로 하였고, 2월 27일에는 독립선언서가 인쇄되어 각 종교의 교단 조직을 통해 사전에 배포되었다. 그리고 학생들은 군중 동원과 시위, 독립선언서 배포 등을 계획하고 준비하였다.

3.1독립운동은 수개월 동안 지속되었는데, 도시를 중심으로 시작되어 농촌 등으로 확산되면서 전국적인 규모로 확대되었고, 국외에서도 독립시위가 일어났다. 그리고 점점 참여하는 인원과 계층이 늘어나면서 운동의 양상도 비폭력 시위에서 폭력투쟁으로 발전하였다. 초기 독립선언에 참여한 33인의 민족대표들은 독립청원이라는 대외의존적인 태도를 취하면서 비폭력운동을 주장하였다. 하지만 청년과 학생들은 민족의 주체역량으로 독립을 쟁취할 것을 주장하였으며, 이들의 노력으로 3.1운동은 전국적으로 확산되었고, 노동자·농민·중소상공인 등 각계각층의 민중이 적극적으로 참여하는 거국적 독립운동이 되었다. 하지만 민족대표들은 모두 자발적으로 수감되고 운동을 통일적으로 지도하는 조직과 지도부가 없는 상태여서 항일운동은 분산적으로 전개될 수밖에 없었고, 이에 따라 일제의 탄압에 조직적으로 대응하기 어려웠다.

　3.1운동은 비록 즉각적인 독립과 민족해방을 이끌어내지는 못했지만 이후 독립운동의 발전에 많은 영향을 미쳤다. 특히 통일적인 조직의 부재, 대외의존적 전략, 비폭력 투쟁방법 등 한계를 성찰하면서, 이후 독립운동의 이념과 방법을 체계화하고 통일적 조직을 구성하여 주체역량을 키우려고 노력하였다.[78] 무엇보다도 통일적인 독립운동을 추진하기 위해 국내외 다양한 독립운동 세력들이 연합하여 1919년 4월 상해에서 대한민국 임시정부를 수립하였다. 그리고 독립운동의 방법으로 무장투쟁을 적극적으로 도입하고자 하였으며, 이 과정에서 지식인과 청년 학생들 사이에 사회주의 사상이 확대되었다.

　여기서 주목할 점은 여성들이 3.1운동에 활발히 참여하였다는 것이다. 유관순 열사가 3.1운동의 상징적 인물이 된 것은 1990년대 초에 설립된

78.　신용하, 앞의 책, 224-241쪽.

여학교에서 개화사상에 기초한 계몽교육을 한 데 힘입은 바 크다. 개화사상의 영향으로 남녀평등 의식이 성장하자 경제적 여유가 있는 집안의 여성들은 서구식 학교교육을 받을 기회가 많았다. 충청남도 천안에서 태어난 유관순도 1914년에 공주영명여학교에 입학하였는데, 1916년에 선교사의 소개로 서울 이화학당 보통과 3학년에 교비생(학교 경비로 공부하는 학생)으로 편입하였고, 1918년에는 이화여자고등보통학교에 진학하였다. 이후 3.1운동 때 학생들과 함께 가두시위에 참여하였다가 휴교령이 내려지자 고향으로 내려가 다시 만세운동에 참여하였다. 이처럼 당시에 교육받은 많은 여학생이 가두시위와 만세운동에 참여하였다는 사실은 개화사상과 현대적 학교교육 등의 영향을 받은 여성들이 점점 시민주체 의식과 평등주의 의식을 깨닫고 성장했다는 것을 알 수 있다.

3.1운동은 각계각층의 국민이 모두 동등한 시민으로서 자주독립을 위해 함께 싸움으로써 시민적 평등의식이 확산하는 데 큰 영향을 미쳤다. 특히 여성들이 가두시위와 만세운동에 참여함으로써 평등한 시민이라는 강한 자의식을 깨달았고 이는 시민적 평등주의 및 성 평등주의 의식과 심성이 대중적으로 확산하는 데 크게 기여하였다.

(4) 대한민국 임시정부의 이념: 민족주의와 평등주의

1919년 3.1운동의 영향 아래 좌우의 다양한 민족해방운동 세력들은 임시정부 건립운동을 하였는데, 이들은 통일된 임시정부 조직의 필요성에 공감하고 서로 합의하여 중국 상하이에 '대한민국 임시정부'를 건립하였다. 당시 사회주의운동이 미치는 영향이 점차 확산되었는데 임시정부의 헌법에도 영향을 미쳤다. 1919년 4월 11일에 공포된 임시정부의 「헌법 전문」을 보면 서유럽에서 확립된 민주공화국의 원리(시민적 평등주의)와 함께 '계급 없는 사회'를 지향한 사회주의의 분배적 평등주의 이념이 부분적으로나마 녹아들어 있다.

제1조 대한민국은 민주공화제로 함. 제2조 대한민국은 임시정부가 임시의정원의 결의에 의하여 이를 통치함. 제3조 대한민국의 인민은 남녀·빈부 및 계급 없이 일체 평등으로 함. 제4조 대한민국의 인민은 종교·언론·저작·출판·결사·집회·주소 이전·신체 및 소유의 자유를 향유함. 제5조 대한민국의 인민으로 공민자격이 있는 자는 선거와 피선거권이 있음. 제6조 대한민국의 인민은 교육·납세 및 병역의 의무가 있음. 제7조 대한민국은 인민의 의사에 의해 건국한 정신을 세계에 발휘하고 나아가 인류문화 및 평화에 공헌하기 위해 국제연맹에 가입함. 제8조 대한민국은 구황실을 우대함. 제9조 생명형·신체형 및 공창제(公娼制)를 전폐함. 제10조 임시정부는 국토 회복 후 만 1년 내에 국회를 소집함.

임시정부 헌법 제3조에는 "대한민국의 인민은 남녀·빈부 및 계급 없이 모두 평등하다."는 인격적·시민적 평등주의 이념이 분명하게 명시되어 있다. 하지만 당시 대다수 국민이 소작농민이어서 현실은 일제 지배세력과 지주들에게 착취당하고 있었다. 이에 민중은 인격적·시민적 평등과 분배적 평등을 광범위하게 요구하였다. 그래서 임시정부를 주도한 사회지도층은 여전히 잔존하고 있는 신분제를 단절하고 지배세력의 착취에 저항하는 소작농민들의 요구를 헌법에 적극적으로 반영하고자 하였다. 또 자본주의 시장경제가 점차 확장되면서 자본가와 노동자 간의 계급 불평등도 점차 중요한 사회문제로 떠올랐는데, 이에 대해 계급 평등에 대한 요구도 반영되었다. 물론 제4조에서 사적 소유를 인정하면서 제3조에서 계급평등을 말하는 것은 모순적일 수 있다. 하지만 계급 평등을 위해서는 계급을 철폐해야 하는데 이것은 사회구조를 바꿔야 하는 문제이므로 실현하기가 쉽지 않다. 이런 현실에서 계급 평등을 언급한 헌법 조항은 평등주의를 추구한다는 선언적인 의미가 있다고 보아야 한다.

제3조에서 남녀평등을 언급하고, 제9조에서 공창제를 폐지한다는 내용은 남녀평등을 실현하려는 의지를 보여준다. 전통적인 유교적 규범이 지배하던 당시의 현실에서 임시정부 헌법에 사회주의와 평등주의 이념이 크게 반영된 것은 자주독립운동을 주도한 세력들이 신분제적 제도 및 풍습과 단절하고 시민적 평등에 기초한 민주적인 국가건설이 시대적 과제라는 점에 크게 공감하고 있다는 사실을 알 수 있다. 이처럼 인민의 평등을 헌법에 명시한 것은 성차별이나 빈부차별, 계급차별 등 모든 차별을 철폐하겠다는 의지를 잘 보여준 것이다.

한편 한일병합 20년이 되는 1930년에 접어들면서 농민은 대부분 자기 소유의 토지가 없는 소작인이 되거나 고향을 떠나 도시로 가서 노동자의 삶을 살아가야 했다.[79] 이처럼 농민과 노동자가 열악한 환경에서 가난하게 살아가는 모습을 보면서 임시정부는 더 적극적으로 평등주의 이념을 실현하고자 하였고, 이에 따라 1941년 11월에 삼균제도(三均制度)를 대한민국 건국원칙으로 천명하기에 이른다. 삼균제도는 조소앙이 제창한 삼균주의에 기초한 것인데, 여기서 삼균은 정치의 균등화, 경제의 균등화, 교육의 균등화를 의미한다.[80] 삼균주의는 토지사유제의 폐해와 일제의 토지수탈정책에 대항해 토지를 국유화하고 빈부격차 및 전근대적 신분격차를 철폐할 것을 주장하는 다원적 평등주의 이념이다.

이처럼 대한민국 임시정부는 조선의 민중이 열악하게 살아가는 삶이 다양한 불평등과 차별에 기인하는 것임을 인식하고 민중의 요구를 반

---

79. 장세윤, 앞의 책, 430쪽.
80. 장세윤, 같은 책, 430, 454쪽.

영하는 시대적 과제로 평등주의에 기초한 민주적 국가건설을 지향하였다. 이것은 당시 임시정부의 지도부가 민족해방운동을 전개하면서도 서구적인 현대국가의 이념을 받아들여 시민적 평등주의를 비롯한 다원적 평등주의를 실현하고자 하였다는 사실을 보여준다. 이들은 신분차별철폐를 통한 탈신분제적-인격적 평등주의 실현은 물론이고, 개인의 '시민자격-권리'의 평등이라는 시민적-인격적 평등주의를 실현하고자 하였고, 나아가 계급차별철폐를 통한 분배적 평등주의와 성차별철폐를 통한 성 평등주의를 추구하는 선진적인 인식을 보여주었다. 물론 당시의 시대상황에서 이들의 인식이 대중에게로 확산되는 데에는 많은 장애가 있었지만, 이들의 노력은 민중이 시민적 주체의식과 평등주의 의식을 깨우치는 데 크게 기여하였다.

(5) 신간회의 사회운동: 민족주의와 평등주의의 연대와 균열

1919년 3.1운동 이후 일제에 회유당한 일부 인사들은 조국의 완전 독립을 포기하는 대신 부분적 자치권을 얻고 일본 제국의회에 대의원을 보내는 것을 독립운동의 목표로 삼자고 주장하며 비밀리에 '연정회'라는 단체를 결성하여 자치운동을 벌였다. 이와 같이 민족해방운동이 분열될 상황에 처하자 이러한 타협적인 노선에 대항하려고 결성한 것이 바로 '신간회'였다.

신간회는 1927년 2월 '민족협동전선'이라는 표제 아래 민족주의를 표방하면서 민족주의 진영과 사회주의 진영이 제휴하여 창립한 민족운동 단체이다. 안재홍·이상재·백관수·신채호·신석우·유억겸·권동진 등 34명이 발기인으로 참여했다. 여기서 사회주의자들은 민족해방이 계급해방의 중요한 선결조건이라는 점을 인식하였고, '신간회' 결성에 적극적으로 참여하여 비타협적 민족해방운동을 이끌어갔다. 신간회 초대 회장 이상재는 『조선일보』 1928년 4월 1일자에 "민족주의는 사회주의의 근원이며, 사회주의는 민족주의의 본류"라고 말하면서 식민지배에서 민족주의와 사회주의가 연대해야 하는 필요성을 강조한 바 있다.

신간회는 ① 자치론의 철저한 분쇄와 완전 독립 노선의 강화 ② 민족주의자들과 사회주의자들이 연합하여 민족협동전선 형성 ③ 민중의 성장에 기초한 독립운동 고양을 3대 목표로 하였으며, 조선민족의 정치적·경제적 해방의 실현, 민족적 단결을 공고히 함, 일체의 타협주의를 부인함 등이 정강정책에 포함되어 있다.[81]

초기에 직책 배분이나 활동방향 등을 논할 때 내부적인 좌우익 갈등이 있었지만, 신간회는 민족적·정치적·경제적 예속의 탈피, 언론·집회·결사·출판의 자유 쟁취, 청소년·여성의 평형운동 지원, 파벌주의·족보주의 배격, 동양척식회사 반대, 근검절약운동 전개 등을 활동목표로 삼아 전국에 지회(支會)와 분회를 조직하며 세력을 확장해 나갔다. 1930년에는 전국에 140여 개의 지회와 3만 9,000여 명의 회원을 확보하였으며, 이후 일본에 건너가 조직된 각 지회를 중심으로 활동을 전개했다.

신간회의 활동방향은 강령이나 정책으로 확인할 수 있는데, 도쿄 지회에서 제안한 사항들을 보면 자주독립에 관한 정책과 함께 노동자와 농민의 평등을 실현하기 위한 내용도 포함하고 있다. 단결권·파업권·단체계약권 확립, 경작권 확립, 최고 소작료의 공정(公定), 소작인의 노예적 부역 폐지, 소년 및 부인의 야간 노동, 갱내 노동 및 위험 작업 금지, 8시간 노동제 실시, 최저 임금 및 최저 봉급제 실시, 여자의 법률상 및 사회상의 차별 폐지, 여자의 인신 매매 금지, 여자 교육 및 직업에 대한 모든

---

81. 신용하, 『한국현대사와 민족문제』, 문학과지성사, 1990, 253-255쪽.

제한 철폐, 형평사원(衡平社員) 및 노복(奴僕)에 대한 모든 차별 반대 등이 바로 그러한 것들이다. 그리고 전국 각 지회의 결의 항목에도 농민에 대한 수탈과 착취를 규탄하고, 소작 쟁의와 노동 쟁의를 지원하는 내용을 포함하고 있다.[82]

신간회는 일제의 식민지배 정책에 반대하면서 민족해방과 민족단합을 추구하는 동시에 정치적 자유, 사회적 평등 등의 이념을 실현하고자 노력하였다. 그래서 사회주의를 지향한 활동가들도 신간회에 적극적으로 참여하여 민족해방과 함께 평등주의를 실현하려고 노력하였다. 당시 일제가 억압을 행하는데도 많은 사람이 신간회에 참여한 것은 그만큼 민중 중에 민족주의와 평등주의에 공감하는 사람이 많다는 사실을 알 수 있다.

그런데 민족주의와 사회주의 연합은 1928년 코민테른이 민족주의 세력과 협력해야 함을 강조하던 기존의 노선을 바꾸어 사회주의자들에게 민족주의를 개량주의적 부르주아 노선으로 규정하며 고립시킬 것을 요구하자 균열이 생겨나기 시작했다. 스탈린이 주도한 코민테른이 공산주의자와 사회주의자들에게 극좌적 노선을 요구하자 신간회 내의 사회주의자들은 신간회를 민족 개량주의 단체로 규정하며 해소를 추진하기 시작했다. 사회주의자들 중에서도 민족주의 성향이 강한 사람들은 코민테른의 지시를 비판하며 신간회의 고수를 주장했지만, 많은 사회주의자가 신간회의 해소를 결의하며 1931년에 전체 대회를 통해 해소되었다. 코민테른의 좌익모험주의 노선은 한국사회에서 사회주의가 발전하려면 민족해방투쟁이 필요한데 이를 위해서는 사회주의자들과 민족주의자들이 연합해야 하는 절실한 현실을 무시한 잘못된 판단이었다. 이것은

---

82. 신용하, 같은 책, 261-263쪽.

결국 일본제국주의와 민족개량주의자들에게 이익을 가져다주는 결과를 초래했다.[83]

신간회는 비록 4년여 만에 해체되었지만, 일제 식민지배에서 민족해방을 추구한 민족주의자들과 계급해방과 사회적 평등을 추구한 사회주의자들이 연합하여 일제에 저항하고 노동자와 농민을 지원함으로써 민족주의와 평등주의가 연대하는 모습을 보여주었다. 이들의 활동은 이 시기에 일어난 백정들의 형평운동, 소작쟁의, 노동쟁의 등 분배적 평등주의 운동이 확산하는 데도 도움을 주었다. 또 신간회는 민족주의와 함께 시민적·정치적 평등주의의 원칙들도 포괄함으로써 다양한 평등주의의 대중적 확산에 기여하였다.

(6) 민족계몽과 교육운동에서 민족주의와 평등주의

한일병합 이후 일제는 식민통치의 수단으로 현대교육을 확대하였는데, 교육내용은 조선인의 민족의식을 억압하는 친일적인 것이었다. 이에 반발한 조선인 사회에서는 많은 민족사학을 설립하여 민족주의 의식을 고취시키려 노력했다. 3.1운동 이후 조선인에 대한 차별적 교육이 완화되기도 했지만 임시방편적인 것이었으며, 일제 말기에는 교육을 대륙침략을 위한 수단으로 이용하며 '내선일체'를 더욱 강조하였다. 한편 3.1운동 이후 민족의 역량을 키우기 위한 농촌계몽운동이 일어났는데, 뜻있는 지식인과 대학생은 일제의 우민화 정책으로 교육기회가 제한된 농촌의 교육환경을 개선하고 문맹률을 낮추기 위한 계몽활동에 적극적으로 뛰어들었다.

---

83. 신용하, 같은 책, 263-267쪽.

일제 식민지배에서 펼친 농촌계몽운동과 교육운동은 현대적인 지식과 기술을 교육하여 식민지 조선의 민중이 민족의식, 주체의식, 시민의식을 고취하는 중요한 활동이었다. 이러한 계몽운동과 교육운동은 주로 민족주의 이념에 기반한 것이지만, 동시에 현대적 교육을 통해 시민주체의식과 자유·평등의식을 심어주고자 하였다.

1926년에 야학을 개설하고 1927년에 목계농민회, 1929년에 월진회를 조직하여 농촌계몽운동에 적극적으로 헌신한 윤봉길 의사는 야학 교재로 사용한 『농민독본』에서 이 점을 잘 보여주었다. 그는 "조선에서 주인공인 농민은 이때까지 주인대접을 못 받고 살아왔습니다. '그까짓 농군놈들, 촌놈들'이라고 학대하고 멸시함이 정말 혹독했습니다. 온 세상이 다 농민을 사람으로 여기지 안하여 조금도 돌보지 아니하였습니다. 우리 조선에서 농민이 이처럼 가난하다는 것은 전 조선이 못살게 되고야 마는 것입니다. 그러므로 우리는 모든 힘을 농민에게 돌려야 합니다." 하고 설파했다. 그리고 조선을 "농민에 의한, 농민을 위한, 농민의 나라"라고 하면서 농민에게 시민주체의식을 심어주려고 하였다. 또 "나는 농부요 너는 노동자다. 우리는 똑같이 일하는 사람이다. 높지도 낮지도 아니하다."고 말하며 평등사상을 피력하였고, "사람에게는 천부의 자유가 있다."는 자유사상을 주장했다.

1929년과 1931년에는 조선일보사와 동아일보사 등 언론이 계몽운동에 조직적으로 가담하면서 농촌계몽운동은 크게 활성화되었다. 1931년에 동아일보사는 여름방학을 맞아 브나로드(민중 속으로) 운동으로 농촌에서 문맹타파와 한글보급운동을 펼쳤다. YMCA 농촌사업부는 제1차로 최용신을 수원 부근(현 안산) 샘골 강습소 교사로 파견하여 계몽사업을 시작하였다. 최용신은 심훈의 『상록수』 주인공 채영신의 실제인물이다.[84] 최용신은 일찍부터 교육에 뜻을 지닌 여성 농촌계몽운동가로서, 신여성이라면 남성과 마찬가지로 사회개혁에 동참하고 농촌의 문맹퇴치와 생활개선을 주도해야 한다고 주창하였다.

1929년 조선총독부는 1면 1교 계획을 하달하여 조선인의 교육열을 자극하였다. 그리하여 보통학교(초등학교) 취학률이 해마다 늘어나고 입시경쟁도 치열했다. 그러자 보통학교 입학 아동을 위한 시험공부(과외)까지 생겨나기도 했다.[85] 교육은 개인에게 사적 평등 지향 전략의 수단으로 지위상승을 추구할 기회를 제공하는 것이다. 그렇지만 일제의 교육목표는 일본어 보급과 제국 신민의 자질과 품성을 기르는 것이었다. 그래서 일제에 순종하는 개인적 성취는 허용하더라도 민족차별에 저항하는 의식을 고취하는 것은 가로막아야 했다. 조선총독부는 농촌계몽운동을 통해 조선의 대중적 역량이 향상되는 것을 방해하기 위하여 1932년부터 농촌진흥정책을 시행하여 농촌계몽운동을 흡수하려고 하였고, 군국주의 교육을 강화하면서 농촌계몽운동과 야학활동 등을 봉쇄하고자 하였다.

농촌계몽운동과 교육운동은 식민지배에서 순종적으로 살아가던 농민들, 민중들을 각성시켜 시민적 평등의식과 주체의식을 가진 시민으로 성장하도록 함으로써, 민족주의와 함께 시민적·정치적 평등주의 의식이 확산되는 데 크게 기여했다. 그리고 나아가 사회·문화적 평등주의가 자라날 수 있는 토양을 만들었다. 이렇게 민중의 의식이 성장하자 많은 사람이 민족해방운동과 사회주의 계급해방운동에 적극적으로 협력하거나 참여하였다.

---

84. 장세윤, 앞의 책, 455쪽.
85. 장세윤, 앞의 책, 391쪽.

4. 사회주의 이념의 확산과 분배적 평등주의

(1) 식민지배 시대의 사회주의운동과 평등주의

　조선후기 사회는 신분제에 기초한 토지소유 양식을 근본적으로 재편하지 않고 있어서 지주-소작 관계를 통한 착취가 고착되어 있던 반면에, 점진적으로 상공업이 발달하면서 신흥부르주아계급이 형성되기 시작했다. 이에 따라 자본-노동 관계를 통한 계급적 착취도 확산되기 시작했다. 신분제를 법적으로 철폐했는데도 일제 식민지배에서 근본적인 토지개혁을 하지 않아 지주-소작 관계에 따른 전근대적 계급관계와 차별은 여전히 지속되었다. 그런데 일제가 식민지배를 위해 식민자본을 형성하고 공업기반을 확대하자 자본주의 시장경제가 확대되었고 임금노동자들이 형성되면서 계급 불평등과 차별에 대한 저항도 분출되기 시작했다. 그리하여 식민지배 시기에서 해방공간까지 조선사회는 전근대적·신분제적 적대관계와 자본주의적 적대관계가 중첩되어 공존하는 사회가 되었다.

　1919년 3.1운동의 열기 속에 국내에서는 비밀결사조직이 생겨나기 시작했으며, 그중에는 사회주의 비밀결사조직도 포함되어 있다. 사회주의 조직은 강령 속에서 마르크스주의당을 지향하는 성격을 분명히 밝혔고 조선에서 유일한 공산주의 정당을 조직하기 위해 노력하였다. 그들은 민족해방과 계급해방을 위해 합법 또는 비합법의 다양한 운동단체를 조직하여 때로는 대립하고 연합하면서, 국내에서 전체 사회운동을 포괄하고 지도하는 전위정당을 건설하기 위한 투쟁을 벌여나갔다. 전위정당은 러시아에서 볼셰비키가 사회주의 혁명을 달성하려고 건립한 전략적 정치조직을 말하는데, 사회주의 사상으로 무장한 소수의 지도집단이 대중을 지도하고 조직적으로 혁명을 이끌어나갈 때 성공할 수 있다는 판단에 따라 구성하고자 한 정당이다.

'사상단체'라는 합법적인 표면 조직체를 내세운 공산주의와 사회주의 비밀조직은 1924년 초부터 조선노농총동맹과 조선청년총동맹 등 전국적인 대중운동단체를 조직한 이후 국내에서 본격적인 전위정당을 결성하려 하였다. 조선노농총동맹은 조선의 노동자농민운동이 무산계급 해방운동 노선을 추구함을 명시하며 전국의 노동자농민조직을 총망라한 전국조직이다. 창립 당시 260여 개의 단체와 5만 3,000여 명의 회원을 포괄한다.[86] 특히 3.1운동을 거치면서 민족주의자 가운데 일부는 이론적·실천적 무기력함을 고백하며 자연스럽게 사회주의 사상을 수용하였다. 이들은 지역적 관계나 학맥, 친소 관계로 맺어져 동지적 관계를 형성하였고 대중적 실천을 경험하며 성장해갔다.[87] 당시 조선노농총동맹은 다음과 같은 강령을 내세웠다.

1. 오인은 노농계급을 해방하고 완전한 신사회를 실현하는 것을 목적으로 함.
2. 우리는 단결의 위력으로 최후의 승리를 얻을 때까지 철저하게 자본가 계급과 투쟁할 것임.
3. 우리는 노동자계급의 복지증진 및 경제적 향상을 꾀함.

그리고 하루 8시간 노동제와 최저임금제 등의 노동문제와 소작료 3할로 인하, 동양척식회사의 일본인 이민을 폐지할 것 등의 농업문제를 해결하기 위해 활동하였다.[88]

---

86. 전명혁, 앞의 책, 83쪽.
87. 전명혁, 『1920년대 한국사회주의운동 연구』, 선인, 2006, 422쪽. 임경석, 『한국사회주의의 기원』, 역사비평사, 2003, 116-125쪽.
88. 전명혁, 앞의 책, 84쪽.

한편 중국 상해에서도 1919년 9월경에 한인 사회주의 단체를 결성하였는데 한인사회당의 중요 간부들이 주도적 역할을 하였다. 한인사회당은 1918년 6월 26일 러시아연방 하바로프스크에서 이동휘를 중심으로 박애, 박진순, 이한영, 김립 등이 결성한 사회주의단체다. 이들은 9월에 상하이로 이동하여 임시정부에 대한 지지를 표명했다. 이동휘는 임시정부의 국무총리에 올랐고, 김립은 국무원 비서장에 취임했다. 그런데 사회주의 혁명을 주장하는 한인사회당이 부르주아적 성격을 띤 임시정부에 참여한 것은 광범한 인민대중의 요구를 수용함으로써 고립적인 노선으로 나아가지 않으려는 생각이다. 당시 한인사회당의 주도세력은 민족해방운동을 지주와 양반에 대한 근로대중의 투쟁으로 나아가게 하여 제국주의와 유착한 봉건제도를 무너뜨리는 것이 시대적 과제라고 보았다. 즉, 지주와 양반에 맞서려면 부르주아지와 협력하여 민족해방운동을 전개해야만 한다는 필요성을 주장한 것이다.[89]

식민지배 시대에 사회주의 이념이 확산된 것은 우선 러시아 혁명 이후 레닌을 중심으로 한 사회주의 통치세력이 식민지배로부터 민족독립에 대해 적극적인 지지 입장을 표명한 것이 공감을 형성하였고, 한편으로는 대다수 국민이 소작농민으로서 착취당하고 차별받는 삶을 살아가고 있는 현실에서 계급해방과 인민의 평등을 내세운 사회주의 이념이 매력적이기 때문이다. 그래서 사회주의를 지향하는 단체들이 국내외에서 다양하게 조직되었다. 그렇지만 유럽사회와 달리 공업의 발달에 기초한 노동자층 형성이 아직 미약하던 당시 현실에서, 노동자계급에 기초한 사회주의운동을 적극적으로 펼쳐나가는 데에는 한계가 있었다. 따라서 소작농민을 사회주의 이념을 실현하기 위한 사회운동의 주체로

---

89. 임경석, 앞의 책, 176-177쪽.

삼지 않을 수 없었다.

당시 민중은 농업중심의 공동체에서 유교적 권위주의와 집단주의 문화 속에 살아가야 했으므로 개인주의적 권리의식에 기초한 시민적 평등주의 의식이 광범하게 성장하기는 어려웠다. 게다가 민중은 경제적 착취와 빈곤 해결이라는 현실적 과제에 봉착해 있었기 때문에 사회주의운동은 무엇보다도 계급차별철폐에 중심을 두었다. 이것은 분배적 평등주의가 민중의 일차적인 요구이자 심성이라는 점과 연관되어 있다.

(2) 사회주의운동과 조선공산당의 분배적 평등주의

사회주의와 공산주의는 자본과 같은 생산수단을 사적으로 소유하여 계급관계와 착취관계가 생겨났으므로 계급 없는 사회를 만들기 위해 생산수단을 사회적, 공동체적 소유로 전환해야 한다고 주장한다. 이런 맥락에서 일제식민지배 시기 사회주의자들은 국가가 지주로부터 토지를 몰수하여 국가소유로 한 후 경작권을 소작민에게 공평하게 나누어주는 사회주의적 토지개혁을 주창하였는데, 당시 지주에게 착취당하던 소작민들은 이러한 토지개혁을 지지하지 않을 수 없었다. 그래서 당시 많은 지식인과 민중은 계급 없는 사회를 만들기 위한 사회주의 또는 공산주의 운동에 적극 참여하였다.

이러한 정치운동의 한 흐름으로 1918년 4월에 이동휘 등이 중심이 되어 한인사회당을 러시아 하바로프스크에서 결성하였다. 그리고 1919년 3·1운동이 발생한 이후 한인사회당의 이동휘는 상해임시정부 국무총리로 부임하여 1921년 5월 고려공산당(상해파)을 창립하였다. 또 1920년 1월 러시아공산당 이르쿠츠크현 위원회 산하에 한인공산당이 창립되었고, 이들도 1921년 5월 고려공산당(이르쿠츠크파)을 창립하였다.

1922년 10월 코민테른(Comintern: Communist International)은 베르흐네우딘스크(울란우데의 옛 이름)에서 두 고려공산당의 통합대회를 개최하려고 하였으나, 대회가 무산되자 코민테른은 두 고려공산당을 해체하고, 1923년 5월 국내에서 조선공산당을 창건하였다. 조선공산당은 창립 당시 강령을 작성하지는 않았지만, 1926년 6월 7일에 상해에서 발행된 조선공산당의 기관지 『불꽃』에 수록된 「조선공산당선언」에 따르면 조선공산당은 다음과 같은 강령을 내걸었다. 민주공화국을 건설하되 국가의 최고 및 일체 권력은 국민이 조직한 직접, 비밀(무기명 투표), 보통 및 평등의 선거로 성립한다. 또 직업조합의 조직 및 동맹파업의 자유, 야간노동 금지, 아동노동 금지, 산모의 산전 2주 산후 4주간 노동금지, 대토지 소유자와 회사 및 은행이 점유한 토지를 몰수하여 국가의 토지와 함께 농민에게 교부함, 소작료를 3할 이내로 함, 농민조합을 법률로 승인함 등 40개 항을 내걸었다.

　조선공산당은 1925년 대홍수를 겪자 홍수 이재민을 돕기 위해 모금과 상황 조사를 하는 등 전국적인 운동에 참여했다. 또 전국 각지를 순회하여 농민과 노동자를 대상으로 강연을 하고 일본인 사회주의자를 초대하여 강연회를 여는 등 선전사업을 벌였으며 서울에 있는 인쇄공조합, 철공조합, 구두직공조합, 양말직공조합, 물장수조합 등의 직업별 노동조합 창설에 관여하였다.

　1926년 2월 1일 『개벽』 제66호에는 「이날에 추억되는 두 동지, 칼과 로자를 그리워하며」라는 글이 실렸다.[90]

　　해가 갈수록 우리를 억누르기 위해 새로운 법령이 꼬리를 맞물고 산출되고 있으

---

90. 안재성, 앞의 책, 116쪽.

며 그와 따라서 반동의 세력도 커지고 압박도 날로 더하지 않은가? 이때에 있어 우리의 힘은 다른 데 있지 않고 그저 뭉치고 모이는 데 있는 것이다. 모여 한 덩어리가 되면 그만큼 힘이 있는 것이고 사회적으로 존재가 커지는 것이다. 오늘의 자본주의 사회에서 우리의 세력이 확대해가고 그 힘이 거대해진다 함은 반드시 자본주의 세력 범위가 그만큼 점차로 축소되고 있음을 설명하고 있는 것이니 어찌 기쁜 현상이 아닐 것인가?

제목에 나오는 칼과 로자는 공산주의 이론가인 카를 마르크스(Karl Marx)와 독일 사회민주주의운동의 여성지도자인 로자 룩셈부르크(Rosa Luxemburg)를 일컫는다. 글의 내용을 보면, 사회주의 세력이 점점 확대되고 있는 현실에 고무되어 단결과 연대를 통해 자본주의를 더욱 왜소화시킬 것을 주장한다.

조선공산당은 1926년 6월 10일 순종의 장례식을 계기로 민중봉기를 계획한다. 당시 조선공산당 산하 고려공산청년회의 책임비서인 권오설이 주도하여 '6·10투쟁특별위원회'를 두고, 「격고문」, 「복상(服喪) 통곡(慟哭)하는 민중에게 격(檄)함!」 등의 전단을 배포하며 일제에 대항하는 투쟁을 준비하였다. 그러나 이러한 계획이 사전에 발각되어 100여 명의 당원이 체포되었다. 조선공산당은 1925년 11월 '신의주사건'과 1926년 6·10만세운동사건 등 '1·2차 조선공산당 사건'으로 조직에 치명적 손실을 입었지만, 파괴된 조직을 정리하고 '서울파 사회주의그룹'인 고려공산동맹을 가입시켜 당세를 확장하여 1926년 12월 6일에는 조선공산당 2차 당대회를 개최하였다.

2차 당대회에서는 「민족운동에 관한 방침」을 통해 '민족주의자의 정당을 형성'한다는 결정을 하였다. 이 결정은 1927년 2월 신간회의 결성으로 구체화되었다. 또 조선노농총동맹을 노동총동맹과 농민총동맹으로 분맹하고 노동쟁의 및 소작쟁의에 대한 구체적 전술도 세우자고 결정하였다.

그리고 1928년 2월에 '제3차 조선공산당사건'이 발생하였는데, 여기서 검거를 피한 당원들이 중심이 되어 1928년 2월 27~28일에 조선공산당의 마지막 당대회인 3차 당대회를 열었다. 대회는 노동자 출신 차금봉을 책임비서로 선출했다. 1928년 3월 조선공산당 중앙집행위원회는 「조선민족해방운동에 관한 테제(정치논강)」에서 당시 조선혁명의 성격을 '부르주아민주주의혁명'으로 파악하고 "조선의 장래 권력 형태는 조선사회의 정세에 기초한 혁명적 인민공화국이어야 한다. 조선에 소비에트공화국을 건설하는 것은 좌익소아병적 견해이고 부르주아공화국을 건설하는 것은 우경적 견해"라고 하였다.

한편 일제가 1928년 7~10월 조선공산당 당원들을 검거하며 책임비서 차금봉을 구속하는 등 조직을 와해시키자 조선공산당은 코민테른의 「조선의 농민 및 노동자의 임무에 관한 결의(12월 테제)」 지침에 따라 노동자와 빈농에 기초한 당 재건운동을 펼쳤다. 1928년 12월 10일 코민테른 집행위원회 정치서기국에서 결의한 「12월 테제」는 "조선공산주의운동의 주요 방침은 프롤레타리아트 혁명운동을 강화하여 소부르주아지의 민족혁명운동에 대해서는 그 완전한 독립을 보장하는 한편, 민족혁명운동에 계급성을 부여하고 그것을 타협적인 민족개량주의로부터 분리시킴으로써 민족혁명운동을 강화해야 함"을 제시했다. 이것은 민족주의자와 연대해야 함을 강조하던 기존의 노선을 파기하는 것이었다. 또 조선공산당이 지식인과 학생으로 구성되어 있고, 다년간의 파쟁이 그들의 발전을 지연시켰기 때문에 공장노동자와 빈농에 기초한 강철 같은 당조직을 복구하고 강화해야 한다는 지시를 하였다.

노동자와 농민에 기초하는 사회주의 혁명을 통해 평등한 사회를 건설하고자 했던 공산주의운동은 일제 식민지배의 현실 때문에 민족해방 운동에도 참여하지 않을 수 없었다. 따라서 계급적 관점에서 민족해방을 이루기 위해 소부르주아지와 연대하였다. 1917년 러시아혁명으로 사회주의 사회를 건설한 이후 국제공산주의운동을 지원하기 위해 1919년 모스크바에서 창립된 코민테른은 일제 식민지배에서 이중적인 착취를 당하던 노동자와 농민의 해방을 위해 계급혁명과 민족혁명이라는 이중적 과제를 동시에 수행하는 데 대해 지지를 보냈고, 조선공산당은 이러한 과업을 달성하기 위해 인민을 교육하고 조직화하는 등 다양한 활동을 펼쳤다. 하지만 공산주의와 사회주의에 대한 일제의 탄압이 심화되자 조선공산당은 1928년 12월에 해체되었다.

조선공산당이 해체된 이후 1931년 5월에 코민테른 동양비서부 조선위원회 기관지 『꼼무니스트』에는 「공장 내에 야체이카를 어떻게 조직할 것인가?」하는 김단야의 글이 실린다.

공산주의자를 자임하는 사람들은 공장, 광산, 철도, 부두 등의 노동자들이 집중된 곳에 먼저 취업해야 한다. … 공장세포는 공산당의 기본조직이다. 공장세포는 공산당과 노동자 군중을 연결하는 고리이니 공산당은 오직 공장세포 기초를 가지는 때라야 능히 자기의 강령과 정책을 전 조선 민중에게 전파하고 자기편으로 전취할 수 있을 것이며 그 역으로 당은 능히 노동 군중의 요구를 파악, 규정하며 또 그들을 투쟁에로 조직하며 동원하여 지도할 수 있을 것이다. … 조선공산당의 파산을 부른 원인 중에 이 공장세포를 가지지 못하였던 것이 그 가장 중요한 이유 중의 하나가 아니 될 수 없나니 만약 당이 인텔리겐차, 학생 또는 무직자 등의 소부르주아 요소들을 중심으로 하여 군중 단체 내의 프락치로서 당의 기초를 삼지 않고 노동자들을 자기 대열의 중심으로 하고 공장세포조직으로서 그 토대를 삼았던

들 당의 파산을 초치한 그 무원칙적 파쟁은 능히 청산되었을 것이라고 믿는다.[91]

이 글은 코민테른의 지시로 실렸는데, 조선공산당이 와해된 것은 공산주의자들이 노동현장에 뿌리내리지 못했기 때문이라고 판단하면서 공장세포조직을 토대로 공산주의운동을 다시 시작할 것을 요구하고 있다.[92] 그래서 조선공산당이 해체된 이후에도 코민테른의 지시에 따라 공산주의자들은 1930년대에 전국적인 조직 건설을 통한 재건의 노력을 꾸준히 하였다. 그래서 혁명적 노동조합, 혁명적 농민조합 결성 운동이 활발히 일어났지만, 일제의 탄압으로 전국적으로 수만 명이 검거되기도 하였다. 1945년 해방이 되기까지 재건을 위한 노력은 실패를 거듭했으며, 1945년 8월 해방 이후에야 박헌영 등이 중심이 된 '조선공산당 재건 준비위원회'를 통해 조선공산당이 재건하였다.

재건된 조선공산당은 「현 정세와 우리의 임무(8월 테제)」를 통해 ① 조선의 해방이 소·영·미·중 등 진보적 민주주의 국가에 의해 실현됨으로써 평화적으로 혁명의 성공이 가능함을 보여주었고 ② 조선은 부르주아 민주주의 혁명의 단계에 있으므로 민족적 완전독립과 토지문제의 혁명적 해결이 가장 중요한 과제이고 ③ 진보적 민주주의 정치를 실시하기 위해 노동자·농민이 중심이 되고 도시소시민과 인텔리겐치아의 대표와 기타 모든 진보적 요소가 정견과 계급과 단체 여하를 막론하고 참여하는 통일전선을 결성하여 대중이 지지하는 혁명적 인민정권을 수립해야 한다는 등 정치노선을 제시하였다.

이후 해방공간에서 조선공산당은 미군정의 탄압강화, 우익의 테러, 미소 간의 평화국면 퇴조 등 정세 변화에 직면하여 통합적 지도력을 강화

---

91. 안재성, 같은 책, 123-124쪽.
92. 안재성, 같은 책, 124-125쪽.

할 필요가 있었고, 이에 따라 남조선신민당, 조선인민당 등과 합당을 하여 '남조선로동당'을 건설하였다.[93]

일제 식민지배에서 조선공산당은 사회주의의 평등주의, 특히 분배적 평등주의 이념에 기초하여 정치적 평등주의(민주주의)를 실현하기 위해 활동한 대표적인 조직이다. 노동자와 소작농민이 차별받고 착취당하는 현실을 극복하기 위해 민중을 교육하고 조직화하는 활동에 적극적으로 참여하였다. 그리고 민족해방이 계급해방을 위한 중요한 선결과제임을 인식하고 민족해방운동에도 적극적으로 참여하고 연대하였다. 이러한 활동들은 당시 소작농민과 노동자 등 피지배대중의 불만을 조직화하고 평등주의 심성을 확산시켜 사회개혁을 이루고자 한 집합적-공적 평등주의 행위전략이다. 하지만 분단 이후 남한에서 미군정이 우익세력과 연합하여 좌익탄압에 나서고 또 전후 냉전국면에서 보수우익정권의 반공주의적·권위주의적 통치가 강화되자 점차 그 세력이 약화되었다. 이것은 평등주의 이념의 확산을 제약하는 조건이 되었다.

(3) 계급문학운동과 분배적 평등주의

1910년대 문학은 개화사상과 현대적 문명을 고취시키려는 계몽성이 강했는데, 그러한 흐름을 주도한 작가가 바로 이광수다. 하지만 1920년대에 이러한 계몽주의적 경향을 탈피하여 문학의 예술성과 형식적 완결성을 중요시하는 흐름이 등장하였고, 이는 이후 순수문학의 경향으로 이어졌다. 반면에 식민지 조선이 처한 현실을 직시하고 개인의 빈곤

---

93. 전명혁,『1920년대 한국사회주의운동 연구』, 선인, 2006.
한국학중앙연구원.『한국민족문화대백과사전』. https://terms.naver.com/entry.nhn?docId=533067&cid=46626&categoryId=46626 (검색일: 2919년 6월).

한 삶과 정치적 박탈감을 문학 속에 담아내려는 흐름도 나타났다. 그래서 가난과 병마, 죽음의 고통이 혼재되어 있는 식민지 조선의 현실을 소재로 한 작품을 많이 발표하였는데, 염상섭의 『만세전』, 현진건의 『운수 좋은 날』과 『빈처』 등이 대표적이다. 이들의 소설 속에는 가난과 사회불평등의 상황이 사실적으로 묘사되어 있다.

그런데 작가들 중에는 이러한 현실의 가난과 사회불평등 문제를 더욱 적극적으로 드러내어 사회를 변혁해야 한다고 생각하는 사람들도 있었다. 사회주의와 공산주의 이념의 영향을 받은 이들은 1927년에 카프(Korea Artista Proleta Federatio), 즉 '조선 프롤레타리아 예술가 동맹'이라는 문학단체를 결성하여 1935년까지 활동하였다. 박영희, 김기진, 이상화 등 다수가 발기인으로 참여하였고, 발족하면서 조명희, 이기영, 한설야, 임화, 김남천, 최서해 등이 여기에 가담하였다.[94]

물론 카프가 등장하기 이전 1920년대 문학작품에도 가난한 농민이나 노동자의 삶을 작품의 중심으로 삼으려고 종종 시도하였는데, 이들은 일제의 식민지배와 이에 고통 받는 식민지 피지배자라는 민족주의적 시각이 주를 이루었다. 그래서 카프는 이러한 민족주의적 시각의 한계를 비판하면서 계급문학을 표방하였고, 농민과 노동자 등 억압받는 사회적 약자들을 사회 변화의 주체로 끌어올리고자 하였다. 따라서 식민지 상황에서도 자본주의적 계급 대립을 중심축에 둠으로써 계급해방을 통한 문제를 해결하려고 지향하였다.[95]

카프는 1927년 9월 총회에서 "우리는 무산계급운동의 일부분인 무산계급 예술운동으로써 봉건적 및 자본주의적 관념의 철저한 배격, 전제적 세력과의 항쟁, 의식적 조성운동의 수행을 기한다."는 새로운 강령

---

94. 이응백·김원경·김선풍, 『국어국문학자료사전』, 한국사전연구사, 1994.
95. 이응백 외, 같은 책, 1994

을 채택하였다. 이것은 문학이 민중에 대한 온정주의적 태도에서 벗어나 노동자계급의 당파성에 기초한 혁명적 의식을 확산시키는 데 기여해야 한다는 생각이다. 그래서 이들은 말 그대로 프롤레타리아트, 즉 무산계급 또는 노동계급을 대변하는 목소리를 문학작품 속에서 담아내려고 시도하였다. 예를 들어 최서해의 『홍염』이나 『탈출기』 등은 가난으로 고통 받는 개인이 살인과 방화라는 극단적인 대응을 할 수밖에 없는 부조리한 현실을 첨예하게 드러냈다.

  1927년에 발표된 『홍염』은 중국인 지주와 조선인 소작인 간의 계급갈등을 그리고 있다. 흉년으로 소작료를 내지 못한 문 서방은 밀린 소작료 대신 딸을 강제로 데려간 중국인 지주를 찾아가 아내가 죽기 전에 딸을 보고 싶어 한다며 소원을 들어줄 것을 사정했지만 문전박대를 당한다. 아내가 딸도 보지 못하고 죽자 문 서방은 다음 날 지주의 집에 불을 지르고 뛰쳐나오는 지주를 살해한 후 딸을 부둥켜안는다. 이것은 지주에게 부당한 착취를 당하고 있는 소작인들이 지주에 맞서 싸움으로써 평등한 사회를 쟁취해야 한다는 메시지를 담고 있다. 그리고 그 이면에는 사회주의 이념에 기초한 계급투쟁을 통해 계급 없는 사회를 만들어야 진정한 평등을 실현할 수 있다는 생각이 깔려 있다. 이런 점에서 카프의 계급문학운동은 사회주의의 분배적 평등주의 이념을 표출한 것이며, 이들의 작품 활동은 제도개혁을 추구하는 시민행동으로서 일종의 공적 평등주의 행위전략이라고 할 수 있다.

5. 전통적 위계서열주의와 현대적 평등주의의 모순적 공존

지금까지 개화기와 일제강점기 평등주의의 모습을 다양한 역사적 사례를 통해 살펴보았다. 이 시기 평등주의의 특징을 간략히 살펴보면, 우선 신분제도와 양반의 경제적 수탈 때문에 핍박받던 하층민이 신분차별 철폐를 요구하는 다양한 저항 행동을 하였으며, 이에 따라 신분제도가 법적으로 폐지되기에 이르렀다. 이것은 탈신분제적-인격적 평등을 실현한 것이다. 아래로부터 분출된 자생적 평등주의 심성은 다양한 평등주의 사상, 종교, 이념 들과 결합하였는데, 특히 서구의 기독교 문화와 시민사회 사상, 사회주의 사상의 영향이 컸다. 그런데 신분제도를 철폐했는데도 평등주의는 사회 속으로 쉽게 확산되지 못했으며, 특히 위계서열주의적, 권위주의적 유교전통의 영향에서 제도적 평등과 문화적 평등 간의 불균등 발전, 탈신분제적-인격적 평등과 시민적-인격적 평등 간의 불균등 발전, 시민적·정치적 평등과 분배적 평등 간의 불균등 발전은 평등주의의 발전을 제약하였다.

물론 서구문물을 적극 도입하자고 주장한 개화파들은 시민사회사상에 기초한 개화운동을 펼쳤고, 이 과정에서 갑신정변을 일으켜 국가권력 장악을 통한 현대적 개혁을 시도하기도 하였다. 동학운동의 평등주의가 탈신분제적-인격적 평등과 분배적 평등에 집중하였다면, 개화파의 평등주의는 서양의 개인주의와 시민사회 사상에 기초하여 개인의 시민자격-권리를 보장하면서 민주적 통치제도를 도입하고자 했다는 점에서 시민적-인격적 평등을 추구한 것이다. 하지만 이들이 추구한 시민적-인격적 평등주의는 개인주의적 권리의식을 지닌 도시 부르주아지나 중간지식층의 형성이 미약한 사회적 조건에서 대중적으로 확산되기에는 한계가 있었다.

(1) 전통적 위계서열주의의 존속과 시민적-인격적 평등주의의 저발전

　조선시대에는 무엇보다도 혈연으로 세습되는 신분에 따른 폐쇄적 위계서열체제와 유교적 전통에 따른 가부장적·권위주의적 문화가 지배하는 인격적 위계서열사회가 형성되었다. 이에 따라 상민과 천민은 양반들로부터 신분차별과 경제적 착취를 당하면서 살아갈 수밖에 없었다. 이러한 신분차별의 원칙은 일상생활에서 유교의 교리를 통해 더욱 견고하게 존속되었다.
　인격적 위계서열주의의 일상적 규범은 대표적인 고서 『명심보감(明心寶鑑)』에서 확인할 수 있다. 이 책은 사람들이 사회에서 살아가는 데 필요한 기본적인 인간의 도리를 이야기하는데, 전통적인 신분제 사회라는 시대적 배경을 반영하고 있기에 그 속에 위계서열주의에 대한 내용이 많이 포함되어 있다. 이 책은 고려시대 말 문신 노당(露堂) 추적(秋適)이 가정이나 서당에서 아동들에게 세상살이에 필요한 가치관을 가르치려고 중국 고전에 나온 선현들의 금언(金言)이나 명구(名句)를 편집하여 만든 교재로 조선시대에도 기본적인 아동교육도서로 이용되었다. 그 내용을 살펴보면 다음과 같다.

　性理書云 五敎之目 父子有親 君臣有義 夫婦有別 長幼有序 朋友有信.
　『성리서』에서 이르기를 다섯 가지 가르침의 조목이 있으니, 아버지와 자식 간에는 친함이 있어야 하고, 임금과 신하 간에는 의리가 있어야 하며, 남편과 아내 간에는 분별이 있어야 하고, 어른과 아이 간에는 서열(순서)이 있어야 하며, 친구 간에는 믿음이 있어야 한다."

　여기서 부부유별, 즉 남편과 아내의 분별은 문자 그대로 보면 단순히

수평적 차이로 해석할 수도 있지만, 시대적 배경을 고려한다면 남녀 간의 성역할 분업을 비롯한 수직적 구별을 의미한다. 남녀 간의 분별이 위계서열을 의미한다는 점은 명심보감의 또 다른 구절을 보면 쉽게 알 수 있다.

> 王蠋曰 忠臣 不事二君 烈女 不更二夫.
> 왕촉이 말하기를, 충신은 두 임금을 섬기지 않고, 열녀는 두 지아비(남편)를 섬기지 않는다.

이러한 남녀 간의 위계서열과 차별은 조선시대 생활풍습에서도 확인되고 있을 뿐만 아니라 성 평등이 강조되고 있는 오늘날까지도 그 영향이 남아 있다. 특히 보수적 가치관을 습득한 결혼한 남성은 '부부유별'이라는 구절을 내세워 부인의 순종과 가사노동의 전담을 정당화하려고 했다. 한편 부인의 바람직한 행실에 대해 적고 있는『명심보감』「20. 부행편(婦行篇)」에서도 "맑고 절개가 곧으며, 분수를 지키고 몸가짐을 고르게 하며, 한결같이 얌전하게 행하고 행동을 조심하고, 행실을 법도에 맞게 하는 것"이 부인이 갖추어야 할 예의범절임을 강조하고 있다.

조선시대의 남녀차별을 잘 보여주는 대표적인 도덕규범이 삼종지도(三從之道)이다. 그것은 "여자는 어릴 때는 부모를 따르고, 시집가서는 남편을 따르며, 남편이 죽고 나면 아들을 따라야 한다."는 도덕규범이다. 이 시대에는 삼강오륜(三綱五倫)을 통해 지위나 나이에 따른 위계서열 관계의 기본적인 예절규칙을 강조하였고 동시에 삼종지도를 통해 남녀 간의 위계서열을 분명히 하고자 하였다. 신분제는 무엇보다도 위계서열 체계에 대한 민중의 순응을 통해 유지가 되는데, 성별·연령별 위계서열을 엄격하게 강제한 것은 신분적 위계서열 질서를 유지하는 데에도 도움을 주었다. 그래서 삼종지도는 남녀 간의 위계질서를 강제하기 위한 조선시대의 일상적 도덕규범이라고 할 수 있다.

이러한 가부장적 질서는 유교적인 관혼상제의 예법을 통해서도 유지되었는데, 이것은 특히 양반들 사이에서 가문과 친족의 결속과 항렬에 따른 위계서열 체계를 유지하기 위한 중요한 수단이 되었다. 그래서 부계와 부권이 우선시되면서 남성들만이 가장(家長)이 되고 대부분의 가족재산을 물려받았으며, 부계를 유지하기 위해 여성의 주된 임무는 남아를 낳아 대를 잇고 가사노동으로 가족을 부양하는 것으로 규정하였다. 이러한 가부장적 질서는 여성이 남성에게 순종하도록 함으로써 유지되었는데, 여성은 출가외인(出嫁外人)이라고 해서 시집을 가고 나면 친정에서는 남처럼 취급받았고 시집에서는 며느리와 아내로서 남성에게 예속되어 살아야 했다.

이처럼 남녀 간의 위계서열을 강조한 것을 '성별 위계서열주의'라고 한다면, 신분제적 질서의 유지에 기여하면서 오늘날까지도 강하게 남아 있는 또 다른 전통적 유산으로는 '나이 위계서열주의'가 있다. 이것은 나이를 위계서열의 기준으로 삼은 것인데, "장유유서, 즉 어른과 아이 간에는 순서(서열)가 있다."는 구절에서 확인된다. 이것 역시 『명심보감』의 여러 구절에서 찾아볼 수 있는데, 대표적인 구절은 다음과 같다.

老少長幼 天分秩序 不可悖理 而傷道也.
노인과 소인(어른과 아이)은 하늘이 정한 질서(순서)이므로 이치를 어기거나 도리를 훼손해서는 안 된다.

물론 신분제에서는 신분 서열이 나이 서열에 우선하는 것이어서 신분 서열이 더 중요했고, 또 친족 내에서는 항렬이 나이에 우선하였기에 항렬이 서열을 매기는 또 다른 중요한 기준이 되었다. 그렇지만 동일한 신분이나 항렬 내에서는 나이 서열이 중요하게 작용했다. 친족을 벗어나면 나이 서열이 아주 엄격하게 적용되지 않았다고 볼 수 있는 사례가 있기는 하지만, 그렇다고 해서 일반적인 나이 서열을 무시하는 것은 아니다.

이처럼 전통적 위계서열주의는 유교적 원칙에 기초하여 성별과 나이에 따른 구별과 위계서열을 강조하였고, 이러한 위계서열에 따라 사회적 권위가 부여됨으로써 가부장적·권위주의적 사회질서가 유지되었다. 물론 이것은 단순히 국가가 규율과 물리적으로 강제해서만이 아니라 일상적 규범교육과 사회적 제재를 통해서 유지되었다. 이런 점에서 전통적 위계서열주의는 그람시(A. Gramsci)가 말하는 시민사회의 '헤게모니적 지배' 또는 '이데올로기적 지배'를 통해 작동한다.

개항 이후 한국사회에서 신분질서가 해체되자 성별이나 나이에 따른 전통적 위계서열주의에도 일정한 변화가 나타났다. 그런데 신분의 높고 낮음에 따른 인격적 위계서열은 신분제도의 폐지와 함께 약화해갔지만, 일상생활에서 남녀 서열과 나이 서열은 신분 서열을 대체하는 새로운 중심원리가 되어 인격적 차별을 정당화하는 또 다른 근거로 자리잡아갔다.

우선 인격적 위계서열주의로서 '성별 위계서열주의'는 신분제도가 철폐된 이후에 유교적, 권위주의적 질서를 유지하는 기본원칙으로 남았다. 1920년대를 전후하여 현대교육을 받은 여성이 늘어나고 개화사상과 사회주의 사상의 영향을 받은 지식층 여성을 중심으로 성 평등주의가 급진적으로 분출되었지만 식민지배의 상황에서 전통적인 가부장적·권위주의적 유교문화의 장벽을 넘지 못하고 곧바로 쇠퇴하였다. 신분차별이 철폐되고 헌법상으로 성차별이 폐지된 이후에도 가족이 중심이 된 일상생활에서 가부장적인 문화를 극복하기는 쉽지 않았다. 가문을 중요시하는 부계 중심의 혈연적 친족체계라는 유교적 전통이 유지되면서, 남성우선은 여전히 강하게 남아 있었고, 재산상속이나 교육 등 다양한 영역에서 남성, 특히 장자를 우선시하는 문화는 지속되었다. 제사 역시 가부장적 문화를 유지하는 중요한 관습이 되었다. 이처럼 나이보다도 성별이 더 우선적인 위계서열 기준으로 작동하면서 일상생활에서도 나이와 무관하게 남성을 우대하고 여성을 무시하는 문화가 지속되었다. 여성이 결혼을 하면 나이가 어린 남편에게도 존대를 하는 것이 일상규범이고, 남편 말에 순종하면서 매사에 남편을 우선시하는 것이 당연한 예절로 여겼다.

일상생활에서 여성은 전통적인 유교적 규범에 어긋나는 행동을 하면 나이 고하를 막론하고 남성에게 비난을 받고, 남성이 여성에게 성희롱을 하거나 놀리는 행위는 대수롭지 않은 일로 취급하는 등 여성에 대한 차별이 일상적이었다. "여자가 어디 나서느냐!" "여자가 어디서 버릇없이 구느냐!" "여자가 왜 이렇게 목소리가 커!" "여자가 어디 덤벼들어!" 하는 말들이 남성들의 입에서 쉽게 나왔으며, 여성은 남성의 비난에 물러서면서 참는 것이 당연한 예의로 여겼다.

성별 서열과 함께 나이 서열도 일상생활에서 위계질서를 세우는 중요한 기준으로 강화되기 시작했다. 물론 청자존대법의 단순화로 위계서열이 완화된 면도 있지만, 성별과 나이에 따른 존대법은 사라지지 않았다. 높낮이를 가늠하기 어렵거나 초면인 경우에는 서로 존대를 하였지만, 친근한 사이가 되면 나이가 높낮이를 가늠하는 중요한 기준이 되었다.

일상생활에서 유교적, 가부장적 위계서열을 존속시키는 데에는 청자존대법 체계가 결정적인 역할을 하였다. 조선시대 후기 청자존대법 체계의 변동을 연구한 정준영은 개화기의 청자존대법 체계가 하소서체, 합쇼체, 하오체, 하게체, 해라체, 해요체, 해체 등 7개의 등급으로 구성되어 있으며, 신분/계층 관계, 부모-자식 관계, 부부관계, 상인-고객 관계 등에 따라 그리고 친밀도에 따라 다양한 등급의 존대법이 사용되었다고 분석한다. 그런데 이러한 청자존대법 체계는 1920년대에 그 쓰임새에 변화가 나타났다.[96]

많은 연구자가 동의하고 있듯이 정준영 역시 신분제의 철폐가 곧바로 신분제 영향에서 완전히 벗어난 것을 의미하는 것은 아니라고 본다. 공식적으로 양반신분은 사라졌지만 양반에 대한 사회적 의식은 잔존하고 있어서, 이제는 모든 사람이 스스로 양반임을 주장하고자 했다는 것이다. 그래서 "개화기 이후 평민들의 청자존대법 등급의 사용에서 특히 높낮이를 인정하기 어려운 사람이나 초면의 사람에게 사용하는 등급이 상승된 점은 이런 상황에 비추어서 이해될 수 있다."고 해석한다.[97] 이것은 신분제도 철폐로 인격적 평등주의가 확산된 결과라고 할 수 있다. 그래서 신분제에 대한 평민들의 저항이 두드러져서 평민들은 양반의 신분적 권위를 부정하는 경향이 확대되었는데, 이것은 청자존대법 체계에도 영향을 주었다. "평민들의 청자존대법 체계에서 양반들의 체계와 반대로 높임의 등급이 분화되지 않고 대등의 등급이 넓게 확산되었다. … 이후 신분제가 해체되면서 20세기 이후의 청자존대법에서는 점차 청자존대법 체계의 단순화 현상이 일반화되었다."[98]

또 "개화기 이후 청자존대법 등급의 사용에서 등급이 상승한 대화상대방으로는 … 높낮이를 인정하기 어려운 사람과 초면의 사람 이외에 연령관계에서 상위자를 들 수 있다. 반면 등급이 하락한 대화상대방으

---

96. 정준영, 「조선후기의 신분변동과 청자존대법 체계의 변화」, 서울대학교 대학원 사회학과 박사학위논문, 1995, 87-93쪽.
97. 정준영, 같은 글, 151쪽.
98. 정준영, 같은 글, 149쪽.

로는 관직의 상위자와 부모가 있고, 또 이외 이전 시기에는 명확하지 않던, 여성과 어린이가 낮춤 등급의 사용자 또는 사용대상으로 고정되어 가는 모습이 발견된다."[99] 이처럼 여성과 어린이가 낮춤 등급의 사용대상으로 고정되어갔다는 점은 신분제가 약화되고 나이와 성별이 위계서열 체계의 중요한 기준으로 남았다는 것을 의미한다. 신분제도가 작동하던 시기부터 나이와 성별에 따른 위계서열이 있었지만, 신분제 해체 이후에도 양자는 해체되지 않고 여전히 강고한 위계서열로 남아 있던 것이다.

"연령관계의 상위자에게 하오체 대신 합쇼체를 사용하게 되었다는 것은 동일계층 간이라는 단서가 붙어 있기는 하지만 어린이가 낮춤의 대상으로 고정되어가고 있다는 점과 결부되어 신분을 대체하는 새로운 사회적 위계설정의 기준이 발전하고 있음을 시사한다는 점에서 주목할 만하다. 실제로 신분의 외적 표지가 의미를 지닐 수 없게 된 상황에서 연령은 대화상대방의 위계관계를 확인할 수 있는 가장 확실한 지표가 될 수 있기 때문이다. 그렇다면 개화기 이후 대화상대방 간 청자존대법 등급의 결정에서 신분보다는 연령의 영향력이 강화되어나가는 현상도 이런 맥락에서 볼 때 당연한 것이다."[100]

확실히 신분제의 해체는 명시적인 인격적 차별과 무시하는 인격적 위계서열주의를 약화하였다. 청자존대법에서 상위등급이 점차 약화되거나 사라지고 등급이 단순화된 것은 위계서열 관계와 사회적 위계서열 의식의 약화를 보여주는 것이다.[101] 하지만 청자존대법이 완전히 해체되지 않고 나이나 성별에 따른 등급 구별이 남아 있다는 사실은, 전통적

---

99. 정준영, 같은 글, 152쪽.
100. 정준영, 같은 글, 152-153쪽.
101. 정준영, 같은 글, 100쪽.

신분관계는 아니라 하더라도 유교적 전통문화로서 위계서열주의가 여전히 영향력을 행사하고 있다는 것을 의미한다. 청자존대법의 존속은 신분적 서열에 따른 차별과 무시의 문화가 나이와 성별에 따른 차별과 무시의 문화로 변형되어 지속되는 데 큰 영향을 미친 것이다. 특히 친족이 모여 사는 소규모 농촌 부락에는 특정 가문의 경제적 지배와 문화적 영향력이 남아 있고 또 부락공동체의 권위주의적·가부장적 전통규범에 따른 사회적 제재와 처벌 등이 이루어지면서, 일상적 삶에서 존대법을 전적으로 거부하기는 어려웠다. 이러한 문화적 조건은 인격적 위계서열주의가 오랫동안 유지·존속되도록 만들었다.

유교적 전통 속에서 나이 위계서열주의는 무엇보다도 가족이나 친족 관계 속에서 학습되었다. 가족과 친족은 항렬과 함께 나이 위계서열에 따라 권위를 부여하는 것을 당연하게 여겼다. 먼저 가문의 시조로부터 몇 대 손인지를 따져 항렬의 위아래를 확인하고 이후 나이를 따져 서열을 정하며 이에 따라 친소관계와 함께 위계서열을 확인할 수 있는 다양한 가족 및 친족 호칭과 존대법을 일상적으로 사용한다. 한 가족 내 형제자매와 사촌 사이는 나이 서열에 따라 이름을 부르는 것이 제한되었다. 일상적으로 연장자는 연소자(동생)에게 이름을 부를 수 있지만, 연소자는 연장자에게 이름 대신 누나, 형, 언니, 오빠와 같이 성별에 따른 호칭을 사용해야 한다. 이름을 부르는 것은 예의에 어긋나는 것이며 사회적 제재나 처벌이 뒤따른다. 심지어는 쌍둥이도 태어난 순서에 따라 서열을 매겨 호칭을 사용한다. 물론 연장자가 연소자를 '동생'이라고 부르기도 하는데, 이것은 때때로 연소자를 존중하려는 의도를 지니지만 기본적으로 나이 서열을 확인하려는 의도가 강하다.

이처럼 사람들은 어린 시절부터 가족이나 친족 내에서 이러한 서열문화를 자연스럽게 익히며 살아 나이 서열과 성별 서열 의식이 몸에 배어 있다. 그래서 나이나 성별에 따른 권위를 자연스럽고 당연한 것으로 받아들였고, 이러한 권위가 훼손되거나 부정되면 무시당했다고 느껴서 이것을 인륜에 대한 도전이라고 생각했다.

'자연 상태의 개인의 자유와 평등'을 기본원리로 하는 서양의 자유주의는 인격적으로 동등한 시민의 정치공동체 형성을 주장했고, 현대적 법치민주주의는 신분제 사회의 인격적 지배를 해체하고 법에 기초한 탈인격적 지배를 확립하자는 원리다. 베버는 현대 민주주의 사회의 핵심적 특징이 지배의 합리화, 즉 인격적 지배로부터 탈인격적 지배로 전환한 것이라고 말한다. 여기서 시민으로서의 '시민적-인격적 평등'은 탈인격적 지배의 바탕이다. 그렇지만 전통과 현대의 엇갈림 속에서 한국사회는 시민적-인격적 평등주의를 발전시키는 사회적 조건을 충분히 갖추고 있지 못했다.

첫째, 시민적 평등주의는 사유재산을 소유하고 개인주의 의식을 지닌 상공업자, 또는 도시 부르주아지 세력이 형성되어 발달하는데, 근현대 한국사회에서는 이러한 의식을 발달시키고 또 실천할 주체를 형성하기가 현실적으로 어려웠다. 상공업이 더디게 발달하자 도시를 중심으로 부르주아지와 지식층이 충분히 형성되지 않았고, 오히려 지주-소작 관계 속에서 농업에 종사하는 인구가 상대적으로 많았다. 이처럼 자유롭고 평등한 개인의 출현과 정치적 주권자로서 시민의식을 발달시킬 수 있는 현실적 조건을 갖추지 못했던 것이다.

당시 서양사회에서 유입된 시민사회사상의 영향으로 시민적-인격적 평등주의가 조금씩 확산되었지만, 농촌에서는 여전히 전근대적인 유교적 가부장제 문화, 권위주의적·집단주의적 문화가 일상생활을 지배하고 있어서 개인적 권리의식에 기초한 시민의식이 성장하기 힘들었다. 그리하여 사회 전반에서 인격적 평등의 요구가 현대적인 시민적-인격적 평등과 정치적 평등의 요구로 발전하는 데에는 많은 시간이 필요했다.

둘째, 근현대 한국사회는 서양의 선진국과 달리 민중이 전통적인 신분차별 및 인격적 위계서열주의 문화와 급진적으로 단절하지 못했다. 동학혁명의 신분차별 철폐운동은 봉건제에 반대하며 인격적 평등을 주장한 급진적 운동이기는 했지만 시민적-인격적 평등을 지향하는 현대적 운동으로 확장되지는 못했다. 반면에 개화파들의 민주주의 운동은 시민적-인격적 평등을 주장하는 현대적 정치운동이기는 했지만 시민적-인격적 평등 의식을 대중적으로 확산시키는 데에는 성공하지 못했다. 신분제도가 철폐되었지만, 여전히 전근대적이고 신분제적인 인격적 위계서열주의·권위주의 문화가 일상생활을 지배하면서 시민적 평등 의식의 발달은 제약받았다.

이처럼 조선후기에 신분차별이 철폐되었지만 유교적 친족공동체, 권위주의적 마을공동체 속에서 전통적인 인격적 위계서열주의—성별 위계서열주의와 나이 위계서열주의—는 여전히 살아남았고, 존대법은 이것을 뒷받침하는 핵심적인 문화적 제도가 되었다. 이로 인해 인격적 평등주의 심성과 인격적 위계서열주의 문화가 공존하는 모순적인 상황이 지속되었고, 결국 탈신분제적-인격적 평등주의가 확산되었어도 시민적-인격적 평등주의가 발전하는 데는 제약이 따르지 않을 수 없었다.

(2) 시민적-인격적 평등주의의 저발전과 분배적 평등주의를 향한 투쟁

조선후기로 오면서 자연적 조건의 악화로 식량생산을 비롯하여 물질적 생산이 줄어들자 경제적 착취로 생존권의 위협을 받던 상민이나 천민은 지배층에 불만을 느끼고 민란을 일으켰다. 이들은 무엇보다도 신분차별에 저항하며 신분제도 철폐를 요구하였다. 양반이 중심이 된 신

분차별과 경제적 착취는 상민(평민)이나 천민에게서 신분해방을 요구하는 '인격적 평등의식'과 경제적 착취의 개선을 요구하는 '분배적 평등의식'을 불러일으켰다.

조선후기에 출현한 평등주의 이념은 대체로 신분제도의 철폐, 특히 노비제도의 철폐에 동의하였으며, 이것은 '인격적 평등주의'를 의미하였다. 그런데 신분제도에 따른 인격적 차별이 경제적 차별과도 연결되어 있었기에, 인격적 평등의 요구는 곧바로 분배적 평등의 요구로 이어졌다. 물론 분배적 평등이 곧바로 토지의 균등배분이나 사유재산제도의 폐지와 같은 급진적인 평등주의를 의미하는 것은 아니며, 실제로 이러한 이념이 제도로 실현되기도 어려웠다.

한편 피지배층의 저항으로 법적으로는 신분차별이 철폐되고 인격적 차별이 사라졌지만, 이후에도 인격적 위계서열주의와 인격적 차별주의는 여전히 살아남아 있었다. 즉, 전통적 유교문화에 뿌리를 둔 인격적 위계서열주의, 권위주의 문화가 일상생활에서 여전히 영향력을 행사하고 있었다. 이러한 시대적 한계 때문에 신분차별에 저항한 탈신분제적-인격적 평등주의가 시민적-인격적 평등주의, 정치적 평등주의(민주주의)로 발전해가는 과정은 더딘 반면 분배적 평등주의로 분출되는 과정은 폭발적이었다. 조선후기의 민란은 개화기를 거치면서 동학혁명, 형평운동, 소작쟁의 등으로 이어져 분배적 평등주의 심성의 분출을 낳았다. 개화기를 전후하여 신분제도 폐지를 주장한 일부 개혁적인 실학사상, 청나라를 통해 유입된 서양의 천주교와 시민사회 사상, 미국에서 들어온 개신교, 인내천과 신분차별 철폐를 주장한 동학사상 등은 인격적 평등 의식과 함께 분배적 평등 의식의 발달에 영향을 미쳤다. 특히 신분폐지 이후에도 지속된 지주-소작 관계에 따른 계급착취의 현실은 민중의 인격적 평등주의 심성이 분배적 평등주의를 요구하기에 이르렀다.

시민적 평등주의의 발전이 미약한 반면 신분차별과 계급착취에 저항하며 인격적·분배적 평등을 요구한 운동들은 정치적 억압 속에서도 끊임없이 분출되었다. 특히 일제 식민지배 시대에 와서 신분적, 계급적 착취에 민족차별 및 식민지적 착취가 더해지자 이중적 착취에 시달리던 소작농민과 노동자는 민족해방과 계급해방을 주장한 사회주의나 사회주의적 민족주의에 적극적으로 호응하였다. 특히 피지배 대중의 분배적 평등 지향은 계급차별 철폐를 주장한 사회주의와 친화성을 지니면서 사회주의의 확산으로 이어졌다. 사회주의 사상은 1917년 러시아혁명 이후에 적극적으로 도입되었는데, 특히 1919년 3.1운동이 실패하자 급진적인 민족해방투쟁의 필요성에 공감하는 세력이 사회주의를 받아들이기 시작했다. 이에 따라 민족해방과 주권평등을 지향하는 민족주의 이념(민족적 평등주의)과 계급 없는 사회를 주장하는 사회주의 이념(분배적 평등주의) 간의 연대가 촉진되었고, 민족주의 세력과 사회주의 세력이 연대하여 임시정부를 수립하는 성과도 이루었다.

이 시기의 사회주의운동, 공산당 활동, 신간회 활동, 백정들의 형평사 운동, 소작농민의 저항, 노동자 파업, 계급문학운동 등은 사회적 불평등과 차별을 구조적, 제도적으로 해결할 것을 요구하는 공적 평등주의 운동이었으며, 무엇보다도 분배의 평등을 추구하는 운동이었다. 당시 자본주의 시장경제가 서서히 발달해가면서 지주-소작 관계와 자본-노동 관계 속에서 차별당하고 착취당하던 기층 민중 사이에서는 분배적 평등의 요구가 점차 확산되었는데, 사회주의와 공산주의 이념에 대한 지지가 확산된 것은 바로 그 결과다.

물론 서양문물을 접하고 현대교육을 받은 도시의 학생들이나 지식층을 중심으로 시민적·정치적 평등 의식, 즉 민주주의 의식도 점차 확산되었다. 서양 강대국과 일본의 정치적 개입 및 군사적 침략에 맞서 민족을 지키기 위한 민족주의 운동은 민족계몽운동으로 이어졌고, 이것은 기층 민중에게 현대적 시민의식을 일깨우는 역할을 하였다. 특히 신분제적인 전통사회를 평등하고 민주적인 현대사회로 개혁하기를 원하던 지식층은 민중을 계몽하여 시민으로 양성하기 위한 다양한 교육운동을 펼치기도 하였다. 그렇지만 일제의 탄압 때문에 교육운동을 대중적으로 확산시켜 나가는 데에는 많은 어려움이 있었고, 특히 현대교육의 혜택을 받지 못한 농촌지역에서는 전통적인 유교적, 가부장적 문화가 강하게 남아 있어서 탈신분제적-인격적 평등주의를 넘어서는 개인주의에 기초한 시민적 권리의식(시민적-인격적 평등주의)이 적극적으로 성장하기 어려웠다. 그리하여 분배적 평등주의가 지속적으로 확산된 데 비해 시민적 평등주의의 발달은 더디게 진행되었다.

(3) 평등주의와 인격적 위계서열주의의 모순적 공존

이 시기에는 제도적으로 신분제가 폐지되었지만, 평등의 요구가 시민적 평등에 기초한 민주적 정치제도의 발전으로 이어지지 못했고 주로 소작제도나 임금착취 등의 개선과 같은 분배적 평등에 대한 요구에 집중하는 경향이 강했다. 또 신분은 물론 나이, 성별, 지위 등에 따른 차별에도 반대한 서양의 평등주의 문화에 영향을 받기는 했지만 문화적 평등 또는 일상생활의 인격적 평등은 쉽게 진전하지 못했다. 특히 시민적, 정치적 평등을 제도화하려는 급진개화파의 시도가 실패하자 시민적-인격적 평등주의의 확산은 제약을 받았고, 특히 도시 엘리트층을 넘어서 농촌지역으로 확산하는 데에는 한계가 따를 수밖에 없었다. 이에 따라 농촌에서는 신분차별 철폐와 함께 소작제도 철폐를 요구하고 도시에서는 임금인상과 노동조건 개선을 요구하는 등 분배적 평등을 추구하는 저항이 중심을 차지하였는데, 이것은 시민적 평등주의(민주주의)와 분배적 평등주의(사회주의) 간의 불균등 발전을 초래했다. 특히 시민사회 사상, 사회주의 사상 등 다양한 평등주의 사상의 유입과 확산에도 불구하고 전통적 위계서열주의의 존속은 평등주의 발전, 특히 일상생활에서 문화적 평등이 발전하는 데 큰 제약요소가 되었다. 그리고 이것은 결국 근현대 한국역사에서 인격적 평등주의와 인격적 위계서열주의(차별주의)가 이후로도 오랫동안 모순적으로 공존하도록 만들었다.

IV. 해방 이후 반공주의·권위주의 통치 시기 평등주의의 모순적 분출

한국사회의 역사적 전통이 만들어놓은 특수한 조건은 이후 서구적 현대성과 융합하는 과정에서 평등주의의 독특한 분화양상을 만들어내고, 다양한 평등주의 간의 불균등 발전, 균열, 엇갈림, 모순 등을 만들어냈다.

근현대의 역사 속에서 신분제가 점진적으로 해체되고 평등주의도 점차 확산되었지만, 신분제적 의식이 인격적 위계서열주의라는 형태로 살아남아 평등주의의 발전을 제약하기도 하였다. 오랜 반공주의·권위주의 통치가 지속되자 민주주의와 함께 시민적·정치적 평등주의도 저발전 상태에 놓이게 되었고, 평등주의와 위계서열주의가 공존하면서 다양한 평등주의의 균열과 모순을 만들어냈다. 이제 이러한 과정을 근현대 역사의 경험 속에서 살펴보자.

1. 해방공간에서 반공자유주의의 지배와 평등주의의 억압

(1) 건국준비위원회의 시민적·정치적 평등주의와 분배적 평등주의

1945년 8월 초순 일제는 태평양 전쟁에서 미국에 패하면서 제2차 세계대전에서 패배를 감지하였다. 이에 따라 조선에 있는 일본인의 안전한 귀환을 위한 대책을 수립하고자 하였고, 이를 위해 조선총독부는 국내 독립운동을 주도한 여운형, 송진우, 안재홍 등과 치안유지를 위한 교섭을 벌였다. 여기서 우파이던 송진우는 일제와 접촉을 거절하였으나, 중도좌파이던 여운형은 이를 건국을 위한 기회로 인식하여 일본과 협상하면서 해방 정국에서 주도적인 역할을 하였다. 당시 여운형은 조선총독부와 협상 과정에서 다섯 가지 조건을 제시하였는데, 그 내용은 다음과 같다.

① 전 조선의 정치범, 경제범을 즉시 석방하라.
② 집단 생활지인 경성(서울)의 식량 8, 9, 10월 3개월분을 확보하라.
③ 치안 유지와 건설 사업에 아무런 구속과 간섭을 말라.
④ 조선에 있어서 추진력이 되는 학생의 훈련과 청년의 조직에 간섭을 말라.
⑤ 전 조선에 있는 각 사업장의 노동자들을 우리 건설 사업에 협력시키며 아무런 괴로움을 주지 말라.

　1945년 8월 15일, 일본이 항복하자 여운형은 조선총독부로부터 조선에 대한 행정권을 인수하였는데, 이때 먼저 좌우합작을 위해 송진우 세력과 연합하려고 하였다. 하지만 송진우는 대한민국 임시정부를 추대하려는 입장을 내세워 거절하였다. 그래서 여운형은 8월 16일에 송진우 세력을 제외한 좌우연합적 통일전선체인 조선건국준비위원회(약칭 '건준')를 설립하여, 자신이 위원장을 맡고 안재홍을 부위원장에 선임하였다. 그리고 8월 17일에는 총무부·재무부·조직부를 설립하고 좌우익 인사들을 실무 책임자로 선임하여 치안 유지와 행정을 장악하고자 하였다. 이때 건준은 3대 강령을 내세웠는데, 첫째는 완전한 자주독립국가를 건설하고, 둘째는 전체 민족의 정치적·사회적 기본 요구를 실현할 수 있는 민주주의 정권을 수립하며, 셋째는 일시적 과도기에서 국내 질서를 자주적으로 유지하여 대중 생활의 확보를 기한다는 것이었다.
　강령 내용을 보면 한편으로는 민족의 자주권을 회복한다는 점과 다른 한편으로는 전체 민족의 기본적 요구를 실현하여 대중 생활을 확보한다는 점을 강조하고 있다. 전자가 국가주권에서 대외적 평등을 지향한 것이라면, 후자는 대중의 생활에서 대내적 평등을 지향한 것이다. 사회적 평등을 지향하는 좌파는 당시 조선의 인민대중이 일제와 지주의 억압에서 벗어나 평등한 삶을 살아야 한다는 것을 중요한 정치적 목표로 삼았다. 이런 점에서 이 강령은 조선의 해방 과정에서 좌파가 요구해야 할 최소한의 조건이며, 건준에 참여한 우파도 당시 현실에서 충분히 동의할 수 있는 내용이었다.

건국준비위원회의 강령은 당시 시대적 요구를 담은 것으로서, 시민적 평등주의에 기초한 민주공화국의 수립, 분배적 평등주의에 기초한 대중 생활의 확보를 지향하였다. 여기서 시민적·정치적 평등주의가 인격적 평등주의를 향한 민중의 요구를 국민국가 건설을 통해 정치적으로 실현하기 위한 것이었다면, 분배적 평등주의는 당시 일제의 민족차별과 함께 지주-소작 관계 및 자본-노동 관계 속에서 착취당한 민중에게 경제생활의 안정을 제공하기 위한 것이었다.

(2) 해방공간의 이념 갈등과 평등주의의 억압

1945년 8월, 일본제국주의로부터 해방되면서 한반도는 38선을 기준으로 남북이 분할되어 각각 미군과 소련군이 점령하였고, 남한은 미군정이 통치하기 시작했다. 1942년 말 조선총독부의 통계를 보면, 전체 농가 305만 호 중에서 순 소작농이 53.8%, 소작 겸 자작농이 23.9%, 자작농이 17.6%를 차지하고 있었다. 그리고 1945년 말 조선은행 통계에 의하면 남한은 논 면적의 70%와 밭 면적의 56%가 소작지였다.[102] 이처럼 해방 후에도 여전히 소수의 지주가 대부분의 경작지를 소유하였고, 소작농은 지주에게 50~60%에 달하는 높은 소작료를 납부하게 되어 다수 농민의 생활은 궁핍할 수밖에 없었다.

일제 식민지배 시대를 지나면서 조선의 정치세력들의 이념은 크게 사

---

102. 신용하, 1980, 246쪽.

회주의(공산주의), 무정부주의, 사회주의적 민족주의, 중도우파 민족주의, 자유주의, 반공적 민족주의 등으로 나뉘어 있었다. 그리고 조선 민중도 자신의 신분적, 계급적 지위에 따라 서로 다른 이념을 지지하였다. 그런데 소작을 하거나 노동자가 되어 가난하게 살아가던 다수의 피지배 대중은 일본제국주의 통치로부터 독립하면서 전근대적 지주-소작 관계의 해체와 신분 및 계급 차별의 폐지를 희망하였다. 이에 따라 자연스럽게 공산주의나 사회주의를 지지하는 경향이 강했다.[103] 당시 미군정의 여론조사에 따르면, '어느 체제를 좋아하는가?' 하는 질문에 70%가 사회주의, 10%가 공산주의, 13%가 자본주의라고 답했다.[104] 이것은 당시에 신분차별, 계급차별, 소작제 등에 대한 불만이 팽배해 있었다는 점을 잘 보여준다.

　이러한 이념의 지형 속에서 1945년 8월 해방 직후 사회주의적 민족주의를 내세운 여운형이 중심이 되어 건설한 전국적 정치조직 건국준비위원회가 해방 이후 남한에서 정치적 주도권을 장악하였다. 8월 말에 남한 전역의 145개 지역에 지부를 결성하고, 9월 6일에는 조선인민공화국(약칭 '인공')을 선포하기에 이른다. 인공은 이승만을 주석으로 하고 여운형을 부주석으로 하는 51명에 달하는 정부 조각 명단까지 발표하였다. 이에 따라 지방의 건준 조직은 지방인민위원회로 개편되었는데, 이것은 지역주민의 자발적 지지를 바탕으로 결성되어 실제 통치기능을 담당하기도 하였다. 당시 인민위원회가 조직된 군 지역은 남한 전역에서 130곳에 이르렀다.[105] 그런데 초기에 좌우합작의 성격을 지녔던 건준은 공산

---

103. 전명혁, 「식민지 시대 민족해방운동의 근대적 성격과 민주주의」, 2001, 79-80쪽.
104. 손호철, 『현대 한국정치』, 사회평론, 1998, 132쪽.
105. 정해구, 「한국의 국가형성과 민주주의」, 조희연 편, 『한국 민주주의와 사회운동의 동학』, 나눔의 집, 2001, 102-103쪽.

주의자들이 대거 참여하고 신간회 계열 인사들이 탈퇴하면서 점차 범좌파적 성격을 띠게 되었다.

좌파 진영은 9월에 박헌영의 지도로 조선공산당을 재건하였고 11월에 여운형을 중심으로 한 중도좌파인 조선인민당도 결성하였다. 그리고 대중단체들도 전국적인 조직을 결성하기 시작했는데, 11월에 조선노동조합전국평의회(약칭 '전평')가 결성되었고 12월에 전국농민조합총연맹(약칭 '전농')이 결성되었으며, 12월에는 전국청년단체총동맹(약칭 '청맹')과 조선부녀총동맹(약칭 '여맹')도 결성되었다. 이들 단체 회원들은 약 400만 명을 넘었다. 이러한 단체들은 '인공'의 중요한 지지기반이 되었는데, 인공은 완전한 자주독립국가의 건설, 일본제국주의와 전근대적 잔재 일소 및 진정한 민주주의의 실현, 대중생활의 급속한 향상 등을 강령으로 내세웠다. 그리고 구체적인 시정방침으로 일제 법률제도의 즉시 철폐, 일제 및 민족반역자의 토지 몰수와 농민에 대한 무상분배, 비몰수 토지의 소작료 3·7제, 일제 및 민족반역자의 공장시설 몰수와 국유화 등을 내세웠다.[106]

하지만 미군정은 건준과 인공을 인정하지 않았고, 초기에 급진 사회주의 세력을 배제한 좌우합작을 추진하다가 결국에는 임시정부마저 배제하며 친일 관료, 경찰, 지주 등 기존의 지배세력인 보수우파를 중심으로 통치기구를 구성하여 통치하였다.[107] 이처럼 좌파에 대한 미군정의 견제에도 불구하고 건준과 인공이 전국적으로 민중의 지지를 얻은 이유는 토지의 무상분배, 소작료 인하 등과 같은 좌파의 분배적 평등주의 이념이 민중의 요구를 잘 반영하고 있었기 때문이었다. 그래서 우파 및 친일파 세력과 손잡은 미군정이 반공주의 정책을 강화하면서 좌파세력을

---

106. 정해구, 같은 글, 104-105쪽.
107. 정해구, 같은 글, 109-111쪽.

탄압하면서 해방공간에서 이념갈등은 더욱 격렬해졌고, 미군정에 대한 민중의 저항 역시 격화되었다.

미군정은 1946년 3월부터 지방에서 좌파를 탄압하기 시작했는데, 여운형 중심의 온건좌파에게는 포섭전략을 쓰면서 박헌영 중심의 급진좌파에 대해서는 강경한 탄압에 나섰다. 이에 따라 미군정과 급진좌파 세력 간에 물리적인 충돌이 발생하기 시작했는데, 1946년 9월 총파업과 10월 인민항쟁이 대표적이다. 전평을 중심으로 한 총파업은 남한 전역에서 25만 1,000여 명의 노동자들이 참여한 가운데 10월 초까지 격렬하게 전개되었다. 이어서 10월 초에 대구항쟁으로부터 시작하여 경북, 경남, 충남 서북부, 경기 38선 부근, 강원 동해안, 전남 등까지 인민항쟁이 남한 전역으로 확산되었다. 노동자의 투쟁과 함께 토지개혁을 요구하는 소작농민의 투쟁도 이어지면서 수백만 명의 민중이 참여한 인민항쟁은 12월 중순까지 계속되며 많은 희생자를 냈다.[108]

9월 총파업과 10월 인민항쟁을 단순히 급진좌파 세력이 위로부터 동원한 것으로 설명하기에는 민중의 참여가 상당히 많았다. 이처럼 민중의 자발적인 대규모 참여가 가능했던 이유는 미군정의 정책이 민중의 요구와 크게 어긋나는 것이었기 때문이다. 친일파 척결, 토지문제 해결, 인민정권 수립 과정에서 민중의 요구는 거부되었고, 경제위기와 물가상승, 가혹한 식량공출 등으로 대중은 생활의 어려움을 겪고 있었다. 그래서 그들은 총파업과 인민항쟁을 지지하였고 또 적극적으로 참여하였던 것이다.[109] 이것은 민중들 사이에 분배적 평등주의와 정치적 탄압에 대한 불만이 널리 확산되어 있었다는 사실을 보여준다. 자주적인 민주

---

108. 정해구, 같은 글, 112-114쪽.
109. 정해구, 같은 글, 113-114쪽. 이혜숙, 「분단국가의 형성과 한국전쟁」, 장상환 외, 『한국사회의 이해』, 한울, 1990, 96쪽.

공화국 수립 운동이 미군정의 반공주의적 탄압으로 억압되면서 시민적 평등주의의 발전도 어려워졌다. 또 좌파세력에 대한 탄압은 분배적 평등주의의 확산도 억압하는 결과를 초래했다.

  지주와 소작농민 간의 계급 불평등이 구조적으로 고착되어 있던 당시의 상황에서 기층 민중은 지위상승이라는 사적 평등 지향 행위전략을 추구하기가 어려웠다. 그래서 많은 민중이 항쟁 또는 사회운동을 통한 사회개혁이라는 집합적-공적 평등주의 행위전략을 추구하거나 이에 동조하게 되었다. 그렇지만 반공주의와 친일경찰을 앞세운 미군정의 진압은 사회주의의 분배적 평등주의를 지지하던 세력의 기반을 현저하게 약화시켰고, 이것은 이후 좌·우 이념갈등의 격화로 나타났다. 그렇지만 미군정이 좌파세력을 탄압하고 민중의 배제를 점점 더 강화하면서 정치적 주도권이 보수우익세력으로 넘어가게 되었고 분배적 평등주의의 실현은 점점 더 어려운 상황으로 빠져들어갔다.[110]

(3) 미군정과 한국민주당의 제한적인 분배적 평등주의

  한국민주당(약칭 '한민당')은 건준과 인공이 해방정국의 주도권을 장악하고 조선공산당이 재건된 데 맞서 1945년 9월에 보수우익 민족주의자들이 중심이 되어 결성한 정당이다. 한민당은 창당하면서 인민공화국 타도와 임시정부 지지를 선언하였다. 그렇지만 피지배대중의 지지를 얻으려면 그들의 요구를 어느 정도 반영하지 않을 수 없었다. 그래서 정강과 정책에 '근로대중의 복리증진을 기함', '국민기본생활의 확보', '교육 및 보건의 기회균등' 등 평등주의적 내용을 포함하지 않을 수 없었다.[111]

---

110. 이혜숙, 같은 글, 96쪽.
111. 한국학중앙연구원, 『한국민족문화대백과』. https://encykorea.aks.ac.kr/

한민당 역시 해방 후 일제 조선총독부나 일본인이 남겨두고 간 재산에 대한 처리방안이 필요했는데, 가장 현실적인 방안은 귀속재산과 산업자본의 국유화 및 국영화였다. 그래서 한민당은 당 강령 6조에 '중요 산업의 국영 또는 통제 관리'라는 항목을 두었다. 그렇지만 지주들이 중심이 된 정당이어서 영구적인 국영화를 원한 것은 아니었으며, 어느 정도 민족자본이 형성된 뒤에 서서히 사유화를 추진하고자 했다.

　한민당이 주요 산업의 국영 또는 통제 관리를 정책으로 내세운 이유는 사회주의 경제를 확립하여 실질적인 평등을 실현하기 위해서가 결코 아니었다. 지주 등 기득권층이 중심이 된 한민당의 구성원들은 사적 소유와 자유 시장을 보장하는 자유민주주의 체제의 구현을 목표로 하였고, 이에 따라 형식적인 기회균등이 보장되는 자유경쟁 체제를 경제정책의 원칙으로 삼고 있었다. 그런데 해방 직후에는 일본이 남겨 놓고 간 많은 토지와 산업시설을 인수할 만한 민족자본이 형성되어 있지 못하였고, 이에 따라 성급하게 사유화를 추진할 경우 산업기반이 허약해지고 기업윤리가 훼손되어 경제적 혼란에 빠질 위험이 있었다. 그래서 건전한 민족자본과 기업윤리가 형성될 때까지 과도기적으로 국영 또는 통제 관리를 유지하려고 한 것이었다.

　한민당은 토지 문제에서 경자유전(耕者有田)을 원칙으로 삼고 있었다. 그런데 당시 공산당과 그 계열은 경자유전과 함께 토지의 무상몰수·무상분배를 주장하였다. 이것은 토지를 국유화한 후 경작권을 소작농민을 포함한 농민에게 골고루 배분하고자 한 것이었다. 그런데 한민당은 이러한 무상몰수·무상분배 정책은 국유화를 통해 지주가 국가로 바뀔 뿐 농민을 여전히 소작농으로 만드는 것이라고 비판하면서, 유상매수·

Contents/SearchNavi?keyword=%ED%95%9C%EA%B5%AD%EB%AF%BC%EC%A3%BC%EB%8B%B9&ridx=0&tot=11 (검색일: 2019년 6월).

유상분배를 주장했다. 이것은 사적소유권을 기반으로 하는 한민당의 강령에 걸맞은 정책이었다. 국가가 지주의 토지를 사들여 농민에게 유상으로 분배하면 농민은 자영농이 될 수 있고, 또 지주는 토지를 매각한 자금으로 산업자본가로 전환할 수 있다고 생각한 것이다.

이러한 토지정책은 자본주의 경제의 사적 소유와 시장경쟁 원리에 적합한 것이었지만, 당시 대부분의 소작농민은 오랜 착취에 시달리면서 먹고 살 만큼의 토지를 살 수 있는 경제적 여유가 없었다는 점에서 실질적으로는 지주를 위한 정책이었다. 그렇지만 유상분배의 방식으로나마 토지 분배를 추구하지 않을 수 없었던 것은 무엇보다도 피지배대중 사이에서 널리 확산된 분배적 평등주의에 대한 요구를 외면할 수 없었기 때문이다.

(4) 미군정의 남한 단독정부 수립과 민중의 시민적·분배적 평등주의 요구

해방 후 냉전이 심화되면서 미군정은 반공주의를 내세워 좌파세력을 억압하고 견제하면서 우파와 연합하였다. 미군정은 인민공화국과 지방 인민위원회가 주도권을 잡자 이에 대항하여 우파세력을 키우고자 했는데, 이에 따라 초기에 반공적이고 친미적인 한민당계 인사들과 친일관료를 고위 관료로 상당 부분 충원하였다. 뿐만 아니라 지역의 통치권 회복과 치안유지에 친일경찰을 그대로 유지하였다. 그래서 이들은 친일파 척결을 내세운 좌파세력을 탄압하고 또 무력으로 진압하는 데 누구보다도 더 적극적으로 나섰다.[112]

한편, 한반도 정부수립에 관한 미국과 소련 간의 협상이 결렬되면서

---

112. 정해구, 앞의 글, 107-112쪽.

미국은 남한 단독정부 수립을 추진하였다. 그 결과 1948년 남한에 국한된 제헌의회 선거가 실시되었고, 제헌의회에서 대통령간선제 헌법이 제정되었으며, 이에 따라 의회에서 보수우파 이승만을 제1대 대통령으로 선출하였다. 그런데 남한의 단독정부 수립에 반대한 남북협상파와 좌익세력은 제헌의회 선거에 참여하지 않았다. 이에 따라 제헌의회 의원의 대다수는 신탁통치반대운동을 통해 결성된 대한독립촉성국민회, 부르주아 자유주의 성향의 한국민주당 등 보수우익세력과 대동청년단, 조선민족청년단 등 극우민족주의 세력이 차지하게 되었다. 이승만은 대한독립촉성국민회 소속으로 제헌의회 의원에 당선되고 대통령이 되었다. 그리하여 8월 15일에 이승만 정부가 수립되었고, 미군정으로부터 권력을 이양받아 형식적으로 주권국가의 지위를 확립하였다.

그런데 정부가 수립되기까지 좌파세력과 이들을 지지한 민중의 저항은 미군정과 남한 단독정부 수립을 지지하는 세력과의 지속적인 이념 갈등을 낳았다. 해방된 한반도의 통치방식을 둘러싸고 전승국인 미국과 소련은 수차례 회담을 벌였지만, 신탁통치와 통일정부수립 방식 등을 둘러싸고 대립하다가 결국 미국이 독자적으로 남한 단독정부 수립을 추진하였다. 이에 대해 '인민공화국' 중심의 사회주의 세력과 민족주의 세력은 남한 단독정부 정책에 반대하는 반정부투쟁을 전개하였다. 1948년 2.7투쟁 이후 미군정의 탄압에 효과적으로 대응하기 위해 남한 각지에서는 농촌을 거점으로 한 민중의 자위조직인 '야산대'라는 초보적인 무장조직이 등장하였다. 이러한 야산대의 활동은 제주 4.3항쟁을 계기로 유격전을 벌이기 시작했다.[113]

당시 제주도에서는 인민위원회와 대중정치단체 등을 총망라한 조직인

---

113. 이혜숙, 앞의 글, 97쪽.

민주주의민족전선이 결성되어 있었는데, 1947년 2월 23일에 개최된 결성대회에는 500여 명이 참석하고 제주도지사가 축사를 할 정도로 대중적 지지를 얻었다. 이 조직은 다음과 같이 다양한 평등을 주장하는 건국 5원칙을 내세웠었다.

1. 기업가와 노동자가 다 같이 잘살 수 있는 나라를 세우자.
2. 지주와 농민이 다 같이 잘살 수 있는 나라를 세우자.
3. 여자의 권리가 남자와 같이 되는 나라를 세우자.
4. 청년의 힘으로 움직이는 나라를 세우자.
5. 학생이 안심하고 공부할 수 있는 나라를 세우자.

민주주의민족전선은 결성대회 일주일 후인 1947년 3.1절 기념집회를 개최하였다. 이때 경찰은 시위군중을 향해 발포하였고, 이 사건을 계기로 반정부투쟁이 격화되기 시작했다. 미군정의 탄압이 심화되고 또 이후 남한 단독정부를 추진한다는 사실이 알려지면서 인민위원회를 중심으로 이에 반대하는 투쟁을 벌였다. 미군정은 경찰과 극우반공청년단체인 서북청년단을 동원하여 반정부세력을 탄압하였고, 이에 저항하는 과정에서 1948년 4월 3일 제주도민의 무장봉기(4.3항쟁)가 일어나게 되었다. '인민유격대'를 중심으로 한 저항활동 때문에 5.10 총선거를 제대로 치르지 못하자, 미군정은 무장봉기 세력을 일소하기 위한 군사작전을 감행하여 다수의 유격대원과 민간인을 살해하였다. 정부 진상보고서에 따르면, 4.3항쟁으로 인한 인명 피해는 2만 5,000에서 3만 명 정도로 추정된다.

4.3항쟁에 참여했던 김진언 할머니의 인터뷰를 보면, 왜 이 시기에 제주도 민중이 인민공화국을 지지하고 미군정에 반대했는지를 짐작할 수 있다.

- 남편은 어떤 분이셨나요?

그때 남편은 대판(大阪, 오사카)에서 메리야스 공장에 다녔는데, 사회주의운동 하느라 머리도 단발로 하고 다니더라고. 남편은 일찍 당 운동을 한 것 같아. 당 운동이란 것은 없는 사람들도 공평하게 살게 하고, 여자도 남자와 똑같은 대우받고, 노동자들이 단결해서 억울한 일을 공동으로 막아내자는 거지. 일본을 상대로 하는 운동이라 비밀리에 했지만 겉모습만 봐도 알아져. 오르바쿠 머리(당시 무정부주의자들 사이에서 유행했던 올백으로 뒤로 넘긴 머리)한 사람들은 다 사상가들이었지. 해방 돼서 부산 살다 들어와보니 남편은 우리 부락 당세포위원장이 되어 있어. 여성들을 모아놓고 공부도 가르치고 고구마, 무로 엿 만드는 방법도 가르쳐주었어. 어느 날 중앙에서 온 세포가 우리 집 밥상을 보고 '제주도는 낭푼이(양푼) 밥을 먹으니 공산주의운동이 필요 없는 곳이다'라고 말한 기억이 나지.

- 할머니는 여맹 활동을 하신 건가요?

난 결혼 전부터 우리 부락 부인회 총무 일을 했는데, 일본어업조합과 많이 싸웠지. 그때 16살이었어. 우리 뒤에 책임자가 있어서 지시는 그들이 했고, 우린 해녀 물건을 저울로 뜰 때 직인판매, 공동판매를 놓고 공동판매가 되도록 싸웠고, 어떨 때는 직접 상인에게 팔기도 했어. … 우리 집은 일제 때도 먹을 식량이 충분했던 걸 보면 살림은 중간 이상이었고, 외가가 다 훌륭해서 우리 위에 사람이 있겠거니 생각 못하고 살았지. 그러다가 46년 가을, 딸 국민학교 운동회에 갔더니 담임선생님이 날 조용히 부르는 거라. "○○ 어머님이 나이도 있고 부락에서 덕망도 있으니 앞으로 일을 좀 해주셔야겠다."고.

- 1948년 4·3이 나던 해에는 산에서 사셨나요?

47년 가을부터는 경찰에 쫓기기 시작한 것 같아. 그전까지 우리 마을은 해방구였어. '뭉치자' 하면 밥 먹던 숟가락도 던지고 나왔어. 바당(바다)뿐인 가난한 동네라 그랬을까. 부락마을이 불타고 젊은이들은 다 산으로 올려보내고 살길 찾을 때 … 식구 여섯 명이 모여 아지트에서 밥 해먹고 잠도 자고 하다가 야간 습격이 와서

도망가는데, 딸이 총에 맞아 죽고 아버지도 잡혔어. 아버지는 추수한 돈을 수중에 넣고 있어서 돈을 찔러주고 살아났지. 어머니는 평소 성격이 쾰쾰하고 대쪽같은 어른이었는데, 육지 군인 앞에서는 쥐처럼 떨고 다니다가 부락사람들 학살당할 때(1949.1.17.) '인민공화국 만세'를 두 번 외치고 총살당했다고 사촌동생이 말하더라고.

- 지금 심정은 어떤가요?

그때 동지들을 생각하면 살아서 통일을 봐야 할 텐데 지금도 두 주먹이 쥐어질 때가 많지.[114]

제주도의 수많은 민중은 일제의 착취 속에서 고통스러운 삶을 살았으며, 일제에 저항하면서 모든 인민의 평등을 내세운 사회주의 사상에 공감하고 있었다. 그래서 해방 후에 상당수 민중이 '인민공화국'을 지지하면서 반공주의에 입각한 미군정의 남한 단독정부 추진과 총선거에 반대하고 저항하였다. 하지만 우익세력을 앞세운 미군정이 무력으로 진압하면서 많은 제주도민이 희생되었다.

해방공간에서 남한의 많은 민중은 사회주의와 공산주의 이념에 지지를 보냈다. 하지만 미군정은 반공주의를 내세우며 친일파, 우익세력과 손잡고 좌파사상과 좌익세력을 억압하였다. 이에 따라 피지배대중의 지지를 받은 좌파이념과 친일파를 비롯한 지배층이 내세운 우파이념 간의 갈등이 첨예하게 대립했다. 미군정이 통일정부 구성을 포기하고 민족주의 세력마저 배제하면서 우익세력과 손잡은 미군정에 대한 민중의 반대와 저항의 목소리는 커져 갔다. 다수의 민중은 인공이 주도한 범좌파세력이 내세운 시민적 평등주의와 분배적 평등주의 이념에 공감하였

---

114. 『4370』, 2018년 1월호.

고, 사회운동을 통한 사회개혁이라는 집합적-공적 평등주의 행위전략에 지지를 보내며 직접 참여하기도 하였다. 하지만 군대와 경찰, 그리고 우익단체들을 앞세운 미군정의 무력통치는 이들의 생명마저 빼앗았고, 살아남은 사람들은 오랫동안 지속된 권위주의적·반공주의적 통치하에서 생존을 위해 전향하거나 자신의 속마음을 감추며 살아가야만 했다. 이러한 현실은 이후 시민적·정치적 평등주의 또는 시민자격 의식의 발전을 제약하였다.

(5) 이승만 정권의 농지개혁: 분배적 평등주의 수용과 시민적 평등주의 억압

북한은 1946년에 무상몰수·무상분배 방식의 토지개혁을 실시했다. 이 소식이 남한에 널리 퍼지자 미군정은 좌파세력에 대한 지지 확산을 막기 위해 귀속 농지를 배분하고 소작료를 1/3로 낮추는 등 농민의 불만을 완화하려고 시도하였다. 그후 1948년 남한 단독정부의 대통령이 된 이승만 역시 농민들의 불만을 완화하기 위한 정책을 쓰지 않을 수 없었다. 그래서 1949년에 농지개혁법을 제정하여 1950년 3월에 공포하였고, 전쟁 발발 직전에 농지개혁을 시작했다. 농지개혁은 1950년 6월 한국전쟁 발발로 일시 중단되었으나 이후 전쟁 중에도 지속되었다.

유상몰수·유상분배 방식으로 이루어진 농지개혁은 토지 소유 상한선이 낮아 영세농이 증가하는 결과(79%)를 초래했다. 정부는 농지개혁에서 임야와 뽕밭, 과수원 등을 매수대상에서 제외하고, 3ha(30,000㎡) 이내에서 지주의 자영농지와 토지임대(소작)를 인정하는 등 불완전한 농지개혁이 되어 귀속농지를 제외한 일반농지의 56%만이 분배되었다. 그리고 지주들은 농지개혁 이전에 몰수를 피하고자 미리 농지를 매매하기도 하였다. 이러한 한계가 있음에도 농지개혁은 지주계급의 해체를 낳았고, 많은 소작농이 자작농으로 전환되어 부당한 소작료 강요에서 해방되었다. 자작농이 된 농민들은 자영의 기회를 가지게 됨으로써 평등해졌다는 생각을 하게 되었다. 그리고 자신의 노력으로 소득상승에 대한 기대도 가질 수 있게 되었다.[115]

토지를 몰수당한 지주들은 대부분 자작농으로 전화하거나 몰락하였는데, 일부는 지가보상의 혜택을 얻기 위해 교육기관에 투자하기도 하였다. 그래서 많은 대지주들이 교육재단 설립자가 되었다. 그런데 유상몰수와 불리한 보상방식으로 인해 지주계급이 해체되고 몰락하였다고 하더라도 이들은 자신의 지식과 인맥을 이용하여 관료로 진출하거나 창업자본가가 되기도 하였고 전문직에 종사하는 신중간층이 되기도 하였다.[116]

1950년대는 농지개혁과 귀속재산 불하, 미국의 막대한 원조로 한국사회가 자본주의의 틀을 형성해가는 시기였다. 전쟁이 끝나고 농지개혁도 마무리되면서 지주계급은 거의 해체되었고, 일제가 남기고 간 귀속사업체와 미국의 무상원조를 배분하는 과정에서 온갖 특혜 속에서 신흥자본가 계층이 주도적인 지배계급으로 부상하였다. 국가는 자본가의 육성을 위하여 귀속사업체의 염가 불하, 원조물자 및 원조자금의 특혜배정, 저금리 은행융자 등 각종 지원과 혜택을 제공하였으며, 이에 따라 권력과 유착한 특권적 대자본가가 형성되기 시작했다. 이와 함께 중소·영세자본가층도 형성되었지만, 대자본가층의 성장으로 점차 위축되었다. 한편 제조업 부문의 기업체들이 서서히 늘어나면서 노동자의 수도 함께 늘어났다.

〈표 4-1〉을 보면 전후 1955년과 1960년 사이에 계급구성이 어떻게

---

115. 공제욱, 「1950년대 한국 자본가의 형성과정」, 서울대학교 사회학과 박사학위논문, 1992, 30-33쪽.
116. 공제욱, 같은 글, 34-37쪽.

변화했는지를 알 수 있는데, 기업체 수가 늘어나면서 자본가계급의 수도 2만 명에서 3만 4,000명으로 늘어났고 특히 노동자계급의 비중이 7.8%에서 10.3%로 큰 폭으로 늘어났다.

전쟁이 끝난 후인 1955년의 산업구조에서 산업별 비중을 보면, 1차산업이 42.9%, 2차산업이 11.9% 3차산업이 45.2%를 차지하였다. 1961년

〈표 4-1〉 1950년대의 계급구성

(단위: 천 명, %)

연도	1955	1960
경제활동인구	6,639(100.0)	7,656(100.0)
A. 자본가계급	20(0.3)	34(0.4)
B. 신중간층	260(3.9)	325(4.2)
C. 비농업 자영업자층	480(7.2)	790(10.3)
D. 농어민층	4,507(67.9)	4,907(64.1)
E. 노동자계급	520(7.8)	788(10.3)
- 단순사무원	50(0.8)	71(0.9)
- 단순판매원	30(0.5)	45(0.6)
- 서비스노동자	60(0.9)	140(1.8)
- 산업노동자	310(4.7)	432(5.6)
F. 주변적 무산자층	852(12.8)	812(10.6)
- 개인서비스 노무자	280(4.2)	241(3.1)
- 가사고용인	50(0.8)	137(1.8)
- 실업자	522(7.9)	434(5.7)

* 출처: 공제욱, 「1950년대 한국 자본가의 형성과정」, 1992, 43쪽.

에는 1차산업이 38.5%, 2차산업이 14.9%, 3차산업이 46.7%를 차지하였다. 이 시기 한국경제는 농업 비중이 매우 높고, 광공업 비중이 매우 낮으며, 서비스업이 지나치게 높은 비중을 차지하고 있음을 알 수 있다. 이런 면에서 보면, 1950년대 한국사회는 농업 중심의 사회에서 벗어나지 못하고 있었다. 그렇지만 광공업 부문의 기업들이 늘어나고 생산규모가 커지면서 자본가계급과 노동자계급의 성장이 시작되었고, 공업자본주의 사회의 기반이 형성되기 시작했다고 할 수 있다.

이것은 한국사회가 '지주-소작'이라는 농업적 계급관계로부터 '자본-노동'이라는 공업적 계급관계로 중심이 이동하기 시작했음을 보여주는 것이며, 자본가계급과 노동자계급 간의 자본주의적 계급 불평등이 한국사회의 중심적 불평등으로 등장하기 시작했다는 것을 의미한다. 농지개혁으로 지주계급이 거의 해체되면서 자영농이 된 농민의 불만은 수그러든 반면에, 자본주의의 발달에 따라 양적으로 성장한 노동자의 불만은 점점 더 커지게 되었다. 물론 전쟁을 거치면서 좌파 노동자 및 농민 조직들이 파괴되고 전후 이승만 정권의 반공주의 통치와 노동운동 탄압이 심화되면서 노동자들의 저항은 약화되었지만 현실적인 불만이 해소되거나 사라진 것은 아니었다.

한편, 한국전쟁은 경제학계에도 큰 영향을 미쳤다. 해방 직후에는 사회주의적인 경제학 조류가 우세를 보이면서 자유방임 경제이론은 명맥을 유지하는 정도였는데, 전쟁 이후 사회주의 성향의 경제학자들이 월북·납북·사망 등으로 사라지면서 1950년대에는 자유방임 경제이론이 대세를 차지하게 되었다. 특히 『사상계』를 중심으로 한 그룹은 서구와 미국의 사상을 소개하면서 반공주의와 자유주의의 입장에서 독재에 반대하는 성향을 보였다. 이 그룹은 자유시장경제와 외국자본의 이용을 적극적으로 주장하였다.[117] 이들의 경제이론은 보수세력이 지지한 자본주의 시장경제를 옹호하는 중심적인 이념이 되었다.

이승만 정권이 시행한 농지개혁과 공업자본주의의 발달은 분배적 평등주의의 지형에 일정한 변화를 가져다주었다. 친일세력을 끌어들이면서 보수우파 세력에 힘입어 집권한 이승만은 진보좌파세력을 약화시키고 집권 연장을 위해 반공주의적이고 권위주의적 통치를 강화하였다. 이에 따라 시민적 평등주의의 발전은 억제되었지만, 학생과 엘리트층을 중심으로 민주주의에 대한 요구도 서서히 높아져 갔다. 그런데 농지개혁으로 분배 불평등에 대한 농민들의 불만은 점차 약화되었으나 반면에 공업자본주의의 발달에 따라 임금과 노동조건이 열악해지면서 노동자들의 불만은 점점 커져 갔다. 그런데 반공주의적 통치는 노동자들의 분배적 평등주의를 억압하면서 자본주의 시장경제에 대한 옹호를 확산시켰다. 그리고 『사상계』에 관여한 지식인들을 통해 볼 수 있듯이 당시 민주주의를 주장하던 엘리트층은 사회주의보다 자유주의에 경도되어 시민적·정치적 평등주의를 위해 투쟁하였지만 경제적으로는 사유재산제도와 시장경제를 옹호함으로써 분배적 평등주의에 소극적인 태도를 보였다.

(6) 이승만 정권의 반공주의 통치와 이념 갈등

제헌의회에서 대통령으로 선출되어 집권한 이승만은 제주 4.3항쟁을 진압하고자 1948년 10월 여수에 주둔하던 군부대를 파견하려 하였다. 그런데 좌파성향의 군인들이 무력으로 동족을 진압하는 데 동원될 수

---

117. 박태균, 「1950년대의 근대화론과 지식인」, 한국사회사학회 편, 『지식변동의 사회사』, 문학과지성사, 2003, 227-228쪽.

없다며 파견을 거부하고 봉기하였다. 여순(여수·순천)사건으로 불리는 이 봉기에서 이들은 전라남도 동부 6개 군을 점령하였으며, 좌익성향의 시민도 이에 동조하였다. 이에 정부는 군대를 파견하여 진압에 나섰고, 강경한 진압으로 점령지역을 회복하면서 사건을 종결시켰다. 이 사건은 해방 이후 남한에서 전개된 이념갈등을 극명하게 드러낸 것이었는데, 이 과정에서 반군과 민간인을 포함하여 수천 명의 인명피해가 발생하였다.[118]

여순사건은 이승만 정권이 반공주의적 탄압을 강화하는 중요한 계기가 되었다. 이승만 정권은 1948년 11월에 국가의 안전과 국민의 생존 및 자유를 확보한다는 명분으로 국회를 통해 '국가보안법'을 제정하였는데,

---

118. 여순사건을 '항쟁'으로 평가하는 문제를 둘러싸고 논쟁이 존재한다. 여기서 어떤 사건을 항쟁으로 볼 수 있는지를 판단할 때 중요한 것은 '누가 누굴 향해 무엇 때문에 저항했느냐'일 것이다. 혁명에 대한 평가도 마찬가지이다. 혁명이든 항쟁이든 대부분의 민중봉기에서는 피아간의 살상이 존재할 수밖에 없다. 그래서 감정적 대립이 격화되어 있고, 그 과정에서 양민의 피해 문제가 또 다른 쟁점이 된다. 그렇지만 이런 피해를 혁명이나 항쟁의 평가기준으로 삼는 것은 적절하지 않다. 이런 기준으로 보게 되면 정당한 혁명이나 항쟁은 불가능해진다. 그래서 시대적 전환기에 집권세력과 기득권집단의 정당성이 있었는지, 그리고 물질적 불평등, 감정적 차별, 이념적 대결 등이 얼마나 첨예했는지를 고려하여, 시대적 조건과 배경 속에서 큰 역사적 흐름을 이해하는 것이 중요하다. 또한 모든 혁명과 항쟁이 전략적으로 옳은 선택이고 또 과정이 모두 정당했다고 평가받기도 어렵다. 민주주의가 발달한 사회에서는 정당성을 판단하는 사회적 기준이 공적으로 논의될 수 있고, 또 피지배집단의 저항 과정에서 인적, 물적 피해를 최소화할 수 있는 제도와 문화가 형성될 수 있다. 그렇지만 민주주의가 발달하기 이전 사회에서 지배자와 피지배자 간의 대립으로 발생한 봉기의 경우, 그것을 어떻게 평가할 것인가 하는 점은 당시 누구의 위치나 입장에서 보느냐에 따라 크게 달라질 수 있다. 그래서 절대적인 선악을 구분하는 것은 불가능하다. 하지만 지배세력의 정당성과 피지배대중의 지지성향을 고려하여 어떤 행위가 정당하고 정의로운 것인지를 판단해 볼 수 있다. 이런 점에서 당시 미군정과 보수우익세력이 주도한 이승만 정권의 지배 정당성은 취약했고, 다수의 피지배대중이 사회주의와 민족주의 이념을 선호했던 점을 고려하면, 여순사건은 여순항쟁으로 평가할 수 있을 것이다.

이 법은 실질적으로 좌익세력을 탄압하기 위한 것이었다. 구체적으로는 반국가적 정당이나 단체의 활동을 억제하기 위해 내란과 같은 목적을 가진 결사나 집단의 구성 및 가입을 처벌하는 것을 목적으로 한 것이었는데, 이것은 결국 보수우익 정권을 유지하기 위해 반대세력을 탄압하는 데 이용되었다. 유엔한국위원단이 유엔 제5차 총회에 제출한 보고서에 따르면, 1949년 중에 국가보안법으로 체포된 사람은 11만 8,621명에 달했으며, 그중에는 국회의원 16명도 포함되어 있었다.

한편, 총선을 통해 구성된 제헌의회는 친일파 청산을 적극적으로 추진하였다. 제헌의회는 일제강점기 조선총독부에 적극적으로 협조한 반민족행위자를 처벌하기 위해 '반민족행위자처벌법'을 제정하였고, 이에 근거하여 반민족행위특별조사위원회를 설치하였다. 그런데 이승만은 자신의 중요한 지지기반인 친일기득권세력을 보호하기 위해, 친일파 청산활동이 공산주의에 동조한다는 이유로 이 활동을 방해하였다. 이승만 정권은 집권을 강화하기 위해 반공주의를 내세우며 사회주의 세력을 억압하였고, 나아가 대통령직을 연임하고자 민족주의 세력을 억압할 뿐만 아니라 집권당 내 경쟁자를 배척하는 등 권위주의적 통치를 시행하였다.

그런데 이승만의 이러한 정략에도 불구하고 1950년 제2대 국회의원 선거에서는 토지개혁, 친일파 청산, 통일정부 수립 등을 지지하는 민족주의와 사회주의 계열의 후보들이 대거 당선되면서 이승만은 국회에서 대통령으로 재선출되기가 사실상 어려워졌다. 그래서 이승만 세력은 이후 직선제 개헌을 지속적으로 시도하여 전쟁 중에 불법으로 개헌을 하기에 이르렀다. 이처럼 초대 정부를 이끈 보수우익 이승만 정권은 당시 친일파, 지주 등 기득권 세력의 지지에 의존하면서, 지주-소작 관계의 해체와 토지개혁 등 차별폐지와 평등을 요구하던 다수 민중의 시대적 요구를 적극적으로 수용하지 못하였고, 이에 따라 제2대 국회의원 선거에서 민족주의와 사회주의 계열의 국회의원들이 대거 당선되는 결과가 나타났다. 당시 사회당, 민족자주연맹 등 진보계 인사들은 여당인 대한국민당의 내각책임제 반대 및 대통령직선제 개헌 공약에 맞서 근로대중의 정치적, 경제적 이익 확보와 기회균등, 계획경제와 복지사회 건설, 주요 산업의 국유화 등 민주사회주의 정책, 그리고 남북협상과 평화적인 조국통일 등을 주요 공약으로 내세웠다.

  해방 후 남한 단독정부 수립이 이루어지면서 지속되던 이념갈등의 단면은 1950년 6월 25일에 발발한 한국전쟁을 통해 첨예하게 드러났다. 당시 국가권력은 이승만 중심의 보수우익 세력이 장악하여 반공주의 통치가 시행되고 있었지만, 지역사회 사람들은 농지개혁이 막 시작된 상황에서 여전히 지주-소작 관계를 중심으로 하는 계급 불평등과 차별을 겪고 있어서 정치적 평등과 분배적 평등에 대한 요구가 높았다. 이런 가운데 발발한 전쟁은 사회주의 이념과 미국 제국주의로부터의 민족해방을 내세운 북한이 남한 지역사회를 장악하는 과정으로 이어졌는데, 이에 대한 지역주민들의 대응과 이들 간의 인간관계는 신분, 계급, 이념, 친소관계 등에 따라 복잡하게 얽히게 되었다. 반공주의와 자유주의를 내세운 남한 군대와 사회주의·공산주의와 평등주의를 내세운 북한 군대가 번갈아가며 농촌지역을 장악하면서, 지역공동체에서 함께 살아가던 지주와 소작농민들 간에는 이념적 분열과 인간적 대립 및 긴장 관계가 형성되었고, 이에 따라 지역사회는 새로운 사회질서를 형성하였다.

  한국전쟁 중에 임실군 신평면 창인리에 살던 한 남성의 회고록 『월파유고』는 지역주민의 삶이 어떤 시련과 변화를 겪었는지를 연구한 자료인데 이 자료를 살펴보면 당시의 시대상황을 정확하게 이해할 수 있다.[119] 이 지역에도 당시 농촌사회의 전형적인 갈등과 불만이 존재했는데, 전근대적 신분차별이 여전히 잔존하였고 지주-소작 관계에 대한 불만도 표출되고 있었다. 1935년에는 "소작을 짓던 사람들이 소를 몰아가는 일도 벌어지고, 자신을 하대하던 양반을 죽이는 일도 일어났다." 신분적, 계급적 차별이 남아 있던 이러한 현실은 사회주의 이념이 확산되는 중요한 배경이 되었다. 그렇지만 해방 이후 미군정의 지배하에서 좌익세력에 대한 탄압이 이루어지면서 표면상으로는 지역사회도 안정되고 있었다.[120]

임실에서는 1948년 2월 26일에 이른바 '2.26사건'이 발생하였는데, 이 사건은 좌·우익세력 간의 갈등이 본격적으로 표출되는 계기가 되었다. 2.26사건은 남한 단독정부 수립을 저지하기 위해 전국적으로 벌어진 2.7구국투쟁 과정에서 임실군에서 일어난 봉기였다. 이때 좌익 청소년이 주도하여 주민 500여 명이 죽창과 농기구로 무장하고 성수지서를 습격하였는데, 지서를 점령하는 과정에서 주민과 경찰관 사이에 사상자가 발생하였다. 이후 임실경찰서 무장경찰 10여 명을 급파하여 주민들을 진압하였는데 이때, 경찰은 287명을 검거하여 조사한 후 주모자만 의법 처리하고 단순 가담자는 모두 훈방하였다.

그런데 이 사건과 관련하여 『월파유고』에 기록된 내용을 보면 "알고 보니 주민 중 반 할 이상이 공산당에 가입했드라."라는 말이 나오는데, 이것은 당시 지주의 착취에 대한 반감으로 소작농민들 사이에 사회주의에 대한 지지가 폭넓게 확산되어 있었다는 사실을 알려주는 대목이며, 사회주의에 대한 지지는 곧 강한 평등주의 의식의 존재를 말해주는 것

---

119. 이성호, 「반공국가 형성과 지역 사회의 변화」, 『지역사회연구』 제21권 제1호, 2013.
120. 이성호, 같은 글, 7쪽.

이었다. 지역주민들 중 좌익세력에 가담한 집단은 주로 지역 내 하층이었다. 당시 기록에서 다음과 같은 지역주민의 얘기를 찾아볼 수 있다.

> 육이오 전에 해방 후에는 남노당 그 공산주의 무상분배, 없는 사람들이 있는 사람 거 그때는 빈부 차이가 굉장히 심했잖아. 없는 사람들이 속으로 굉장히 좋아했어. 그러면 동네에서 좀 배우고 덕 있는 사람들이 거기에 동요가 되제. 있는 사람들은 동요가 안 되야. 그래서 대결을 헌 거여. 그래서 가만히 보면 빨간물 들은 사람들은 다 소작하고 그랬지만 따른 사람들이 많이 없는 사람들이여.(전○○, 청용면 석두리, 1931)[121]

남한에서 단독정부 수립이 추진되고 이승만을 중심으로 한 반공주의 우익세력이 주도권을 장악하면서 지역사회에서 좌익세력에 대한 통제와 감시가 강화되었고 이것은 주민들을 좌-우로 구분짓는 경계를 강요하면서 폭력적인 이념 대립을 촉발시켰다. 1948년 10월에는 여순사건이 발발하였고 1949년에는 이승만 정권의 좌익토벌작전이 시작되면서 좌익세력의 고립과 불안은 심화되었고 세력도 약화되었다. 이에 따라 좌익세력 일부는 입산하여 무장투쟁 전술로 대응하기 시작했다. 반면에 지역사회의 우익세력은 국가의 비호와 보호를 받고 또 경찰, 대한청년단 등 공식, 비공식 국가기구와 협력하면서 권력을 장악해나갔다.[122]

당시 지역사회에서 좌익 이념이 폭넓게 확산될 수 있었던 이유는 무엇보다도 신분관계 또는 계급관계에서 차별받던 소작인층을 비롯한 하층민의 불만이 높았다는 점과 연관되어 있다. "땅을 나누어준다"거나 "평등한 세상을 만든다"는 사회주의 이념이 소작인층과 피지배층 속으로

---

121. 이성호, 같은 글, 주) 13 재인용.
122. 이성호, 같은 글, 9, 13쪽.

확산되기도 했고, 지주나 양반층의 신분차별로 누적된 오랜 감정이 폭발(이○○, 오수면 주천리, 1928년)하기도 했다.[123]

그런데 이러한 불만이 사회주의 이념으로 확산하는 데에는 당시 지역 내에서 영향력이 있던 젊은 지식인층의 역할도 중요했다. 일본 유학을 하면서 서구의 진보적 사상을 접하고 항일운동에도 투신했던 중소 지주의 자녀들은 지역사회에서 사회주의 이념의 확산에 큰 영향을 미쳤다. 일제강점기부터 지속적으로 일제와 지주의 수탈과 신분차별에 불만을 품고 있던 하층민에게 '모두가 평등한 세상'을 만들겠다는 사회주의 이념이 매력적으로 들리지 않을 수 없었을 것이다. 그런데 남한의 단독정부 수립과 반공주의 우익세력의 집권은 일제강점기와 해방공간에서 서로 긴밀히 결속되어 있던 민족해방운동과 사회주의운동을 분리하면서 사회주의를 배제하는 힘으로 작동하였다. 그리고 전쟁은 지역사회에서 반공주의를 강화하면서 사회주의를 억압하는 계기가 되었고, 그 결과 지역사회는 신분과 계급, 이념적 선호 등에 따른 주민 간의 긴장과 갈등이 격화되었다.[124]

한국전쟁이 발발하면서 많은 지역이 북한 인민군의 점령 아래에 놓이게 되었고 인민공화국 권력이 수립되었다. 임실 지역 역시 7월 25일부터 약 2개월 동안 인민공화국 치하에 놓이게 되었는데, 지역주민들은 인민공화국 권력에 동조하게 되었고 지역에 따라서는 인민군을 적극적으로 환영하였다. 인민공화국 점령지에서는 토지가 신속하게 분배되어 좌익세력에 대한 동조가 확산될 수 있었다. 그런데 10월 2일에 국군과 경찰이 돌아오면서 좌익 토벌작전이 시작되었고, 이에 따라 좌익에 동조했던 사람들 중 일부는 인민군과 함께 입산하거나 남아 있던 사람들은 전

---

123. 이성호, 같은 글, 11쪽.
124. 이성호, 같은 글, 11-14쪽.

향하거나 자수하여 생존하려고 하였다. 이처럼 전쟁으로 지역의 점령군이 바뀌면서 이념을 선택하도록 강요되었던 현실에서 사회주의 이념으로 표출된 평등주의 의식은 억압받지 않을 수 없었다. 소작농민이든 하층민이든 생존 자체가 중요한 상황에서 반공국가의 건설과 국민 만들기는 지역주민들이 평등주의를 포기하면서 반공주의에 동조하도록 만든 중요한 계기였다.

이승만 정권의 반공주의 통치는 전쟁 기간의 이념갈등과 폭력적 대결을 거치면서 더욱 강화되었고, 이것은 피지배대중의 분배적 평등주의와 시민적·정치적 평등주의 요구를 억누르는 결과를 초래했다. 전쟁 중에도 농지개혁이 이루어져 부분적으로 전근대적 지주-소작관계가 해체되기는 했지만 소작농민들은 여전히 인격적 차별을 겪고 있었다. 그런데 북한 인민군이 점령한 지역에서 실시된 토지분배와 신분적 서열의 해체 등 피지배대중이 경험한 평등한 삶은 그들이 평등주의 심성을 가지도록 하는 데 많은 영향을 미쳤다. 하지만 전후 이승만 정권은 진보좌파세력을 탄압하는 반공주의 통치를 강화하는 방향으로 나아갔고, 이와 함께 평등주의를 추구하는 사상과 정치세력에 대한 억압도 강화되었다.

(7) 이승만의 권위주의·반공주의 통치와 시민적·정치적 평등주의 억압

1950년 5월 30일 제2대 국회의원 선거에서는 공산주의자를 제외한 모든 정파가 참여함에 따라 보수와 진보(혁신)가 대결하게 되었는데, 대한국민당과 민주국민당 등 보수정당은 정국안정을 통한 국민의 복지사회 건설, 주요 산업의 국유화와 노동대중 본위의 사회입법 등을 내세웠고, 사회당과 민족자주연맹 등 진보정당은 민주사회주의와 남북협상을 통한 평화적 조국통일 등을 내세웠다. 민주사회주의 정책은 근로대중의 이익확보와 기회균등, 계획경제에 의한 복지사회 건설, 주요 산업의 국유화 등이었다. 표면적으로 보면 복지와 주요 산업 국유화 등에서 보수정당과 진보정당의 공약이 유사한 점도 있었는데, 이것은 귀속재산 처리를 위한 과도기적인 성격에 따른 것이었으며, 두 진영의 궁극적인 정책 방향은 크게 달랐다.[125]

선거 결과 여권 성향의 보수정당 의석은 전체 210석 중 80석에도 미치지 못했고, 사회주의와 민족주의 계열의 무소속 의원들이 대거 당선되었다. 그 결과 이승만은 간선제로는 대통령에 당선될 가능성이 희박해졌다. 그래서 한국전쟁이 한창이던 1951년에 지지세력을 규합하여 자유당을 창당한 후 대통령직선제 개헌을 시도하였다. 이승만은 전쟁으로 수도를 부산으로 임시 이전한 1952년 7월에 국회 내 반대의원들의 참석을 막거나 위협을 가한 후 대통령직선제 발췌개헌안을 통과시켜 집권을 연장할 수 있는 근거를 마련하였다. 그리고 그해 8월에 직선제 선거를 실시해 제2대 대통령으로 당선되었다.

1953년 7월 27일 한국전쟁이 휴전으로 종결된 이후 이승만 정권은 반공주의·권위주의 통치를 더욱 강화하여 공산주의자에 대한 탄압을 강화하였으며, '연좌제'를 실시해 공산주의와 연루된 사람과 그 가족 및 친족에 대해 공적·사적 활동을 제약하는 조치를 취했다.[126] 이른바 '반공규율사회'가 형성되면서 공산주의나 사회주의와 같은 평등주의 이념은 철저히 억압되었으며, 노동운동도 억압되었다.

미군정의 반공주의 통치로 좌익계 노동조합 '전평'이 해체되면서, 이에 대항하여 1946년에 결성된 우익계 노동조합 '대한독립촉성노동총연맹'

---

125. 호광석, 『한국의 정당정치』, 들녘, 2005.
126. 오유석, 「안보국가 시기의 국가-제도정치-운동정치」, 조희연 편, 『한국 민주주의와 사회운동의 동학』, 나눔의 집, 2001, 148쪽.

은 대한민국 정부수립 이후 이승만 대통령이 장악하였다. 이승만은 이 연맹의 총재가 된 후 명칭을 대한노동총연맹(약칭 '대한노총')으로 변경하였다. 물론 대한노총은 이후 내부의 분열과 갈등을 겪지만 정부가 통제하는 관변단체로 남아 있게 되었다.

이처럼 반공주의·권위주의 통치가 강화되는 가운데 실시된 1954년 제3대 국회의원 선거에서는 집권여당인 자유당이 조직적인 유권자 동원 등 부정선거를 실시하여 자유당이 과반수 의석을 차지하였다. 이에 따라 자유당은 이승만의 장기집권을 가능하게 하기 위해 국회에서 "초대 대통령에 한해 중임 제한을 없앤다."는 안을 제출하였는데, 재적의원 203명 중 135명이 찬성하여 가결정족수에 1표가 부족하였으나 사사오입(반올림) 논리를 적용하여 불법적으로 가결하였다.

이승만의 권위주의적 통치가 심화되자 1955년에 한국민주당의 후신인 민주국민당은 이승만에 반대하는 반독재세력을 규합하여 신당인 민주당을 창당하였고, 신당에서 배제된 진보성향의 조봉암은 진보당을 창당하였다. "진보당은 '사회민주주의'를 당의 이념으로 채택하였고, 자유경제 체제를 전면적으로 부인하지는 않으면서 국가가 주도하는 '계획경제 체제'의 필요성을 강조하였다. … '급속한 템포로 대대적인 경제 건설을 촉진하여 사회적 생산력을 크게 제고하는 한편 사회적 생산물의 공정한 분배에 의하여 사회적 정의를 옳게 실천'한다는 기본 원칙에서 출발하였다."[127]

1956년 5월에 실시된 제3대 대통령 선거는 자유당 이승만 후보, 민주당 신익희 후보, 진보당 조봉암 후보가 대결하게 되었는데, 신익희 후보가 선거유세 도중 사망하면서 이승만과 조봉암의 양자대결이 되었다.

---

127. 박태균, 앞의 글, 240쪽.

선거결과 이승만 후보는 55.7%의 득표를 하였고, 무소속으로 출마한 조봉암 후보는 23.9%를 득표하였다. 그런데 투표율 94.4%에서 무효표가 20.5%를 차지할 정도로 이승만에 대한 반대여론이 높았고, 부정선거 의혹과 야권분열에도 불구하고 조봉암은 상당한 득표를 하였다. 그리고 부통령으로는 민주당의 장면 후보가 당선되었다.

한편 권위주의적 통치에 대한 비판적 여론이 높아지고 조봉암이 결성한 진보당이 지역조직을 확대해나가자 정치적 위협을 느낀 이승만은 1958년에 진보당 사건을 조작하고 '국가보안법'을 적용하여 조봉암과 진보당 지도부를 해체하고자 하였다. 진보당이 사회주의 개혁과 변란을 목적으로 창당되었으며, 북한의 평화통일공작에 호응하여 공작금을 받고 정부 전복을 기도하였다는 이유를 내세워 조봉암과 진보당 간부들을 체포하였고, 조봉암은 1959년 2월 대법원 판결에서 사형선고를 받은 후 그해 7월에 사형되었다.[128]

이처럼 이승만 정권은 장기집권을 위해 정부에 반대하는 정치세력이나 일반 대중을 좌익으로 몰아 탄압하는 등 반공주의·권위주의 통치를 자행하였다. 그리고 보수세력의 기득권을 보호하기 위해 농민, 노동자 등 피지배 대중의 요구를 억눌렀다. 하지만 장기집권을 위해 1960년 3월 15일 대통령 선거에서 대규모 부정선거를 시도하다가 학생과 시민의 저항에 부딪히게 되었다. 투표 당일 경남 마산에서 학생과 시민 들은 부정선거와 독재를 규탄하는 시위를 벌이기 시작했고 경찰의 총격과 폭력 진압으로 시위대에서 사상자가 발생하였다. 이에 분노한 학생과 시민 들은 4월 19일에 서울 시내에서 대규모 시위를 벌였다. 이승만은 비상계엄령을 선포하면서 시위를 무력으로 진압하고자 하였으나, 격렬한 저항에

---

128. 오유석, 앞의 글, 151-154쪽.

굴복하여 결국 대통령직에서 물러났다.

1960년 4.19민주혁명 이후 내각책임제 개헌이 이루어지면서 의회에서 윤보선을 대통령으로, 장면을 국무총리로 선출하였다. 민주당 장면 정부가 집권하고 자유권을 확대하는 법률을 제정하면서, 좌익세력의 정당 설립과 정치활동이 활발해지고 통일에 대한 다양한 논의가 이루어지게 되었다. 또한 좌파정당 및 사회단체는 '민족자주통일협의회'를 결성하여 남북학생회담을 추진하기도 하였다. 학생들은 학원 민주화 활동에 나섰고, 노동자는 민주적 노동조합을 결성하여 권익 향상을 도모하였다. 교사, 기자, 금융인 등 사무전문직 노동자들이 노동조합 결성을 추진하였으며, 특히 전체 교사의 25% 이상이 참여한 '한국교원노동조합'은 교육민주화와 사회민주화를 위한 운동을 전개하면서 합법화를 요구하는 집회를 열기도 하였다.

이처럼 자유화, 민주화된 한국사회는 평등주의 이념과 지지세력이 확산될 수 있는 기회를 다시 얻게 되었고 다양한 조직과 활동이 이루어졌다. 하지만 자유주의적 성향의 민주당이 노선분열을 겪고 사회통합을 위한 정치적 지도력을 제대로 행사하지 못하게 되면서 정치적 대결과 갈등이 지속되었다. 그런데 이러한 갈등과 혼란에 불만을 품은 박정희 중심의 군부세력은 1961년 5월 16일에 반공주의체제의 재정비와 질서확립을 내세우며 군사쿠데타를 단행하였고, 개헌을 실시해 군사정권을 수립하였다. 이에 따라 평등주의 이념을 내세운 진보적 사상과 진보세력은 다시 탄압받기 시작했다. 당시 『사상계』는 5.16군사쿠데타를 '공산주의 책동을 타파하고 국가의 진로를 바로잡으려는 민족주의적 군사혁명'으로 규정하기도 하였다.[129]

---

129. 이광일, 「개발독재 시기의 국가-제도정치의 성격과 변화」, 조희연 편, 『한국 민주주의와 사회운동의 동학』, 나눔의 집, 2001, 172쪽.

이승만 정권의 권위주의·반공주의 통치는 일제 식민지배 시대를 거쳐 해방 이후까지 지속되어 온 분배적 평등주의와 점진적으로 성장하기 시작한 시민적·정치적 평등주의 이념과 심성의 확산을 억압하였다. 농지개혁으로 자영농민이 늘어나면서 농촌에서 분배적 평등주의에 대한 요구가 약화되기는 했지만, 도시 노동자들을 중심으로 분배적 평등주의 의식은 점점 더 확대되어 갔다. 그리고 공업화와 도시화가 진행되어 인구이동이 늘어나고 학교 교육이 확대되면서 도시 지식층과 학생을 중심으로 시민적·정치적 평등주의도 발전해갔다. 당시 도시인구비율의 변화를 보면, 1949년 17.2%, 1955년 24.5%, 1960년 28%로 급속한 도시화가 진행되었다. 그리고 문자해독률의 변화를 보면, 1945년 22%에서 1959년 78%로 크게 높아졌고, 학생 수도 크게 증가하였다. 이처럼 도시의 익명성이 개인주의의 확산을 낳고 교육수준이 상승하면서 도시의 대중을 중심으로 시민적 평등의식과 민주주의 의식이 점차 성장할 수 있었다.[130] 이러한 변화는 이승만 정권의 권위주의 통치에 대한 저항으로 이어져 4.19혁명으로 민주정권 수립에 이르게 되었다.

---

130. 오유석, 앞의 글, 155쪽.

2. 권위주의·반공주의적 발전국가와 시민적·분배적 평등주의의 저발전

(1) 박정희 정권의 경제개발 정책: 시민적·분배적 평등주의의 억압

　박정희 군부세력은 1961년 5.16군사쿠데타를 일으켜 정권을 장악하였는데, 초기에는 취약한 정당성을 확보하기 위해 국가재건최고회의에서 부정부패 척결, 독립운동가에 대한 사면·복권·포상 등을 추진하였고, 혁명과업 수행과 민정 이양을 약속하였다. 이에 따라 진보적 지식인들이 지지를 선언하기도 하였다. 박정희는 1962년 12월에 국민투표를 실시해 개헌안을 확정하였는데, 제3공화국 헌법은 의원내각제 폐지와 대통령중심제로의 복귀, 국무회의의 심의기관 전환, 긴급명령권 등 강력한 권한을 지닌 대통령제, 국민투표를 통한 개헌 등의 내용을 담고 있었다. 그런데 개헌 이후 박정희는 민정 이양 약속을 지키지 않고 스스로 대통령 후보가 되어 1963년 12월 직선제를 통해 대통령에 선출되었다. 이처럼 초기의 약속을 지키지 않고 민주공화당을 결성하여 스스로 집권하자, 지지를 선언했던 진보적 지식인들은 비판세력으로 돌아서게 되었다.

　박정희 군사정권은 반공주의 통치를 기반으로 하면서도 경제성장으로 쿠데타에 따른 정치적 정당성의 결핍을 만회하려고 하였다. 당시에는 미국의 원조가 줄어들면서 경제적인 어려움을 겪고 있었는데, 이른바 '보릿고개'에서 벗어나 안정적으로 배를 채우는 것이 국민적인 소망이었다. 그래서 쌀 생산량을 늘리고 일자리를 만들어 소득을 높이는 것이 중요한 국가경제적 목표였다. 1962년부터 경제개발5개년계획을 실시하여 농업부문의 중점개발과 함께 국가주도, 수출지향 공업화 정책을 추진하

였다. 이처럼 국가가 경제발전을 적극적으로 주도해나가는 것을 '발전국가'라고 말하는데, 정치적 독재정권이 경제발전을 추구했다는 점에서 '개발독재'라고 불리기도 한다.

　박정희 정권은 '조국 근대화'를 명분으로 '선성장 후분배' 전략을 내세워 차관을 몇몇 수출기업에 집중 지원하고 세제혜택을 주면서 대기업을 키웠다. 또한 경제성장의 재원을 마련하기 위해 서독에 광부와 간호사를 파견하였고, 미국의 요청으로 1964년부터 베트남 전쟁에 파병도 하였다. 그리고 1965년에는 일본으로부터 무상지원과 차관을 받는 조건으로 한일회담을 열어 일본과 국교정상화에 합의하였다. 수출 대기업 중심의 국가주도 경제성장 전략은 연평균 8.5%의 경제성장률로 나타났다. 국가주도의 관치경제가 지속되면서 정부의 지원을 받은 재벌기업은 급속한 자본축적을 할 수 있었던 반면에, 중소기업은 상대적 불이익을 받아 성장이 제약되었고 점차 재벌기업에 종속되어 갔다.

　자본주의 사회에서 급속한 경제성장을 이루려면 급속한 자본축적이 필요한데, 이것은 차관 도입과 함께 더 많은 기업이윤을 획득해야 가능했다. 그런데 수출을 늘리려면 상품의 가격경쟁력을 높여야 했으며, 이를 위해서는 임금상승을 억제해야 했다. 그래서 정부는 노동자들이 열악한 근로조건과 낮은 임금에 불만을 갖고 있음에도 그들의 요구를 억압하며 저임금을 강요하였다. 노동자의 저임금과 장시간 노동은 기업의 높은 이윤을 보장하여 급속하게 자본축적을 할 수 있는 밑거름이 되었다. 그 결과 대기업은 독점기업 또는 재벌기업으로 성장할 수 있었다.

　한편 정부는 저임금에 대한 노동자의 반발을 누그러뜨리려면 기본적인 먹거리인 쌀 등 주곡 가격을 안정화해야 했다. 그래서 저곡가정책을 시행하였는데, 이것은 또한 농민의 소득을 감소시켜 농촌의 과잉인구가 된 사람들의 이농을 강제하는 요인이 되었다. 저곡가정책은 공업화로 인해 수요가 늘어난 노동인력을 충원해주는 효과도 낳았는데, 저곡가정책의 영향으로 농촌을 떠나 도시로 온 사람들은 공장노동자로 취업할 수 있었다. 이들처럼 이농하여 서울 등 공업도시의 빈민층이 된 사람들은 산동네로 몰려들어 판잣집을 짓고 살았는데, 이들은 언제든지 노동자로 충원될 준비가 되어 있는 사람들, 즉 '산업예비군'이 되어 저임금을 유지하는 밑바탕이 되었다.

공업화는 농촌에서 생존하기 어려워 도시로 몰려든 사람들에게 일자리와 소득을 제공해주었다. 하지만 수출 대기업들이 고이윤을 확보하며 성장하는 동안에 농민은 낮은 소득으로, 공장노동자는 열악한 근로조건과 저임금 및 장시간 노동 속에서 힘겨운 삶을 살아야 했다. 이에 따라 자본-노동 관계과 분배의 공정성에 대한 불만이 높아져 갔다. 그래서 정부는 1960년대 말에 우선 저곡가로 인한 농민의 소득하락을 보전해주고 농가소득을 증대시키기 위해 '이중곡가제도'를 도입하였다. 이중곡가제도는 정부가 농민에게 쌀 등 곡식을 비싼 가격으로 구매한 후 소비자에게는 싼 가격에 판매하는 제도이다. 이 제도가 시행되면서 농가소득은 향상되었고 노동자는 싼 값에 곡식을 구매하여 먹고사는 걱정을 덜 수 있었다.

농민의 생활은 개선된 반면에 노동자는 여전히 열악한 근로조건과 장시간 노동 속에서 고통스러운 삶을 지속할 수밖에 없었다. 자본주의적 공업화를 통한 경제성장은 자본주의적 계급관계를 점차 일반화하였는데, 기업과 공장이 늘어나면서 대량으로 노동자들이 형성되기 시작했다. 그럼에도 정부는 경제성장을 위해 강력한 노동억압 정책을 지속하였고, 성장과 개발이 공산주의에 대한 승리를 가능하게 하는 힘이라고 강조하면서, 성장주의와 반공주의를 결합하려고 하였다.

친애하는 국민 여러분! 나는 이러한 정의의 복지사회가 지금 우리가 추진하고 있는 공업입국의 대도를 통하여 이루어질 수 있고, 또 공업입국은 이러한 사회를 건설하는 데 그 주안이 있음을 확신하는 바입니다. 경제건설 없이는 빈곤의 추방이란 없을 뿐 아니라, 경제건설 없이는 부정·부패의 온상이 되는 실업과 무직을 추방할 수 없기 때문이며, 또 그것 없이는 공산주의에 대한 승리, 즉 자유의 힘이 넘쳐흘러 북한의 동포를 해방하고 통일을 이룩할 수 없는 것입니다.[131]

이러한 논리에 따라 박정희 정권은 노동자들의 저항을 경제성장을 방해하고 사회를 혼란에 빠뜨려 북한을 이롭게 하는 행위로 간주하였다.[132] 하지만 물리적 억압과 이데올로기적 통제에도 불구하고 노동자와 기층 민중은 생존을 위한 저항을 포기하지 않았다.

노동자들이 열악한 근로조건과 장시간 노동에 불만을 품고 저항하는 동안, 일자리를 찾아 도시로 몰려든 도시빈민은 열악한 주거환경에 불만을 품고 생존권과 주거권을 요구하는 투쟁을 전개하였다. 정부와 서울시는 1968년부터 무허가 판자촌 철거계획에 따라 철거민 이주계획을 세우면서 경기도 광주에 철거민 집단이주단지(광주대단지)를 형성하였다. 그런데 토지 투기붐이 일면서 서울시가 최초에 정한 토지분양 가격을 4배 이상 올리려 하자, 일자리도 제대로 구하기 어려웠던 도시빈민들은 무계획적 도시정책과 졸속행정에 저항하며 경찰과 격렬하게 충돌하였다. 광주대단지사건으로 불리는 이 저항운동은 생존권을 주장한 최초의 대규모 도시빈민투쟁이었다. 한편 1970년에는 평화시장 피복공장 노동자 전태일이 갖은 노력에도 열악한 근로조건이 개선되지 않자 '근로기준법'을 지킬 것을 요구하며 분신자살로 항거하였는데, 이 사건은 이후

---

131. 제6대 박정희 대통령 취임사, 1967. 7. 1.
132. 이광일, 앞의 글, 217-219쪽.

노동조합 결성과 노동운동의 발전에 주춧돌이 되었다.

박정희 정권의 경제성장 정책은 대기업을 육성하여 자본주의적 계급 불평등이 확대될 수밖에 없는 경제구조를 형성하였는데, 노동자계급을 비롯한 저소득층이 경제적 불평등과 빈곤에 불만을 제기하고 저항하자 공권력을 동원하여 이를 억눌렀다. 그런데 이들의 불만은 1971년 대통령선거와 총선거를 통해 분출되었다. 당시 야당인 신민당 대통령후보 김대중은 분배 중심의 '민중주의적 대중경제론', 평화통일론, 3선개헌안 폐지 등 민주주의 회복을 주요 공약으로 내세웠다. 당시 반공주의·권위주의 통치가 시행되던 상황에서 실시된 대통령 선거에서 박정희 후보에 맞선 김대중은 45.2%라는 높은 득표율을 기록하였다.[133]

박정희 정권은 쿠데타로 집권하여 정당성이 취약했지만, 성장주의 정책을 추진함으로써 가난에서 벗어나기를 원한 서민대중의 지지를 얻어낼 수 있었다. 그런데 대기업 중심의 수출주도 자본주의적 공업화를 통해 급속한 성장을 달성하려는 전략은 노동자의 저임금과 농민의 저곡가에 의존하지 않을 수 없었고, 이로 인해 절대적 가난에서는 벗어났지만 상대적 불평등은 점점 심화되었다. 이에 따라 분배 불평등에 대한 불만이 높아지면서 분배적 평등주의 심성이 점점 확대되어 갔다. 대통령 선거에서 분배적 평등주의를 강조한 공약을 내세운 김대중 후보가 높은 득표율을 기록한 것이 이것을 간접적으로 입증해준다. 또한 노동자들의 요구를 억누르기 위해 반공주의를 앞세우며 권위주의적, 억압적 노동통제 정책을 강화한 것은 역으로 시민적·정치적 평등주의에 대한 시민들의 요구가 확산되는 계기가 되었다.

---

133. 이광일, 같은 글, 177쪽.

(2) 전태일의 분신과 노동운동의 분배적 평등주의

　전태일은 자본주의 사회에서 근로기준법조차 지켜지지 않음에 분노하여 1970년에 노동자의 기본권 보장을 요구하면서 분신하였다. 박정희 정권이 주도한 자본주의적 공업화는 급속한 경제성장을 달성하기 위해 노동자의 권리를 억압하는 정책으로 이어졌고, 이 때문에 노동자는 경제적인 착취와 노동기본권의 억압 속에서 열악한 근로조건과 저임금, 장시간 노동으로 힘겨운 삶을 살아가야 했다. 그래서 노동자들은 법으로 보장한 권리조차도 누릴 수 없었다. 이에 전태일은 '박정희 대통령에게 보낸 편지'에서 다음과 같이 노동시간 단축과 임금인상을 요구하였다.

　1일 14시간의 작업시간을 단축하십시오. 1일 10시간~12시간으로, 1개월 휴일 2일을 일요일마다 휴일로 쉬기를 희망합니다. 건강진단을 정확하게 하여주십시오. 시다공의 수당 현 70원 내지 100원을 50% 이상 인상하십시오. 절대로 무리한 요구가 아님을 맹세합니다.

　그리고 이러한 요구가 받아들여지지 않자 전태일은 분신으로 항거하면서 다음과 같이 외쳤다.

　근로기준법을 준수하라! 우리는 기계가 아니다! 일요일은 쉬게 하라! 노동자들을 혹사하지 말라! 내 죽음을 헛되이 하지 말라!

　전태일의 분신은 노동자의 생존권과 기본권 문제에 대한 사회적 관심을 환기시킨 중요한 사건이었으며, 이를 계기로 김대중의 '대중경제론'이 선거과정에서 공식적으로 제시되었다. 당시 『동아일보』는 김대중의 공약을 아래와 같이 기사화했다.

> 김후보는 「새해의 포부」라는 이름으로 선거공약을 ① 총통제 음모의 분쇄 ② 민족안보의 전개 ③ 예비군의 완전 폐지 ④ 대중경제 실현 ⑤ 농업혁명의 추진 ⑥ 부유세의 신설 ⑦ 전태일 정신의 구현 ⑧ 여성지위향상과 능력개발 등을 내세우고 "이번 선거에선 소수집단에 의해 농단되어온 독재정치를 물리치는 위대한 「대중반정」을 실현하자"고 호소했다. … ▲ 전태일 정신의 구현 = 전태일 씨의 의거는 고발정신의 정수로서 만일 정부와 우리가 이 기회에 그의 죽음을 헛되게 하지 않는 획기적인 개혁을 단행하지 않는다면, 제2, 제3의 전태일 사건이 속출할 것이다. 노동3법을 전면개정, 자유로운 노조운동의 보장, 근로기준법상의 맹점 시정, 각급 노동위원회에 대한 강력한 집행명령 및 제재권 부여를 단행하겠다.[134]

이처럼 김대중은 전태일의 분신에 영향을 받아 노동자의 권리향상을 적극적으로 주장하였고, 이와 함께 분배 정의와 양성평등 등 평등주의를 지향하는 정책을 적극적으로 제시하였다.[135]

전태일의 분신은 노동문제에 대한 학생운동권과 지식인, 개신교·천주교 등 종교계의 관심도 고조시켰다. 이에 따라 대학생들이 노동자실태조사도 하고 도시산업선교회, 가톨릭노동청년회 등의 활동으로 이어졌다. 그리고 사회적 관심이 노동자와 도시빈민 등 기층민중의 생존권 문제로 확대되면서 1974년에 와서는 학생운동권에서 '민족, 민주, 민중 선언'을 하기도 하였다.[136]

---

134. 『동아일보』, 1971. 1. 23. '김대중 연두기자회견'
135. 이광일, 같은 글, 181쪽.
136. 임대식, 「1960년대 지식인과 이념의 분화」, 한국사회사학회 편, 『지식변동의 사회사』, 문학과지성사, 2003, 284쪽. 이광일, 같은 글, 182-183쪽.

한편 전태일의 분신저항을 계기로 노동자의 권리를 찾으려는 노력이 활발히 일어났고, 노동조합이 만들어지고 노동(조합)운동이 일어나면서 노동에 대한 정당한 대가를 요구하는 목소리도 높아졌다. 이러한 노동운동은 정부와 자본가가 노동자에게 평등한 권리와 공정한 분배를 제공할 것을 요구하는 사회운동으로서 분배적 평등주의를 지향하는 공적 평등주의 행위전략이었다. 당시 억압적인 정치상황과 열악한 경제적 조건하에서 소득상승과 승진의 기회를 얻기 어려웠던 많은 노동자들과 서민들은 지위상승이라는 사적 평등 지향 전략을 추구하기가 현실적으로 어려웠다. 그래서 노동자들은 불만을 억누르고 현실에 순응하며 살아가거나 현실에 적극적으로 저항하는 행위 중에서 양자택일을 해야 했는데, 전태일의 행위는 시민행동이라는 개인적-공적 평등주의를 추구한 개혁적 시민행동이었으며, 노동운동이라는 집합적-공적 평등주의 행위전략의 확산에도 크게 기여하였다. 나아가 그의 행위는 사회 전반에 분배적 평등주의 이념과 심성이 확산되도록 하는 데에도 큰 영향을 미쳤다.

(3) 반공주의·권위주의 통치와 시민적·정치적 평등주의의 저발전

박정희 정권은 공산주의 타파를 내세운 군사정권으로서 이승만 정권의 반공주의·권위주의 통치를 계승하였는데, 이것은 평등주의를 내세우는 이념과 정치세력에 대한 억압과 배제의 지속을 의미했다. 박정희는 비판세력을 억누르고 안정적인 지지기반을 형성하기 위해 진보세력과 비판적인 야당세력을 제거해야 했다. 그래서 사회주의와 공산주의 척결을 명분으로 반정부세력을 억누르기 위하여 공안사건을 조작하기도 하였다. 1964년에 박정희 정권의 중앙정보부는 "북괴의 지령을 받고 대

규모 지하조직으로 국가변란을 획책한 인민혁명당 사건을 적발, 일당 57명 중 41명을 구속하고 16명을 수배 중에 있다."고 발표하였다. 1968년 8월에는 중앙정보부가 지하당조직사건을 적발하였다고 하면서, "김종태가 전후 4차례에 걸쳐 북괴 김일성과 면담하고 '통일혁명당'을 결성하고 혁신정당으로 위장, 합법화하여 반정부·반미데모를 전개하는 등 대정부 공격과 반정부적 소요를 유발시키려는 데 주력했다."고 발표했다.

유신체제가 시작된 후 1974년에는 중앙정보부가 유신반대 투쟁을 벌인 전국민주청년학생연맹(민청학련)을 수사하면서 '인민혁명당재건위원회'를 배후·조종세력으로 지목하였고, 이를 북한의 지령을 받은 남한 내 지하조직이라고 규정하였다. 그리고 "북한의 지령을 받은 인혁당 재건위 조직이 민청학련의 배후에서 학생시위를 조종하고 정부 전복과 노동자·농민에 의한 정부 수립을 기도했다."고 발표했다. 이 사건들은 중앙정보부가 전면적으로 또는 부분적으로 조작한 공안조직사건이었는데, 이러한 사건들을 조작한 박정희 정권은 재야 민주화운동 세력과 진보세력을 위축시키고 전 사회적으로 반공주의적인 보수화를 강화시키고자 하였다.[137]

박정희는 안보위기를 조장하는 반공주의 통치와 경제개발의 성과에 힘입어 1967년 대통령선거에서 연임에 성공하였고, 경부고속도로 건설, 공단 건설과 중화학공업 육성 등 지속적인 경제성장을 추진하였다. 그리고 이런 성과를 바탕으로 박정희는 1969년에 대통령 연임 횟수를 재선에서 3선으로 늘리는 개헌을 단행하였다. 국회에서 편법으로 개헌안을 통과시킨 후 국민투표를 실시해 개헌에 성공한 박정희는, 1971년 대통령 선거에서 야당 김대중 후보와 대결하여 득표율 53.2% 대 45.2%로 당선되었다.

---

137. 이광일, 같은 글, 176쪽.

그런데 1971년 대통령 선거에서 김대중 후보의 높은 득표율에 위협을 느낀 박정희는, 장기집권의 기반을 마련하기 위해 1972년에 유신헌법으로 개헌을 단행하였다. 유신헌법은 2,000~5,000명의 대의원으로 구성되어 대통령이 의장을 맡는 막강한 권한을 가진 '통일주체국민회의'에서 투표로 대통령을 선출하도록 하였으며, 대통령에게 입법, 사법, 행정부를 총괄하는 초헌법적 권한을 부여하였다. 대통령은 국회해산권과 전국구의원 추천권을 갖게 되었고, 긴급조치권을 발동해 반정부활동이나 정부비판을 통제할 수 있게 되었다. 이에 따라 박정희 유신독재정권은 중앙정보부를 동원한 감시와 강권통치로 반정부세력을 탄압하였고, 이에 저항하는 지식인과 대학생을 중심으로 한 반독재 민주화투쟁이 강력히 전개되었다.

박정희 정권이 중앙정보부를 동원한 공안통치를 시행하여 반공주의·권위주의 공포정치를 자행하고, 야권의 정치활동마저 탄압하면서 제도정치와 시민사회의 이데올로기 지형은 급속히 우경화되었다. 그리하여 비록 재야 및 학생운동 세력이 군사독재정권에 저항하며 민주화운동을 지속적으로 벌여나갔지만, 대다수 민중은 독재정권이 조장한 반공이데올로기와 지역감정에 포섭되어 정치적 평등주의(민주주의)에 적극적으로 동조하지 않았으며, 일상생활에서도 유교적, 권위주의적 문화에 순응하며 시민적-인격적 평등주의 의식을 발전시켜 나가지 못하였다.

(4) 부마항쟁과 정치적·분배적 평등주의의 분출

박정희 정권은 경제개발을 추진한 초기에 섬유, 신발 등 경공업과 소비재 중심의 수출산업을 육성하였다. 그런데 소비재 수출이 늘어나는 만큼 생산재의 수입이 늘어나면서 만성적인 적자가 나타났고, 이 문제를 해소하기 위해 1970년대에 들어와서 수입대체 공업화와 중화학공업 제품 수출을 위해 중화학공업을 집중적으로 육성하는 전략을 추진하였다. 이를 위해 동남해안에 제철, 기계, 조선, 석유화학 등 중화학공업 육성을 위한 대규모 공업단지를 건설하였다. 하지만 1973년과 1978년 두 차례의 석유파동으로 세계 경제가 위기를 맞으면서 과잉투자가 이루어진 중화학공업이 타격을 입었고 이에 따라 국제수지 적자 폭이 확대되었다. 물가상승과 해고 증가, 임금수준의 하락 등으로 민중의 경제적 어려움이 가중되면서 노동자와 서민의 불만이 커졌는데, 특히 노동집약적 경공업이 집중된 공업도시인 부산과 마산 지역에서는 이들의 불만이 더욱 고조되었다.

1978년 12월 총선에서 여당의 득표율이 야당인 신민당에 뒤지면서 민심이반이 확인되기 시작하자, 박정희 정권은 '긴급조치권'을 발동해 민주화운동세력과 야당세력을 더욱 폭력적으로 탄압하였다. 이 과정에서 1979년 YH무역 여성노동자들이 회사의 폐업조치에 항의하며 야당인 신민당 당사에서 벌인 농성을 정부가 폭력적으로 진압하면서 여성 노동자 1명이 사망하는 사건이 발생하였다. 또한 선명 노선을 내세운 신민당 총재 김영삼을 의회가 제명하면서 김영삼의 지역구인 부산, 마산의 대학생과 민중의 분노가 확대되었다. 이러한 정치적 분위기 속에서 부산, 마산 지역의 대학생들은 유신독재에 반대하는 시위를 벌이기 시작했고, 경제적인 불만을 품은 노동자들, 도시하층민들이 시위에 가세하면서 부마항쟁은 걷잡을 수 없이 확산되었다.[138]

당시 대학생들의 요구사항은 단순히 정치적 민주화에 국한되지 않았다. 이들은 학원자유화, 유신철폐, 민주회복 등을 외치면서도, 정경유착

---

138. 정태석, 「부마항쟁의 주체와 성격」, (사)부산민주항쟁기념사업회 부설 민주주의 사회연구소, 『부마민주항쟁의 역사적 재조명』, 대성, 2009, 157-164쪽.

과 대외의존 심화, 도시근로자·서민의 저임금과 열악한 노동환경 및 노동탄압 등에 대해서도 문제를 제기하였다. 즉, 정치적 자유화와 함께 경제적 불평등과 빈곤 문제 해결을 촉구하였다. 이것은 노동자·서민의 분배적 평등주의 요구에 대학생들이 공감하고 있었다는 것을 보여준다. 박정희 정권의 반공주의 통치로 사회주의나 사회민주주의와 같은 이념으로서의 평등주의는 철저히 억압당했지만, 이것이 노동자·서민의 아래로부터의 평등주의 심성까지 억누를 수는 없었던 것이다.

부마항쟁은 공수부대의 투입으로 진압되었지만 이를 계기로 대학생과 노동자 등 서민층의 유신독재 반대시위는 격렬해졌고, 이에 대한 수습책을 논의하는 과정에서 중앙정보부장 김재규가 박정희를 살해하면서 유신체제는 종말을 고하였다. 유신독재의 공포정치와 경제적 불평등 및 불안에 대한 아래로부터의 광범하고 격렬한 저항이 결국 정권 내부의 균열을 야기한 것이다. 박정희가 살해되면서 민주화운동세력들과 야당세력은 민주주의의 회복과 분배의 개선을 기대할 수 있게 되었다.

박정희 정권은 급속한 경제성장을 추구하면서 일정한 성과를 거두었지만, 이것은 정부의 특혜 지원과 노동자들의 저임금, 장시간 노동 유지를 위한 노동 탄압에 따라 소수 대기업에 부가 집중되는 결과를 초래했다. 이에 따라 경제적 착취와 빈곤으로 불만을 지닌 노동자와 서민 대중은 분배 개선을 요구하는 목소리를 점점 더 강하게 분출하였다. 하지만 박정희 대통령은 집권을 연장하려는 욕심을 드러내면서 분배적 평등을 요구한 노동운동을 탄압했을 뿐만 아니라, 시민적·정치적 평등을 요구한 반정부, 반독재 민주화운동 세력도 지속적으로 탄압하였다. 그리하여 폭력적인 반공주의·권위주의 통치하에서 탈정치화된 시민들은 개인의 권리와 시민적 동등함을 추구하는 시민적-인격적 평등주의 심성을 발전시키기 어려웠다. 그렇지만 정치적 탄압에도 불구하고, 제한적이나

마 분배적 평등주의를 추구한 노동자, 농민, 서민 대중의 요구를 완전히 억누를 수는 없었다. 이들은 비록 정치적 민주주의에 대한 욕구는 미약했지만 경제적 생존을 위해 권위주의 정권에 저항하지 않을 수 없었고, 이러한 투쟁은 정치적 탄압 속에서도 억누를 수 없었던 삶의 근원적 욕구의 분출이었다.

부마항쟁에 이은 박정희 정권의 몰락은 정치적 평등주의와 함께 경제적 평등주의가 발전할 수 있는 중요한 전기가 되었다. 하지만 1980년 전두환을 중심으로 한 신군부세력의 쿠데타는 또다시 평등주의를 폭력적으로 억압하는 군사독재의 역사를 연장시켰다. 특히 전두환 쿠데타 집단은 정치적 민주주의를 요구한 광주시민의 항쟁을 군대를 동원해 유혈 진압함으로써 더욱 폭압적인 정치 현실을 만들었고, 이것은 민주주의와 평등주의의 발전을 심각하게 후퇴시키는 결과를 초래했다.

(5) 자본주의적 공업화와 지위상승 경쟁: 사적 평등 지향의 확산

박정희 정권의 경제개발5개년계획이 시작되기 전 한국사회는 지주계급이 해체되고 자본주의가 형성되는 초기 단계여서, 앞서 살펴보았듯이 80% 내외의 사람들이 농어민, 노동자, 주변적 무산자로서 경제적으로 비슷한 처지에 놓여 있었다. 이것은 이 시대가 소수의 자본가와 신중간층을 제외한 대부분의 민중이 똑같이 가난하게 살던 시기, 즉 모두가 평등하게 가난했던 시기였음을 말해준다. 그래서 모두 힘든 처지였지만 농지개혁으로 자영농민이 늘어나고 신분 제약이 사라지면서 누구나 노력하면 성공할 수 있다는 기대감을 갖게 되었다.

하지만 국가의 자본주의적 공업화 전략이 '선성장 후분배'와 '수출대기업 육성'으로 나아가면서 지위상승 기회에서 구조적 격차가 생겨나기

시작했다. 돈과 자본이 권력층과 도시의 대기업으로 몰리면서 소득향상과 지위상승의 기회는 점점 불공평해지기 시작했다. 교육기회가 확대되면서 지위상승의 기대가 생겨나기는 했지만, 계급·계층에 따른 불평등과 격차는 점점 심화되었다. 공직을 이용한 각종 권력형 부정부패가 생겨나고, 대기업과 중소기업의 격차, 도시와 농촌의 격차, 수도권과 비수도권의 격차, 고학력자와 저학력자의 격차, 남성과 여성의 격차 등이 생겨나기 시작했다.

국가주도의 경제개발과 관치경제는 그 자체로 대기업에 특혜를 부여했을 뿐만 아니라 관료와 기업 간의 유착을 만들어내어 공정성을 훼손하기 시작했다. 관료들은 행정적인 특혜나 부동산개발 정보 등과 관련된 권한을 이용하면서 기업과 권력층에 유착하였고, 각종 행정 권한을 내세워 시민 위에 군림하려는 태도를 보였다.

재벌기업 삼성의 창업주 이병철의 장남인 이맹희는 자신이 쓴 『묻어둔 이야기』에서, 삼성이 허허벌판이던 현재 동대구역 부근에 땅을 산 이유는 그쪽에 대형 역사가 생긴다는 정보를 미리 알았기 때문이었다고 회상한 바 있다.

> 1970년대 초반이었던 걸로 기억하고 있다. 요즘으로 말하자면 개발에 관한 정보를 미리 얻어서 그 땅을 샀다. 내 돈 1억 원과 제일모직 돈 1억 원, 그리고 아버지의 개인적인 돈 1억 원을 모아 3억 원으로 역 예정지 인근의 땅 수십만 평을 샀다. … 실제 사자마자 그 땅은 보름 사이에 10배가 올랐다. 땅을 급하게 팔았음에도 불구하고 1억 원어치의 땅이 한 달 반 사이에 9억 8,000만 원이 되어 있었다.[139]

---

139. 이맹희, 『묻어둔 이야기』, 청산, 1993.

1960~70년대에는 경제개발5개년계획으로 급속한 공업화와 도시화가 되는 과정에서 부동산이 지속적으로 개발되었는데, 부동산 개발 정보를 취급하는 관료, 공무원 들은 이러한 정보를 기득권층에 제공하고 뇌물을 받아 돈을 모았고, 기득권층은 부동산 투기로 막대한 시세차익을 누렸다. 그리고 경제개발 과정에서 부를 형성한 중간층도 부동산 투기에 뛰어들면서 부동산 투기붐이 생겨났는데, 이에 따라 경쟁의 공정성은 크게 훼손되었고 불평등도 심화되었다. '네가 하는 것은 나도 할 수 있다.'는 평등주의적 심성은 중간층을 중심으로 사교육 경쟁과 부동산 투기 경쟁을 확산시켰고, 권력과 재산이 더 많은 소득과 더 높은 지위를 얻을 수 있는 수단으로 인식되면서 공정성에 대한 시민의 불신도 사회적으로 점차 확대되었다. 이에 따라 권력도 재산도 없는 사람들마저 수단과 방법을 가리지 않고 성공과 출세를 향한 경쟁에 뛰어들지 않을 수 없었고, 부정부패는 사회 곳곳으로 확산되어 갔다. 그래서 권력과 재산의 격차로 인한 불공정성에 대해 불만을 가지면서도, 치열한 경쟁 속에서 스스로 공정성에 위배되는 행위를 추구하고 또 이를 합리화하는 모순적인 심성이 확산되었다.

지역 불평등 역시 공정성에 대한 불신의 중요한 요인이었다. 경제개발 과정에서 수도권과 영남권에 공업시설 건설이 집중되었고 또 사회간접자본 및 도시기반시설에 대한 공공투자도 공업도시로 집중되면서 수도권과 비수도권, 영남권과 호남권 간의 경제적, 문화적 격차가 심화되었다. 한편, 공업도시를 중심으로 발전되면서 비수도권, 특히 호남권과 강원권에서는 일자리를 찾기도 쉽지 않았고, 지배층이나 고위관료를 많이 배출한 영남권을 제외하면 기업에서 인맥을 찾기도 어려웠다.[140] 이에

---

140. 정태석, 『시민사회의 다원적 적대들과 민주주의』, 후마니타스. 2007, 220-223쪽.

따라 1970년대에 농업에 종사하던 호남지역의 저소득층이 수도권으로 대거 이동하였고, 이들은 대부분 도시 외곽의 빈민촌에 거주하면서 공장노동자가 되거나 막노동을 하며 생계를 유지했다.

1970년에 시작된 새마을운동 역시 농촌에서 지위상승 경쟁을 부추겼다. '농촌 근대화', '잘사는 농촌'을 표어로 시작된 농촌개발은 주민들을 동원하기 위해 경쟁체제를 도입하였다. 성과에 대한 평가를 매기고 그 결과에 따라 순위를 매겨 정부 지원에 차등을 둠에 따라 군과 면 직원들의 독려와 격려가 일상화되었다. 마을별, 개인별 순위가 공개되었고 순위가 높은 지역과 개인에게는 포상이 주어진 반면에 낮은 지역과 개인에게는 불성실하다거나 노력을 하지 않는다는 도덕적 비난이 가해졌다.[141]

이처럼 국가는 한편으로는 '근대화'를 명분으로 주민들 간의 경쟁을 부추기면서 지역개발에 동원하였다. 또 다른 한편으로는 주민통합을 명분으로 행정기관이 동원하는 각종 행사를 개최하였다. 여기에는 일상적인 단합대회뿐만 아니라 '반공단합대회', '반공강연회', '38선 땅굴시찰'과 같은 반공주의적인 동원도 많았다. 이러한 주민동원은 한편으로는 농촌주민을 계몽하고 근면하게 살아가도록 하여 농촌환경을 개선하고 농가소득을 올리는 데 기여하였지만, 다른 한편으로는 농촌주민이 북한과의 체제경쟁 의식과 지역 간 성과경쟁 의식을 지니도록 하여 소득상승과 지위상승 경쟁에 몰두하게 만들었다.[142]

박정희 정권에서의 경제성장 과정은 평등하게 가난한 사람들이 점차 불평등해져 간 과정이었다. 자본주의적 공업화와 교육기회의 확대가 이루어지면서 저소득층도 지위상승의 기대를 품고 있었다. 그래서 다양한

---

141. 이성호, 「'일기'를 통해 본 1970년대 농촌개발정책과 마을사회의 변화」, 『지역사회연구』 제22권 제2호, 2014, 37쪽.
142. 이성호, 같은 글, 38-39쪽.

영역에서 지위상승 경쟁이 심화되면서 사적 평등 지향 행위전략이 점점 확산되어 갔다. 공적-분배적 평등주의 행위가 억압되면서 사적-분배적 평등 지향 행위전략이 강화된 것이다. 그런데 국가주도적, 대기업 중심적, 수도권과 영남 중심적 경제개발 전략은 계급·계층, 기업규모, 지역에 따른 격차를 점차 심화시켰고, 정경유착, 권력형 부정부패, 출신지역 차별 등을 야기하면서 공정성에 대한 불신도 점점 커져 갔다. 이러한 현실은 한편으로는 민중이 지위상승 경쟁이라는 사적-상향적 평등 추구에 몰두하도록 만들었지만, 동시에 다른 한편으로는 점차 사회의 불평등과 불공정성에 대해 불만을 쌓이게 만들었다.

3. 평등주의의 딜레마:
사적 평등 지향의 확산과 공적 평등주의의 저발전

해방 이후 평등주의 전개 과정의 중요한 특징은 오랜 권위주의적 통치로 시민적·정치적 평등주의, 즉 민주주의의 발전이 제약당한 반면에, 경제성장 과정에서 이루어진 노동자에 대한 차별과 억압이 분배적 평등에 대한 집단적 요구의 지속적 분출과 확산을 낳았다는 점이다. 이것은 평등주의의 불균등 발전 양상을 보여준다.

그리고 이 과정에서 특히 주목해야 할 것은, 반공주의·권위주의적 통치 아래에서 자본주의 시장경제의 발달과 국가주도 공업화가 이루어지면서 사회적·제도적 평등의 발전이 억제된 반면에, 평등주의 심성이 지위상승 추구라는 사적 평등 지향으로 분출되면서 평등주의가 역설적인 상황에 놓이게 되었다는 점이다. 말하자면 사적 평등 지향의 확산이 사회적·제도적 평등에 대한 관심을 약화시켜 공적 평등주의의 발전을 저해하게 되었다는 것이다.

개발독재 시기에는 정치적 억압과 경제적 빈곤 속에서 개인들이 생존경쟁에 몰두하게 되면서 사적 평등 지향 행위전략이 확산될 수밖에 없었다. 특히 자본주의 시장경쟁이 점차 심화되면서 사적-상향적 평등 지향이 확산되었고, 이것은 시민들이 경쟁원리를 수용하면서 능력우선주의 원리를 신봉하도록 만들었다. 그런데 이러한 상황은 역설적으로 공적-제도적 평등주의가 발전하는 것을 제약하였다. 반공주의·권위주의 통치로 인해 정치적으로나 경제적으로나 제도적 평등을 추구하기 어려운 상황에서 개인이 사적으로 평등해지려고 할수록 사회적·공적으로는 평등주의가 후퇴하는 역설적 상황이 나타나게 된 것이다.

(1) 시민적·정치적 평등주의의 억압과 분배적 평등주의의 분출

일제 식민지배 시기에 3.1운동을 계기로 좀 더 조직적인 민족해방운동의 필요성이 대두되면서 민족해방 세력은 급진적인 민족해방투쟁에 나섰던 사회주의 세력과 적극적으로 연대하기 시작했다. 이에 따라 계급차별을 철폐하여 평등사회를 건설하자고 주장한 사회주의 이념도 대중적 지지를 더 넓혀갈 수 있었다. 이러한 흐름은 많은 피지배 대중이 일제 식민지배로부터의 해방과 동시에 신분차별과 계급차별이 사라진 평등한 사회 건설에 대한 기대를 품도록 했다. 이에 따라 해방 이후 사회주의적 민족주의 이념에 기초하여 민주적 독립국가를 건설하고자 한 '건국준비위원회'와 '인민공화국'에 대한 대중적 지지가 높아졌다.

하지만 이러한 지지나 기대와 달리, 해방정국에서 한반도가 남북으로 분단되고 남한지역에서 미군정과 보수우익세력이 정치적 주도권을 쥐게 되면서 반공주의가 점차 강화되었다. 이러한 상황은 평등주의를 주장한 사회주의나 사회주의적 민족주의세력에 대한 탄압의 강화로 이어졌다. 물론 미군정과 보수세력의 주도로 남한 단독정부가 수립되면서 서양의 민주주의 제도를 도입한 것은 나름대로 시민적·정치적 평등주의가 발달할 수 있는 조건이 되었다. 하지만 민주주의의 자생적 기반이 약한 상황에서 이승만 정권의 반공주의·권위주의 통치는 분배적 평등주의와 함께 시민적·정치적 평등주의의 발달을 제약하고 억압하는 결과를 초래했다.

반공주의·권위주의적 통치는 사회주의를 억압하는 동시에 분배적 평등주의 이념까지 억압하였다. 사회주의자는 민족독립과 함께 신분제 철폐, 정치적 자유와 평등, 남녀평등, 재산의 평등한 분배 등을 해방 이념으로 내세웠으며, 이에 반해 기득권을 유지하고 토지를 비롯한 사유재산의 인정을 원한 보수우익세력은 공산주의와 사회주의에 반대하면서 미군정과 결탁하여 좌익세력을 정치적으로 배제하려고 시도하였다. 이에 따라 평등을 추구하는 진보세력과 미군정 및 보수세력 사이에 이념갈등과 권력갈등이 심화되었다. 이에 따라 미군정 시기와 남한 단독정부 수립 시기에 이념 대결이 격렬하게 일어났고, 이것은 9월 총파업, 10월 인민항쟁, 2.7투쟁, 제주4.3항쟁, 여순항쟁 등으로 이어졌다. 이러한 항쟁은 남한 단독정부 수립이 진행되는 과정에서 미군정과 보수우익정권에 의해 무력으로 진압되었고, 이후 한국전쟁을 거치면서 사회주의 좌익세력은 거의 몰락하였다. 이것은 분배적 평등주의를 지향하는 좌파세력의 급격한 쇠퇴를 의미했다.

하지만 이승만 정권의 반공주의·권위주의 통치에도 불구하고 시민적·정치적 평등주의로서 민주주의를 요구하는 사회운동은 지속되었고, 또한 지주-소작 관계를 포함한 자본주의적 계급 불평등에 대한 불만이 사라지지 않으면서 분배적 평등주의 요구도 격렬하게 분출되었다. 이승만 정권은 사회주의에 대한 민중의 지지를 약화시키고 지배를 안정화하기 위해서 당시 다수 인구를 차지한 소작농민의 불만을 해결하지 않으면 안 되었다. 그래서 유상몰수·유상분배 방식의 농지개혁을 실시하였고, 이에 따라 전근대적 지주-소작 관계는 거의 해체되었고 농민의 불만도 약화되었다.

남북의 이념적 균열과 남한의 사회주의 이념에 대한 탄압 속에서 발발한 한국전쟁은 이승만 정권의 반공주의·권위주의 통치를 더욱 강화하는 계기가 되었다. 반면에 민중은 한국전쟁 중의 농지개혁으로 불만이 완화된 데다가 전쟁을 겪으면서 모두가 가난한 상태에서 새 출발을 해야 하는 상황에 몰리면서, 사람들은 가난에서 벗어나려고 서로 치열한 생존경쟁에 몰두하지 않을 수 없게 되었다.

가난에서 벗어나는 일이 급선무였던 민중에게 정치적 민주주의는 시급한 관심사가 아니었다. 반면에 경제적, 분배적 평등에 대한 요구는 커져 갔다. 그럼에도 이승만 정권의 권위주의적 통치와 정치적 부정부패는 대학생, 지식인, 도시중간층의 저항을 불러일으켰으며, 이것은 시민적·정치적 평등주의, 즉 민주주의를 요구하는 4.19혁명으로 이어졌다.

4.19혁명으로 이승만 정권이 붕괴하고 내각제 개헌을 통해 장면 정부가 들어섰지만 정치적 불안정은 지속되었고, 이 과정에서 박정희 군부집단은 1961년에 쿠데타를 일으켜 집권하였다. 박정희는 정치안정과 경제성장을 앞세우며 대중에게 일정한 기대를 안겨주기도 했지만, 결국 국가주도 경제성장 정책을 내세우며 반공주의·권위주의 통치를 이어갔다. 박정희 정권은 경제성장을 이뤄 가난을 극복함으로써 농민과 노동자의 불만을 약화시킬 수 있을 것으로 기대했다. 그래서 공업화 과정에서 일자리를 만들고 의무교육으로 교육기회의 확대를 이루고자 하였다. 이러한 정책들은 자본주의 시장경제에서 개인이 지위가 상승하여 다른 사람과 평등해질 수 있다는 기대를 품게 하였다. 하지만 급속한 경제성장이 농민과 노동자의 희생의 대가로 이루어지게 되면서, 분배 개선에 대한 요구가 서서히 분출되기 시작했다.

물론 자본주의적 경제성장 속에서 계급·계층 분화가 나타난 것도 현실이었다. 교육을 통한 지위상승의 기회를 좀 더 많이 누릴 수 있던 중간층은 대체로 분배 문제에 큰 불만이 없었고, 지위와 권한, 인맥 등을 이용하여 더 많은 부를 형성하려고 노력했다. 반면에 저곡가정책, 저임금·장시간 노동 등으로 고통받으면서도 국가의 억압적 통치 때문에 불만을 표출하기 힘들었던 농민과 노동자 들 사이에서도 점차 저항의 움직임이 확산되었다. 이것은 분배적 평등주의를 지향하는 것인데, 비록 사회적·제도적 개혁의 목소리로 발전하기까지는 시간이 걸렸지만 정치적, 경제적 변화를 추동하는 큰 힘이 되었다.

급속한 경제성장의 결과로 가난에서 벗어난 민중 사이에서는 분배가 개선되었다고 생각하는 사람들도 생겨났다. 그리고 이것이 박정희 정권의 권위주의적 통치를 수용하도록 하는 근거가 되기도 하였다. 하지만 다른 한편에서는 권위주의적 군사정권에 반대하여 대학생을 비롯한 개혁적 지식층과 중간층을 중심으로 정치적 평등(민주주의)을 요구하는 민주화운동이 지속되었고, 분배적 평등 요구를 억압당한 농민과 노동자는 여전히 큰 불만을 품고 있었다. 이러한 요구를 억압하면서 1972년에 유신체제를 수립하면서 장기집권을 획책한 박정희 정권은, 이후 중화학공업화에 과도하게 투자하였으나 세계 경제위기에 맞물려 경제위기 상황을 맞게 되었고, 결국 1970년대 말에 생존위기에 처한 노동자들이 중심이 되어 부마항쟁이 일어나게 되었다. 그리고 부마항쟁은 기층민중의 경제적 불만과 대학생의 정치적 민주주의 요구가 결합하는 계기를 제공함으로써 결국 박정희 정권의 몰락을 낳게 되었다.[143]

(2) 사적 평등 지향의 확산과 공적 평등주의의 저발전

근현대 한국사회에서 자본주의의 발달은 사유재산제도에 기초한 지주-소작 관계와 자본-노동 관계를 동시에 확산시켰다. 이러한 관계 속에서 진행된 착취는 소작민과 노동자의 저항도 동시에 확산시켰다. 그런데 해방 이후 여전히 농업 중심의 사회에 머물러 있으면서 지주와 소작민들 간의 갈등이 고조되는 상황에서, 지배세력은 소작민들의 갈등을 누그러뜨릴 수 있는 정책이 절실했다. 그래서 앞서 언급하였듯이 해방 이

---

143. 정태석. 2009. 「부마항쟁의 주체와 성격」, (사)부산민주항쟁기념사업회 부설 민주주의사회연구소, 『부마민주항쟁의 역사적 재조명』, 대성.

후 38선 이남을 통치한 미군정과 우익세력은 농지개혁의 필요성을 느끼지 않을 수 없게 되었고, 결국 유상몰수 유상분배 방식의 농지개혁을 시행해 지주계급을 해체하고 자영농 중심의 자본주의적 소유관계를 정착시키게 되었다.

한국전쟁 동안 이루어진 농지개혁으로 자영농이 된 농민들은 이제 자신이 노력하면 소득을 상승시킬 기회를 얻게 되었고, 이것은 농민들이 분배적 평등을 위한 제도적 개혁을 더 이상 강하게 요구하지 않도록 만들었다. 하지만 이승만 정권이 일제 귀속재산을 불하하고 또 미국의 원조를 분배하는 과정에서 기득권층에 부의 분배가 쏠리게 되고, 이어서 박정희 정권의 국가주도 경제개발 과정에서 수출대기업의 육성과 집중 지원으로 특정 기업에 자본과 이익이 집중되면서 경제적 불평등은 점점 심화되어 갔다.

권위주의적 통치 아래에서 이루어진 급속한 경제성장은 노동자, 농민 등 기층민중에게 삶의 기회를 준 동시에 정치적 억압으로 상대적 빈곤에서 벗어나기 어렵게 만들었다. 하지만 교육을 받아 지위상승을 추구할 수 있었던 화이트칼라나 전문직 등 중간층은 경제성장에 따른 투자와 생산의 확대 속에서 소득증대의 기회를 얻었다. 이처럼 자본주의적 공업화를 통한 경제성장은 경제적 불평등을 키웠고, 동시에 시장경쟁을 더욱 치열하게 만들었다. 그래서 개인이 가진 평등주의 심성은 생존을 위한 상향적 평등 지향 행위로 분출되었고, 이것은 지위 상승과 실리추구라는 실용적 행위로 나타났다. 특히 교육이 지위상승의 기회를 제공하면서 개인들 간의 경쟁은 높은 교육열로 나타났고, 노동운동에 대한 탄압으로 개별화된 노동자들도 개인적 소득경쟁에 몰두하지 않을 수 없었다. 그리고 이러한 사회 상황은 사람들 사이에서는 수단과 방법을 가리지 않고 실리를 추구하려는 경향을 낳았다. 정수복은 이러한 성향을

'현세적 물질주의'로 표현하는데, 이것은 물질적인 실리를 추구한다는 점에서 실용주의와 상통한다.[144]

1960년대 이후 국가주도의 자본주의적 공업화는 점점 더 큰 규모의 노동자계급을 형성하였고, 이에 따라 노동자들이 조직화하여 불평등과 차별에 저항하는 노동조합운동과 노동운동이 확산할 수 있는 조건을 마련하였다. 하지만 1980년까지 지속된 반공주의·권위주의 통치는 공산주의, 사회주의, 사회민주주의 등 평등주의 이념의 확산을 강력히 억제하였고, 노동운동을 공산주의(빨갱이) 이념으로 몰아가면서 억압함으로써 사회운동을 통한 공적, 제도적 평등주의의 확산을 억제하였다. 노동운동이 탄압받는 현실에서 노동자들이 집합적으로 제도개혁이라는 공적 평등주의 행위전략의 추구는 국가권력에 의한 희생을 감수해야 했기에 결코 쉽게 선택할 수 있는 것이 아니었다. 그럼에도 전태일 열사가 출현하여 제도적 개혁을 추구하는 노동운동에 불을 지핀 것은 공적 평등주의 심성을 확산시켜 제도적 평등의 발전을 가져올 수 있도록 한 중요한 사회적 자산이 되었다.

물론 반공주의·권위주의 통치 아래에서도 권위주의적 정권, 군사독재 정권에 저항하며 민주주의, 즉 시민적·정치적 평등주의를 추구하는 민주화운동이 지속되고, 또 자본주의적 불평등에 저항하며 분배적 평등주의를 추구한 노동운동이 분출되는 등 제도개혁을 통한 공적 평등주의의 실현을 요구하는 목소리는 사라지지 않았다. 하지만 많은 사람들은 정치적 억압 속에서 생존 때문에 현실에 적응하면서 개인적 성취에 몰두하였다. 한편으로는 자본주의적 발전이 계급·계층적 지위에 따른 지위상승 기회에 격차를 만들어 불평등을 심화시키고, 다른 한편으

---

144. 정수복, 앞의 책, 110쪽.

로는 시장경제가 소득경쟁, 교육경쟁 등 개인주의적 지위경쟁을 가속화하면서 제도적-공적 평등을 추구하는 동력은 점차 약화하였다. 근현대 역사에서 형성되고 또 분출되었던 평등주의 심성은 반공주의·권위주의 통치 시기에 억압적인 정치 환경과 경쟁적인 경제 환경 속에서 점차 지위상승과 같은 상향적 평등 지향 심성으로 왜곡되었고, 이것은 또한 자신의 성공을 제도적 환경보다는 자신의 능력에 기인하는 것으로 여기는 능력우선주의 심성을 확산시켰다. 이것은 결국 사회적으로 제도적-공적 평등주의에 대한 관심의 약화를 초래하였다.

요약하자면, 반공주의·권위주의 통치 시기의 평등주의는 크게 보아 시민적·정치적 평등주의와 분배적 평등주의의 분화, 사적-상향적 평등 지향과 공적-제도적 평등주의의 분화가 좀 더 분명해지면서 이들 간의 불균등 발전이 이루어졌다고 할 수 있다. 그래서 시민대중 사이에서는 시민적-인격적 평등주의와 정치적 평등주의의 저발전이 나타난 반면에 분배적 평등주의 요구는 정치적 억압 속에서도 실리주의 형태로 꾸준히 분출되었다. 그리고 정치적 억압하에서도 자본주의 시장경제의 발달과 함께 지위상승을 위한 개인주의 경쟁이 점점 더 치열해지면서, 평등주의 심성은 사적-상향적 평등 지향으로 분출되어 공적-제도적 평등주의 심성의 발달을 제약하였다. 이러한 상황은 '평등주의의 딜레마'라고 할 수 있는데, 개인적, 사적 평등 지향이 강화될수록 사회적, 공적 평등주의가 약화되는 것이 바로 그것이다.

V. 근현대사 속 다원적 평등주의의 분출과 인격적 위계서열주의의 존속

근현대 한국사회에서 평등주의는 다양한 형태로 출현하였다. 신분차별 철폐를 요구한 탈신분제적-인격적 평등주의, 시민-주권자로서 인격의 동등함을 주장한 시민적-인격적 평등주의, 시민의 정치적 권리의 평등을 주장한 정치적 평등주의, 공평하고 공정한 분배를 요구한 분배적 평등주의와 같이 다양한 영역에서 평등에 대한 요구가 분출하였다. 또한 탈인격적-제도적 영역에서 평등을 추구한 제도적 평등주의와 인격적-문화적 영역에서의 평등을 추구한 문화적 평등주의도 서로 다른 성격의 평등을 요구하는 것이었다. 그런데 이러한 다양성과는 다른 맥락에서 다양한 차원이나 쟁점에서 평등을 추구하는 목소리도 분출되었다.

전통적으로 사회불평등의 중요한 쟁점은 신분차별이나 계급 불평등과 같은 것이었다. 그런데 한국사회의 인격적 위계서열주의에서 볼 수 있듯이 나이와 성별 역시 불평등이나 차별의 또 다른 중요한 근거였다. 그래서 여기서는 다원적 평등주의의 분출과 억제라는 맥락에서 성 평등주의, 교육에서의 평등주의, 인격적-문화적 평등주의에 대해 살펴보면서, 근현대 사회에서 존대법을 통해 존속해온 인격적 위계서열주의가 어떻게 평등주의를 모순적인 상황에 놓이게 했는지를 다룰 것이다.

1. 성 평등주의와 여성운동의 분출

(1) 개화기 여학교의 설립과 성 평등주의

사회적 불평등과 차별은 신분이나 계급 간의 문제만이 아니라 성별 간의 문제이기도 했다. 그리고 제도화된 정치(권력)관계나 경제관계의 문제만이 아니라 문화와 일상생활의 문제이기도 했다. 유교적, 가부장적 이념과 문화는 제도 속에서관이 아니라 일상생활 속에서 다양한 권력으로 작동하였다. 그래서 서구의 시민사회 및 민주주의 사상을 통해 유입된 시민적-인격적 평등주의는 일상생활에서의 다양한 차별과 불평등에 대한 불만과 저항의식을 형성하는 데 크게 기여하였다. 이러한 변화는 사회 곳곳에서 전통과 현대성이 부딪히고 갈등하는 모습을 만들어 냈다.

개화기에는 미국 선교사들과 신민회 등 시민교육운동단체의 노력으로 현대적 교육기관인 학교가 생겨나면서 민족계몽운동이 활발히 일어났다. 그런 가운데 여성들을 교육하기 위한 여학교도 생겨나기 시작했다. 한국 최초의 여학교는 선교사가 1886년에 세운 이화학당이다. 그리고 1890년에 한국인이 최초로 설립한 여학교인 순성여학교가 문을 열었는데, 1898년 9월 9일 자 『독립신문』에는 이에 관한 기사인 「여학교 설시 통문」이 실렸다.

> 대저 물이 극하면 반드시 변하고 법이 극하면 반드시 고침은 고금에 상리(常理)라. (중략) 슬프다. 도로혀 전일을 생각하면 사나히의 위력으로 여편네를 누르랴고 구설을 빙자하여 여자는 거내이불언외(居內而不言外)하며 유주식시의(唯酒食施衣)라 하니 어찌하여 신체 수족 이목이 남자와 다름없는 한 가지 사람으로 심규에 처하야 다만 밥과 술이나 지으리오. (중략) 우리도 혁구종신(革舊從新)하야 타국과 같이 여학교를 설시하고 각각 여아들을 보내어 각항 재조와 규칙과 행세하는 도리를 배와 일후에 남녀가 일반 사람이 되게 하올 차 방장 여학교를 설시하오니…

이 기사는 아직 조선시대의 유교적 전통과 관습에서 깨어나지 못한 당시 한국인들에겐 한마디로 충격적인 것이었다. 문교 행정을 맡은 학부대신이 상투를 자르고 신식교육을 시키자는 여론이 비등하자 사표를 제출하던 시대였는데, 여자들이 들고일어나 "사나이의 위력으로 여편네를 누르지 마라, 여학교를 세워 남자 못지않게 가르치겠다."고 했으니 당시로서는 참으로 놀라운 일이었다.

여성의 개화를 목적으로 설립된 순성여학교는 서울 승동(현 인사동)에 있었는데, 양반가 여인들이 주도한 여성단체 '찬양회'가 설립하여 9~15세의 여아 50명을 신입생으로 모집하였다. 학교에서 교사들은 '여자아이의 신체 발달과 살림에 필요한 보통 지식'을 가르쳤으나 이후 재정난으로 문을 닫았다. 하지만 여성 교육기관 설립운동이 활발히 일어나면서 1900년대까지 민간 사립 여학교 7~8개가 설립되었는데 주로 기독교계에서 설립하였다.[145]

여학교의 설립과 여성에 대한 교육은 여성들이 현대적인 서구문물을 접하면서 주체의식과 권리의식을 키우는 데 크게 기여하였다. 도시 중간층을 중심으로 현대적인 교육을 받은 계몽된 여성들이 늘어나면서 성 평등주의 의식도 확산되기 시작했는데, 이러한 변화는 이후 일제강점기에 발생한 3.1운동에서 여성들의 사회운동 참여로 이어졌으며, 이후 전통적인 가족제도와 남녀차별의 문화에 저항한 신여성의 등장에도 큰 영향을 미쳤다. 성 평등을 요구하는 여성들의 활동은 사회개혁을 요구하는 공적 평등주의 행위였는데, 이들은 집합을 형성하여 저항적 여성운동을 펼치기보다는 주로 일상생활에서 성차별적인 관행이나 문화를 바꾸려는 개혁적 시민행동을 수행하였다. 서양의 성 평등문화의 유입과 현대교육은 시민적-인격적 평등주의에 기초한 성 평등주의 심성의 확산에 큰 영향을 주었고, 이것은 전통적인 유교적 가부장주의 문화에 저항하는 힘이 되었다. 하지만 현실에서 성차별적인 인격적 위계서열주의는 쉽게 사라지지 않았다.

---

145. 김수진, 『신여성, 근대의 과잉 식민지 조선의 신여성 담론과 젠더정치, 1920~1934』, 소명출판, 2009, 58쪽.

(2) 근현대 여성운동의 출현과 성 평등주의

서구의 시민사회 및 민주주의 사상, 천주교의 평등주의 사상 등이 유입되면서 개화사상과 동학사상의 평등주의 이념 형성에 영향을 미쳐 신분차별, 계급차별, 성차별 등의 철폐를 요구하는 목소리가 높아졌다. 조선시대 유교적 전통의 가부장 문화는 남녀 사이의 구별과 위계서열을 강조하면서 여성에게 순종을 요구했다. 하지만 신분제도가 흔들리고 민족계몽운동과 학교교육이 확대되면서 여성의 의식이 성장하여 성차별에 대한 불만과 저항이 높아지고 적극적으로 성 평등주의를 주장하는 목소리도 높아졌다. 특히 일제 식민지배 시대에 확산되기 시작한 사회주의와 공산주의 이념은 계급 폐지와 함께 성 평등을 중요한 가치로 삼았으며, 성 평등주의 운동의 중요한 이념적 기반이 되었다.

식민지 시대 여학교를 다닐 수 있는 여성은 경성(서울)을 중심으로 한 몇몇 도시 지역에서 식민지 관료나 전문 자유직을 가진 이의 여식이거나 상공업 자본가와 지주 집안 출신 여성에 국한되었다.[146] 그런데 교육받는 여성도 전통적인 유교문화와 남존여비 의식에서 자유로울 수 없었다. 식민지배 초기인 1913년의 생활상을 보면 "1894년 갑오개혁으로 봉건제도가 무너진 지 20년이 지났지만, 조선 사회 곳곳은 여전히 남존여비라는 인습에서 헤어나지 못해 여성의 사회 참여가 요원했다. 배화학당 여학생들이 우산으로 얼굴을 가리고 소풍을 갈 정도로 남녀차별의 골이 깊었다."[147] 그렇지만 교육받은 여성들이 점차 늘어나면서 성 평등의식이 확산되기 시작했고, 이러한 변화는 1919년 여학생들이 3.1운동에 적극적으로 참여하면서 표출되었다.

---
146. 김수진, 같은 책, 71쪽.
147. 장세윤, 앞의 책, 93쪽.

한편 1923년 9월에는 여성을 위한 잡지인 『신여성』이 창간되어 여성들의 개화에 기여하였다. 김기전은 1924년 『신여성』 3월호에서 "전 조선인족 중에 중등정도의 학생이 불과 만 명이라는 것이 망측한 일이거늘 여중학생은 또 이것의 십 분지 일도 넘지 못한다 함"이니 "무얼 남녀평등이니 여자해방이니 할 수가 잇슬가" 하고 탄식했다.[148] 일상생활에서도 여성들의 저항적 행위들이 다양하게 표출되었다. 1922년 "이 해에 강향란이라는 한 기생이 '단발'을 하여 한국 복식사에 파문을 일으켰다. 사회주의와 여성해방 신사상이 휩쓰는 이 시기에 그는 삼단 같던 머리를 싹둑 자르고 남장을 한 채 남학생들 틈에 끼어 신학문을 공부하여 장안의 큰 화제가 되었다." 그리고 1926년 "「사의 찬미」를 불러 인기 정상에 오른 성악가 윤심덕이 관부연락선 갑판에서 연인인 김우진과 함께 투신 정사(情死)를 하여 세상을 떠들썩하게 했다." "이 무렵 신식 여성들의 단발은 대유행으로 배우 이월화, 소설가 김명순· 허정숙, 사회주의운동가 주세죽 등이 머리를 잘랐다. 배화학교에서는 머리를 자른 학생에게 퇴학처분을 내렸다."[149] 이러한 일상적 저항과 함께 여성들의 사회운동 참여도 활발히 이루어졌는데, 1927년에는 "유영준, 김활란 등 여성 지도자들이 YMCA 회관에서 신간회 자매단체 '근우회(槿友會)'를 조직했다."[150]

이처럼 남녀평등에 대한 의식이 확산되는 가운데서도, 여성의 정조(貞操)에 관해서는 전통적인 사고를 뒤엎는 일이 쉽지 않았다. 그래서 일제 식민지배 시대에 민중 지향적 입장에서 다양한 사회현실 문제를 다루며 계몽을 담당한 잡지 『개벽』 제61호(1925년)에는 정조를 조선 여성의 자랑으로 추켜올리는 한 여성의 글이 실리기도 하였다.

---

148. 김수진, 앞의 책, 70쪽.
149. 장세윤, 앞의 책, 185, 354쪽.
150. 장세윤, 앞의 책, 367쪽.

근화학원장 김미리사 여사 말씀(槿花學院長 金美理士女史 談)

"나는 여자이닛가 여자에 대한 자랑의 말씀이나 한마듸 하겟슴니다. 우리 朝鮮 여자는 무엇보다도 그 貞操가 세계에 참 비할 곳이 업슬 것이외다. 물론 근래에 남녀해방이 되고 과거의 도덕이 퇴패하야 風紀가 점차 紊亂하는 경향이 잇스나 그것은 과도시기의 일시적 현상이닛가 말슴할 것도 업거니와 과거의 朝鮮여자로 말슴하면 참으로 純潔하고 高尙하얏슴니다. 靑山白玉이나 秋水芙蓉인들 엇지 비할 수가 잇겟슴니까. 자기의 貞操라 하면 재산보다도 생명보다도 더 귀중하게 넉이엿슴니다. 지금에도 어느 지방을 가던지 烈女의 旌門이나 碑閣이 잇는 것을 보면 그 얼마나 우리의 사회와 국가에서 여자의 貞操를 소중히 넉이엿스며 또 여자 자신도 그 얼마나 관념이 깁펏겟슴니까. 나는 中國이나 美洲에 잇슬 때에 그 나라 사람들에게 항상 朝鮮여자의 貞操를 자랑하엿고 또 그 사람들도 항상 층찬하엿슴니다. 그런데 근래 여자의 風紀가 解弛해지는 것을 보면 참으로 가슴이 압푸고 뼈가 제립니다. 엇지하던지 우리는 이 자랑거리를 영구히 보존하야 남에게 수치가 되지안토록 하여야 되겟슴니다."

반면에 1920년에 김일엽이 창간한 『신여자』는 구 가족제도의 혼인제도와 정절 이데올로기를 비판하고, 자유연애와 자유결혼을 주창하며, 신구 충돌의 '애화'를 소개하고, 각성한 여자에 대한 사회의 비판에 대해 과감히 대응함으로써 여성운동의 정론지로서의 성격을 보여주었다.[151] 또한 1931년에는 여성교육가 박인덕이 한국 역사상 최초로 남편에게 위자료를 주고 이혼하여 화제가 되었는데, 여성이 주도적으로 이혼하는 사례가 등장했다는 것은 남녀평등 사상이 점점 확산되는 사실을 상징적으로 보여주는 것이었다.[152]

---

151. 김수진, 앞의 책, 136쪽.
152. 장세윤, 앞의 책, 455쪽.

한편 1930년 7월 1일 『삼천리』 제7호에는 「쏘비엣 공산대학생활」이라는 러시아 모스크바 대학생 요그리의 수기가 실렸다.

6월 26일
나는 오늘 교정에서 같은 여자 대학생 '도비나'에게
"혁명 전의 여자들이 어떤 생각을 가지고 살아왔는지 아우?"
그는 생긋 웃고는
"혁명이 우리들 여자에게 무엇을 주었는지 당신은 알기나 하우? 실로 놀라웠지. 예전에는 몇백 년 아니 몇천 년 동안을 여자는 전혀 물질적으로 남자들에게 의지하여 왔지. 마치 쇠사슬로 동여맨 것처럼 사내들 팔목에 기대어왔지. 그러다가 갑자기 자유가 되었어요. 자유의 몸이오. 그러나 그 반대로 사내들, 가장 활동하는 사내들이 처녀들을 어떻게 보는지 잘 알고 있지요. 무얼 처음에는 안아주고 그러고는 일주일쯤 같이 살다 그러고는 그만 버리지요. 다 알아요."
나는 놀라서
"누가 그런 말을 해요. 그럴 수가 있나요?"
"무얼 다 아시면서. 나도 내 동무들 지내는 일로 보아서 다 알아요. 그래놓으면 순결하던 색시들은 수태하든지 아이를 낳든지 할 수밖에요. 그제는 사내들은 나는 그 애 아버지 아니노라 하는 듯이 고개를 건듯 치켜들고 대낮에 버젓이 돌아다니지요."
"그러나 그러면 어때요? 그까짓 처녀의 순결이란!"
"거짓말! 당신부터 좀 대답을 해요. 아주 사내를 처음 아는 여자와 두 번째 아는 여자와 사랑한다면 당신 마음이 어디로 가겠어요?"
"그야 같고말고요."
"거짓말! 그러나 좋아요. 이제는 문제는 남녀의 그러한 관계에 있지 않고 그 이상의 것에 있어요. 우리 여자들은 어서 기사도 되고 선장도 노동자도 되어야지요. 그것이 더 커요. 그것이 더 급해요. 우리는 해방되었어요."

그러면서 그는 쾌활하게 웃으며 의학부 있는 데로 뛰어가버린다. 나는 어쩐지 유쾌하였다.

이 글은 식민지배 시대에 3.1운동 이후 공산주의와 사회주의 이념이 확산하던 시기에 『삼천리』에 실린 글인데, 당시에 소련은 조선의 독립운동을 지원하면서 조선의 젊은이들을 모스크바로 불러들여 사회주의 이론을 교육받게 하였다.[153] 사회주의의 성 평등주의 사상은 신여성들에게 큰 영향을 미쳤는데, 이 글에서도 여성의 순결 또는 정조는 여성이 해방된 사회주의 사회에서 아무런 문제가 되지 않으며, 여성이 기사, 선장, 노동자로서 남성과 동등하게 일하는 것이 중요한 문제라고 말하고 있다.

이처럼 성차별을 비판하고 자유연애를 주장하는 등 신여성 담론과 실천을 통해 남녀평등 사상이 확산되어 갔지만, 일본의 식민지배라는 현실 조건은 신여성 담론의 발전에 일정한 한계를 부과했다. 신여성 담론의 중심적인 장은 『신여성』을 비롯한 대중잡지였다. 여기서는 정치, 경제, 시사, 사상, 문학, 예술 등과 함께 자유연애, 신가정, 남녀평등론, 교육과 직업, 성과 육체, 외모와 신문물, 과학과 위생 등 서양과 일본의 다양한 문화와 지식이 소개되었는데, 일제의 검열로 인해 민족독립이나 계급투쟁과 같은 급진적인 민족주의와 사회주의 사상을 직접 소개하는 글은 배제되었다. 그래서 대중의 계몽이나 현대화, 문명화를 주장하는 것이 대중잡지의 일반적인 기조가 되었다. 물론 구여성과 가부장적

---

153. 안재성, 앞의 책, 119-121쪽.

인 남성권력에 대한 비판이 없었던 것은 아니었지만, 이것은 주로 야만과 문명, 전통과 현대(서양/일본)의 대립 속에서 '신여성은 이러이러해야 한다.'는 식의 민중계몽과 문명화의 방향을 표방하는 방식으로 표현되었다.[154]

또한 신여성 담론을 이끌어간 대중잡지의 필진이나 관여자들은 신지식층으로서 민족주의, 사회주의, 자유주의, 현대주의(modernism) 등 다양한 현대 이념으로 나뉘어 있었다. 그래서 조선사회의 개조와 자유 및 인격의 존중이라는 정신을 공유하였지만, 신문물의 수용이나 양처현모에 대한 입장에서는 이견을 보여주었다. "사회주의자들은 신여성 담론을 자본주의적 퇴폐와 부르주아 도덕이라고 비판했고, 자유주의자, 현대주의자 들은 허영과 실력의 문제라고 논했다." "김일엽 같은 급진적 자유주의자는 개인적 자각과 독립을 위해 양처현모의 이념에 대해 간접적으로 비판을 던지고 있는 반면, 사회주의자를 제외한 다른 이들은 주부와 양처현모의 삶을 추구해야 할 가치로 제시하고, 여성 사회주의자들은 정치적, 계급적 자각의 중요성을 강조한다."[155]

남성 지식인이 신여성 담론 생산을 주도한 것도 신여성의 성 평등주의가 급진화하는 것을 제약하는 요인이었다. 남성 지식인은 신여성을 현실과 무관한 과장된 모습으로 그리면서 그들에게 '허영과 사치'라는 통념을 덮어씌웠다. 이에 대해 여성 독자들이 저항하고 분노하기도 했지만, 일부는 양처현모 담론의 전통적 요소를 수용하였다. 그리고 자유연애를 제외한 여성들의 독자적인 문제인 참정권이나 모성보호 등은 진지하게 토론되지 않았다. 이것은 급진적 자유주의자이자 여성주의자인 나혜석과 김원주 등이 신여성 담론의 장에서 남성 지식인으로부터 배제된

---

154. 김수진, 앞의 책, 452-455쪽.
155. 김수진, 같은 책, 377-378, 456쪽.

것과도 무관하지 않았다.[156]

김수진에 따르면, 조선을 문명화시킬 선구자이기도 하고, 자유연애론자이기도 하며, 허영으로 가득찬 부르주아 여성이기도 하고, 현대 지식으로 무장한 주부이자 동등한 아내이기도 한 식민지 조선에서 신여성의 형상은, 문명화 담론과 식민지배가 만들어낸 '모던하지 못한' 식민지인으로서의 트라우마를 안고 서양/일본 현대성에 매혹되어 모방의 욕망을 강박적으로 추구하는 존재로 표현되고 있다. 신여성 담론은 당시의 신여성의 현실적 삶을 표현한 것이라기보다는 신지식층이 과도하게 상상한 삶을 표현했다는 얘기이다. 그래서 김수진은 신여성 현상 또는 담론은 '근대(현대)의 과잉'을 보여준다고 평가한다.[157]

이 시대의 이른바 '신여성' 현상은 양면적이었다. 한편으로는 여성해방 선구자의 선진적 담론과 실천이었지만, 다른 한편으로는 시대와 어울리지 않는, 비난과 조소의 대상이기도 했다. 유교의 남존여비 사상이 여전히 뿌리 깊게 남아 있던 시절에 신여성의 자유분방함은 전통적 여성들에게 선망이기도 했지만 원망이기도 했다. 구여성과 결혼한 유부남이 신여성과 자유연애를 하게 되면, 구여성은 남편에게 버림받고도 시댁에서 자식을 키우며 살아가야 하는 희생을 겪어야 했다. 이처럼 신여성에게는 남녀평등을 추구한 일이 구여성에게는 희생을 강요하는 딜레마적 상황이 적지 않게 발생하였고, 이것은 사회적 지탄의 대상이 되었다. 또한 신여성의 현대적인 옷차림과 자유분방한 생활은 시대와 어울리지 않는 특권처럼 보이기도 하였다.

하지만 서양에서 유입된 남녀평등 사상의 세례를 받아 시대를 앞서가는 저항적 실천을 했던 신여성들 역시 유교 전통의 영향 속에서 그만큼

---

156. 김수진, 같은 책, 457-459쪽.
157. 김수진, 같은 책, 470-471쪽.

사회적 비난의 표적이 되고 또 사회로부터 따돌림을 당하였다. 그래서 그들 중에는 극단적인 선택을 하거나 쓸쓸한 말년을 보내는 경우도 많았다. 성 평등주의의 확산을 위한 신여성의 저항행동은 공적 평등주의를 지향한 시민행동이었다고 할 수 있는데, 유교적이고 가부장적인 성차별 문화와 의식을 무너뜨리기에는 더 많은 시간이 필요했고 이들의 선구적 저항행동은 시대와 어울리지 못한 낯선 삶으로 남게 되었다. 하지만 '근대(현대)의 과잉' 속에서도 이들의 고통스러운 실천이 있었기에 성 평등주의는 점차 중요한 사회적 가치로 부상할 수 있었고, 이러한 실천과 담론은 여성의 전통적 사고를 흔들어놓음으로써 이후 여성들의 삶을 바꾸는 데 크게 기여하였다.

개화기를 거치면서 신분제도가 철폐되고 시민적-인격적 평등주의가 확산되는 가운데, 사회주의 사상의 유입은 평등주의의 발달에 크게 기여하였다. 이것은 시민적·정치적 평등주의나 분배적 평등주의의 발달에 큰 영향을 주었을 뿐만 아니라, 성 평등주의가 분출하고 또 확산하는 중요한 계기를 마련하였다. 가부장 문화 속에서 성차별이 심각했던 위계서열사회에서 분배 불평등을 넘어 여성도 동등한 시민이자 정치적 주권자라는 의식을 심어줌으로써, 사회적으로 외면당하고 있던 성 불평등과 성차별 문제가 사회적 관심거리로 떠오르도록 하는 데 큰 영향을 미쳤다. 물론 일제 식민지배하에서 분출한 성 평등운동은 이후 이념 대결과 정치적 혼란의 소용돌이 속에서 다시 수면 아래로 가라앉게 되었지만, 다원적인 사회의 평등을 추구하는 평등주의의 새로운 싹을 틔워놓았다고 하겠다.

(3) 문학 속의 성 평등주의

사랑은 시대를 초월하는 문학의 주제이자 소재이다. 인간의 삶은 곧 사랑과 함께하는 삶이기에, 인간의 삶을 다루는 문학작품에서 사랑을 빠뜨릴 수는 없다. 그렇지만 사랑 역시 시대상황을 반영하지 않을 수 없기에 그 모습은 시대마다 다르다. 특히 오랜 역사를 거치며 대부분의 나라에서 남녀관계가 불평등한 모습을 띠었기에, 사랑도 성차별이 존재하는 영역이 될 수밖에 없었다. 신여성이 출현한 1920년대에도 남녀 간의 사랑은 소설작품의 중요한 주제였는데, 무엇보다도 전통적인 여성상을 깨뜨리는 여성이 소설의 핵심적인 등장인물이 되었다.

물론 소설에 신여성이 등장한 것이 사랑에서의 성 평등주의를 그려내기 위한 것은 아니었다. 『배따라기』(1921년), 『감자』(1925년) 등으로 명성을 얻은 소설가 김동인은 『유서』(1924), 『무능자의 아내』(1930), 『결혼식』(1931), 『김연실전』(1939) 등에서 신여성을 주인공으로 등장시켰다. 여기서 신여성은 주로 부정적으로 그려졌는데, 그들은 "별다른 죄의식 없이 간통을 행하는가 하면, 방탕에 가까운 성적 자유를 만끽하고, 유행에 부박하게 편승한다." 『무능자의 아내』에서 주인공 영숙은 결혼생활 6~7년 만에 딸을 데리고 남편의 전 재산을 정리하여 집을 나간다. 이것은 실제 김동인의 아내 김혜인이 1927년에 집을 나간 사건을 소재로 한 것이다. 이 시기에 "조선에서는 서구적 사랑 '연애' 의식 및 남녀평등을 주창한 사상들이 일본을 통해 이입, 신청년들 간에 급속히 전파되어 가고 있었다."[158]

신여성에 대한 김동인의 부정적인 시선은 사회주의 사상과 노동운동

---

158. 정혜영, 『식민지기 문학과 근대성』, 소명출판, 2008, 9-15쪽.

에 대한 부정적인 시선과도 맞닿아 있다는 해석도 있다. 김동인은 『배회』에서 노동운동에 뛰어든 노동자의 모습을 새로운 사상에 도취한 유희적 기분에 의한 것으로 바라보면서 폄하하거나 경멸하고 있다. 그런데 이것은 '외래사상의 소화불량증'이라는 시선인데, 신여성에 대한 시선 역시 이와 유사하다는 것이다.[159]

어쨌든 이 시기의 소설에서 간통과 불륜이 이야깃거리로 등장했다는 점은 전통적인 가부장적 규범과 남존여비의 성차별적 현실에 대한 근본적 질문이 제기되기 시작했다는 점을 보여주는 것이며, 이러한 시대적 배경이 소설 속에서는 '자유'와 '방종'이라는 여성의 성에 대한 시선의 혼돈, 사랑의 평등주의와 윤리적 비난 사이에서 고뇌하는 것으로 나타났다.

개화사상의 확산과 여성교육의 확대로 여성의 남녀평등 의식이 확산하기 시작하면서, 남성에게 순종하는 전통적인 삶에서 벗어나 현대적인 자유롭고 평등한 여성으로 살아가기를 원했던 여성들은 이른바 '신여성'이 되었다. 그들은 여성을 남성에게 종속시키는 가부장적인 가정과 일부다처제를 비난했다. 그래서 이들에게 '첩'은 구시대가 만든 양가적이며 모순적인 존재였다. 이들은 한편으로는 일부다처제를 상징하는 존재이면서, 최악의 여성차별이 체현된 존재였다. 그렇지만 다른 한편으로는 '자유연애'를 위해서는 감수해야 하는 존재이기도 했다. 그래서 '첩'을 소재로 삼은 1920년대 소설들은 서로 대비되는 시선을 보여주고 있다.

이광수의 『재생』은 신여성인 여학생이 부(富)에 대한 동경과 허영 속에서 부자의 첩이 되는 이야기이고, 염상섭의 「너희들은 무엇을 어덧느

---

159. 정혜영, 같은 책, 19-21쪽.

나」는 경제적인 이유로 연상의 불구자인 부호의 후처가 되는 이야기다. 이것은 당시에 사치와 허영에 가득한 여학생이 부를 동경하여 부자의 첩이 되는 일들이 사회문제가 되었던 당시의 세태를 담았다.[160] 이 소설들은 당시의 시대 상황에서 타락한 여학생들의 모습을 다룸으로써 이른바 '신여성'에 대한 부정적인 시선을 보여준다. 그런데 이들의 결혼은 당시의 시대 상황에서 적극적으로 선택한 '지위상승을 통한 평등' 전략으로 해석할 수 있다.

이 시대에는 일본에서 유학을 하고 돌아온 여학생이나 여성해방주의자를 중심으로 '낭만적 사랑'에 대한 욕망이 존재하고 있었다. 그런데 이러한 사랑을 실현할 수 있는 자유연애의 기회는 매우 제한되어 있었다. 당시에는 조혼의 풍습이 강하여 교육받은 남성은 대부분 이미 결혼했기 때문이었다. 그래서 신여성의 자유연애는 유부남과의 사이에서 이루어질 수밖에 없었다. 예를 들면, 농촌에서 집안의 요구에 따라 전통적 여성과 일찍 결혼한 후 도시로 나와 대학을 다니고 직장을 다닌 양반 출신 남성 중에는, 도시에서 신여성과 만나 연애를 하고 결혼을 약속하는 경우도 있었다. 그래서 그 남성은 신여성과 결혼하기 위해 농촌에서 부모를 모시고 전통적인 며느리의 삶을 살던 부인과 헤어지려고 하고 부인은 이혼만은 말아달라고 사정하며 매달리는 상황이 생겨났다. 신여성의 입장에서는 자신이 사랑하는 남성과 자유롭게 연애하고 결혼하는 현대적인 삶을 살아가는 일이었지만, 전통적 여성의 입장에서는 남편을 빼앗기고 이혼을 당해 자신의 인생을 망치는 일이었다. 이것은 시대를 앞서간 신여성의 사상이 전통적 여성을 희생양으로 삼는 결과를 낳을 수 있다는 성 평등주의의 이율배반을 보여준다. 이와 같은

---

160. 정혜영, 같은 책, 140쪽.

현실 때문에 신여성은 남성 지식인으로부터 이기적인 여성으로 비난받기가 십상이었다.

1923년 『신여성』에는 「여학교를 졸업하고 첩이 되어 가는 사람들」이라는 글이 실렸는데, 여기서는 첩을 돈 받고 성을 제공하는 일종의 매음녀로, 그리고 첩을 취하는 사람도 성적 욕망에 가득 찬 사람으로 그렸다. 이처럼 첩이나 후처에 대한 시선이 곱지 않던 시절에 나도향은 소설 「어머니」(1925년)에서, 첩의 신분인 여주인공 영숙이 '완전한 사랑'을 열망하고 인간이기를 갈망하면서 가출하여 다른 남성과 동거를 한다는 이야기를 그렸다. 이것은 신여성에 대한 이광수나 염상섭의 시선과는 전혀 다른 시선이었다. "가난 때문에 자신도 모르는 사이에 첩이 되어버리고 그로 인해 절망과 수치 속에서 삶을 이어가는 영숙의 모습"에서는 사치와 허영을 부리는 타락한 신여성의 모습이 보이지 않는다. 오히려 일부일처제와 남녀평등이라는 현대적 인간관 속에서 계몽되지 못한 구여성으로 매도되던 첩의 애처로운 모습이 나타나고 있다.[161]

나도향의 「어머니」는 전근대적인 일부다처제의 희생자이면서도 현대적인 일부일처제의 '완전한 사랑'을 꿈꾸며 내면적 갈등 속에 살아가는 첩의 모순적인 처지를 담담하게 그려내고 있다. 이것은 현대로 이행하는 과도기적인 시기에 독립된 인격체로서 완전한 사랑을 추구하면서도 모순적 현실 때문에 심적인 고통과 번민 속에서 살아야 했던 첩의 삶을 잘 보여준다. 말하자면 전통적인 삶 속에서 사랑의 평등주의와 성 평등주의를 싹틔우고자 노력한 여성들이 겪은 시대적 고통을 보여준 것이었다.

---

161. 정혜영, 같은 책, 142-147쪽.

2. 다원적 평등주의의 확산과
　　인격적 위계서열주의의 저항

(1) 제헌헌법 속의 다원적 평등주의

　1948년 5월 10일 최초의 국회의원 선거를 치러 구성된 국회는 제헌헌법안을 만들고 본회의를 거쳐 7월 17일에 제헌헌법을 공포하였다. 이렇게 제정된 제헌헌법의 전문은 다음과 같다.

　　유구한 역사와 전통에 빛나는 우리들 대한국민은 기미 삼일운동으로 대한민국을 건립하여 세계에 선포한 위대한 독립정신을 계승하여 이제 민주독립국가를 재건함에 있어서 정의인도와 동포애로써 민족의 단결을 공고히 하며 모든 사회적 폐습을 타파하고 민주주의 제제도를 수립하여 정치, 경제, 사회, 문화의 모든 영역에 있어서 각인의 기회를 균등히 하고 능력을 최고도로 발휘케 하며 각인의 책임과 의무를 완수케하여 안으로는 국민생활의 균등한 향상을 기하고 밖으로는 항구적인 국제평화의 유지에 노력하여 우리들과 우리들의 자손의 안전과 자유와 행복을 영원히 확보할 것을 결의하고 우리들의 정당 또 자유로히 선거된 대표로써 구성된 국회에서 단기 4281년 7월 12일 이 헌법을 제정한다.

　제헌헌법 전문은 오랜 식민지 경험과 신분차별 및 사회불평등의 만연 등 당시의 시대상황을 반영한다. 그래서 한편으로는 민주독립국가 재건과 민족의 단결을 강조하고, 다른 한편으로는 사회의 모든 영역에서 기회를 균등히 하고 국민의 생활이 균등하게 향상할 것을 선언하고 있다. 이것은 민주주의의 중요한 가치로 자유와 함께 평등을 적극적으로 추구하였음을 보여준다.

이러한 제헌헌법의 정신은 헌법 조문에도 나타난다. 제5조는 "대한민국은 정치, 경제, 사회, 문화의 모든 영역에 있어서 각인의 자유, 평등과 창의를 존중하고 보장하며 공공복리의 향상을 위하여 이를 보호하고 조정하는 의무를 진다."고 하여 평등과 공공복리의 향상을 강조한다. 또 제8조는 "모든 국민은 법률 앞에 평등하며 성별, 신앙 또는 사회적 신분에 의하여 정치적, 경제적, 사회적 생활의 모든 영역에 있어서 차별을 받지 아니한다. 사회적 특수계급의 제도는 일체 인정되지 아니하며 여하한 형태로도 이를 창설하지 못한다. 훈장과 기타 영전의 수여는 오로지 그 받은 자의 영예에 한한 것이며 여하한 특권도 창설되지 아니한다."고 하여 법 앞의 평등과 차별금지, 특권해체를 명시적으로 규정한다.

제헌헌법은 자본주의 경제를 지탱하는 자유주의적 개인주의를 바탕으로 하면서도 공동체적 가치를 보호하기 위해 사유재산의 공적 제한을 인정하였다. 제15조는 "재산권은 보장된다. 그 내용과 한계는 법률로써 정한다. 재산권의 행사는 공공복리에 적합하도록 하여야 한다. 공공필요에 의하여 국민의 재산권을 수용, 사용 또는 제한함은 법률이 정하는 바에 의하여 상당한 보상을 지급함으로써 행한다."고 규정한다. 그리고 제6장(경제)의 제84조는 "대한민국의 경제질서는 모든 국민에게 생활의 기본적 수요를 충족할 수 있게 하는 사회정의의 실현과 균형있는 국민경제의 발전을 기함을 기본으로 삼는다. 각인의 경제상 자유는 이 한계 내에서 보장된다."고 규정한다. 이처럼 개인의 재산권 보호와 경제적 자유를 인정하면서도 공공복리, 국민경제, 생활의 기본적 수요 충족 등 공공성과 형평성(균형)을 크게 해치지 않는 범위에서 허용하는 것을 원칙으로 삼아 분배적 평등주의 가치를 간접적으로 실현하고자 했다.

이 외에도 제헌헌법은 교육 평등, 성 평등을 명시하는데, 제16조는 "모든 국민은 균등하게 교육을 받을 권리가 있다. 적어도 초등교육은 의무적이며 무상으로 한다."고 규정하고, 제20조는 "혼인은 남녀동권을 기본으로 하며 혼인의 순결과 가족의 건강은 국가의 특별한 보호를 받는다."고 규정한다.

제헌헌법이 이처럼 다원적 평등주의 가치를 중요한 헌법정신으로 포함한 것은 좌우파에 걸쳐 정치적 지도층이자 지식층을 형성한 제헌의회 의원이 서구 헌법의 민주주의와 평등의 이념을 원칙적으로 수용했기 때문이다. 그리고 이것은 어느 정도 당시 민중의 시대적 요구를 반영한 것이기도 하다.

당시 남한 단독정부 수립에 앞장선 이승만을 중심으로 한 대한독립촉성국민회는 제헌의회 선거에서 235명의 후보자를 내서 55명이 당선하는 데 그쳤다. 이것은 전체 의석 200석 중 27.5%에 해당된다. 그리고 이승만 지지세력인 한국민주당도 29명이 당선했는데, 이것은 14.5%에 해당한다. 전체적으로 보면 우익세력이 제헌의회의 42%를 차지하는 결과를 초래했는데, 당시에 많은 사회주의자, 공산주의자, 민족주의자 들이 제헌의회 선거에 출마하지 않거나 선거참여를 거부하였다는 점을 고려하면, 이승만을 비롯한 우익세력에 대한 민중의 지지는 결코 높은 편이 아니다. 그래서 제헌의원 다수는 당시 민중의 시대적 요구인 평등의 가치를 적극적으로 수용하여 헌법에 반영하고자 하였다. 헌법이 비록 선언적인 의미에서 다원적 평등주의를 내세웠다고 하더라도, 이것은 한편으로는 이후 집권세력이 권위주의와 독재정치로 나아가는 것을 견제할 수 있는 시민적·정치적 평등주의의 근거를 제공하였고, 한편으로는 다원적 평등주의의 정당성을 주장할 수 있는 길을 열어놓았다.

(2) 교육기회 확대와 개인적 평등 지향 확산

 개화기를 지나 학교교육이 점차 확대되자 학력이 지위상승의 중요한 수단이 되기 시작했고, 교육은 성공과 출세를 위한 중요한 경로가 되었다. 신분차별에서는 벗어났지만 여전히 힘든 육체노동을 해야 했던 농민, 노동자로서는 무엇보다도 자식이 학교교육을 받아 성공하고 출세하기를 바랐다. 해방 이후 이념적 대결과 정치적 혼란이 지속되던 시기에 사람들은 차별과 피해를 당하지 않기 위해 권력을 얻고자 했다. 그래서 당시 사람들은 자신이나 자녀가 권력을 행사할 수 있는 판·검사나 정부관료가 되기를 원했고, 적어도 큰 회사에 다니면서 육체노동을 하지 않는 '펜대 굴리는' 직업을 얻기를 원했다. 그래서 부모들은 어떻게든 돈을 마련하여 자식을 교육시키려고 애를 썼다.

 교육은 개인이 다양한 잠재력을 키워 더 나은 삶을 살아가게 하는 중요한 수단이다. 그렇다고 교육이 이러한 개인적인 이유 때문에 중요한 것만은 아니다. 다시 말해 교육은 무엇보다도 사회에 필요한 인재를 육성하는 데 필요불가결한 부분이다. 그래서 어느 시대나 교육은 사회적으로 중요한 과제가 된다. 특히 현대화를 추구하는 사회에서는 시민을 합리적으로 판단하고 행동하는 교양을 갖춘 직업인으로 키우는 교육의 역할이 더욱 중요하다. 분업이 확대되고 상공업이 발달하여 자본주의 시장경제체계가 형성된 현대 사회는 더 이상 소수 지배층만을 위한 교육만으로 발전하기가 어렵다. 따라서 교육은 점차 시민대중을 위한 교육으로 확대해나가지 않으면 안 된다.

 현대 민주주의 사회에서 교육은 민주시민 육성만이 아니라 미래사회를 이끌어 갈 다양한 기능인력 양성이라는 면에서도 국가적인 과업이 된다. 그래서 대한민국 「제헌헌법」 제16조는 "모든 국민은 균등하게 교육을 받을 권리가 있다. 적어도 초등교육은 의무적이며 무상으로 한다. 모든 교육기관은 국가의 감독을 받으며 교육제도는 법률로써 정한다."고 규정하였다. 그리고 대한민국 정부가 수립되면서 1949년에 「교육법」을 통해 현대교육의 기틀을 마련하였다. 「교육법」 제1조는 교육이념이고, 제8조는 의무교육에 관한 내용이다.[162]

제1조, 교육은 홍익인간의 이념아래 모든 국민으로 하여금 인격을 완성하고 자주적 생활능력과 공민으로서의 자질을 구유하게 하여 민주국가 발전에 봉사하며 인류공영의 이상실현에 기여하게 함을 목적으로 한다.

제8조, 모든 국민은 6년의 초등교육을 받을 권리가 있다. 국가와 지방공공단체는 전항의 초등교육을 위하여 필요한 학교를 설치·경영하여야 하며 학령아동의 친권자 또는 후견인은 그 보호하는 아동에게 초등교육을 받게 할 의무가 있다.

또 이 법은 교육기관(국민학교, 중학교, 고등학교, 대학, 사범학교, 공민학교 등)에 관해 언급하면서 "모든 국민들로 하여금 신앙, 성별, 사회적 신분, 경제적 지위 등에 의한 차별이 없이 그 능력에 따라 균등하게 교육을 받게 하기 위하여 다음과 같은 학교를 설치한다."고 명시한다. 교육기회의 평등이 학교 설립의 중요한 이념적 기반이라는 점을 알 수 있다.

그런데 이러한 법률규정이 있는데도 1960년대까지 현대교육은 아직 기본적인 조건을 갖추지 못했다. 1959년에 초등학교 취학률 96%를 달성하여 의무교육을 실현했다고 하지만, 거대학교와 과밀학급의 운영 등 교육환경이 취약하고 무상교육을 할 수 없어서 학부모의 교육비 부담이 컸다. 이런 상황에서 박정희가 군사쿠데타로 집권한 후 국가주도 경제성

---

162. 행정안전부 국가기록원, 『주요 정책기록 해설집 V(교육편)』, 2017, 22, 92쪽.

장 정책을 추진하자 교육도 국가주도형으로 전환되었다. 특히 박정희 정권에서 교육이념이 변화해 '민주주의'보다 '민족주의와 국가주의'를 강조하였다. 그 결과 「교육에 관한 임시특례법」에서 다음과 같이 사립학교의 공공성과 국가통제를 강화하였다.[163]

> 교육사업은 국가의 장래를 짊어질 인재를 양성하는 국가적 사업으로서 그 적부는 한 나라의 국운을 좌우하게 되는 까닭에 국가의 위임에 의하여 국민교육사업을 담당하는 자(학교의 설립경영자)는 다른 누구보다도 국가의 강력한 통제를 받아야 함은 두말할 나위도 없다.

이에 따라 교원의 노동운동 및 단체 행위를 금지하였고, 정부는 사립학교 법인에 대한 감독권을 강화하였다. 이와 함께 사립학교가 소정의 수익사업을 할 수 있도록 허용하여 재정 문제를 보완할 수 있게 하였다.[164] 이처럼 교육의 공공성과 기회의 평등을 강조함으로써 서민대중의 지지가 확대되어 정부는 정당성을 확보하는 중요한 수단이 되었다.

한편 경제개발에 따른 공업화, 도시화 등 급속한 사회변동 과정에서 노사갈등이 첨예화되고 다양한 사회갈등이 분출되자 정부는 국가공동체 또는 민족공동체 의식을 강화해야 했다. 따라서 1968년 대통령의 지시에 따라 「국민교육헌장」을 제정하였는데, 이것은 이후 새마을운동이나, 유신헌법에 따라 한국적 민주주의를 강조한 유신교육 등과 연계되어 국민정신교육의 지침이 되었다.[165]

---

163. 행정안전부 국가기록원. 같은 책, 25-27, 101쪽.
164. 행정안전부 국가기록원, 같은 책, 26, 53쪽.
165. 행정안전부 국가기록원, 같은 책, 57-59쪽.

우리는 민족중흥의 역사적 사명을 띠고 이 땅에 태어났다. 조상의 빛난 얼을 오늘에 되살려, 안으로 자주독립의 자세를 확립하고, 밖으로 인류 공영에 이바지할 때다. 이에, 우리의 나아갈 바를 밝혀 교육의 지표로 삼는다. … 반공 민주 정신에 투철한 애국 애족이 우리의 삶의 길이며, 자유세계의 이상을 실현하는 기반이다. 길이 후손에 물려줄 영광된 통일 조국의 앞날을 내다보며, 신념과 긍지를 지닌 근면한 국민으로서, 민족의 슬기를 모아 줄기찬 노력으로, 새 역사를 창조하자.

박정희의 「국민교육헌장」은 통치 이데올로기로서 민족주의와 반공주의, 민주주의가 어떻게 결합되고 있는지 잘 보여준다. 통일 조국을 내세웠지만 반공주의, 반북주의를 강조함으로써 실질적으로는 반(反)통일주의를 전제하고 있고, 민주주의를 내세웠지만 반공주의와 국가주의에 입각한 민족중흥을 강조하고 있다. 그리고 이를 위해 국민이 헌신할 것을 요구함으로써 권위주의적인 통치를 정당화하고 또 미화하고 있다. 당시 사회민주주의를 비롯한 평등주의나 진보주의 이념을 앞세운 정부비판 세력은 조국의 통일과 민주주의의 실현을 주장하였는데, 국민적 정서나 정치적 정당성을 고려할 때 정부도 이러한 주장을 전면적으로 부정하기는 어려웠다. 그래서 박정희 역시 '조국'과 '민족'을 앞세워 민족중흥과 통일 조국을 말하지 않을 수 없었고, 민주주의와 자유의 실현을 말하지 않을 수 없었다. 「국민교육헌장」은 박정희가 바로 이러한 요구를 반공주의, 국가주의(애국 애족), 발전주의(민족중흥)와 결합시킴으로써 정치적 비판에서 벗어나려고 하였다는 점을 잘 보여준다.[166]

교육이념과 함께 평등한 교육기회를 제공하는 것도 정당성 확보에 중요한 요소인데, 이를 위해 의무교육과 무상교육을 확대하고 공정한 진

---

166. 김정훈·조희연, 「지배담론으로서의 반공주의와 그 변화」, 조희연 편, 『한국의 정치사회적 지배담론과 민주주의 동학』, 함께읽는책, 2003, 126쪽.

학기회를 제공하는 것도 필요했다. 초등학교 의무교육으로 취학률이 증가하자 곧이어 중학교 진학 수요도 급증하였다. 이에 따라 중학교 입시경쟁이 치열해졌다. 이에 정부는 과열경쟁을 막기 위해 1968년에 중학교 무시험 입학제와 추첨배정제를 마련하였다. 그리고 이어서 고등학교 입시경쟁이 치열해지자 1973년 학군제를 통해 고등학교를 추첨으로 배정하는 '고등학교 평준화 정책'을 확정하여 적용하였다. 이러한 일련의 평준화 정책을 통해 소위 '명문학교' '일류학교'가 사라지고 학교 간의 교육여건도 평준화되기 시작했다. 그 결과 고등학교 취학률도 1970년 20.3%에서 1980년 48.8%로 급증하였다.[167]

초등학교의 의무교육과 중등학교의 평준화 정책으로 교육기회의 평등은 강화되었으며, 무엇보다도 남녀 간의 교육격차가 급속히 줄어들었다. 그렇지만 대학교육의 기회는 여전히 제한되어서 대학진학을 위한 사교육 경쟁이 점차 확대되기 시작했다. 대학진학은 지위상승을 보장받는 핵심적 경로이므로 사교육 경쟁이 더욱 심화되었던 것이다. 특히 '명문대'를 중심으로 대학서열이 강화되고, 대학서열에 따라 졸업 후 취업기회의 격차와 소득과 권력에서 지위격차가 생겨나면서 대학입시경쟁은 더욱 치열해졌고 사교육 경쟁도 함께 치열해졌다.

평범한 집안의 부모는 자식이 출세하고 성공하는 것이 집안을 일으켜 세우는 일이라고 생각했다. 그리고 교육은 이를 위한 유일한 수단이었다. 그래서 어렵더라도 돈을 아껴 자식교육에 투자하였다. 자녀를 농촌에서 도시로 유학 보내고 과외할 형편이 안 되면 학원이라도 보내서 좋은 대학에 입학시키려고 애를 썼다. 경북 금릉군 아포면에 살던 권순덕은 자신의 일기(『아포일기』)에서 "애들은 절대로 농촌에서 살지 않게 하

---

167. 행정안전부 국가기록원, 앞의 책, 67, 94쪽.

겠다."며 자녀 교육에 희망을 걸었다. 전북 임실군 신평면에 살던 최내우 역시 자신의 일기(『창평일기』)에서 "희망은 자녀들 성공이다."고 적었다. 이처럼 평범한 집안의 부모는 스스로 경제적 성공을 위해 애를 쓰는 동시에 자녀 교육에도 기대를 걸었다. 그런데 현실적으로 모든 자녀를 대학에 보내기가 어려웠던 부모는 아들을 우선하여 대학에 진학시키려 하였고, 학비를 보태기 위해 딸들을 일찍 취직시키기도 하였다. 이것은 자녀 교육에서 보여주는 성차별로, 유교적 남존여비 사상이 큰 영향을 미치고 있음을 알 수 있다.

현실적으로 대학졸업은 소득과 지위 상승을 초래했다. 1978년 학력별 임금수준 격차를 보면 고졸자 월급을 100으로 했을 때, 대졸자는 231에 달했다. 대학생은 사회적으로도 선망의 대상이었고, 대학졸업자는 소득과 함께 위신도 우월했다. 대기업과 중소기업의 격차가 늘어나고 대졸자들이 대기업이나 고위공무원, 전문직, 기술직 등으로 진출하자 소득격차는 점점 더 커졌고, 이에 따라 대학진학에 대한 수요도 크게 증가하였다. 이처럼 학력에 따른 소득격차가 커지고, 베이비붐 세대의 학령인구 증가와 경제성장에 따른 국민소득이 점진적으로 향상하자 교육열은 점차 높아졌고, 이에 따라 대학진학 경쟁도 점점 더 치열해졌다.

전문대학을 포함한 고등교육기관은 1960년에 85개에서 1970년 232개, 1980년 358개로 늘어났다. 대학입학 정원은 4년제 대학 기준으로 1961년 2만 3,093명에서 1969년 3만 4,475명, 1973년 4만 4,405명, 1979년 9만 8,420명으로 늘어났다. 그리고 전문대학을 포함한 대학입학 정원은 1972년 5만 6,000명에서 1976년 9만 4,000명, 1978년 13만 5,000명 1980년 20만 5,000명으로 늘어났다. 정부는 대학진학 희망자가 50만 명에 육박하자 1979년에 장기교육계획을 세웠으며, 고등교육 취학률을 11.3%에서 31.9%로 확대하기 위해 종합대학교 6개교, 전문대학교 50개교 신설을 목표로 설정하였다.[168] 한편 대학입학 전형제도는 1968년까지 대체로 대학별 단독시험이었는데, 정원외 초과모집, 부정입학, 정원관리의 비효율성 등이 문제가 되어 1968년에 국가자격고사인 대학입학예비고사제를 신설하여 1969학년도부터 적용하였다.[169] 이것은 평가의 공정성을 확보해 평등주의가 확대되는 동시에, 평가기준을 획일화하여 평등주의에 대한 획일적 사고가 확산되는 균열적 결과를 초래하기도 하였다.

이처럼 대학진학에 대한 국민적 요구가 증대하자 정부는 대학의 수와 정원을 늘려서 고등교육의 기회를 넓혔다. 하지만 대학서열체계가 강고하게 형성되어 있어서 대학입시경쟁은 완화되기는커녕 더욱 치열해졌고, 이에 따라 사교육도 급증하였다. 1980년 한국교육개발원(KEDI)이 표집조사한 바에 따르면, 과외수업을 받는 사람이 대도시는 초등학생 25.3%, 중학생 30.2%, 일반고교생 43.9%, 실업고교생 23.2%로 나타났다. 또 과외는 성적이 높을수록 더 많이 받았는데, 일반고교생 중 성적이 하급인 학생 23.9%, 중급 학생 27.6%, 상급 학생 36.8%가 과외를 받았다. 이처럼 사교육 과열에 따른 계층 간 위화감이 사회문제가 되자 1980년에 군사쿠데타로 집권한 전두환 정권은 1981년에 7.30 교육개혁을 마련해 과외교육을 전면금지하고 대학입시본고사를 폐지하였으며, 졸업정원제를 통해 대학입학정원을 늘리기에 이르렀다.[170]

현대사회에서 교육은 지위상승을 위한 핵심적인 수단이며, 교육기회의 평등과 평가의 공정성은 어느 정권이든 국민으로부터 정당성을 획득할 수 있는 중요한 정책이 되었다. 그래서 박정희 정권도 의무교육 확대,

---

168. 행정안전부 국가기록원, 앞의 책, 76, 161, 173, 175, 185쪽.
169. 행정안전부 국가기록원, 같은 책, 161, 173, 175, 185쪽.
170. 행정안전부 국가기록원, 같은 책, 76, 161, 173, 175, 185쪽.

중등교육 평준화, 교육기회 확대 등을 추진하였다. 이에 따라 대다수 국민은 모두 평등한 교육기회를 얻었으며 이제 스스로 열심히 하면 지위 상승과 성공의 기회가 주어진다고 생각하였다. 그래서 "나도 열심히 하면 너처럼 성공할 수 있다."는 상향적 평등 지향의 심성을 품고 자녀교육에 정성을 쏟았다. 물론 자본주의 계급사회에서 교육경쟁은 계급·계층적 조건에 따른 격차 때문에 공정하게 유지되기 어려웠는데, 사교육이 바로 대표적인 양상이다. 뿐만 아니라 이른바 '치맛바람'이라고 하는 엄마들의 학교교육에 대한 관여는 촌지를 비롯한 다양한 부정행위로 이어져 교육경쟁의 공정성은 점차 심각하게 훼손되어갔다. 그런데도 평범한 저소득층 자녀들이 성공할 수 있는 기회는 교육밖에 없었으며, 많은 사람이 주어진 상황에 적응하면서 교육을 통한 지위상승에 몰두하지 않을 수 없었다.

이러한 교육을 통한 지위상승 전략은 개인적 평등을 추구하는 '적응적 평등 지향' 전략이었다. 현대사회에서 공교육, 대중교육이 확대되자 교육은 계층상승 기회의 평등을 제공하는 중요한 수단이 되었지만, 역설적이게도 한국의 교육제도에서 교육기회의 확대는 평등을 확대하기보다는 점차 새로운 불평등을 고착화하는 제도가 되어갔다. 이것은 무엇보다도 자본주의의 발달과 함께 계급·계층적 격차가 커지면서 부모의 소득수준에 따라 사교육을 비롯한 교육경쟁 여건에서 격차가 함께 커졌기 때문이다. 교육기회의 확대가 형식적인 교육기회의 평등을 제공하여 '능력우선주의' 의식과 심성을 확산시켰다면, 사교육(과외) 열풍은 경쟁의 공정성을 훼손하여 서민들이 실질적인 교육기회의 불평등을 느끼도록 하였다. 이에 따라 교육기회의 평등과 경쟁의 공정성을 보장함으로써 정당성을 얻고자 했던 군사정권은 각종 개혁조치를 취하지 않을 수 없었으며, 1980년 군사쿠데타로 집권한 전두환 정권은 과외금지조치를 통해 통치의 정당성을 얻고자 노력했다. 그런데 이러한 조치는 역설적이게도 평등주의의 획일적 경향을 강화하는 결과로 이어졌다.

시민적·정치적 평등주의가 억압되던 권위주의·반공주의적 정권 아래에서 형식적 평등을 제공하는 것은 지배의 정당성을 확보하기 위한 중요한 수단이며, 교육은 그 수단들 중 중요한 한 가지 제도이다. 개인은 교육을 통해 지위상승을 하는 상향적 평등의 기회가 열려 있다고 생각하였다. 그래서 분배 불평등이 개인의 능력이나 노력의 결과라고 여겼고, 이것은 서민대중들 사이에서 분배적 평등을 비롯한 제도적 평등을 지향하는 공적 평등주의 심성을 약화시키는 효과를 낳았다. 물론 반공주의적 통치와 이데올로기 교육도 영향을 미치긴 하였다.

이처럼 권위주의·반공주의적 통치에서 지위상승이라는 개인적 평등지향 행위전략이 확산된 것은 민주화운동이나 노동운동과 같은 집합행동을 통해 제도개혁을 추구하는 공적 평등주의 행위전략이 확산되는 것을 방해하였다. 특히 사적, 상향적 평등 지향이 확산되자 시민적·정치적 평등주의, 공적-제도적 평등주의에 대한 관심이 점차 약화되었고, 이것은 사회 전체적으로 평등주의 심성의 저발전을 초래했다. 게다가 나이나 성별에 따른 인격적 위계서열주의가 지속되면서 지위서열의식이 강해졌는데, 이것은 상향적 평등의식과 함께 하향적 차별의식이 함께 확산되는 모순적 상황을 형성했다. 이에 따라 다양한 평등주의 사이에 분화와 불균등 발전이 나타났을 뿐만 아니라 현대적 지위서열에 따른 인격적인 하향적 차별주의가 확산되어 제도적-공적 평등주의와 시민적-인격적 평등주의의 저발전이 지속되었다.

(3) 학교교육과 다원적 평등주의 확산: 탈권위주의와 성 평등주의

1970년대 권위주의적 군사정권하에서 학생들은 학교에서 전통적인 유교적 충효사상을 배웠고 반공주의 교육도 받았다. 동시에 형식적이나마 민주주의 교육도 받아서 민주시민 의식, 개인적 권리 의식도 함께 성장하였다. 이에 따라 전후 베이비붐 세대를 중심으로 '시민자격-권리'의식에 기초한 시민적·정치적 평등주의가 점진적으로 확산되었다. 또 공업화, 도시화 과정에서 핵가족 단위로 이농하여 익명적인 도시에서 개인화된 삶을 살아가던 사람들은 개인주의 의식이 성장하면서 현대적 합리주의, 탈권위주의 의식과 남녀평등 의식도 점차 발달하였다.

이러한 변화의 흐름은 1970년대 말 한국인의 가치관에 대한 차재호의 연구에서 잘 확인된다.[171] 이 논문은 1985년에 발표되었지만 분석한 자료 자체는 1979년에 질문지조사를 통해 수집된 것이다. 여기서 저자는 가치관의 시대적 변천을 읽어내기 위해 20대와 50대라는 두 연령집단을 비교하였다. 말하자면 20대의 가치관과 50대의 가치관을 조사하여 서로 비교한 후 30년 동안의 가치관 변화를 추정해본 것이다.

이 조사는 600명의 기혼 성인을 대상으로 이루어졌는데, 연령별로는 20대와 50대 이상을 각각 300명씩, 성별로는 남과 여를 각각 300명씩, 학력/거주지별로는 국졸 이하/농촌, 국졸-중졸/서울, 대학3년 이상/서울을 각각 200명씩 표본을 선정하였다. 질문지는 특정 가치와 관련하여 상반된 두 선택지를 제시한 후 하나를 선택하는 방식이다. 예를 들어 "사회가 질서를 유지하려면: (가) 상하 구별이 분명하여야 한다; (나) 모든 사람이 높고 낮음이 없고 오로지 하는 일만 나누어 가지고 있어야

---

171. 차재호, 「70년대 말에서의 가치, 태도 및 신념으로 본 한국인의 세대차 (1)」, 『사회 및 성격』 2(2), 1985.

한다."와 같은 형식의 질문을 제시하였다. 〈표 5-1〉은 이러한 조사 결과 중에서 위계서열주의(권위주의)와 남녀평등의식과 관련된 문항을 선별하여 정리한 것이다.[172]

〈표 5-1〉 가치문항별로 본 비교집단의 평균치

가치 문항	전체	성별		세대		학력 수준		
		남	여	20대	50대	국졸	중졸	대재
(고용주의) 직원 선호: 고분고분한 직원 대 능력 있는 직원	66.8	73.3	60.3	71.4	62.4	57.5	64.0	79.0
예의바른 것: 어른 존경 대 개인권리 존중	46.9	-	-	53.7	40.0	26.5	46.0	68.0
존경해야 할 사람: 연장자 대 유능한 자	63.7	68.7	58.7	-	-	49.5	65.5	76.0
나이 많은 이에 대해: 존대해야 한다 대 존대할 필요 없다	23.4	-	-	28.3	13.4	-	-	-
가문 이을 아이: 아들 대 아들·딸 누구나	58.2	-	-	68.3	48.0	52.5	57.5	64.5
자녀 구성 선호: 아들 3명 대 딸 3명	16.5	13.3	19.7	23.0	10.0	-	-	-
자녀 가치: 대를 잇는다 대 자식 기르는 재미	59.4	-	-	66.7	52.0	39.0	58.0	81.0
기혼 부인의 정조: 지켜야 한다 대 지킬 필요 없다	4.7	-	-	7.0	2.4	-	-	-
처녀의 정조: 지켜야 한다 대 안 지켜도 된다	12.0	-	-	19.3	4.7	-	-	-
과부의 정조: 지켜야 한다 대 안 지켜도 된다	49.7	55.7	43.7	56.7	42.7	43.0	47.5	58.5

* 1. 원래의 표에서 가치 문항을 선별하여 재구성하고 약간 수정한 것임.
  2. 50.0 이하는 전자 선호를 의미함(점수가 낮을수록 전자를 선호함).
  3. 학력수준은 거주지/학력 구분으로 국졸, 중졸, 대재는 각각 국졸 이하/농촌, 국졸-중졸/서울, 대학3년 이상/서울에 해당함.

---

172. 차재호, 같은 글, 140-142쪽.

먼저 〈표 5-1〉에서 직원 선호, 예의바른 것, 존경해야 할 사람, 나이 많은 이에 대해 등의 문항은 위계서열주의(권위주의)와 관련된 것이다. 일반적으로 지위나 나이에 따른 서열적인 상하관계에 얼마나 순응적인지에 따라 위계서열주의 가치에 대한 선호 정도를 알 수 있다. 직원 선호를 보면, 전반적으로 고분고분한 직원(33.2)보다 능력 있는 직원(66.8)을 좀 더 선호하는 경향이 있다. 성별로는 남성이, 세대로는 20대가 능력 있는 직원을 더 선호하는 편이며, 또한 서울지역에 살면서 학력이 높을수록 능력 있는 직원을 더 선호하는 것으로 나타났다.

한편 예의바른 것을 보면, 전반적으로 어른을 존경할 줄 아는 것이라는 편(53.1)이 개인권리를 존중할 줄 아는 것이라는 편(46.9)보다 약간 더 많다. 그렇지만 세대별로는 20대에서 학력은 높을수록 개인권리를 더 강조하는 것으로 나타났다. 존경해야 할 사람에서는 전반적으로 연장자(46.3)보다 유능한 자(63.7)를 더 선호하였다. 여기서는 학력/거주지에 따른 차이가 유의미하게 나타나는데, 고학력자일수록 유능한 자를 더 존경해야 한다는 생각이 상대적으로 더 크다는 점을 알 수 있다. 나이 많은 이를 존대해야 하는지는 평균치가 23.4로 존대해야 한다는 의견이 매우 높다. 그렇지만 여기서도 세대 차이가 나타나 20대는 존대할 필요가 없다고 생각하는 의견이 약간 더 많았다.

지금까지 분석한 결과를 살펴보면, 유교적 전통에 따른 위계서열적 권위주의에 대해 젊은 세대나 고학력의 서울지역 거주자일수록 비판적이고 부정적인 생각이 크다는 점을 확인할 수 있다. 그리고 이것은 민주주의의 발달, 공교육의 확대, 자본주의적 공업화와 도시화에 따른 개인화된 익명적 삶의 확산 등에 따라 시민대중이 신분제의 잔재에서 벗어나 권리의 평등에 적극적으로 공감하게 되면서 합리주의적이고 평등주의적인 태도가 확대된 결과라고 할 수 있다.

이러한 가치관의 변화는 전통적인 남아선호 사상이 약화되는 걸로도 나타난다. 가문을 이을 아이에 대한 문항에서 평균치가 58.2가 나왔다는 것은 가문을 이을 아이로 '아들이든 딸이든 상관없다'는 생각이 '아들이어야 한다'는 생각보다 더 많아졌다는 것을 의미한다. 여기서도 세대와 학력 수준에 따른 차이가 유의미하게 나타나는데, 젊은 세대로 갈수록 또 고학력자로 갈수록 남아선호 사상이 약화되고 있다는 점이 뚜렷이 나타난다. 자녀 구성 선호도 평균치가 16.5로 전체적으로는 여전히 남아선호가 상대적으로 강하지만, 아들 3명에 대해 딸 3명을 선호하는 사람들이 어느 정도 존재하고 특히 여성과 20대가 남성과 50대에 비해 딸 3명을 선호하는 경향이 좀 더 크다는 사실은 전통적인 남아선호 사상이 점차 무너지고 있다는 단초를 보여준다. 이러한 경향은 자녀 가치에 대한 문항에서 좀 더 분명하게 나타나는데, 전체적으로 대를 잇는 것을 강조하는 의견(40.6)보다 자식을 기르는 재미를 선호하는 의견(58.2)이 더 높게 나왔다는 것은 남아를 통해 대를 이어야 한다는 전통적인 사고가 약화되었다는 점을 알 수 있다.

남아선호 사상의 약화는 전통적인 유교적 의식의 약화와 함께 성 평등 의식의 발달과도 연관된다. 성 평등 의식의 수준은 '여성의 정조'에 대한 관념을 통해 파악할 수 있는데, 차재호는 조사에서 기혼 부인, 처녀, 과부가 '정조를 지켜야 하는지' 아니면 '지킬 필요가 없는지'에 대해 물었다. 그 결과 기혼 부인은 정조를 지켜야 한다는 생각이 95.3이나 동의하여 매우 높게 나타났지만, 처녀는 88로 약간 낮았고 특히 과부는 50.3이 동의하여 크게 낮다는 점을 확인할 수 있다. 말하자면 과부는 정조를 지킬 필요가 없다는 생각이 절반 정도를 차지한다. 특히 과부의 정조는 20대일수록 또 고학력일수록 지킬 필요가 없다는 생각이 높았다. 이러한 변화는 여성이 성에 대해 좀 더 개방적이고 평등주의적인 태도가 확대되었다는 점을 보여준다. 다만 과부의 정조는 남성보다 여성이 더 보수적인 태도를 보이는데, 성 평등 의식의 전반적으로 확산했는데도 남성중심의 가부장적인 문화가 뿌리 깊게 남아 있어 여성이 전통적인 문화를 더 깊이 내면화한 결과로 이해할 수 있다.

1970년대 말 위계서열주의(권위주의)와 성 평등 가치에 관한 의식에서 세대 간의 차이가 전반적으로 두루 나타나는 것은, 시대 변화가 탈권위주의와 성 평등 의식이 확산되는 방향으로 나아가고 있다는 것을 의미한다. 이것은 반공주의·권위주의 통치 속에서 시민적·정치적 평등주의가 억압받았지만 시민의 일상적 삶 속에서는 사회·문화적 평등주의 의식과 심성이 점진적으로 확대된 결과로 보인다. 여기에는 해방 이후 점차 확대된 서양식 현대교육이 많은 영향을 미쳤다. 현대교육의 확대는 교육수준의 상승에 따른 시민적-인격적 평등주의를 확산시켰을 뿐만 아니라 위계서열적·권위주의적·가부장적인 유교적 전통에 대한 부정적 인식도 확산시켰다.

박정희 유신정권은 초·중등교육에서 현대적 민주주의 교육 자체를 부정할 수 없었기에 한국적 민주주의를 내세워 권위주의적 통치를 정당화하려고 하였다. 하지만 민주주의 교육은 정권의 의도와는 무관하게 비판적 시민의식을 고양시키고 다양한 일상적 불평등과 차별에 대한 저항의식을 형성하면서 시민대중 사이에서 탈권위주의, 다원적 평등주의 심성이 확산되는 기초를 제공하였다. 특히 대학교육의 확대는 박정희 정권의 반공주의·권위주의 통치에 반대하는 학생운동, 민주화운동의 성장에 많은 영향을 미쳤으며, 이에 따라 시민적·정치적 평등주의를 위한 제도개혁을 요구하는 공적-제도적 평등주의 행위전략이 확산되는 기반이 되었다. 하지만 반공주의를 동원한 군사독재 정권의 이데올로기적 지배는 일상생활에서 시민대중이 권위주의에서 벗어나고 시민적-인격적 평등주의를 추구하는 것을 제약하였으며, 이에 따라 현실적으로 평등주의 심성은 더디게 발달하였다. 특히 국가의 권위주의적 통치는 개인의 자유와 다양성을 억압하였고, 경제성장을 위한 국가주의·민족주의적 동원은 획일성을 지향하는 문화를 강화하였다. 이것은 사회적으로 개인의 인격적·시민적 동등함에 대한 인식과 다원적 평등주의의 발전을 억제하였다.

(4) 존대법과 문화적 평등주의의 억압: 인격적 위계서열주의의 저항

신분에 따른 권위에 복종해야 한다고 강제해온 신분제도는 조선 후기에 점차 약화되었고 갑오개혁을 통해 법적으로 폐지되었다. 하지만 "오랫동안 쌓인 양반과 상민, 천민이라는 현실적인 신분관계와 신분 관념은 한말에는 물론 일제 침략기 내내 한국인의 행위 양식 속에 중요한 영향을 미쳤고, 해방 이후의 좌우대립과 6.25전쟁을 거치면서 농촌지역 공동체가 뿌리째 흔들리고 나서야 크게 약화되었다. 특히 농지개혁 때문에 지주계급이 몰락하고 산업화 과정에서 급속하게 이루어진 도시화로" 친족 중심의 전통적인 농촌공동체는 약화되고 익명적인 인간관계, 개인주의 의식은 확대되어서 신분관계와 신분 관념은 거의 해체되기에 이르렀다.[173]

하지만 일상생활에서는 전통적 위계서열주의가 완전히 해체된 것은 아니었다. 특히 친족공동체나 마을공동체를 중심으로 나이와 성별에 따른 인격적 위계서열주의는 여전히 강하게 남아 있었다. 그리고 이러한 인격적 위계서열을 유지하는 데 많은 기여를 한 것이 바로 '존대법'이다.

---

173. 조성윤, 「식민지 유산의 극복과 사회발전 50년」, 한국사회사연구회 편, 『한국현대사와 사회변동』, 문학과지성사, 1997, 14쪽.

존대법은 나이와 성별에 따른 위계질서를 일상적 삶 속에서 항상 의식하고 실천하도록 강제하여 위계서열주의와 권위주의가 유지·존속되도록 만든 중요한 물질적 기반이자 문화적 문법이다.

존대법은 무엇보다도 유교적 가부장제에 기초한 전통적 친족체계 속에서 전통적인 인격적 위계서열주의를 재생산하는 데 크게 기여했다.[174] 부계중심의 친족관계 때문에 여성은 결혼을 하면 남성의 가계에 종속해야 했고, 남성은 부계중심의 항렬과 나이에 따른 서열관계에 순응해야 했다. 그래서 항렬, 나이, 성별의 위계서열에 따라 서로 다른 등급의 존대법을 사용하였다. 이러한 위계서열은 부계 중심의 가부장적 호칭체계, 연령서열에 따른 호칭체계를 통해서도 잘 확인된다. 호칭은 존대법이 적용되는 방식과 직접적으로 연관되어 있다. 부계중심의 가족-친족 호칭은 항렬과 나이가 중요한데, 항렬은 계보상의 세대 순위를 말한다. 같은 성씨의 사람들이 모여 사는 동족마을에서는 세대 순위, 즉 항렬에 따라 서열을 매겼는데, 이러한 서열을 분명히 하기 위해 같은 항렬이면 동일한 항렬자를 사용하여 이름을 지었다. 친족의 위계서열에 따른 권위는 상례와 제례에서 맡는 지위를 통해 인정되고 또 확인되는데, 맏이로 이어지는 종손은 상속재산의 분배에서 우선권을 가지며 가장으로서 상례와 제례를 주관하는 권한이 주어진다. 그래서 나이가 많아도 항렬이 낮으면 항렬이 높은 친척에게 존대를 하며 예를 갖추어야 했고, 특히 종손에게는 각별하게 대우했다.

한편 여성은 결혼하면 나이와 상관없이 남편에게 존대를 했으며, 나이 어린 시동생에게도 존대를 했다. 반면에 나이 많은 시누이라도 오빠의 부인에게는 언니라고 부르며 존대했다. 이러한 호칭체계는 부계중심의

---

174. 이 책 194~197쪽 참조.

가부장적 위계서열 관계를 잘 보여준다.[175] 이처럼 청자존대법은 전통적인 인격적 위계서열주의를 재생산한 물질적 기반이다. 신분제가 해체되고 민주주의가 발달하면서 사람들 간의 인격적 동등성을 천명하였는데도 기존의 유교적, 가부장적 위계서열주의 문화는 존대법을 통해 유지되면서 성별과 나이 중심의 위계서열주의 문화로 재편되었다. 그리하여 남성과 여성, 연장자와 연소자의 인격적 불평등과 차별 의식은 계속 남았고, 청자존대법은 여전히 이러한 인격적 위계서열주의를 지지하는 중요한 기반으로 남았다.

현대교육의 확대로 평등주의 의식이 확산되고 개인주의 성향이 커지자 유교적 전통에 대한 새로운 세대의 저항도 생겨나기 시작했다. 하지만 일상적 언어생활 속에서 나이와 성별에 따른 위계서열을 의식하게 하는 존대법은 위계적·가부장적 문화가 국민적 아비투스로 유지되도록 하는 데 기여하면서 '시민으로서의 인격적 동등함'을 추구하는 시민적-인격적 평등주의의 발전을 저해하였다. 남성과 연장자는 자신들이 여성과 연소자들로부터 공경과 대접을 받아야 한다는 의식을 자연스럽게 유지하였고, 이것은 심지어 하위자에 대한 인격적 차별도 정당화하는 차별주의 심성이 자라나게 하는 토양이 되었다. 이에 따라 존대법은 점차 인격적 위계서열주의와 시민적-인격적 평등주의, 전통과 현대가 서로 민감하게 부딪히는 문화적 갈등의 공간이 되었다.

---

175. 이건범 외, 『나는 이렇게 불리는 것이 불편합니다』, 한겨레출판, 2018.

3. 인격적 위계서열주의의 존속과
   다원적 평등주의의 억압

(1) 존대법의 존속과 인격적 위계서열주의:
    시민적-인격적 평등주의의 저발전

　나이 위계서열주의 문화는 개인의 성장 과정 곳곳에서 체험되고 학습된다. 그리고 이 과정에서 호칭을 포함한 존대법은 일상적으로 위계서열을 확인하고 내면화하도록 만든다. 친척들끼리 만나면 어릴 때부터 나이에 따라 자연스럽게 누나, 형, 언니, 오빠 등의 호칭을 사용하고, 어린이집이나 유치원을 가더라도 나이에 따라 서열을 매기고 호칭을 사용한다. 나이 서열을 확인하는 것은 일상적인 삶이다. 그리고 연장자를 존중하라는 유교적인 규범과 문화는 아이들 사이에서도 나이에 권위를 부여하는 힘이 된다. 아이들은 자신이 연장자임을 확인하고 싶어 하며 자신의 권위가 도전받으면 어른을 통해 제재가 가해지기를 기대한다. 만약 자신보다 나이가 어린 동생이 이름을 부르면, 주변의 어른을 찾아가서 "쟤가 나를 누나(또는 언니, 형, 오빠)라고 안 불러요!" 하고 알려서 사회적 비난이나 제재를 가해줄 것을 바라기도 한다. 하지만 아이들 사이에서는 나이 위계서열이 엄격하지 않아 나이가 달라도 서로 반말을 하면서 친밀한 관계를 유지할 수 있었다.
　초등학교부터 시작되는 학교생활은 위계서열주의를 점차 공고하게 만들었다. 박정희 정권에 와서 초등학교 진학률은 100%에 가까웠고, 중학교 진학률도 점차 상승하였다. 앞서 보았듯이 학교교육이 확대되어 대부분의 청소년이 학생이 되어 학년에 따른 서열이 매겨지면 나이 서열에 따른 위계서열주의는 더욱 강화된다. 게다가 선배에게 존댓말을 쓰는 것이 일반적 규범이 되면 위계서열에 대한 순응은 내면화될 수밖에 없다. 선배의 권위주의적 태도와 강압을 동원한 일상적 제재가 더해지면 이러한 질서에 저항하기란 쉽지 않다. 청소년기의 아이들은 자신의 정체성을 인정받기를 강력히 원하는데, 나이에 따른 권위는 그 중요한 요소이다. 그래서 학년등급에 따른 선후배 관계를 점차 중요시 여기게 되며, 선배가 되면 후배에게 존댓말을 쓰면서 선배의 권위에 복종하라고 강요한다.

 나이 위계서열주의는 중학교와 고등학교로 갈수록 더욱 심화된다. 많은 학교에서 후배에 대한 선배의 폭력이나 강압, 갈취 등 부당한 요구가 일상적으로 이루어지며 사회문제가 되었다. 중·고등학교는 학생 관리의 편의성을 위해 학생이 교복을 입고 또 학년별로 색상을 구별하여 이름표를 달아 나이 서열을 쉽게 확인할 수 있는데, 이것은 학생 사이에서 존댓말 사용을 비롯한 위계서열주의 문화를 강화하는 데 많은 영향을 미쳤다. 선배는 자신의 권위를 인정받기 위해서 후배에게 명령조의 반말을 사용하고 심지어 무시하거나 굴욕감을 주는 말투를 사용하기도 한다. 그리고 후배가 선배에게 존댓말을 쓰면서 공손하게 대할 것을 요구한다. 이러한 규칙을 통해 선배는 후배에게 자신의 권위를 과시하고 또 인정받으려고 하는데, 이에 대해 후배가 저항하면 선배를 무시한다면서 협박하거나 보복적 폭력을 행사하기도 한다.

 이러한 나이 위계서열주의는 청소년들 사이에서만 나타나는 것이 아니었으며, 성인이 된 대학생들 사이에서나 심지어 직장이나 사회조직에서도 나타났다. 같은 학과의 선후배 사이에서, 고교동창회 선후배 사이에서 나이 위계서열주의 문화는 후배들에게 선배 권위에 복종할 것을 강요한다. 또 연예계, 문화예술계, 체육계, 의료계 등 동업자 협회가 구성되어 있는 업종에서는 선후배 간의 수직적인 위계가 엄격한 경우가 많다. 이것은 선배가 후배의 돈벌이에 직·간접적으로 영향력을 행사할 수 있는 경우에 더욱 강해진다. 그래서 후배가 선배에게 대접을 하고 인사를 하는 것이 중요한 예의로 받아들여지는데, 심지어 후배가 선배를 보고도 인사를 하지 않았다는 것이 큰 비난거리가 되어 선배의 갑질이나 선후배 간의 다툼이 일어나는 사건을 언론을 통해 종종 접할 수 있다. 이러한 선후배 관계에서도 위계서열주의 규범과 예의가 강조되며 존대법은 이러한 문화를 유지하는 중요한 수단이 되고 있다. 후배가 선배에게 존댓말을 쓰게 하는 것 자체가 선배에 대한 순종을 내면화하는 과정이다.

이처럼 한국사회의 나이에 따른 위계서열주의 문화는 어린 시절부터 호칭이나 존대법을 통해 자연스럽게 습득되어 국민적 아비투스로 자리잡고 있다. 윗사람과 아랫사람, 고참과 신참, 선임과 후임, 선배와 후배, 상급자와 하급자 등 나이 서열 또는 경력 서열을 따지는 언어들이 유별나게 발달되어 있고 또 일상적으로 사용된다. 공식적인 국민의 대표자인 국회의원도 국회에서 연설을 시작할 때 "존경하는 선배 및 동료 의원 여러분"이라고 말하는데, 후배에 대해서는 별다른 언급을 하지 않더라도 꼭 선배를 대우해야 한다는 생각을 은연중에 보여준다. 그리고 선배를 챙기면서 '님'이라는 존칭을 붙여서 부르는 것을 일반적인 예의로 여긴다. 그리고 이러한 나이 서열에 따른 규범이나 예의를 어기면 주변 사람들로부터 눈치나 비난을 받는다.

한국사회에서는 존대법을 통해 재생산되는 일상적인 인격적 위계서열주의 문화가 인격적·시민적 동등함에 기초하는 평등주의의 발달을 가로막아왔다. 비록 현대교육이 민주적 시민의식, 시민적 평등의식을 성장시켰다 하더라도, 일상적 인간관계에서 개인이 서열문화와 서열의식에서 벗어나기 어려웠던 것이 현실이다. 장기적으로 보면 근현대사회에서 평등주의가 발전하고 신분차별이 사라지면서 위계서열주의도 점차 약화되었지만, 일상적인 인격적 위계서열주의는 쉽게 해체되지 않았는데, 여기에는 무엇보다도 위계서열을 일상적으로 확인하고 또 이에 순응하게 하는 존대법 체계와 서열문화가 많은 영향을 미쳤다.

(2) 지위서열 사회 평등주의의 모순:
  상향적 평등의식과 하향적 차별의식의 공존

 불평등과 차별이 존재하는 사회는 지위서열이 존재하기 마련이다. 지위를 부, 권력, 명예 등을 포괄하는 일반적인 의미로 사용한다면, 자본주의적 민주주의 사회에서 지위서열은 경제, 정치, 문화 등 다양한 영역에서 나타난다. 그런데 앞서 위계서열주의를 '탈인격적'인 경우와 '인격적'인 경우로 구분한 바 있는데, 이러한 구분에 따른다면 지위서열 역시 탈인격적인 것과 인격적인 것으로 나누어볼 수 있다. 물론 지위서열이라는 것 자체가 인격적인 차별과 무시를 동반하기 쉽지만, 민주주의와 시민의식이 발달한 유럽의 선진국을 보면 반드시 그런 것은 아니다. 한국사회에서 민주주의가 발전했는데도 시민적-인격적 평등주의가 저발전한 것은 지위서열의 존재가 인격적 무시로 쉽게 이어졌기 때문이다.
 여기에는 인격적 위계서열주의 문화의 존속이 큰 영향을 미쳤다고 할 수 있다. 근현대 한국사회에서 발전한 현대적 제도들은 기본적으로 탈인격적 지위서열을 형성하는 것이었지만, 전통적인 인격적 위계서열주의 문화는 탈인격적 지위서열이 인격적 지위서열로 전환되도록 한 것이다. 예를 들어 자본주의 시장경제의 발달을 통해 형성된 탈인격적 지위서열 관계/의식이 전통적인 인격적 위계서열주의 문화와 결합하면서 결합상승(synergy)효과를 낳아 지위서열의 인격적 성격이 강화되었다고 할 수 있다. 그래서 인격적 무시나 갑질이 쉽게 사라지지 않게 되었다.

　자본주의 시장경제의 발달은 개인 간의 소득경쟁을 포함한 다양한 지위경쟁을 심화하는 경향이 있다. 자본주의 사회에서는 자본가와 노동자 간의 계급적 분화뿐만 아니라 자본가 간의, 또는 노동자 간의 경쟁에 따른 소득 불평등이 존재할 수밖에 없다. 그래서 나도 노력하고 또 능력을 발휘하면 다른 사람처럼 높은 소득, 높은 지위를 얻을 수 있다는 심성이 생겨나는데, 이처럼 개인적으로 노력하여 자신보다 높은 지위에 있는 사람들과 동등한 위치에 오르려는 심성을 앞서 '상향적 평등 지향'이라고 정의한 바 있다. 그리고 이러한 행위전략을 통해 스스로 성공했다고 생각하는 사람들은 그렇지 못한 사람들을 향해 능력과 노력이 부족해서 그렇다고 생각하게 되는데, 이것이 바로 '능력우선주의' 논리이다. 그런데 이렇게 지위상승을 이룬 사람들은 능력우선주의 논리를 내세우며, 그렇지 못한 사람들에 대해 소득이나 지위 격차를 정당한 것으로 여기게 된다. 그렇지만 이러한 격차의 존재가 인격적 차별이나 무시를 정당화할 수 있는 것은 아니다.

　근현대 한국사회에서도 신분제도가 해체되고 자본주의 시장경제가 발달해가면서 전통적 신분이나 성별, 나이 대신 재산이나 소득, 직업, 학력, 학벌, 소비성향 등과 같은 사회적 지위의 기준이 새로운 서열을 형성해왔다. 그런데 민주주의와 시민의식이 저발전 상태에 머물러 있던 한국사회에서는 새롭게 형성된 지위서열이 단지 탈인격적 지위서열로만 존재한 것은 아니다. 시민적 동등함이라는 시민적-인격적 평등주의가 취약했기에 탈인격적 지위서열이 인격적 지위서열로 쉽게 전환될 수 있었던 것이다. 그래서 상향적 평등의식은 이에 상응하는 '하향적 차별의식' 또는 '하향적 차별주의' 심성으로 쉽게 이어지는데, 이것은 단순히 탈인격적 구별에 머무르지 않고 호네트가 말한 '인정 투쟁'의 경우처럼 인격적 차별과 무시로 나아갔다.

자본주의적 지위경쟁에서 형성된 상향적 평등의식이 인격적 차별주의로 표출되는 것은 전근대적, 신분제적 문화와 심성의 영향을 많이 받았다고 할 수 있다. 오늘날 선진국을 보면, 사람들이 직업을 비롯한 사회적 지위에 따른 격차를 인격적 위계서열로 인식하지 않으며, 직업에 따라 매겨진 서열을 인격적 위계서열로 받아들이는 것을 부당하고 비합리적인 것이라고 생각한다. 시민적-인격적 평등의식이 정착되어 있는 사회에서 인격적 위계서열은 결코 받아들일 수도 정당화될 수도 없는 것이기 때문이다. 하지만 전근대적·신분제적인 인격적 위계서열주의가 나이와 성별에 따른 인격적 위계서열주의로 전환되어 존속하던 한국사회에서 지위서열의식은 쉽게 인격적인 것으로 변화하였고, 지위경쟁에서 나타난 상향적 평등 지향도 하향적 차별 지향과 결합되어 쉽게 인격적인 위계서열주의로 전환되었다. 그래서 평등주의 심성이 확산되면서 "직업에는 귀천이 없다."는 말이 생겨나기도 했지만, 현실에서 이 말을 진정으로 믿는 사람은 거의 없다.

과거 신분제 사회에서는 '사농공상(士農工商)'이라고 하여 선비(지식인)와 농업인, 공업인, 상업인의 순서로 직업의 서열을 매겼다. 그래서 상업에 종사하는 사람들을 비하하는 말로 '장사꾼', '장사치'라는 표현을 일상적으로 사용하였다. 그런데 신분제가 해체된 근현대 한국사회에서도 직업의 서열은 변형된 형태로 남아 있다. 짐멜이 분석하였듯이 자본주의 화폐경제의 발달은 모든 서열의 기준을 돈으로 환원하는 수평화의 경향이 있는데, 역설적이게도 이것은 한국사회에서 돈에 따른 지위 격차를 새로운 위계서열로 만들었다. 돈과 직업적 지위의 격차를 인격적 위계서열로 여기고 하향적 차별을 정당화하면서 한쪽에는 특권의식을 다른 쪽에는 열등감과 모멸감을 가져다주었다. 이러한 인격적 차별주의 문화는 제도적 불평등에 따른 상대적 박탈감을 인격적 적대감으로 전환하여 근현대 한국사회에서 문화적-인격적 대립을 심화시켰다.

이런 맥락에서 보면, 근현대 한국사회에서는 자본주의의 발달로 인한 계급·계층 격차의 형성과 이에 따른 지위서열사회의 형성이 민중의 평등주의 심성을 점차 사적-상향적 평등추구 의식으로 왜곡하였는데, 여기에는 전통적인 인격적 위계서열주의 또는 차별주의 문화가 많은 영향을 미쳤다. 사실 근현대 한국사회에서 자본주의적 불평등과 지위상승 경쟁이 만들어낸 '지위서열'과 전통적인 '인격적 위계서열주의'는 서로 다른 사회적 맥락에서 형성되었다. 전자가 탈인격적이라면 후자는 인격적이다. 여기서 베버의 '선택적 친화성'이라는 개념을 통해 설명한다면, 한국사회에서는 현대적인 탈인격적 지위서열 의식과 전통적인 인격적 위계서열 의식이 맞붙으면서 인격적 차별주의 의식을 강화하는 결합 상승 효과가 나타났다. 이것은 부분적으로 권위주의적 통치와 가부장적 문화 속에서 시민적-인격적 평등주의가 저발전한 데 기인하는 것으로, 한국사회에서 '상향적 평등 지향 의식'과 '하향적 차별주의 의식'이 공존하는 모순적인 현실을 만들어냈다. 특히 이러한 현실은 공적-제도적 평등주의의 발전을 지속적으로 제약하는 요인이 되었고, 나아가 나이와 성별에 따른 차별이 없는 다원적인 인격적 평등주의의 발전을 저해하였다. 그리고 존대법의 존속은 인격적 위계서열주의 문화의 존속에 영향을 미치면서 인격적 차별주의 의식을 강화하고 시민적 평등의식의 발전과 다원적 평등주의의 발전을 저해하였다.

(3) 시민적-인격적 평등주의의 저발전과 다원적 평등주의의 억압

근현대 한국사회에서 전개된 신분차별철폐운동, 평형운동, 농민운동,

사회주의운동, 민족해방운동, 민주화운동, 노동운동, 여성운동 등은 다양한 차별과 불평등에 저항하는 평등주의 심성을 분출하였고, 이것은 이후 다원적 평등주의가 발전하는 잠재적 에너지가 되었다. 하지만 오랜 반공주의·권위주의 통치하에서 이러한 다원적 평등과 차이를 인정해달라는 많은 목소리가 정치적, 문화적으로 억압되었고, 오랫동안 소수자의 목소리로 묻혀 있으면서 민주주의의 발달과 시민사회의 활성화를 기다릴 수밖에 없었다. 그래서 평등 이념은 국가에 의해 정치적으로 동원되면서 특정 영역이나 부문으로 제한되거나 획일성을 띠었다.

물론 이러한 다원적 평등과 차이의 억압은 단지 제도정치 영역에 국한되는 것은 아니었다. 문화적 영역 또는 일상생활 영역에서도 가부장적, 권위주의적, 집단주의적 문화의 영향을 받아 성 차별, 연령 차별, 소수자 차별의 문화가 지속되었고, 남성 중심의 집단주의적, 획일주의적 문화가 일상생활을 지배하였다. 가족, 학교, 직장, 동호회 등 집단과 조직에서는 지위서열이 없는 민주적인 소통과 자유로운 대화를 하기 어려웠고, 집단적 획일성이나 균등성이 평등이나 공정성의 가치를 대신하였다. 이에 따라 차이나 다양성을 주장하는 것은 집단과 조직의 이익을 해하는 것으로 여겼고, 상급자에 대한 하급자의 순종, 남성 우월의 문화 등은 조직을 안정적으로 유지하기 위한 기본적 규범이 되었다. 더구나 다른 소수자들은 권리주장을 하거나 목소리를 내는 것조차 어려웠다.

권위주의, 집단주의 문화가 지배해온 지위서열주의 사회에서 시민대중의 평등주의 심성은 균일성, 획일성을 공정의 기준으로 여기는 경향이 강했는데, 여기에는 정부의 정책이 많은 영향을 미쳤다. 기회의 균등을 내세우면서 공직을 비롯한 다양한 영역에서 국가자격시험이 기본적인 선발제도가 되었는데, 이것은 시험의 객관성을 통해 기회와 선발의 공정성을 내세울 수 있는 가장 손쉬운 방법이었다. 이러한 객관성에 대한 요구는 제도적으로 평가방식의 다양성보다는 획일성을 선호하도록 만들었다. 정부수립 이후 각종 공공인력 선발을 위해 사법고시, 외무고시, 행정고시 등 고등고시와 일반 공무원시험제도가 도입되었고, 대학입시경쟁이 점차 치열해지면서 1969년에는 예비고사와 같은 단일한 자격시험제도를 도입했다.

교육기회의 균등은 국가의 정당성을 확보하기 위한 중요한 정책 가치인데, 대학입학시험 응시자격을 부여하기 위해 도입한 예비고사는 대학입학 기회의 공정성을 확보하기 위한 수단이었다. 그래서 시험의 절차적 공정성 확보가 중요해졌는데, 이를 위해 객관성을 확보하기 쉬운 획일적인 시험과 시험점수에 따른 자격을 부여했다. 그런데 경쟁이 치열해지고 시험이라는 수단이 그 자체로 목적이 되자 교육은 높은 시험점수를 얻어 상위권 대학에 진학하기 위한 수단이 되기 시작했다. 이에 따라 학교교육도 시험성적을 높이고 상위권 대학진학 성과를 높이기 위한 획일적 교육방식으로 확산해갔다. 의무교육이 확대되고 베이비붐 세대의 학생수가 늘어나자 통제와 관리 중심의 권위주의적 교육방식이 지배하였고, 학생들은 집단주의적, 획일주의적 문화에 적응하며 살아가지 않을 수 없었다.

교육과 취업에서 일상적 경쟁이 점차 치열해진 것도 평등이나 공정성을 획일적 기준으로 사고하도록 만드는 데 영향을 미쳤다. 권위주의적 통치하에서 사회의 구조적 불평등과 차별이 제도적으로 해결될 것을 기대하기가 어려워지면서, 개인은 지위상승을 통한 상향적 평등을 추구할 수밖에 없었는데, 이에 따라 각종 선발절차의 공정성에 대한 요구는 더욱 강해졌다. 그리고 이러한 요구를 충족시키기 위한 방식으로 시험제도를 도입하면서 평가기준이 획일화되는 경향도 커졌다.

자본주의의 발달과 시장경쟁의 확산으로 분화와 다원화가 진행되면서 전통적인 권위가 도전받기 시작했지만, 국가의 반공주의·권위주의 통치가 지속되고 가부장적 친족주의와 집단주의 문화가 일상생활을 지배하면서 차이와 다양성의 가치는 목소리를 내기 어려웠다. 나이와 성별에 따른 위계서열주의는 사회적 약자와 소수자의 목소리를 억압하였고, 이것은 평등을 획일적이고 균일한 것으로 생각하게 만들었다. 존대법을 비롯한 위계적인 집단 문화와 규칙에 종속되어 살아가는 개인이 시민적-인격적 평등의식, 시민적 동등함을 자각하고 또 자신의 개성과 차이를 주장하기란 쉽지 않았다. 학교에서 학생들은 교과서를 통해 민주주의를 배우기는 했지만, 일상에서 시민으로서 자의식을 키우며 민주주의를 실천하기란 쉽지 않았다. 물론 학교에서 가르치는 민주주의 학습이 미래에 저항의 잠재력이 되기는 했지만, 인격적 위계서열주의와 차별주의, 집단주의와 획일주의가 지배하는 당장의 사회제도와 문화는 시민적-인격적 평등주의, 그리고 성 평등주의와 나이 평등주의를 비롯한 다원적 평등주의, 개방적 다양성과 개성 등의 발전을 쉽게 허락하지 않았다.

VI. 한국사회의 평등주의 전망: 제도적 평등 실현과 인격적 서열주의 해체

1. 근현대 한국사회의 평등주의와 시민적-인격적 평등주의의 저발전

지금까지 나는 Ⅱ장에서 제시한 개념과 가설을 주춧돌 삼아 근현대 한국사회에 이어진 평등주의의 이런저런 풍경을 시간의 궤적을 따라가며 살펴보았다. 우선 평등과 평등주의의 역사적 다양성과 차이의 양상을 구별하려고 탈신분제적-인격적 평등주의와 시민적-인격적 평등주의, 탈인격적 평등과 인격적 평등, 탈인격적 위계서열주의와 인격적 위계서열주의, 시민적·정치적 평등과 분배적(경제적) 평등, 전통적-인격적 평등/차별과 현대적-인격적 평등/차별, 사적 평등 지향과 공적 평등 지향, 상향적 평등 지향과 하향적 차별 지향, 다원적 평등주의와 획일적 평등 등의 개념을 새롭게 제시하였다. 그리고 근현대 한국사회 평등주의의 발전 양상을 세 가지 가설을 세워 설명하였다. 첫째, 신분제에 기초한 전근대 인격적 위계서열사회에서 자본주의와 민주주의에 기초한 현대 지위서열사회로 이행해온 근현대 한국사회의 평등주의가 분화하면서 제도적 평등과 문화적 평등, 시민적·정치적 평등과 분배적 평등의 불균등 발전으로 이어졌다는 것이다. 둘째, 사적 평등 지향의 확산이 공적 평등주의의 발전을 억누르는 역설적 상황을 초래했다는 것이다. 셋째, 자본주의적 지위서열사회가 된 한국사회에서 다양한 평등주의는 인격적 서열주의와 모순적으로 공존하면서 그 발전이 제약되었다는 것이다. 상향적 평등 의식이 하향적 차별 의식과 공존하고 있는 현실이 평등주의 발전의 한계를 잘 보여준다.

물론 현실의 평등주의는 훨씬 다양한 편차와 돌출을 보여주었다. 그렇지만 전체적인 흐름을 본다면 외세의 영향을 받으면서 전통사회로부터 현대사회로 이행한 근현대 한국사회에서 나타난 평등주의 심성의 분출은, 한편으로는 신분차별 철폐를 비롯한 다양한 제도적 평등의 발전으로 이어졌지만, 다른 한편으로는 자본주의 계급사회이자 지위서열사회의 발달 속에서 전통적인 인격적 위계서열 문화와 현대적인 지위서열 관계의 형성이 결합상승 효과를 나타냄에 따라 그 발달이 제약받았다. 특히 존대법을 통해 유지된 인격적 서열주의로 일상적, 문화적 평등주의의 발달이 억제되자 시민적-인격적 평등주의의 저발전과 인격적 차별주의의 확산이 나타났다. 또 반공주의·권위주의 통치와 가부장적, 집단주의적 문화 속에서 평등주의가 획일화하자 다원적 평등주의의 발달도 억압되었다. 이것은 제도적·탈인격적 평등주의와 문화적·인격적 평등주의 간에 나타나는 불균등 발전의 한 양상이다.

  근현대 한국사회의 평등주의 역사를 세 가지 가설에 따라 개괄적으로 정리하면 다음과 같다. 우선 조선후기 서양문물이 유입되고 서구열강에 개항하자 개화사상이 확산되고 또 신분제도가 해체되기 시작했다. 일제의 식민지배와 해방 후 미군정의 지배 및 보수우익세력의 집권이 이어지는 동안 한국사회에서는 사회주의적 평등주의 이념의 영향 속에서 소작농민과 백정의 저항, 신여성의 저항, 민족해방투쟁, 인민공화국 수립운동 등이 이어졌다. 그리고 이승만 정권의 반공주의·권위주의 통치, 박정희 군사정권의 반공주의·권위주의 통치와 국가주도의 자본주의적 공업화가 이어지면서, 한편으로는 시민적·정치적 평등과 민주주의, 분배적 평등 등을 요구하는 공적 평등주의 운동이 성장하고 민주적 선거제도 도입, 농지개혁 등 제도개혁도 일부 이루어졌다. 하지만 다른 한편으로는 공적 평등주의 운동에 대한 탄압이 심화되면서 개인 사이에서 지위상승을 추구하는 사적 평등 지향 행위전략이 확산되었다. 이처럼 평등주의 심성이 왜곡된 개인적 분출로 확산되자 공적 평등주의의 발전을 제약하고, 평등주의 심성의 확산은 평등주의의 발전을 제약하는 역설이 생겨났다.

또 전통적 권위주의와 나이 및 성별에 따른 인격적 서열주의 문화가 유지·존속되어온 현실에서 민주주의와 평등주의마저 억압되자 시민들은 일상적 삶에서 인격적 서열주의를 넘어서는 시민적-인격적 평등의식을 발전시키기 어려웠다. 특히 존대법이 존속하면서 가부장적 권위주의와 함께 인격적 서열주의가 지속되는 데 많은 역할을 하였다. 이처럼 인격적 서열주의/차별주의가 평등주의 심성과 모순적으로 공존하면서 시민적-인격적 평등주의의 저발전을 초래하고 있다는 점을 보면, 일상생활의 문화적·인격적 평등주의의 발전을 위해 존대법을 해체하는 것이 중요한 과제임이 분명해졌다. 또 집단주의, 권위주의 문화 역시 시민적-인격적 평등주의의 저발전에 많은 영향을 미쳤는데, 특히 시민주체성, 개인성의 발전을 제약하고 획일주의 사고를 강화하면서 차이와 다양성의 확대, 평등주의의 다원화에 부정적인 영향을 미쳤다.

한편 자본주의적 불평등과 시장경쟁이 만들어낸 자본주의적 지위서열 사회는 전통적인 인격적 위계서열 문화와 결합하면서 인격적 차별주의를 강화하는 데 많은 영향을 미쳤다. 자본주의 시장경제가 발달하고 지위상승 경쟁이 강화되면서 사적 평등지향 행위전략이 확산되었는데, 이것은 지위 격차에 따른 차별을 정당한 것으로 받아들이게 했다. 그런데 이것은 단순히 부의 격차라는 탈인격적인 격차를 넘어서 인격적인 무시와 차별로도 이어졌는데, 여기에는 전통적인 인격적 서열주의 문화가 많은 영향을 미쳤다. 이에 따라 상향적 평등 의식과 하향적 차별 의식이 공존하는 모순적 상황이 만들어졌다.

요약해보면, 이 책의 본론에서 살펴본 근현대 한국사회 평등주의의 역사적 사례들은 앞부분에서 제시한 가설을 충분히 뒷받침하고 있다. 평등주의 또는 평등주의 심성은 다양한 분화가 이루어지는 가운데, 제도적·탈인격적 평등과 문화적·인격적 평등 간의 불균등 발전, 다양한 평등주의 간의 긴장과 갈등, 사적 평등 지향과 공적 평등주의 간의 딜레마적 상황, 상향적 평등 지향과 하향적 차별주의의 모순적 공존, 인격적 서열주의 문화의 존속에 따른 시민적-인격적 평등주의의 저발전 등 다양한 양상을 초래했다. 이것은 1980년 이후 평등주의의 전개과정에 사회적·역사적 조건으로 작용하면서 평등주의 발전을 위해 해결해나가야 할 사회적 과제를 던져주었다.

2. 1980년 이후의 평등주의: 다원적 평등주의의 불균등 발전

1980년 이전 평등주의의 역사는 이후의 역사에 대해 가능성과 한계를 동시에 제공하였다. 평등주의의 요구는 이후로도 다양하게 분출되었지만, 제도적·문화적 제약 요인들 속에서 진전과 후퇴를 거듭할 수밖에 없었다. 우선 1980년 시민적·정치적 평등으로서 민주주의가 발전할 기회가 열렸지만, 전두환 중심의 군부집단이 쿠데타를 통해 실질적 권력을 장악하자 시민적·정치적 평등은 다시 어둠의 길로 들어섰다. 광주항쟁을 비롯한 전국적인 반독재 민주항쟁을 군사력으로 억누른 전두환 군부집단은 이후 군사독재 정권을 수립하면서 정치적 탄압을 강화하였다. 하지만 대학생과 지식층을 중심으로 한 민주화 투쟁은 지속되었고, 자본주의적 불평등과 노동자들의 현실에 관심을 가진 일부 학생들과 지식인은 계급 불평등, 즉 분배적 평등 문제를 적극적으로 제기하기 시작했다. 급진적인 분파는 마르크스주의, 사회주의 이념의 영향을 받아 경제적 불평등이 자본주의 사회의 계급모순에 기인한다고 보면서 계급폐지를 통한 사회주의 혁명을 주장하기도 하였다. 이것은 정치적 독재에 대한 저항과 함께 자본가계급의 착취에 대한 저항을 주장한 것으로 정치적 평등주의와 분배적(경제적) 평등주의 이념에 기초하고 있다. 특히 분배적 평등주의에 주목한 사회주의 이념은 노동운동과 결합하면서 급진적인 사회변혁을 추구하는 사회운동으로 이어졌다.

전두환 군사독재 정권 시기에는 정치적 탄압에도 불구하고 시민적·정치적 평등을 추구한 민주화운동이 끊임없이 일어났으며, 반공주의 이데올로기가 우세한 상황에서 사회주의와 같은 급진적인 평등주의 운동은 대중적 지지를 얻기 힘들었지만, 독재정권에 저항하면서 민주화운동에 기여하였다. 이후 한국사회는 6월 항쟁을 통해 민주화를 이루었고, 연이은 7~8월 노동자대투쟁을 통해서 노동자들의 조직화와 권리향상도 이루었다. 정치적 평등과 함께 경제적 평등을 추구하던 이러한 아래로부터 솟아난 역동적 에너지는 민주주의와 함께 평등주의의 발달을 가져올 것으로 보였다. 하지만 정치적 민주주의의 발달은 1987년 말 대통령 선거에서 야권이 분열하고 군사정권의 후예인 보수우파세력이 재집권하면서 지체되기 시작했고, 이후 동구 사회주의권이 페레스트로이카를 통해 해체되는 상황에 이르자 사회주의 이념에 기초한 사회혁명의 기대도 현저히 약화되었다. 반면에 민주적 선거로 집권하여 자본주의적 불평등을 개혁하고자 한 유럽의 사회민주주의와 복지국가 이념이 새로운 대안으로 호응을 얻기 시작했다.

반공주의 이데올로기의 지배에서 평등주의 이념은 자유민주주의를 훼손하는 것으로 규정되었고, 이로 인해 평등주의에 대한 이념적 지지를 확산시키기가 쉽지 않았다. 그런 가운데 1987년 6월 항쟁 이후 시민사회가 활성화되자 온건개혁을 추구하는 시민운동이 등장하였고, 전통적 민중운동과 새로운 시민운동의 분화가 나타났다. 그런데 군사정권을 이어받은 노태우 보수정권은 정치적 자유주의와 제도개혁을 추구하는 시민운동을 포섭하려고 한 반면에 분배적(경제적) 평등주의를 요구한 노동운동이나 여성, 빈곤, 소수자 인권 등 다원적 평등을 추구한 민중운동들에 대해서는 억압을 지속하였다. 한편 김영삼 정권이 세계화에 호응하여 금융시장을 개방한 여파로 1997년 말 외환위기를 겪고 또 이후 집권한 김대중 정권이 위기극복을 추구하는 과정에서 국제통화기금(IMF)에서 요구한 노동시장 유연화, 규제완화 등 신자유주의 정책을 수용하지 않을 수 없게 되어 노동자의 일자리와 삶은 점점 더 불안정한 상황에 놓였다. 이것은 분배적 평등주의 요구가 급격히 분출되도록 하였다.

정치적 민주주의의 발달과 함께 진행된 신자유주의적 자본주의 경제의 발달은 정치적 평등의 발전과 분배적 평등의 후퇴라는 평등주의의 불균등 발전으로 나타났다. 1960년대 이후 대기업 중심의 자본주의적 공업화를 통한 경제성장 전략은 재벌지배체제로 정착하여 경제적 양극화를 심화시켰고, 노동자의 내적 분화와 균열이 나타나면서 사회적 연대보다 개인적·부분적 경쟁의 경향이 더 우세해졌다. 노동운동의 공적 평등주의 전략은 노동억압정책을 통해 제약당하면서 공동체적 연대와 협력보다는 기업별로 진행된 임금 및 노동조건 경쟁이라는 현실적인 전략을 우선시하였다. 다양한 영역에서 개별화된 경쟁이 치열해지자 교육이 계층상승을 위한 수단으로서 중요성이 더 커졌고, 이와 함께 소득경쟁의 방편으로 부동산 투기, 주식 투자 등으로 시세차익을 노리는 경향이 확산되었다. 이처럼 특권, 특혜, 불로소득 등이 확대되면서 경쟁에서 배제되거나 탈락한 사람들을 중심으로 분배의 공정성에 대한 불신은 더욱 높아졌다.

  1997년 외환위기를 계기로 중도개혁정권이 등장하면서 사회적으로는 민주주의와 정치적·경제적 평등이 확대될 것이라는 기대가 형성되었다. 하지만 민주주의를 자유의 확대와 동일시하면서 김대중·노무현 정권은 정치적 자유주의와 함께 경제적 자유주의(시장 자유주의)를 적극 수용하였고, 이에 따라 정치적 평등주의와 경제적(분배적) 평등주의 사이에 균열이 커졌다. 탈권위주의와 함께 정치적 평등주의는 개선되는 것처럼 보였지만, 노동시장 유연화와 비정규직 노동자의 양적 증가로 재벌중심경제체제가 형성되고 양극화가 심화되면서 경제적(분배적) 평등주의는 약화되었다.

  정치적 평등 영역에서는 민주화를 통해 제도개혁이 진전하였지만 경제적·분배적 평등 영역에서는 평등확대를 위한 제도개혁이 별로 진전하지 못했다. 복지정책을 비롯한 분배제도를 점진적으로 개선하였지만, 재벌중심의 불평등한 경제구조는 개선되지 않았다. 특히 노동자들이 재벌 대기업 노동자와 중소기업 노동자, 정규직과 비정규직으로 분화되고 이들 간의 격차가 확연해지자 불평등과 불공정에 대한 불만과 저항은 점점 다양화되었다.[176]

민주화 이후 사회분화와 다원화는 다원적인 갈등과 적대의 분출을 낳아 다원적 평등을 요구하는 목소리를 확대시켰다. 세계화와 신자유주의의 확산으로 공적-분배적 평등주의가 후퇴하는 동안 문화적 개방화와 다원화는 다원적 평등주의의 요구를 확대시켜왔다. 여성의 교육수준이 상승하고 경제활동 참여도 늘어나면서 권리의식이 높아지기 시작했고 성 평등에 대한 요구도 커져갔다. 이에 따라 성차별에 대한 불만과 저항이 확산되면서 호주제가 폐지되고 성차별을 금지하는 법률이 제정되는 등 가부장주의 문화의 해체와 성 평등의 제도화가 점진적으로 이루어졌다. 또 환경위기와 과학기술적 위험이 확대되는 위험사회가 도래하면서 생명과 안전 문제가 새롭게 부각되기 시작했고, 결혼이주여성이나 외국인 노동자 유입 등으로 다문화사회로 나아가게 되면서 민족·종족차별과 소수자차별이 새로운 사회문제가 되었다. 그리고 정보사회가 도래하면서 사이버공간에서 일어나는 사생활침해와 사이버범죄 문제도 나타났다. 신세대의 등장과 상업적인 대중문화의 발달은 문화의 다양성과 개방성을 한층 높여놓았고, 한류가 세계적으로 확산될 수 있는 길을 열어놓았다. 이것은 정치적 평등, 경제적·분배적 평등, 성 평등을 비롯한 다원적 평등 사이에 불균등 발전을 초래했다. 이처럼 성 평등이나 환경평등을 비롯한 다원적 가치의 인정과 평등을 추구하는 흐름이 확산되

---

176. 정태석, 「민주화 이후 한국사회의 변화와 참여연대」, 『시민사회와 NGO』 제11권 2호, 2013.

면서, 계급·계층적 평등을 추구하는 분배적 평등주의와 다원적 평등주의 사이에 일정한 갈등과 경쟁이 생겨나기 시작했다. 이것은 사회가 다원화되고 다양한 집단이나 이해당사자 간의 이익갈등과 가치갈등이 서로 중첩되면서 다원적 헤게모니 투쟁이 벌어지는 현실에 직면하였다는 것을 의미한다.[177] 이로 인해 평등주의의 미래는 점차 서로 다른 이익과 가치의 평등을 추구하는 다양한 세력 간의 헤게모니 투쟁과 정치적 갈등, 타협, 연대의 방식에 열려 있게 되었다.

이명박 정권은 비정규직의 확대를 추구하는 등 친기업적 신자유주의 정책을 강화하였는데, 이것은 노동자의 삶을 더욱 불안정하게 만든 반면 재벌대기업의 시장지배를 강화하였다. 이에 따라 노동자와 서민의 불만이 커지자 보수여당은 차기 대통령선거에서 지지를 확대하기 위해 정당의 정책방향에 어울리지 않는 경제민주화와 복지강화 등 경제적 평등추구 정책을 공약으로 내세울 수밖에 없었다. 정치적으로 불리한 상황에서 정치공작과 여론조작 등을 통해 간신히 선거에서 승리한 박근혜 대통령은 집권 후 점차 개혁공약을 후퇴시키면서 권위주의적·반공주의적 통치로 회귀하려고 하였다. 이 과정에서 집권 후기에 대통령 측근인 최순실의 국정농단 사건으로 시민의 대규모 촛불집회가 발발하였고, 이후 박근혜 대통령은 탄핵을 당하면서 민주당에 권력을 내주었다. 9년에 걸친 보수정당의 집권은 정치적 평등과 경제적·분배적 평등에서 모두 후퇴하였으며, 심지어 국정교과서를 추진하는 등 교육과 문화의 영역에서도 평등을 후퇴시켰다.

노동시장의 유연화와 규제완화 등을 통한 시장자유의 확대를 추구해 온 신자유주의적 질서는 일부 복지제도의 확대에도 불구하고 노동자의

---

177. 정태석, 『시민사회의 다원적 적대들과 민주주의』, 한울, 2007.

고용안정성과 사회정책의 공공성을 약화시켰으며, 부의 재벌집중을 강화시켜 불평등도 심화시켰다. 이러한 환경 속에서 교육을 통한 지위상승과 부동산 및 주식 투자 등을 통한 소득상승이라는 사적 평등 지향 행위전략에 의존해온 개인은, 점차 경쟁이 소수에게 기회를 집중시킬 뿐 결코 공정하지도 않고 더구나 다수를 만족스럽게 할 수 없다는 점을 인식하기 시작했다. 소수에게 부가 집중되는 사이에 다수는 삶이 불안정해질 뿐 만족과 행복을 느끼기도 어려웠다. 이것은 개인이 사적인 평등을 지향할수록 제도개혁을 통한 공적, 집합적 평등이 약화되는 '평등주의의 역설적 상황'에 직면하였음을 의미한다. 기회의 평등과 능력우선주의를 앞세운 개인주의적 경쟁의 확산은 경쟁의 불공정성을 심화시킬 뿐만 아니라 구조적·제도적 불평등을 개선하기 위한 사회적 연대의 형성을 방해하였다. 특히 개인주의적 소득경쟁과 지위경쟁이 치열해지고 개인의 상향적 평등 지향이 정당화되면서 하향적 차별주의를 수반하는 서열주의가 강화되었다. 민주화 이전에는 권위주의적 억압 때문에 공적 평등주의가 억압받았다면, 민주화 이후에는 신자유주의적 질서가 공적 평등주의를 억눌렀다. 이처럼 지위상승을 통한 평등의 추구가 역설적 상황에 놓이면서 신자유주의에 대한 성찰이 광범위하게 이루어졌고, 이에 따라 공적 평등주의, 분배적 평등주의를 요구하는 목소리가 커졌다.

  2016년 말 촛불혁명에 이어 촛불정권임을 내세운 문재인 정권은 민주주의를 확대하여 정치적 평등을 진전시켰으며, 경제적으로도 소득주도성장, 최저임금 상향, 비정규직의 정규직화, 복지제도 강화 등을 내세워 분배를 개선하고자 하였다. 하지만 재벌중심의 경제체제를 근본적으로 개혁하지 않아 경제적 평등의 진전은 여전히 어려움을 겪었다. 반면에 미투운동을 통한 성 평등운동이 확산되고 성소수자를 비롯한 소수자 인권을 보호하려는 노력이 확산되면서 제도적으로나 문화적으로 다원적 평등은 점진적으로 진전하였다.[178] 그럼에도 불구하고 나이와 성별에 따른 인격적 서열주의와 차별주의는 여전히 영향력을 유지하고 있고, 학벌, 직업, 직위, 소득 등에 따른 차별과 무시의 문화는 쉽게 사라지지 않았다.

1980년 이후 한국사회 평등주의의 전개양상을 개략적으로 살펴보면, 크게 세 가지 흐름이 나타난다. 첫째, 제도적 차원에서 정치적 평등이 점진적으로 발달한 반면에, 분배적 평등은 약간의 전진과 후퇴를 거듭하면서 큰 진전을 이루지 못하였다. 둘째, 성 평등주의를 비롯한 다원적 평등주의의 요구가 분출되고 또 확산되었지만 집단주의와 획일주의 경향이 강한 시민사회는 문화적 수용력에 한계를 보여주었다. 셋째, 존대법을 통해 나이 차별을 정당화하는 인격적 서열주의 문화가 유지되면서 시민적-인격적 평등주의의 저발전과 함께 인격적 차별주의도 지속되었다. 학벌, 직업, 소득 등 사회적 지위의 서열화가 이루어진 지위서열사회에서 전통적인 인격적 차별주의는 현대적 서열주의와 결합상승 효과를 나타내며 사적인 공간이나 감춰진 공간에서 각종 갑질이 지속되었다. 이것은 또 경쟁에서 배제되거나 탈락한 다양한 소수자들에 대한 인격적 차별과 무시의 경향도 확산시켰다.

이처럼 한국사회는 평등, 정의, 공정에 대한 요구가 계속 높아져 왔는데도 갑질과 같은 인격적 차별이 쉽게 사라지지 않는 모순적 상황에 놓여 있었다. 평등주의가 확산된 것처럼 보이지만 여전히 인격적 서열주의/차별주의가 지속되는 지위서열사회에서 크게 벗어나지 못했다. 다만 권위주의와 인격적 서열주의에 반감을 지니면서 공정성에 민감한 태도를 보여주는 젊은 세대의 성장이 새로운 변화의 에너지가 되고 있다.

---

178. 정태석, 「'87년 체제와 시민사회 이데올로기-가치들의 변화: 촛불혁명과 사회체제 전환의 전망」, 『경제와사회』 제117호(봄호), 2018.

3. 평등주의의 과잉?:
시민적-인격적 평등주의의 저발전과 인격적 서열주의

　한국사회의 평등주의가 어떤 상황에 놓여 있는지 진단하기 위해 주목해볼 만한 흥미로운 주장들 중 하나는 아마도 송호근의 '평등주의의 과잉'이라는 평가일 것이다. '평등주의의 과잉'이라는 명제는 평등주의에 대해 많은 질문과 고민을 던져준다. 그는 『한국의 평등주의, 그 마음의 습관』에서 불평등을 심성의 차원에서 분석한다. 이것은 불평등과 차별을 단순히 객관적 수치나 통계적 자료에 의존하여 설명하는 방식에서 벗어나, 평등을 지향하면서 불평등과 차별에 저항하고 분노하는 내면적 심성을 다루고 있다는 점에서 평등주의를 좀 더 풍부하게 해명하는 데 도움을 준다.

　송호근은 특권이나 불평등을 특별한 비난 없이 받아들이는 미국, 영국, 일본 등의 몇몇 문화적 사례와 대비시키면서, 한국에서는 이런 것들이 계층 위화감을 낳거나 특권의식이나 차별의식을 정당화한다고 비난받을 것이라고 말한다. 그러면서 '결과의 차등'을 불합리한 것으로 받아들이며 차이를 인정하지 않으려는 한국인의 평등주의 심성이 문제라고 말한다. 이것이 바로 그가 말하는 '평등주의의 과잉' 또는 '평등주의 심성의 과잉'이다.

　그렇다고 해서 송호근이 평등주의를 부정적으로만 바라보는 것은 아니다. 그는 평등주의가 사회의 불공정성에 대한 집합적, 제도적 저항의 의미를 지닌다고 본다. 그래서 그는 평등주의 심성은 개인적 성취의 추구를 넘어서 집합적, 사회적 감정으로 표출되기도 하며, 특히 좀 더 평등한 사회를 지향하는 공적인 심성으로 전환되기도 한다고 말한다.[179] 평등주의 심성의 한 켠에는 사회적 차별과 불평등에 반대하여 사회구조적 평등이나 사회정의를 추구하려는 욕구나 동기가 자리잡고 있기도 한 것이다. 전체적으로 보면 평등주의 심성은 개인적 성취동기, 즉 '사적 평등 지향'으로 표출되기도 하지만, 사회를 평등하게 바꿔보려는 사회적 성취동기, 즉 '공적 평등주의'로 표출되기도 한다는 것이다.

그런데도 송호근이 평등주의 심성의 과잉이라는 평가를 내리는 이유는 공정성에 대한 불신이 과도한 것이며, 이것은 자칫 문화의 하향평준화를 낳을 수 있다고 보기 때문이다. 그는 토크빌이 미국의 민주주의를 분석하면서 민주주의를 통해 고급문화의 질적 저하가 일어나고 천박한 서민문화가 확산될 것을 우려했던 사실을 상기시키면서, 한국의 민주주의도 귀족사회와 상층사회의 생활양식을 무너뜨리면서 하향평준화를 촉진하였다고 평가한다. "한국의 평등주의는 품위 없는 문화의 확산, 고급문화의 소외, 엘리트 의식의 해체를 재촉했다."는 것이다.[180]

이러한 평가가 타당한지를 따져보기 위해 우선 분배제도를 비롯한 사회제도의 공정성에 대한 불신이 과도하다는 주장을 살펴보기로 한다. 만약 평등주의 심성을 지위상승을 향한 개인적인 열망이나 성취동기로 규정하면서 '평등주의 심성의 과잉'을 주장하려면 한국사회가 과연 얼마나 공정한지를 따져보는 일이 선행되어야 한다. 만약 기회가 나름대로 평등하게 주어지고 또 조건도 공평한 상황에서 결과의 불평등을 인정하지 못한다면, 이것은 평등주의의 과잉이라고 부를 만하다. 하지만 한국사회만을 놓고 보거나 다른 나라와 비교해보더라도 이것을 평등주의의 과잉을 주장하는 근거로 제시하는 것은 타당해보이지 않는다.

---

179. 송호근, 『한국의 평등주의, 그 마음의 습관』, 삼성경제연구소, 2006, 41쪽.
180. 송호근, 같은 책, 30-38쪽.

송호근은 한국사회에서 공정성에 대한 불신이 평등주의의 과잉을 발생시켰다는 점을 부정하지 않는다. 그러면서 그는 경제성장과 생활수준 개선이 그 해결책이 될 것이라고 예견한다. 그는 1인당 국민소득이 3만 달러 수준에 진입하고 복지제도 등 분배제도가 개선되면, 공정성에 대한 불만이 약화되고 또 "평등주의 심성을 촉발하고 그것을 시기심으로 전환시키는 집단심리는 약화될 가능성이 크다."고 말한다.[181] 그런데 2017년 이후 한국의 1인당 국민소득은 3만 달러를 넘어섰고, 복지제도도 점진적으로 개선되었다. 하지만 공정성에 대한 불신이 낮아지거나 평등주의 심성이 약화될 기미가 보이는 것 같지는 않다. 왜 그럴까?

이에 대해서는 두 가지 관점에서 접근할 필요가 있다. 하나는 제도적 차원의 접근이며, 다른 하나는 문화적 차원의 접근이다.[182] 제도적 차원에서 보면 제도적 불평등이 여전히 강하며 공정성에 대한 불신도 여전히 크기 때문에 평등주의 심성이 강하게 남아 있다고 볼 수 있다. 공정성에 대한 불만은 상대적이기 때문에 1인당 국민소득이 올라가고 복지

---

181. 송호근, 같은 책, 135-142쪽.
182. 그런데 사실 한국사회에서 분배의 공정성에 대한 불만을 보여주는 학문적 연구는 오래전부터 다양하게 진행되었다. 이들은 한국사회의 불평등과 차별에 대해 객관적인 격차를 밝히고 이로부터 불만이나 상대적 박탈감을 설명하고자 하였다. 특히 계급과 계층 개념에 주목하여 자본 또는 재산, 소득, 직업, 지위 등에서 불평등의 객관적인 양상을 파악하기 위해 주로 통계적인 자료와 기법을 이용해왔다.『사회계급론』(서관모 외, 1990),『한국의 계급과 불평등』(신광영, 2004),『분노의 숫자 – 국가가 숨기는 불평등에 관한 보고서』(새로운 사회를 여는 연구원, 2014),『불평등 한국, 복지국가를 꿈꾸다』(이정우 외, 2015),『한국의 불평등 2016』(전병유 편, 2016) 등은 불평등과 차별의 객관적 양상들을 잘 보여주었다. 그리고『우리는 차별에 찬성합니다』(오찬호, 2013),『불평등이 문제다』(김윤태, 2017) 등의 연구들은 통계자료를 이용하면서도 피지배계급 또는 저소득층이 차별에 찬성하거나 불평등한 체제에 순응하는 심리적, 의식적 경향을 비판적으로 분석하였다. 이들은 불평등과 차별에 동조하는 허위의식을 폭로하면서 불평등과 차별해결하기 위한 제도적, 문화적 방안을 제시하였다.

제도가 약간 개선된다고 충분히 해소되지는 않는다. 공정성에 대한 불만의 강약은 오히려 사람들이 기회나 소득의 분배가 얼마나 공정하다고 느끼는지에 달려 있기 때문이다.

제도의 공정성을 평가하기 위해 한국과 선진국을 대상으로 재분배정책인 복지제도를 비교해보자. 〈표 6-1〉의 OECD 통계자료에 따르면, 미국, 영국, 일본은 소득세나 고용인 사회보장부담금의 비율 중 하나는 한국보다 훨씬 높다. 스웨덴을 비롯하여 보편적 복지제도를 잘 갖춘 북유럽 나라는 두 비율 모두 한국보다 훨씬 높으며, 고소득자의 최고세율도 소득의 60%에 육박한다. 이처럼 선진국이 소득세의 누진율을 강화하고 고용인 사회보장부담금의 비율을 높이는 것은 '결과의 차등'을 교정하려는 의도가 있다. 최초의 분배의 불평등을 재분배제도를 통해 개선하고 있는 것이다.

〈표 6-1〉 소득세와 피고용인 및 고용인의 사회보장부담금(2017년)

(노동비용에서 차지하는 비율: %)

나라	소득세	피고용인(employee) 사회보장부담금	고용인(employer) 사회보장부담금
미국	16.94	7.06	7.70
영국	12.61	8.51	9.79
일본	6.87	12.51	13.19
한국	5.54	7.62	9.39
스웨덴	13.69	5.32	23.91

* 출처: OECD 홈페이지. DOI:https://dx.doi.org/10.1787/tax_wages-2018-graph3-en. (검색일 2019. 9. 26.)

게다가 다른 제도에서도 계급·계층의 격차를 고려하여 공정성을 확보하려는 방안을 시행하고 있다. 핀란드는 동일한 교통위반 사례라도 소득에 비례해서 차등화된 범칙금을 부과하는 교통위반 범칙금 제도를 시행하고 있다. 예를 들어 2002년에 핀란드의 대기업 노키아의 부사장이 자동차 속도위반 범칙금으로 약 1억 8,000만 원을 냈다는 기사가 화제가 된 바 있다. 이처럼 송호근의 주장과 달리 선진국은 결코 특권과 불평등을 특별한 비난 없이 받아들이고 있지 않으며, 오히려 누진세나 사회보장을 통해 불평등을 제도적으로 보완함으로써 제도적 공정성을 확보하려고 노력해왔음을 알 수 있다.

또 송호근의 주장대로라면 이들 나라에서 공정성에 대한 불만이 약해져야 하는데 오히려 차별과 불평등 개선을 위한 제도개혁을 요구하는 주장이 커져가고 있다. 2013년 말 스위스는 기업 내의 임금 격차가 심화되자 이를 비판한 사회민주당 중심의 진보적 정치세력이 기업 내 최저임금과 최고임금의 격차를 12배 이내로 제한하자는 국민투표를 발의하기도 하였다. 물론 65.3%의 반대로 부결되기는 하였지만, 이러한 사례는 선진국도 특권과 불평등에 반대하며 공정성을 요구하는 평등주의 심성이 널리 확산되어 있다는 점을 알 수 있다. 한국사회보다 사회복지나 분배의 형평성 수준이 높은 나라인데도 말이다. 또 2008년 미국의 금융위기와 공적자금 투입을 통한 회생 이후 월가 금융기업이 부도덕한 행위를 하여 촉발된 월가 시위는 월가의 금융지배와 극심한 불평등을 비판하고 이에 저항하였다. 특히 2000년대 이후 세계경제위기 상황에 처하자 선진국에서 많은 시위나 폭동이 일어났는데 이는 특권과 불평등을 하층계급과 중간계급이 쉽게 인정하고 있지 못하다는 점을 의미한다.

결론적으로 송호근의 주장처럼 선진국이 제도의 불공정성이 존재하는데도 국민소득이 높고 복지제도를 갖추고 있어서 불평등에 대한 불만이 약하고 또 '결과의 차등'도 인정하고 있다고 주장할 만한 절대적 근거는 없다. 물론 복지제도와 재분배가 좀 더 잘 갖추어진 나라일수록 불만이 상대적으로 약할 것이라는 추측은 가능하겠지만 말이다. 이처럼 제도의 공정성 수준이 높다고 해서 평등주의를 추구하지 않는다고 주장하기는 어려우며, 이런 점에서 '평등주의의 과잉'을 무조건 부정적으로만 바라보려는 관점은 타당하지 않다. 특히 현실적으로 제도적 공정성 수준이 낮은 한국사회는 더더구나 그렇다. 게다가 2019년 조국 법무부장관 후보자 검증과정에서 논란이 된 입시제도의 불공정성을 보거나, 재벌 대기업이나 권력층에 대한 법적 처벌의 완화 등을 보더라도, 한국사회의 공정성에 대한 불신과 평등주의의 요구를 과잉으로 단정하는 것은 별로 설득력이 없어 보인다.

그런데 문화적 차원에서 보면 평등주의의 요구가 과도해지거나 쉽게 약화되기 어렵게 하는 또 다른 요인이 있다고 생각해볼 수 있다. 이것은 한국사회의 특수한 문화적 환경과 관련이 있는 것처럼 보인다. 말하자면 공정성에 대한 불신은 강한 경쟁의식이나 차별의식과 결합할 때 과도해질 수 있다는 얘기다. 지위서열사회에서 서열의식에 따른 인격적 무시나 모욕감을 자주 경험하면, 피해의식이나 열등감 등으로 인해 다른 사람의 성취를 특혜나 특권의 산물로 여기면서 쉽게 인정하지 못하는 감정을 지닐 수 있다. 특히 인격적 서열주의 문화는 차별과 무시를 당하는 사람들이 상대적으로 공정한 '결과의 불평등'에도 질투심이나 시기심을 품도록 하는 원인이 될 수 있는 것이다. 이런 점에서 평등주의 과잉의 문화적 원인은 오히려 시민적-인격적 평등주의의 저발전에서 찾을 수 있다. 심리적으로 보면, 차별과 무시 때문에 인격적 동등함을 느끼지 못하는 사람들이 공정성에 대한 불신과 평등에 대한 요구를 과도하게 표출하기 쉽기 때문이다. 이런 점에서 "평등주의의 과잉은 역설적으로 평등주의, 무엇보다도 인격적 평등주의를 제약한 결과이다."

인격적 서열주의/차별주의가 강하여 서로 차별하고 무시하는 문화적 환경 속에서 공정성에 대한 불신은 더 커지기 쉬운 것이 사실이다. 강한 인격적 서열주의와 차별주의 문화 속에서 사람들은 서로 서열을 따지며 강한 경쟁의식을 지니게 되었고, 이로 인해 서로를 쉽게 인정하지 못하는 감정과 심성을 키웠다. 이것은 송호근이 말하듯이 문화를 하향평준화하는 문제라기보다는, 과도한 경쟁의식과 서열의식으로 생겨난 공정성에 대한 불신이 인격적 차별과 무시에 대한 저항감과 결합하여 상호불신과 불인정 문화를 확대시키는 문제라고 보아야 한다. 한국사회에서 '갑질'이 횡행한 것도 현대적인 지위불평등과 전통적인 인격적 서열의식, 차별의식이 결합하여 인격적 무시와 차별을 당연하게 생각하는 권위주의적 문화를 지속시키면서 불만과 불인정의 문화를 확산시켰기 때문이다. 따라서 이러한 문화적, 심리적 차원에서 평등주의 심성의 과잉 문제를 해결하려면 무엇보다도 시민적-인격적 평등주의, 즉 인격적 동등함에 기초한 상호인정의 문화를 확산시켜나갈 필요가 있다.

4. 현대적 신분사회로서 지위서열 사회: 인격적 서열 매기기와 존대법

앞서 보았듯이 한국사회의 '평등주의의 과잉'을 단순히 선진국 사례와 비교해서 잘못된 것이라고 비판하는 것은 별로 설득력이 없으며, 오히려 한국사회의 문화적 독특성에서 그 원인을 찾아보는 편이 낫다. 비록 자본주의의 발달 속에서 한국사회가 경제적 불평등을 점차 심화시켜왔고 또 오랜 권위주의적 통치 속에서 권력형 부정부패도 만연하여 '공정성에 대한 불신'이 높다고 하더라도, 경제성장과 민주주의의 발달을 통해 생활수준과 의식수준이 향상된 것은 사실이다. 분배의 공정성과 평등에 한계가 따르기는 하지만 소득수준으로 보면 2018년에 한국의 연간 1인당 국민소득은 3만 달러를 넘어섰으며, 이것은 결코 낮은 수준이 아니다. 따라서 한국사회의 평등주의 과잉을 충분히 설명하기 위해서는 제도적·탈인격적 차원을 넘어서 문화적·인격적 차원의 불평등 및 차별 양상에 주목해볼 필요가 있다.

2000년대 말부터 10여 년간 한국사회는 소득분배가 조금씩 악화되었지만 1인당 국민소득은 1,000만 원 정도 상승하였다. 하지만 소득이 상승했는데도 한국은 2010년대 말 여전히 OECD 나라 사이에서 UN 행복지수가 최하위권에 머물고 있고, 자살률은 단연 1위이다.[183] 이것은 평등주의 과잉의 원인을 단순히 물질적 생활수준이나 분배의 제도적 공정성에서만 찾아서는 안 된다는 점을 암시한다. 말하자면 사람들이 공정성에 민감하게 반응하는 심리적인 열등감, 박탈감, 좌절감, 피해의식, 불신 등을 만들어내는 한국사회의 독특한 문화적 요인이 있다는 애

---

183. 정태석, 『행복의 사회학』, 책읽는수요일, 2014, 69-70쪽.

기다. 그것은 무엇보다도 '인격적 서열 매기기' 문화이다.

물론 어느 사회나 위계서열이 있기 마련이고, 또 서로 위계서열을 매기게 되지만, 이것이 모두 인격적인 차별이나 무시를 수반하는 것은 아니다. 한국사회의 특수성은 바로 여기에 있다. 즉, 서열 매기기가 하위자에 대한 인격적 무시로 쉽게 연결된다는 점이다. 서열 매기기와 하위자 무시의 문화적 뿌리는 전통적인 인격적 서열주의, 특히 나이 서열주의에서 찾을 수 있다. 한국 사람은 일상적으로 늘 친소관계와 나이에 따른 위계서열을 의식하며 살아간다. 서로 대화하거나 인간관계를 맺을 때, 나이 서열을 먼저 확인하고 싶어 하며 이를 통해 적절한 존대법, 호칭, 말투를 선택하려고 한다. 나이 서열주의 문화 속에서 연장자는 자연스럽게 자신이 나이에 따른 권위를 가지며 연소자로부터 일정한 대우를 받아야 한다고 생각하는데, 존대법이나 말투는 바로 이러한 나이대접을 확인할 수 있는 중요한 수단이다.

그래서 사람들은 존대법에 민감하게 반응하지 않을 수 없다. 연장자나 연소자나 인간관계 속에서 특정한 존대법과 말투 사용에 많은 심리적 에너지를 쏟아야 하며, 상대방의 존대법과 말투에 민감해지면서 정신적인 스트레스나 감정적 상처를 받는 경우도 많다. 존대법에 어긋나는 말이나 호칭의 사용은 나이 서열에 대한 도전이며, 상대방, 특히 연장자에 대한 인격적 무시로 여겨진다. 연장자에 대한 존중을 마치 절대적 복종처럼 여기기 때문이다. 한국 사람이 유별나게 동갑내기와 어울리려고 하고 나이가 많은 사람과 어울리는 것을 불편하게 여기는 것은 바로 이러한 심리적 불편함이나 스트레스의 존재를 증명한다.

한편 전통적인 나이 서열주의 문화에 뿌리를 두고 있는 서열 매기기는 오늘날 나이에 한정되지 않고 점차 직업, 지위, 소득 등 사회적 지위에 따른 서열 매기기로 확장되어왔고, 여기서도 인격적 차별과 무시가 수반되었다. 나이에 따른 서열 매기기와 인격적 서열 관계는 다양한 영역에서 지위서열에 따른 수직적 인간관계를 당연시하는 근거가 되었고, 이에 따라 상위자의 하위자에 대한 하대나 인격적 무시를 용인하는 권위주의/서열주의 문화를 별 거부감없이 받아들였다. 이것이 바로 사회문제로 부각된 '갑질'의 문화적 배경이다.

인격적 차별을 수반하는 지위서열 사회가 된 한국사회는 '현대적 신분사회'라고 부를 만하다. 단순히 부와 권력의 불평등이나 특혜와 특권의 존재 때문만이 아니라 인격적 차별과 무시를 수반하고 있다는 점에서 그렇다. 일상적 서열 매기기와 서열에 따른 차별과 무시의 문화가 현대적 지위를 전근대적 신분처럼 만들어놓은 것이다. 이러한 전통문화의 존속은 지금까지 인격적 평등주의의 발달에 다양한 방식으로 부정적인 영향을 미쳐왔다. 우선 사람들은 서열에 따른 인격적 지배-종속 관계에서 벗어나기 위해 끊임없이 좀 더 높은 지위에 오르고자 경쟁한다. 그런데 이렇게 서열경쟁의식이 강화되고 지위 상승을 추구하는 경향이 커지면, 승자는 능력우선주의를 내세워 우월감을 드러내면서 자신의 지위 상승을 정당화하려 한다. 그리고 나아가 자신의 지위의 정당성을 인정받기 위해 하위자를 인격적으로 차별하고 무시하는 인격적 차별주의를 강화할 가능성이 커진다. 반면에 패자는 열등감, 패배감, 피해의식 등을 지니면서 감정적 상처와 스트레스를 받고 인격적 차별과 무시에 적극적으로 대응하지 못하여 시민적 자존심이나 인격적 동등의식을 지니기도 어렵다. 이러한 부정적 영향은 결국 서열의식을 유지하는 데 기여하고 만다. 그래서 지위서열사회에서 "직업에는 귀천이 없다."는 말은 그저 이상으로만 존재할 뿐이다.

서열 매기기 문화가 재생산하는 서열의식과 인격적 차별주의는 연장자가 연소자를, 부자가 빈자를, 자본가가 노동자를, 상급자가 하급자를,

고객이 종업원을 무시하거나 비하하는 소위 '갑질'을 별 죄책감 없이 받아들이거나 묵인하게 하는 사회적 분위기를 형성한다. 이것은 단순히 제도적 불평등이나 불공정에 대한 용인을 넘어서 인격적이고 인간적인 차별과 무시에 대한 용인을 강요한다. 이런 점에서 앞서 언급한 '평등주의의 과잉'은 단순히 제도의 불공정성에 대한 불신이나 불만의 결과만이 아니라, 서열주의로 인한 인격적 차별과 무시에 대한 반작용의 산물인 셈이다.

5. 평등주의의 미래: 시민적-인격적 평등과 다원적 평등을 실현하기 위하여

  평등주의의 궁극적인 목표는 다양한 불평등과 차별이 존재하는 지위서열사회를 해체하는 것이다. 그런데 역사적 현실을 보면 이러한 평등한 사회를 건설하기란 쉬운 일이 아니며 그 길도 지난하다. 근현대 한국사회에서 다양한 평등주의가 분출된 이래로 한국사회 평등주의는 제도적·문화적 변동 속에서 평등을 실현하는 데 일정하게 기여해왔다. 하지만 불평등과 차별은 여전히 해결해야 할 과제로 남아 있다.
  사회질서는 물질적 관계로 또는 반복적 메커니즘으로 제도화되고, 또 그 규칙과 규범이 개인에게 내면화되어서 변화가 어렵다. 특정한 사회질서를 지탱하는 물질적 조건이 있고 또 사회세력이 존재하기에 민주주의 사회에서 변화를 끌어내기란 쉽지 않은 것이 현실이다. 그렇지만 다양한 상상력을 발휘하여 현실을 좀 더 평등하게 만들려는 노력이 필요하며, 무엇보다도 이러한 변화를 지지하는 사회세력을 형성하는 것이 중요하다. 이런 점에서 평등과 평등주의의 발전을 위해서는 불평등과 차별을 만들어내는 사회적 조건이나 배경에 대한 지속적인 성찰을 통해 변혁을 끌어낼 방안을 끊임없이 상상해야 한다.
  이제 한국사회의 평등과 평등주의의 발전을 위해 몇 가지 제안을 하면서 글을 마무리하기로 한다. 첫째, 무엇보다도 제도적 평등을 실현하기 위해 계속 노력해야 하는데, 여기서 부와 권력의 불평등을 해체하기 위한 분배적·경제적 평등과 시민적·정치적 평등을 실현하는 것이 중요한 과제이다. 둘째, 인격적으로 동등한 시민들의 사회를 건설하기 위해서는 문화적·인격적 평등을 실현하려고 노력해야 한다. 인격적 서열주의와 서열 매기기 문화를 끊어내고 소위 '갑질' 문화를 해체해야 하며, 인격적 서열 관계를 유지해주는 중요한 물질적 도구로 작동하는 존대법도 혁신해야 한다. 이러한 평등은 탈인격적·제도적 평등의 실현과도 깊이 연관되어 있다. 셋째, 차이와 다양성을 인정하고 다원적 평등을 실현해 나가야 한다. 이를 위해서는 다양한 권위주의, 집단주의, 획일주의 문화에서 벗어나야 하며, 다양한 차이가 공존하는 문화를 만들어나가야 한다.

(1) 제도적 평등의 실현: 경제적·분배적 평등과 시민적·정치적 평등의 과제

경제적·분배적 평등은 인간다운 삶의 물질적 기초라는 점에서 중요하다. 그런데 현대 자본주의 사회의 계급·계층적 불평등은 복잡한 이해관계와 권력관계로 얽혀 있는 사유재산제도와 시장제도의 거대한 구조적 힘을 통해 유지하고 있어서 근원적으로 해체하기가 쉽지 않다. 한국사회 역시 자본주의 시장경제 체계가 물질적 생존과 분배의 제도적 조건을 형성하고 있어서, 경제적·분배적 평등의 실현은 평등주의의 미래를 위해 중요하지만 쉽지 않은 과제이기도 하다.

한국사회는 1980년대 이후 재벌지배체제의 강화와 신자유주의의 확산으로 소득양극화와 노동자의 삶 불안정 확산 등 경제적 불평등이 심화되었다. 이후 과학기술의 발달, 서비스산업과 지식·정보산업 중심으로 산업구조 변화가 심화되자 일자리 감소 및 양극화도 나타났으며, 일자리 불안정과 비정규직의 증가 속에서 청년세대의 일자리 불안정, 노동자 내부의 계층분화와 균열, 개인화 등의 경향도 커졌다. 특히 노동시장의 개별화와 양극화로 정규직과 비정규직의 균열과 차별이 심화되면서 노동운동을 통한 연대와 평등의 추구도 어려움을 겪고 있다. 또 많은 사람이 지위상승이나 부동산투기, 주식투자 등 시세차익을 통한 소득향상을 추구하는 개인적인 상향적 평등 행위전략에 몰두하면서 경쟁은 더 치열해졌으며, 이로 인해 공적, 사회적 평등을 위한 시민의 연대 형성이 방해받고 있다.

대학입시제도의 공정성 문제로 학생부 종합과 수능 정시의 적절한 비중을 둘러싸고 논란이 벌어진 현실을 보면, 불평등한 교육조건 아래에서 특혜와 특권을 배제하여 경쟁의 공정성을 확보하는 일이 얼마나 어려운지를 잘 알 수 있다. 개인주의적 경쟁이 치열할수록 학부모는 자녀를 이른바 명문대학 또는 소득이나 취업이 보장되는 학과로 진학시키기 위해 특목고나 외국어고에 진학시키거나 사교육 투자를 늘리는 등 입시에 유리한 위치를 차지하려고 노력한다. 이것은 결국 계급·계층 불평등이 교육불평등으로 이어지는데, 이 과정에서 개인은 부와 권력을 이용한 성적조작이나 입시비리의 유혹을 떨쳐버리기가 어렵다.

그래서 다른 한편에서는 경제적 불평등에 대한 불만과 저항의식이 커지고, 또 경쟁이 결코 공정성을 보장할 수도 다수의 성공을 보장할 수도 없다는 점에 대한 대중적 공감도 확산된다. 신자유주의 정책이 가져다준 폐해들에 대한 인식이 높아지자 복지제도의 강화와 재분배를 통해 빈곤과 불평등 문제를 해결해나가야 한다는 요구도 높아졌다. 이러한 인식의 전환은 2016년 말 촛불혁명을 거치면서 공정, 정의, 평등을 추구하는 정책과 제도 마련을 요구했고, 그 결과로 등장한 문재인 정권은 노동존중사회를 내세우며 소득주도성장과 최저임금 인상, 복지제도 강화 등을 실현하기 위한 정책적 노력을 기울였다. 물론 현실적으로 이러한 진보적, 개혁적 정책을 얼마나 실효성 있게 추진하였는지에 대한 평가는 추후에 공정하게 해야겠지만, 평등과 공정의 확대라는 가치지향은 되돌리기 어려운 방향이 되었다. 이것은 시민들 사이에 평등주의 의식이 점점 확산되어온 결과이다.

경제적·분배적 평등이 제도적으로 실현되려면 무엇보다도 재벌지배체제를 개혁해야 한다. 즉, 경제민주화와 노동자 권리 보호 강화, 동일노동 동일임금 실현을 통한 분배적 평등 강화, 노동시간 단축과 일자리 나누기, 비정규직의 정규직화 또는 처우의 획기적 개선 등을 통해 적극적인 경제구조 개혁을 추진해야 한다. 그리고 시장의 불공정성 때문에 나타나는 분배 불평등을 개선하고, 또 자본주의 사회에서 누구나 닥칠 수 있는 질병, 산업재해, 해고, 퇴직 등의 일상적 불안을 해결하기 위한 보편적 복지를 확대해야 한다. 공평한 사회적 삶의 조건과 기회를 제공하기 위해 다양한 수당이나 기본소득 제도를 도입할 필요가 있으며, 특히 사회로부터 벌어들인 부의 사회 환원을 확대하고 공평하게 재분배하기 위해 누진세 강화에 기초한 증세를 추구해 나갈 필요가 있다.

그리고 공정성에 대한 시민의 불신을 줄이려면, 공공선의 관점에서 토지와 같은 사회적 공유자산을 개인이 사적으로 소유하고 또 이를 이용하여 부당하게 이득을 챙기거나 그 이득을 독점하는 것도 제한해야 한다. 이를 통해 공정성에 대한 시민의 신뢰를 회복하고 공적 평등주의 심성을 키워나간다면, 시민의 사회적 연대감을 강화하여 경제적·분배적 평등의 제도적 실현에 대한 시민의 지지를 확산시켜나갈 수 있을 것이다. 오늘날 평등주의를 지향하는 사회운동은 사익을 넘어서는 공익 추구, 나아가 공공선, 공정, 정의의 추구를 통해 그 정당성을 인정받을 수 있다. 하지만 자본주의 시장경제의 현실은 무엇이 공공선이고, 정의이며, 평등인지를 단순하게 사고하기 어렵게 만들고 있다. 하지만 자본주의 시장경제의 불평등과 불공정에 대항하여 자주관리기업, 생활공동체, 협동조합, 공유경제 등을 통해 공공선, 정의, 평등의 가치를 확대할 수 있는 다양한 제도적 상상과 실험을 해야 한다.

그런데 민주주의 사회에서 경제적·분배적 평등이나 공정의 제도적 실현은 무엇보다도 정치권력을 통해 할 수 있다. 이런 점에서 시민적·정치적 평등주의의 제도적 발전도 매우 중요하다. 왜냐하면 정치, 특히 제도정치의 기구로써 국가는 자본주의적 불평등을 완화하는 재분배와 복지, 공공성을 제도적, 정책적으로 실현할 수 있는 중요한 수단이기 때문이다. 이를 위해서는 한편으로는 시민이 평등, 정의, 공정, 공공선의 가치에 대한 공감을 넓혀나가면서 사회적 연대의식을 강화해야 하고, 다른 한편으로는 이러한 시민의 의사를 공정하고 공평하게 반영할 수 있는 민주적인 정치제도를 강화하고 또 시민이 정치과정에 능동적으로 참여할 수 있어야 한다.

2000년대에 들어서서 한국사회에서 정치적 의사결정 과정에 공론화, 거버넌스 등의 제도가 도입되는 등 정치적으로 숙의민주주의, 참여민주주의를 확대하는 경향이 점차 강화되고 있다. 물론 정권에 따라 차이가 있지만, 이러한 경향은 시민적·정치적 평등주의의 발전을 보여준다. 하지만 조국 법무부장관 후보자 검증과정에서 드러난 검찰 권력의 횡포와 사법 권력의 동조는 입법부, 사법부, 행정부에서 주권자 시민의 참여와 대표의 직접적인 선출을 보장하는 제도의 개혁이 필요함을 보여주었다. 그리고 언론 권력의 횡포는 공론장에서 공정하고 합리적인 의사소통을 위해 공정한 규칙을 마련하고 공적인 제재를 가해야 한다는 필요성을 일깨웠다. 표현의 자유와 언론의 자유를 지배적인 언론 자본이 독점하고 또 언론 권력이 검찰 권력이나 특정 정치세력과 결탁할 가능성이 드러남에 따라, 다양한 의견을 표출할 기회를 평등하게 지니며 공정하게 경쟁할 수 있는 제도적 환경을 마련하는 것이 중요하다는 사실도 드러났다.

민주적인 정치제도의 발전은 비례대표제와 같이 의회에서 국민(시민) 대표성을 평등하게 보장할 수 있는 선거제도를 도입하고 선거민주주의와 정당민주주의를 발전시킬 때 가능하다. 다양한 시민이 민주시민으로서 자신의 이익과 가치에 따라 정당의 이념과 정책을 지지하고 이러한 지지의 분포에 따라 정부와 의회에서 다수가 지지하는 법과 정책을 결정하도록 하는 것이 필요하다. 그리고 이 과정에서 시민이 참여하고 또 다양한 정보를 공개하며 다양한 의견을 소통하여 합리적으로 토의하고 숙고하여 결정하는 공론화와 숙의민주주의 절차를 도입할 필요가 있다. 이때 시민의 정치참여는 권리이자 책무이다.

정치공동체의 구성원인 시민으로서의 자격을 의미하는 시민자격(citizenship)은 권리, 책무, 덕성을 함께 요구한다. 시민으로서 서로의 인격적 평등을 인정하고 시민적 예의를 지키는 것은 시민의 기본적 덕성이다. 사익에 매몰되지 않고 공공선, 공익을 통해 공동체적 가치를 확산시켜나가는 것 또한 시민의 중요한 덕목이다. 그래서 시민자격-권리에만 매몰되지 않고 시민자격-책무·덕성을 키워나가려는 노력이 필요하며, 이것은 자본주의 시장경제 속에서 시민이 사익추구에 몰두하는 경향에서 벗어나 공공선, 공익 등 공적 평등주의의 관점에서 서로 타협하고 양보함으로써 공동체를 조화롭게 존속시켜 나가는 데 기여하도록 만들 것이다.[184] 이런 점에서 학교든 사회든 민주시민교육은 바로 이러한 시민적·정치적 평등주의 심성과 의식을 기르는 과정이 된다는 점에서 중요하다. 특히 청소년이 체험과 실천을 통해 민주주의 의식을 내면화하는 것은 민주주의가 사회 속에 뿌리내리도록 하는 중요한 과정이다.

---

184. 정태석, 2015, 「시민자격의 역사적 발달과 세계화 및 위험사회에서의 그 함의」, 『지역사회학』 제15권 4호.

(2) 문화적·인격적 평등의 실현: 평등한 언어생활과 인격적 서열주의 해체

현대적 신분사회, 인격적 지위서열사회가 되어버린 한국사회에서 문화적·인격적 평등을 실현하는 것은 매우 중요한 과제이다. 그동안 한국사회는 1960년 4.19혁명, 1987년 6월항쟁, 2016년 촛불혁명 등을 거치면서 민주주의가 꾸준히 발전했고 또 급속한 자본주의적 공업화를 통해 경제성장도 이루었지만, 일상적 삶에서는 아직도 많은 사람이 시민으로서 정치적으로 평등하지 못하다고 느끼며, 심지어 차별당하거나 무시당하고 있다고 느낀다.

민주화 이후, 특히 2010년대에 들어서서 피해자나 내부고발자가 지속적으로 폭로하고 있는, 다양한 집단이나 조직 속에서 일상적으로 자행된 이른바 '갑질'을 보면 인격적 서열주의와 차별주의가 한국 사회에 얼마나 만연한지 알 수 있다. 이것은 한국사회가 과연 인격적으로 평등한 시민이 살아가는 현대 민주주의 사회로 발전해가고 있는지 의심이 드는 충격적인 사건들이다. 이런 점에서 모든 개인이 시민으로서 인격적 동등함을 느끼며 살아갈 수 있는 사회를 만드는 것이 필수 과제이며, 이를 위해 서열 매기기 문화와 존대법을 통해 재생산되는 인격적 서열주의 문화를 반드시 해체해야 한다.

사람들이 서로 다양하게 공적, 사적으로 접촉하는 현대 사회에서, 나이 서열주의와 지위 서열주의를 강요하는 서열 매기기 문화는 서열의식의 내면화를 통해 인격적 무시나 비하를 용인하는 인격적 서열 관계를 존속시키며 시민적-인격적 평등의식이 성장하고 일상적으로 자유롭고 평등한 인간관계가 형성되는 것을 방해해왔다. 그리고 존대법은 이러한 서열 관계를 확인하고 유지하기 위한 중요한 수단이자 문화적 제도로 존재했다. 하지만 젊은 세대로 가면서 민주적 시민의식이 점차 성장하고 일상적 권위주의와 서열주의에 대한 저항이 확산하면서, 인격적 서열주의 문화와 시민적-인격적 평등주의 이념/심성이 서로 부딪혀 일상적 인간관계가 불편해지거나 갈등이 불거지는 현상이 확대되었다.

나이 서열에 따라 특정한 존대법, 말투, 호칭 등을 사용하는 문화는 공적이며 탈인격적 인간관계마저도 사적이며 인격적인 인간관계로 만드는 경향이 있다. 이에 따라 공적, 탈인격적 조직이나 집단에서도 지위서열에 따른 인격적 차별이나 무시를 정당화하는 인격적 차별주의가 확산된다. 존대법의 존재가 전통적인 인격적·비합리적·수직적 인간관계가 현대적인 탈인격적·합리적·수평적 인간관계로 전환되는 것을 일상적으로 방해하고 있는 셈이다. 그런데 이러한 인격적 서열주의 문화는 다양한 사회적 제도나 기구를 통해서 지속적으로 재생산된다.

학교는 인격적 서열주의를 존속시키는 중요한 공적 기구이다. 아이들은 어린이집, 유치원, 초등학교, 중학교, 고등학교 등 양육 및 교육 기관에서 성장하면서 인격적 서열 관계에 순응하도록 교육을 받는데, 특히 존대법, 말투, 호칭 등의 사용법을 배우면서 인격적 서열주의를 일상적 예절로 받아들이는 동시에 복종의식을 내면화한다. 이것은 학생들이 평등한 언어생활을 누리면서 자유롭게 자기표현을 하는 것을 억압하며, 나아가 시민적-인격적 동등의식을 키우는 것을 방해한다. 예를 들어 연소자에게 "예의가 없다." "싸가지가 없다." "버릇없다." 등등의 표현을 사용하는 것은 나이 서열에 따른 예의를 내세워 연소자를 심리적으로 억압하는 효과를 초래한다. 이처럼 인격적 차별을 담고 있는 표현은 하위자에게 열등감과 종속감을 지니도록 강제한다. 또 연장자나 상위자는 나이나 지위의 대접을 당연한 것처럼 기대하게 한다. 그래서 존댓말의 과잉, 존칭의 과잉 현상이 나타나고 있는 것은 연장자나 상위자, 고객에게 예의를 지키며 복종해야 한다는 서열주의 규범을 과도하게 강조한 결과이다. "고객님, 식사 나오셨습니다." "여사님!" "○○선생님!" 등과 같은 지나친 존댓말이나 존칭은 타인의 인격적 인정에 민감해져 있는 사회현실을 반영한다.[185]

오늘날 선진국에 비해 한국의 청소년이 의사 표현 능력이 떨어진다는 지적이 많다. 아마도 존대법과 나이 서열주의 예절을 강조하는 권위주의적 학교문화가 청소년의 자유로운 의사 표현을 억눌러온 것이 중요한 이유 중 하나일 것이다. 존대법이 없는 선진국의 청소년은 나이 서열주의 예절에 따른 심리적 억압을 느낄 이유가 없기에, 훨씬 자유롭고 당당하게 자기의사를 표현한다. 나이 차이로 억압을 느끼는 언어문화가 존재하지 않기 때문에 감정과 사고가 훨씬 자유로울 수 있는 것이다. 반면에 한국의 청소년은 나이 차이에 민감하며 존대법과 말투에 대한 부담감으로 나이 차이가 있는 사람들과 소통할 때 심리적 억압을 느끼면서 자유로운 의사표현을 스스로 억제하는 경향을 보인다. 연장자에게서 느끼는 심리적 불편함을 회피하는 게 더 낫다고 생각하기 때문이다. 실제로 존대법이 없는 유럽이나 미국 사람들이 나이와 상관없이 서로 친구가 되어 자유롭게 소통하는 모습은 인간관계에서 존대법의 부정적 영향이 얼마나 큰지를 확연히 알 수 있다.

결국 인격적 서열주의와 시민적-인격적 평등주의가 모순적으로 공존하면서 인격적 차별주의까지 나타나고 있는 현실에서 벗어나려면, 인격적으로 동등한 시민으로서 서로 평등하게 대화하고 의사소통할 수 있는 제도적, 문화적 환경을 만들어나가는 것이 필요하다. 그리고 이를 위해서 존대법을 혁신하는 것이 중요한 과제이다. 실제로 오늘날 전통적인 가족 및 친족 호칭을 평등화하려는 노력이 다양하게 이루어지고 있다.

---

185. 이건범 외, 앞의 책, 16-69쪽.

특히 성 평등의 관점에서 가부장적이고 성차별적인 친족 호칭을 개혁하려는 시도도 생겨나고 있다. 또 직장이나 동호회 등에서 나이나 직급의 서열에도 불구하고 서로 존댓말을 쓰면서 동등한 호칭을 사용하려고 시도하고 있다.[186] 이러한 존대법, 존칭, 말투의 평등화 노력을 확산시켜나가는 것이야말로 시민적-인격적 평등주의를 발전시킬 수 있는 중요한 방안이다. 그래서 나이 서열에 속박되지 않는 평등한 언어생활을 확산시켜 전통적인 권위주의적, 서열적 예의가 아닌 시민적-인격적 평등에 기초한 '시민적 예의'를 발전시켜나가야 한다.

인격적 서열주의와 차별주의는 열등감, 피해의식, 굴욕감, 소외감 등 정신적, 심리적 상처를 만들어내며, 이것은 역으로 지위가 높거나 부유한 사람에 대해 더 큰 불인정, 불만, 분노를 표출하게 한다. 그래서 심지어 공정한 격차에 대한 부정, 승자 깎아내리기와 패자에 대한 무시로 나타나기 쉽다. 또 이것은 상향적 평등의식과 하향적 차별의식의 모순적 공존으로 이어진다. 그런데 이러한 인격적 서열주의는 단지 문화나 의식의 영역에 머무르는 것이 아니라 다양한 제도의 영역에도 영향을 미친다. 비정규직에 대한 제도적 차별이 바로 그 중요한 예이다.

한국사회는 신자유주의적 노동시장 정책을 시행하면서 저임금의 비정규직 노동자가 늘어났는데, 비정규직은 주로 대기업의 하청업체에 고용되어 상대적으로 낮은 임금을 받으면서 힘들고, 위험하고, 어려운 일을 맡아왔다. 각종 산업재해로 사망하는 노동자 중에서 비정규직 노동자의 비율이 매우 높게 나타나는 것이 그 증거이다.

2016년 구의역 지하철 스크린도어 정비 과정에서 사망한 노동자나 2018년 태안화력발전소 컨베이어벨트에 끼어 사망한 노동자 모두 하청

---

186. 이건범 외, 같은 책, 70-82쪽.

업체의 비정규직 노동자라는 사실은, 한국사회에 하향적 차별주의 심성이 널리 확산되어 있다는 점을 보여준다. 비록 비정규직을 과도하게 허용하면서 제대로 보호하지 못하는 법과 제도의 문제, 위험한 업무를 외주에 맡기는 대기업의 비용절감 및 위험회피 관행 문제가 중요하다고 하더라도, 이러한 위험의 외주화에 대응하여 비정규직 노동자를 보호하기 위해 적극적으로 목소리를 내지 않는 대기업 노동자도 그 책임에서 자유롭지 못하다. 그동안 대기업 정규직 노조는 임금상승과 일자리 안정이라는 집합적 이익을 추구하면서 기업주가 하청업체를 통해 비정규직 노동자를 저임금이나 위험노동 상황에 내몰고 있는 현실을 외면하는 모습을 보여왔는데, 이것은 정규직 노동자가 자신들의 집합적 이익을 지키기 위해 비정규직을 차별하는 것을 당연하게 생각하는 하향적 차별주의 심성을 보여주는 것이다.

한편 문재인 정권에서 공공부문 비정규직의 정규직화가 이루어지는 과정에서 정규직 노동자가 비정규직 노동자의 정규직화를 반대하는 사례도 나타났다. 이들은 입사과정에서 시험합격 여부나 전문성에 따른 자격의 차이를 인정해야 한다고 주장하면서, 경력이 긴 비정규직 노동자가 경력이 짧은 정규직 노동자인 자신들보다 더 많은 임금을 받는 것을 인정할 수 없다고 했다. 사실 이 문제는 연공서열제 또는 호봉제 임금체계 문제와 관련된다. '연공서열 임금체계'는 능력이나 성과보다는 근속연수에 따라 임금을 서열화하는 체계를 말한다. 근속연수에 따라 호봉이 매년 거의 자동적으로 오르는 호봉제는, 나이가 많을수록 혜택이 커지므로 나이 서열에 따라 불평등이 생겨나는 대표적인 임금체계이다

사실 노동운동의 주도세력은 그동안 평등 또는 공정성의 관점에서 '동일(가치)노동 동일임금'을 주장해왔다. 이것은 정규직과 비정규직의 차별에 반대하는 논리이기도 하다. 그런데 엄밀히 따지면 호봉제 임금체

계는 연공서열 또는 나이에 따른 서열을 인정함으로써 '동일(가치)노동 동일임금' 원칙과 모순된다. 이 원칙에 따르면, 나이와 상관없이 동일한 노동을 하는 노동자라면 동일한 임금을 받아야 하기 때문이다. '동일(가치)노동 동일임금'이 '평등주의' 원칙에 따른 것이라면, 연공서열 임금체계는 '나이 서열주의'에 기초한 것이다. 그런데 '동일(가치)노동 동일임금'을 내세우면서도 노동자가 연공서열 임금체계 자체를 개혁하는 데 적극적으로 나서지 않는 것은 나이에 따른 임금 격차를 당연시하는 나이 서열주의 문화에 익숙하기 때문만이 아니라, 점점 더 큰 혜택을 누리게 될 고령의 노동자가 개혁에 부정적인 태도를 보이기 때문이다. 이러한 임금체계에서 나타나는 서열주의 관행을 평등주의 원칙에 따라 개혁할 것을 주장하는 사람들은, 직무의 성격에 따라 동일임금을 제공하는 '직무급 임금체계'로 전환할 필요가 있다고 말한다. 사실 이렇게 되면 동일(가치)노동에 대해 근무연수에 따른 임금격차가 거의 사라져 근무연수에 상관없이 직무에 따른 임금 격차만 있을 것이며, 이에 따라 비정규직의 정규직화에서도 나이든 비정규직 노동자와 젊은 정규직 노동자 간의 임금수준 역전 문제가 현저히 약화되어 젊은 정규직이 이에 반대할 근거가 사라질 것이다. 게다가 나이에 따른 임금 격차가 크게 줄어들면 젊은 세대의 소득이 상승하고 삶의 질이 높아져 세대 간 불평등도 크게 개선될 것이다.

이처럼 노동자가 한편에서는 '동일(가치)노동 동일임금'을 주장하면서도 '연공서열 임금체계'를 특별한 불만 없이 받아들이고 있거나 개혁에 반발하는 태도는 일정 부분 나이 서열주의 문화에 순응한 결과라고 할 수 있다. 이것은 평등주의와 서열주의가 모순적으로 공존하는 한국사회 평등주의의 특수한 양상이다. 결국 문화적·인격적으로 평등한 한국사회의 미래를 위해서는 나이와 지위 서열에 근거하는 인격적 서열주의 문화를 해체하고, 또 그 제도적 기반이 되는 존대법을 해체하여 모두 동등한 인격체로서 평등한 언어생활과 평등한 인간관계를 누릴 수 있도록 하는 것이 시급한 과제이다. 이러한 문화혁신을 통해 시민사회에서 인격적 동등함에 기초한 시민적 예의를 발전시켜나간다면 인격적 비하나 무시가 사라진 평등한 사회 건설을 앞당길 수 있을 것이다.

(3) 다원적 평등의 실현: 문화적 다양성 및 차이의 인정과 공존

한국사회가 점점 더 분화되고 다원화되자 평등을 바라보는 시각도 다양해지고 또 그 기준도 다양해졌다. 하지만 한편으로는 인격적 서열주의는 가부장주의, 권위주의 문화의 철폐를 어렵게 하면서 성 평등, 나이 평등 등을 비롯한 다원적 평등의 발전을 제약하고 있다. 그리고 다른 한편으로는 다양한 이익과 가치 간의 균열과 갈등이 생겨나면서 이들 간의 갈등 해결이 중요한 과제로 등장하고 있다. 따라서 차이와 다양성에 따른 다원적 평등의 요구를 공평하게 인정하고 이들이 서로 공존할 수 있도록 사회적 공감을 넓히고 또 사회적 연대를 형성하는 것은 점점 더 어려운 과제이다.

계급 불평등에 저항하는 전통적인 사회운동인 농민운동, 노동운동, 빈민운동 등이 지속된 가운데, 동시에 인권운동, 소수자운동 등 정치적 권리의 평등을 추구하는 투쟁들, 여성운동, 환경운동, 평화운동 등 다양한 불평등과 차별에 저항하고 생명, 평화, 안전을 추구하는 투쟁들이 새롭게 분출되어왔다. 또 결혼이주여성, 외국인노동자의 유입이 크게 늘어나고 난민문제도 쟁점화되면서 문화다양성, 다문화주의, 문화적 개방 등이 새로운 사회적 쟁점이 되고 있다. 이것은 '다양한 차이들 속의 다원적 평등주의 연대'라는 평등주의의 새로운 패러다임을 요구한다.

다양한 불평등과 차별은 서로 독립적인 원인이 있지만 또한 서로 밀접히 연관되어 있기도 하다. 그래서 때로는 한 영역에서 불평등과 차별을 해결하는 방안이 다른 영역에서 불평등과 차별을 초래해 이해갈등이나 가치갈등을 발생시키기도 한다. 그리고 한 영역에서는 사회적 약자이지만 다른 영역에서는 사회적 강자가 되어 기득권을 지키려는 경우도 생겨난다. 여성의 불평등한 사회적 기회를 개선하려는 방안이 남성의 사회적 기회를 축소시킬 수도 있으며, 환경적 가치를 지키려는 정책이 특정 산업에 종사하는 노동자의 임금이나 일자리에 부정적인 영향을 미칠 수 있다. 그래서 서로 얽혀 있는 문제들 속에서 다원적 평등을 균형있게 추구하는 일은 단순한 문제가 아니다. 따라서 다원적 관점에서 평등과 공정, 정의와 공공선(public good)의 가치들을 바라보면서 차이와 다양성을 인정하고 서로 공존하는 타협점을 찾아 끊임없이 노력해야 한다.

다원화된 현대 민주주의 사회에서 평등주의의 발전은 다원적 평등주의의 발전으로 나아가지 않을 수 없다. 이것은 경제적·분배적 평등, 시민적·정치적 평등, 문화적·인격적 평등의 동시적 진전과 함께 계급·계층 불평등은 물론 성 차별, 소수자 차별, 환경불평등, 민족불평등, 인종불평등 등 다양한 차별과 불평등을 해결할 것을 요구한다. 이에 따라 평등주의는 모든 사람의 인권이 평등하다는 인정과 차이들의 평등한 공존을 위한 시민자격의 다원적, 탈국가적 확장을 고민하지 않을 수 없게 한다. 이러한 과제는 제도정치든 시민사회정치든 결국 정치를 통해 해결하지 않으면 안 된다. 민주주의 정치가 '헤게모니 정치'와 '정당성 정치'가 변증법적으로 교차하는 과정이라고 할 때, 평등주의는 시민들로부터 정치의 정당성을 획득할 수 있는 중요한 가치가 된다. 그런데 이것은 단순히 국가 또는 제도정치를 향한 요구에 그쳐서는 안 되며, 시민사회에서 시민이 일상적 삶 속에서 스스로 실천해나가야 하는 과제이기도 하다. 이런 점에서 시민자격(citizenship)이 성숙하지 않으면 안 된다. 시민이야말로 민주적 헤게모니의 원천이기 때문이다.

 사회에서 불평등과 차별이 존재하는 한, 평등주의는 불평등과 차별에 저항하는 에너지로서 역동적인 사회변동의 밑거름으로 남아 있을 것이다. 그리고 이들에 저항하는 다양한 사회운동과 시민사회 정치가 다원적 평등과 공동체적 연대를 향한 사회적 실험들을 이어가고, 또 이를 통해 공적 평등주의를 실현하려는 다양한 시민 주체들의 공감과 연대, 정치적, 사회적 실천들이 이어진다면, 평등한 사회의 건설은 좀 더 앞당겨질 것이다.

참고 문헌

고영복 편. 2000. 『사회학사전』. 사회문화연구소.
공제욱. 1992. 「1950년대 한국 자본가의 형성과정」. 서울대학교 사회학과 대학원 박사논문.
김남희. 2013. 「흠흠신서와 평등권에 대한 담론」. 『법학논총』(숭실대학교 법학연구소) 30. 63-91쪽.
김수진. 2009. 『신여성, 근대의 과잉-식민지 조선의 신여성 담론과 젠더정치, 1920~1934』. 소명출판.
김우철. 2010. 「철종 2년(1851) 李明燮 모반 사건의 성격」. 『한국사학보』 40. 183-211쪽.
김윤태. 2017. 『불평등이 문제다』. 휴머니스트.
김의환. 1971. 「형평운동: 평등사회를 위하여」. 『한국현대사』 8. 청구문화사.
김정미. 2011. 「『서유견문』을 쓴 한말의 개화사상가 유길준」. 『인물한국사』. 네이버캐스트.(http://navercast.naver.com/contents.nhn?rid=77&contents_id=4906)(검색일: 2019. 7. 22.).
김정훈·조희연. 2003. 「지배담론으로서의 반공주의와 그 변화」. 조희연 편. 『한국의 정치사회적 지배담론과 민주주의 동학』. 함께읽는책.
김혜승. 2005. 「동학정치사상과 갑오동학농민운동」. 『정치사상연구』 제11집 1호.
박대길. 2008. 「동학농민혁명 이전 천주교와 동학의 상호 인식」. 『인문과학연구』 제19집.
박도 편. 2010. 『일제강점기』. 눈빛출판사.
박재정. 2003. 「조선후기 가톨릭교회의 정치적 역할에 대한 연구」. 『사회과학연구』 14 충남대학교 사회과학연구소. 127-145쪽.
박태균. 2003. 「1950년대의 근대화론과 지식인」. 한국사회사학회 편. 『지식변동의 사회사』. 문학과지성사.
변은진. 2013. 『파시즘적 근대체험과 조선민중의 현실인식』. 선인.
새로운 사회를 여는 연구원. 『분노의 숫자 - 국가가 숨기는 불평등에 관한 보고서』. 2014, 동녘
서관모 외. 『사회계급론』, 1990, 한길사.
선우현. 2012. 『평등』(비타 악티바 26). 책세상.
손호철. 1998. 『현대 한국정치』. 사회평론.

송호근. 2003. 『한국, 무슨 일이 일어나고 있나: 세대, 그 갈등과 조화와 미학』. 삼성경제연구소.
송호근. 2006. 『한국의 평등주의, 그 마음의 습관』. 삼성경제연구소.
신광영. 2004. 『한국의 계급과 불평등』. 을유문화사.
_____. 2004. 『한국의 계급과 불평등』. 을유문화사.
신기현. 1995. 「한국의 전통 사상과 평등 인식」. 『한국정치학회보』 29(2). 407-430쪽.
신용하. 1990. 『한국현대사와 민족문제』. 문학과지성사.
_____. 1980. 『한국근대사와 사회변동』. 문학과지성사.
신항수. 2005. 「[사실, 이렇게 본다 2] 비판적 시각으로 살펴본 실학 연구」. 내일을 여는 역사재단. 『내일을 여는 역사』 21호. 민족문제연구소.
안재성 편. 2012. 『잡지, 시대를 철하다』. 돌베개.
오유석. 2001. 「안보국가 시기의 국가-제도정치-운동정치」. 조희연 편. 『한국 민주주의와 사회운동의 동학』. 나눔의 집.
오찬호. 2013. 『우리는 차별에 찬성합니다』. 개마고원.
이건범 외. 2018. 『나는 이렇게 불리는 것이 불편합니다』. 한겨레출판.
이광일. 2001. 「개발독재 시기의 국가-제도정치의 성격과 변화」. 조희연 편. 『한국 민주주의와 사회운동의 동학』. 나눔의 집.
이기백. 1982. 『한국사신론』. 일조각.
이성호. 2013. 「반공국가 형성과 지역 사회의 변화」. 『지역사회연구』 제21권 제1호.
_____. 2014. 「'일기'를 통해 본 1970년대 농촌개발정책과 마을사회의 변화」. 『지역사회연구』 제22권 제2호.
이수기. 2010. 「서양인이 바라본 한국의 신분제와 사회현상들」. 『역사문화연구』 제37집. 35-66쪽.
이응백·김원경·김선풍. 1994. 『국어국문학자료사전』. 한국사전연구사.
이정덕 외. 2012a. 『창평일기 1』. 지식과교양.
_____. 2012b. 『창평일기 2』. 지식과교양.
_____. 2013a. 『창평일기 3』. 지식과교양.
_____. 2013b. 『창평일기 4』. 지식과교양.
_____. 2014a. 『아포일기 1(농민 권순덕의 삶과 기록)』. 전북대학교출판문화원.
_____. 2014b. 『아포일기 2(농민 권순덕의 삶과 기록)』. 전북대학교출판문화원.
_____. 2015a. 『아포일기 3(농민 권순덕의 삶과 기록)』. 전북대학교출판문화원.
_____. 2015b. 『아포일기 4(농민 권순덕의 삶과 기록)』. 전북대학교출판문화원.
_____. 2015c. 『아포일기 5(농민 권순덕의 삶과 기록)』. 전북대학교출판문화원.
이정우 외. 2015. 『불평등 한국, 복지국가를 꿈꾸다』. 후마니타스.

임경석. 2003. 『한국사회주의의 기원』. 역사비평사.
임대식. 2003. 「1960년대 지식인과 이념의 분화」. 한국사회사학회 편. 『지식변동의 사회사』. 문학과지성사.
장세윤. 2010. 「일제 강점 35년 - 우리는 어떻게 살았을까」. 박도 편. 『일제강점기』. 눈빛출판사.
전명혁. 2001. 「식민지 시대 민족해방운동의 근대적 성격과 민주주의」. 조희연 편. 『한국 민주주의와 사회운동의 동학』. 나눔의 집.
＿＿＿. 2006. 『1920년대 한국사회주의운동 연구』. 선인.
전병유 엮음. 2016. 『한국의 불평등 2016』. 페이퍼로드.
정수복. 2007. 『한국인의 문화적 문법』. 생각의나무.
정준영. 1995. 『조선후기의 신분변동과 청자존대법 체계의 변화』. 서울대학교 대학원 사회학과 박사학위논문.
정태석. 2002. 『사회이론의 구성』. 한울.
＿＿＿. 2007. 『시민사회의 다원적 적대들과 민주주의』. 후마니타스.
＿＿＿. 2009. 「부마항쟁의 주체와 성격」. (사)부산민주항쟁기념사업회 부설 민주주의사회연구소. 『부마민주항쟁의 역사적 재조명』. 대성.
＿＿＿. 2013. 「민주화 이후 한국사회의 변화와 참여연대」. 『시민사회와 NGO』 제11권 2호. 3-40쪽.
＿＿＿. 2014. 『행복의 사회학』. 책읽는수요일.
＿＿＿. 2015. 「시민자격의 역사적 발달과 세계화 및 위험사회에서의 그 함의」. 『지역사회학』 제15권 4호.
＿＿＿. 2018. 「87년 체제와 시민사회 이데올로기-가치들의 변화: 촛불혁명과 사회체제 전환의 전망」. 『경제와사회』 제117호(봄호). 18-61쪽.
정태석 외. 2000. 「제1장 시민사회와 NGO」. 『NGO란 무엇인가?』. 아르케.
정해구. 2001. 「한국의 국가형성과 민주주의」. 조희연 편. 『한국 민주주의와 사회운동의 동학』. 나눔의 집.
정혜영. 2008. 『식민지기 문학과 근대성』. 소명출판.
조광. 1977. 「신유박해의 분석적 고찰」. 교회사연구소 편. 『가톨릭교회사연구』 제1권.
조성남·윤옥경. 2002. 「가치관과 행위양식의 세대간 차이와 유사성」. 『社會科學研究論叢』 5號. 이화여자대학교 사회과학연구소.
조성산. 2011. 「실학개념 논쟁과 그 귀결」. 『한국사 시민강좌』 48, 20-36쪽. 일조각.
조성윤. 1997. 「식민지 유산의 극복과 사회발전 50년」. 한국사회사연구회 편. 『한국현대사와 사회변동』. 문학과지성사.

차재호. 1985. 「70년대 말에서의 가치, 태도 및 신념으로 본 한국인의 세대차 (1)」, 『사회 및 성격』 2(2), 129-168쪽.
한국학중앙연구원. 『한국민족문화대백과사전』. https://encykorea.aks.ac.kr/. (검색일: 2019. 5.)
행정안전부 국가기록원. 2017. 『주요 정책기록 해설집 V(교육편)』.
호광석. 2005. 『한국의 정당정치』. 들녘.
홍원식. 1998. 『실학사상과 근대성』. 예문서원.

길모어 G.W.(G. W. Gilmore) 1999. 『서울풍물지』. 신복룡 역주. 집문당.
라메쉬 미쉬라(Mishra, Ramesh). 1996. 『복지국가의 사상과 이론』. 남찬섭 옮김. 한울.
루이 알튀세르(Althusser, Louis). 1992. 「이데올로기와 이데올로기적 국가기구들」, 『레닌과 철학』. 이진수 옮김. 백의.
볼프강 하우크(Haug, W. F.). 1994. 『상품미학비판』. 김문화 옮김. 이론과실천.
스튜어트 화이트(White, Stuart). 2016 『평등이란 무엇인가』. 강정인·권도혁 옮김. 까치.
아더 오쿤(Okun, Arthur M.) 1986. 『평등과 효율(Equality and Efficiency)』. 이영선 옮김. 현상과인식.
악셀 호네트(Honneth, Axel). 2009. 『정의의 타자』. 문성훈 외 옮김. 나남.
에리히 프롬(Fromm, Erich). 2012. 『자유로부터의 도피』. 김석희 옮김. 휴머니스트.
앤서니 기든스(Giddens, Anthony). 1998. 『제3의 길』. 한상진, 박찬욱 옮김. 생각의나무.
에스핑 앤더슨(Esping-Andersen, G.) 2007. 『복지 자본주의의 세 가지 세계』. 박시종 옮김. 성균관대학교출판부.
위르겐 하버마스(Habermas, Jürgen) 2006. 『의사소통행위이론 2』. 장춘익 옮김. 나남.
장 보드리야르(Baudrrillard, Jean). 1992. 『소비의 사회』. 이상률 옮김. 문예출판사.
피에르 부르디외(Bourdieu, Pierre). 1995. 『구별짓기』. 김종철 옮김. 새물결.

『4370』 2018년 1월호. 제주4·3 제70주년 범국민위원회.
『동아일보』, 1971. 1. 23. '김대중 연두기자회견'

Dallet. C. 1874. Histoire de l'Eglise de Coree. Paris; Librairie Victor Palme.
Esping-Andersen, G. 1985. *Politics Against Markets*, Princeton Univ. Press,
Giddens. Anthony. 1990. *The Consequences of Modernity*. Stanford Univ. Press.

Marshall, T.H. & Bottomore, Tom. 1992. *Citizenship and Social Class*, Pluto Press.
Przeworski, Adam & Sprague, John. 1986. *Paper Stones: A History of Electoral Socialism*. The Univ. of Chicaco Press.
Przeworski, Adam. 1985. *Capitalism and social democracy*. Cambridge Univ. Press.

[관련 문헌]

김경동. 2004. 『韓國人의 價値觀과 社會意識(상/중/하)』. 한국학술정보.
김문조 외. 2013. 『한국인은 누구인가: 38가지 코드로 읽는 우리의 정체성』. 21세기북스.
나은영. 2010. 「한국인의 가치관 변화 추이 - 1979년, 1998년, 2010년의 조사 결과 비교」, 『한국심리학회지: 사회 및 성격』 24(4). 63-92쪽.
나은영·차재호. 1999. 「1970년대와 1990년대 간 한국인의 가치관 변화와 세대차 증감」, 『한국심리학회지: 사회 및 성격』 13(2). 37-60쪽.
민세안재홍선생기념사업회 편. 2012. 『안재홍과 신간회의 민족운동』. 선인.
박경숙. 2008. 「빈곤층의 생활과 의식」, 『한국사회학』 제42집 제1호. 96-129쪽.
박명규. 2014. 『국민 인민 시민: 개념사로 본 한국의 정치주체』. 소화.
박성기. 2000. 「해방정국의 정당갈등과 분단체제 형성에 관한 연구 : 한국민주당과 조선공산당을 중심으로」. 부산대학교 대학원 박사학위논문.
유권종. 2011. 「한국의 실학과 근대성에 관한 논의」, 『한국민족문화』 39호. 3-29.
이경구. 2012. 「개념사와 내재적 발전」, 『역사학보』 213호. 49-70.
이규태. 2000. 『한국인의 의식구조』. 신원문화사.
이완범. 2006. 「해방 직후 국내 정치 세력과 미국의 관계, 1945~1948」. 박지향 외 편. 『해방 전후사의 재인식』. 책세상.
이윤갑. 1995. 「1894년의 경상도지역의 동학농민전쟁」. 동학농민혁명기념사업회. 『동학농민혁명의 지역적 전개와 사회변동』. 새길.
이종은. 2011. 『평등 자유 권리: 사회 정의의 기초를 묻다』. 책세상.
일상문화연구회 편. 1996. 『한국인의 일상문화: 자기성찰의 사회학』. 한울.

장종철. 1998. 「21세기 한국인과 가치관의 변화」, 『새가정』. 15-21쪽. 새가정사.
전성표. 2006. 「배분적 정의, 과정적 정의 및 인간관계적 정의의 관점에서 본 한국인들의 공평성 인식과 평등의식」, 『한국사회학』 40(6). 92-127쪽.
정석종. 1990. 『조선후기사회변동연구』. 일조각.
조긍호. 2003. 『한국인 이해의 개념틀』. 나남.
_____. 2007. 『동아시아 집단주의의 유학사상적 배경: 심리학적 접근』. 지식산업사.
조동일. 2010. 『동아시아문명론』. 지식산업사.
최봉영. 1994. 『한국인의 사회적 성격(1) - 일반이론의 구성』. 느티나무.
_____. 1995. 『한국인의 사회적 성격(2) - 일반이론의 구성』. 느티나무.
최준식. 2016. 『다시, 한국인』. 현암사.
한덕웅·이경성. 2003. 「한국인의 인생관으로 본 가치관 변화」, 『한국심리학회지: 사회 및 성격』 17(1). 49-67쪽.
한덕웅. 2003. 『한국유학심리학』. 시그마프레스.

그레고리 헨더슨. 2000. 『소용돌이의 한국정치』. 박행웅·이종삼 옮김. 한울.
도이 다케오. 2001. 『아마에의 구조』. 이윤정 옮김. 한일문화교류센터.
래리 M. 바텔스. 2012. 『불평등 민주주의: 자유에 가려진 진실』. 위선주 옮김. 21세기북스.
루이스 하츠. 2012. 『미국의 자유주의 전통』. 백창재·정하용 옮김. 나남.
미나미 히로시. 2002. 『일본적 자아』. 서정완 옮김. 소화.
반 볼페렌. 1991. 『일본의 권력구조』. 양찬규 옮김. 시사영어사.
세이무어 마틴 립셋. 2006. 『미국예외주의: 미국에는 왜 사회주의 정당이 없는가』. 문지영 외 옮김. 후마니타스.
알렉스 캘리니코스. 2006. 『평등』. 선우현 옮김. 울력.
에릭 에릭슨. 2014. 『유년기와 사회』. 송제훈 옮김. 연암서가.
예란 테르보른. 2014. 『불평등의 킬링필드: 나와 우리와 세계를 관통하는 불평등의 모든 것』. 문예춘추사.
위르겐 하버마스. 2006. 『의사소통행위이론 1』. 장춘익 옮김. 나남.
잭 바바렛. 2007. 『감정의 거시사회학: 감정은 사회를 어떻게 움직이는가?』. 박형신·정수남 옮김. 일신사.
잭 바바렛. 2009. 『감정과 사회학』. 박형신 옮김. 이학사.
제데베이 바르부. 1983. 『역사심리학』. 임철규 옮김. 창작과비평사.

찾아보기

ㄱ

가부장적·권위주의적 사회질서　193
가부장(적) 문화　268
가부장적 위계서열　299
가부장적인 유교적 전통　296
가부장적 질서　192
감정적 상처　332
갑오개혁　146
갑질 (문화)　16, 22, 51, 333, 335
강한 경쟁의식　330
강한 능력우선주의　71, 72
개념틀　89
개발독재　238
개별화된 경쟁　319
개인권리 존중　294
개인적-공적 평등주의　244
개인적-사적 지위상승　117
개인·사적 평등추구　28
개인주의 (의식)　82, 102, 104, 297
개인주의적 경쟁　322, 337
개인주의적 지위경쟁 가속화　261
개인주의적 지위상승　21
개인화　336
개항　138
개화기　200

개화사상　137, 138, 168
개화파　147, 189
개화파의 평등주의　189
거버넌스　339
건국준비위원회　255
결과의 불평등　65, 76, 79, 329
결과의 차등　324, 327, 328
결과의 평등　59, 61, 62, 67
경자유전(耕者有田) 원칙　214
경쟁의 공정성　77, 78, 79
경쟁의 불공정성 심화　322
경쟁의식　25
경제구조 개혁　338
경제성장　237, 238, 257
경제자본　45, 46
경제적·계급적 불평등　40
경제적 불평등　40, 248, 259
경제적 양극화　319
경제적 자유주의　36, 38, 319
경제적 착취　135
경제적 평등　44, 103, 319
계급　35, 37, 38, 45, 103
계급·계층적 불평등　336
계급관계　38, 45
계급문학　187
계급 불평등　40, 56, 177, 227, 317

찾아보기　357

계급 아비투스　45, 48, 88, 94
계급 없는 사회　169, 180, 188, 201
계급재생산　46
계급적 불평등　40
계급적 지배-피지배 관계　40
계급차별　210
계급차별철폐　171, 180
계급착취　200
계급타협　55
계급투쟁　42
계급평등　159, 169
계급해방　186
계급해방운동　155
계급해방투쟁　151
계급혁명　184
계몽주의　186
고급문화　325
고등교육의 기회　289
고등학교 평준화 정책　287
공공복리의 향상　281
공공선(public good)　338, 340, 348
공동체적 소유　83, 180
공동체적 연대　349
공론장　339
공론화　339
공산당　228
공산주의　164, 165, 178, 180, 182, 227
공안조직사건　245
공업도시　251
공업자본주의　223
공업적 계급관계　223
공업화　239, 251, 257
공유경제　338

공익　340
공적-분배적 평등주의　253, 320
공적-제도적 평등주의　254, 261, 291
공적 평등주의　119, 140, 145, 159, 254,
　　260, 275, 322, 325, 340, 349
공적 평등주의 운동　314
공적 평등 지향　116
공정　348
공정성　307, 326, 338
공정성 딜레마　78
공정성에 대한 불만　328
공정성에 대한 불신　253, 326
공정성에 대한 시민의 불신　251
공정성의 관점　345
공화정　147
과외교육 전면금지　289
과정의 불평등　35, 64, 65, 67,
　　68, 74, 75, 76, 77, 79
과정의 평등　63, 64
교육경쟁　290
교육과 문화 영역의 평등 후퇴　321
교육기회의 균등　308
교육기회의 평등　284
교육기회의 확대　252, 257
교육불평등　337
교육운동　176
교육의 공공성　285
교육의 균등화　170
교육이념　285
구별짓기(distinction)　45, 47
구여성　279
국가공동체 또는 민족공동체 의식　285
국가보안법　225, 234

국가복지　43
국가재건최고회의　237
국가주도 경제개발　259
국가주도 공업화　254
국가주도의 관치경제　238
국가주의　285, 286
국가주의·민족주의적 동원　297
국민교육헌장　285
국민(시민)대표성의 평등　339
국민의 복지사회 건설　231
국민정신교육　285
국민투표를 통한 개헌　237
군대와 경찰　220
군사독재　317
군사쿠데타　235
권위주의　95, 100, 101, 102, 105, 294
권위주의·반공주의적 정권　291
권위주의·서열주의 문화　106
권위주의적·가부장적 전통규범　197
권위주의적·반공주의적 통치　220
권위주의적, 위계서열적 문화　22
권위주의적인 유교적 전통　296
권위주의적 통치　226, 286
권위주의적 학교문화　343
귀속재산과 산업자본의 국유화 및 국영화　214
귀속재산 불하　221
균등성　307
균일성　307
근대(현대)의 과잉　275
근대화　252
근로기준법　240, 242
급진개화파　139

급진적인 개화사상　138
급진적인 사회운동　159
급진좌파　212
기본소득　61, 338
기본적 평등　59
기여에 따른 분배　66
기회의 평등　59, 285
긴급조치권　247
김대중　241

ㄴ

나이 많은 이 존대　294
나이 서열　197
나이에 따른 임금 격차　346
나이와 성별에 따른 불평등　52
나이와 성별에 따른 위계서열　196
나이와 성별에 따른 인격적 (위계)서열주의　291, 297, 305, 309, 323
나이와 성별에 따른 인격적 차별주의　323
나이와 성별이 위계서열 체계　196
나이 (위계)서열주의　33, 192, 197, 199, 300, 301, 302, 332
나이 차이로 억압을 느끼는 언어문화　343
나이 평등주의　309
남녀차별　191
남녀평등　255, 269, 279
남녀평등 사상　274
남녀평등 의식　53, 277, 292
남북학생회담　235
남아선호 사상　295
남조선로동당　186

남존여비의 성차별적 현실   277
남한 단독정부   216
낭만적 사랑   278
노동기본권   242
노동(기여)에 따른 분배(보상)   63
노동운동   232, 248, 260, 276, 317, 347
노동운동조직   162
노동운동 탄압   223
노동자계급   42, 53, 222
노동자계급의 당파성   188
노동자계급 형성   260
노동자 내부의 계층분화와 균열   336
노동자의 내적 분화와 균열   319
노동자의 생존권과 기본권 문제   242
노동자의 저임금과 장시간 노동   238
노동자 자주관리   55
노동쟁의   183
노동조합운동   244, 260
노동조합 창설   181
노동존중사회   337
노비제도의 폐지   146
농민운동   347
농민의 저항   143
농민항쟁   135
농업적 계급관계   223
농지개혁   221, 256, 259
농지개혁법   220
농촌계몽운동   174, 176
누진세   328, 338
누진율   327
능력우선주의(meritocracy)   33, 59, 68, 69, 71, 72, 77, 78, 79, 117-119, 254, 261, 290, 304, 322, 333

ㄷ

다문화사회   320
다문화주의   347
다원적인 갈등   320
다원적 평등   113, 318, 320, 336, 347, 349
다원적 평등과 차이의 억압   307
다원적 평등주의   282, 296, 306, 309, 321, 347, 348
다원적 평등주의의 요구 확대   320
다원적 헤게모니 투쟁   321
단독정부   230, 255
대자본가층   221
대중경제론   242
대학서열체계   289
대학입시경쟁   287
대학입시본고사 폐지   289
대학입시제도의 공정성   337
대학입학예비고사제   289
대학진학 경쟁   288
대학진학을 위한 사교육 경쟁   287
대한민국 임시정부   168
도시빈민   155, 240
도시빈민투쟁   240
도시화   251
독립선언   167
독립운동   166
독립협회   147
동일노동 동일임금   338, 345
동학   141, 142, 143
동학농민군   144, 149

동학사상   200
동학운동의 평등주의   189
동학혁명   144
등가적 민주주의   83

ㅁ

마르크스   19, 37, 38, 40, 63,
    66, 67, 83, 90, 182
마르크스주의   63, 91, 158, 177, 317
만민공동회 운동   147
말투   332, 342
무산계급   188
무산운동   151
무상원조   221
무시   49, 50
무정부주의   210
문명화   272
문화다양성   347
문화 불평등   44
문화상품   49
문화자본   45, 46, 48, 49
문화적 갈등   299
문화적 개방   347
문화적 문법(cultural grammar)   85, 298
문화적-인격적 대립   306
문화적·인격적 평등   335
문화적·인격적 평등주의의 발전   315
문화적 평등   21, 111, 117, 119,
    189, 202, 203, 313, 314
문화적 평등주의   119, 176, 265, 297, 314
물신주의(fetishism)   40

미국의 막대한 원조   221
미군정   211, 215, 219, 255
미군정의 무력통치   220
미투운동   57, 322
민권의 신장   147
민란   134, 143
민란의 시대   133
민족 간의 평등주의   157
민족계몽운동   202, 266
민족, 민주, 민중 선언   243
민족반역자   211
민족자결주의   166
민족자본   214
민족자주통일협의회   235
민족주의   102, 154, 157, 159,
    173, 201, 226, 273, 285
민족주의자   174
민족주의적 군사혁명   235
민족중흥   286
민족차별   165
민족통일전선   163
민족해방   186, 201, 227
민족해방운동   155, 163,
    172, 179, 230, 255
민족해방투쟁   151
민족혁명   184
민족혁명운동   183
민족협동전선   171
민주공화국   168, 181
민주사회주의   231
민주적 노동조합   235
민주적인 정치제도   339
민주적 정치공동체   140

민주주의　　36, 37, 41, 42, 43, 53, 55,
　　56, 57, 61, 68, 69, 81, 84, 104,
　　211, 224, 254, 257, 280, 285
민주주의민족전선　　217
민주주의 사상　　268
민주주의의 실현　　286
민주주의의 회복　　248
민주주의적 자본주의　　69
민주주의 정권　　208
민주주의 정치　　348
민주화운동　　258, 260
민주화 투쟁　　317
민중주의적 대중경제론　　241

ㅂ

박정희 정권　　238, 240, 241,
　　244, 246, 247, 257, 258
반(反)통일주의　　286
반공규율사회　　232
반공이데올로기　　246
반공적 민족주의　　210
반공주의　　219, 223, 226, 231, 255, 286
반공주의 교육　　292
반공주의·권위주의 공포정치　　246
반공주의·권위주의 통치　　119, 207,
　　232, 234, 241, 244, 254, 255
반공주의와 자유주의　　227
반공주의 우익세력　　230
반공주의적인 동원　　252
반공주의체제　　235
반공주의 통치　　223, 224

반독재 민주화투쟁　　246
반민족행위자처벌법　　226
반북주의　　286
반상(班常)제도　　124
반전평화　　55
반정부, 반독재 민주화운동　　248
반정부투쟁　　216, 217
반핵　　55
발전국가　　238
발전주의　　286
백정에 대한 신분차별　　149
법적 처벌의 완화　　329
법치주의적 민주주의　　139
보수와 진보(혁신) 대결　　231
보수정당　　231
보통학교　　176
보편적 복지　　338
보편적 복지제도　　61
복지국가　　42, 55, 58
복지국가 이념　　318
복지제도　　42, 43, 62, 66, 326, 328
복지제도 강화　　337
복지제도의 강화와 재분배　　337
복합적·다원적 평등　　83
본체론적 평등　　59, 104
부녀자의 재혼 허용　　146
부르주아지　　37
부마항쟁　　247, 248, 258
부정선거　　233, 234
분배 불평등　　241
분배의 개선　　248
분배의 공정성에 대한 불신　　319
분배적·경제적 평등　　335

분배적(경제적) 평등주의　317, 318
분배적 평등　111, 123, 189, 201, 227,
　　248, 254, 259, 317, 323, 338
분배적 평등의식　200
분배적 평등주의　132, 141, 144, 145, 152,
　　157, 159, 165, 169, 171, 180, 186, 188,
　　200, 203, 209, 211, 212, 215, 219,
　　224, 236, 241, 244, 248, 249, 255,
　　257, 260, 261, 265, 281, 319, 321
분배적 평등주의와 다원적 평등주의의
　　갈등과 경쟁　321
분배 정의　243
분배제도　326
불균등 발전　203
불온낙서　163
불평등과 불공정성에 대한 불만　253
불평등한 교환과 착취　65
비례대표제　339
비정규직 노동자의 정규직화 반대　345
빈곤 문제 해결　248
빈민　155
빈민운동　347

ㅅ

사교육　290
사교육 경쟁과 부동산 투기 경쟁　251
사농공상　128, 129, 305
사랑의 평등주의　277, 279
사유재산제도　63, 224, 336
사적-분배적 평등 지향　253
사적-상향적 평등　253

사적-상향적 평등 지향　119, 261
사적-상향적 평등 지향과 공적-제도적
　　평등주의의 분화　261
사적-상향적 평등추구　306
사적소유권　215
사적 평등 지향　116, 119, 159,
　　253, 254, 314, 325
사적 평등 지향과 공적 평등주의의 딜레마
　　120, 316
사치(자유)취향　48
사회공간　46, 86, 87
사회관계 자본　45
사회구조　75
사회구조의 효과　74, 75
사회·문화 불평등　41
사회·문화적 평등　44, 103
사회·문화적 평등주의　296
사회민주주의　42, 83, 233, 318
사회보장　328
사회불평등의 만연　280
사회운동　120
사회적·공적 평등　28
사회적 성격　92, 93
사회적 연대　347
사회적 연대감　338
사회적 장들(fields)　86
사회적·제도적 평등　254
사회적 지위　49
사회적 차별과 격차　51
사회주의　102, 156, 159, 165, 167,
　　170, 173, 177, 178, 179, 180, 182,
　　188, 201, 209, 219, 226, 227,

찾아보기　**363**

228, 269, 272, 273, 317
사회주의 사상　276
사회주의운동　54, 160, 230
사회주의의 성 평등주의 사상　272
사회주의의 평등주의　186
사회주의 이념　228, 229
사회주의자　173, 174
사회주의적 경제학　223
사회주의적 민족주의　201, 210
사회주의혁명　166
산업예비군　239
산업화　297
삼균주의　170
상대적 불평등　241
상품미학　49
상하서열의식　101
상향적 평등　20, 290, 337
상향적 평등의 기회　291
상향적 평등의식　117, 291, 304
상향적 평등 지향　20, 29, 115, 259, 261, 304, 322
상향적 평등 지향 의식과 하향적 차별주의 의식의 모순적인 공존　306, 315, 344
상향적 평등 추구　25
상호인정의 문화　330
새로운 시민운동의 분화　318
새마을운동　252
생태사회주의　84
생태주의　55
생활공동체　338
서민문화　325
서비스산업　336
서양식 현대교육　296

서열경쟁의식　333
서열 매기기　332
서열 매기기 문화　335, 341
서열문화와 서열의식　302
서열주의　24, 25
서학　125, 141
서학의 실용주의와 평등사상　127
선거민주주의　339
선배에 대한 순종　302
선성장 후분배　238
선천적 불평등　61
선택적 친화성　306
선후배 간의 수직적인 위계　301
성과경쟁　252
성리학　124
성별분업　54
성별 서열　197
성별 위계서열주의　192, 193, 199
성 불평등　103
성장주의와 반공주의의 결합　239
성차별　58, 288
성차별철폐　171
성 평등문화의 유입　267
성 평등운동　322
성 평등의식　57
성 평등 의식의 발달　295
성 평등주의　168, 171, 193, 267, 268, 275, 276, 279, 309, 323
성 평등주의의 이율배반　278
소득주도성장　337
소득증대　259
소수자 권리보호　55
소수자에 대한 차별　50

364　한국인의 에너지, 평등주의

소수자운동   347
소작농   209
소작농민   155, 179, 228
소작농민운동   160
소작료   209, 221
소작료 인하   211
소작민과 노동자의 저항   258
소작쟁의   157, 161, 183
소작제   210
수입대체 공업화   247
수정자유주의   72
수정자유주의자   63, 66
숙의민주주의   339
순성여학교   267
스트레스   332
승자 깎아내리기   344
시민사회   81, 268
시민사회 사상   20, 57, 59, 81, 98, 100, 123, 139, 140, 189, 200, 203
시민의 정치참여   340
시민자격(citizenship)   42, 113, 340, 349
시민자격-권리   109, 340
시민자격-책무·덕성   109, 340
시민적 권리의식   202
시민적 예의   347
시민적-인격적 평등   105, 106, 109, 111, 123, 198, 344
시민적-인격적 평등의식   106, 118, 305, 315
시민적-인격적 평등의식의 저발전   119
시민적-인격적 평등주의   130, 140, 141, 144, 145, 152, 159, 171, 189, 199, 200, 202, 265, 266, 267, 275, 304, 330

시민적-인격적 평등주의의 발전 저해   299
시민적-인격적 평등주의의 저발전   119, 261, 306, 316, 329
시민적-인격적 평등주의 이념/심성   342
시민적 자존심   333
시민적·정치적 평등   38, 103, 248, 335
시민적·정치적 평등과 분배적 평등 간의 불균등 발전   189
시민적·정치적 평등의식의 저발전   111
시민적·정치적 평등주의   148, 174, 207, 220, 224, 236, 241, 254, 255, 257, 260, 282, 291, 296
시민적·정치적 평등주의와 분배적 평등주의의 분화   261
시민적 평등   104, 109, 170
시민적 평등의식   105, 168
시민적 평등(의식)의 저발전   110, 114
시민적 평등주의   102, 123, 140, 141, 159, 168, 169, 171, 180, 198, 201, 202, 203, 209, 213, 219, 224
시민주체의식   175
시민행동   188
시장경제   224
시장 자유주의   319
시장제도   336
신간회   172
신분   35, 38
신분·계급차별   165
신분 및 계급 차별의 폐지   210
신분적, 계급적 차별   228
신분제도   124, 297
신분제도의 철폐   146
신분제를 폐지   128

신분제적-인격적 차별　105
신분제 해체　140
신분차별　36, 58, 125, 135,
　　146, 210, 228, 280
신분차별에 저항　131
신분차별 철폐　189
신분해방　129, 132, 144
신분해방 및 평등주의 의식　131
신사회운동　55
신여성　176, 269, 277
신여성 담론　272, 273
신여성의 저항행동　275
신여자　270
신자유주의　43, 318, 319, 320,
　　321, 322, 336, 337, 344
신학문　269
신흥자본가 계층　221
실질적인 교육기회의 불평등　290
실질적 평등　60
실학사상　124, 140, 200
심성　89, 92

ㅇ

아나키즘(Anarchism)　83
아비투스　23, 86, 87, 88,
　　89, 92, 94, 299, 302
애국 애족　286
야산대　216
야학활동　176
약한 능력우선주의　71
양성평등　243

양처현모 담론　273
억압적인 정치 환경과　261
엘리트주의　101
여성에 대한 교육　267
여성운동　53, 54, 270, 347
여성의 정조　269
여성차별　146
여성해방　55, 269
여순(여수·순천)사건　225, 229
여자해방　269
여학교　266
여학교 설시 통문　266
역동성　25
연공서열 임금체계　345, 346
연대와 평등　336
연령별 위계서열　191
연령차별　58
온건개화파　139
온건좌파　212
외래사상의 소화불량증　277
우익단체　220
위계서열　107
위계서열 문화　17, 23
위계서열사회　119, 190, 275, 313
위계서열적인 유교적 전통　296
위계서열주의　23, 25, 30, 95,
　　105, 108, 197, 294, 300
위계적·가부장적 문화　299
위계적인 집단 문화　309
위험사회　320
위험의 외주화　345
유교적, 가부장적 문화　202
유교적 남존여비 사상　288

유교적인 규범과 문화　300
유물론적 관점　90
유상매수·유상분배　214
유상몰수·유상분배　220, 256
유신독재 반대시위　248
유신체제　245
유신헌법　246
이념갈등　227
이데올로기　89, 91, 92
이승만 정권　223, 226, 234, 255
이승만 정부　216
이중곡가제도　239
익명적인 인간관계　297
인간평등　140, 144
인간평등 사상　129, 141
인격적 동등의식　333, 342
인격적 동등함　299, 329, 330, 347
인격적 무시　45, 51, 80, 85, 303, 304, 329, 330, 332, 333, 341
인격적(본체론적) 평등　103
인격적 불평등　35, 36
인격적 서열주의　314, 330, 335, 341, 342, 347
인격적 서열주의 문화　119, 315, 323, 329, 342
인격적 서열주의와 시민적-인격적 평등주의의 모순적 공존　343
인격적 서열주의/차별주의　120
인격적·시민적 평등　36
인격적 위계서열사회　190
인격적 위계서열주의　51, 102, 108, 118, 190, 193, 196, 197, 199, 200, 203, 207, 265, 267, 291, 297-299, 302-306
인격적 위계서열주의·권위주의　199
인격적 위계서열주의 재생산　299
인격적 인정　49
인격적 지위서열　304
인격적 차별　22, 38, 53, 113, 135
인격적 차별과 무시　50
인격적 차별과 무시에 대한 저항　330
인격적 차별주의　29, 30, 106, 109, 114, 119, 200, 305, 306, 314, 315, 323, 333, 342, 343
인격적 평등　34, 59, 103, 104, 105, 111
인격적 평등의식　200
인격적 평등주의　28, 131, 132, 152, 195, 203, 333
인격적 평등주의를 제약한 결과　329
인권　26, 55, 56, 114, 115, 318, 322, 348
인권운동　347
인민공화국　183, 216, 219, 230, 255
인민공화국 타도　213
인민위원회　217
인민주권　140, 147
인민항쟁　212, 256
인민혁명당재건위원회　245
인적 자본이론(Human Capital Theory)　70
인정(recognition)　50
인정투쟁　50
인종차별 철폐　55
일부다처제　277
일상적 평등주의　314
임시정부　156, 170, 213
입시제도의 불공정성　329

ㅈ

자본가계급과 노동자계급의 성장　223
자본-노동 관계　258
자본의 사적 소유　76
자본주의　37, 221, 238
자본주의 계급사회　290
자본주의 시장경제　29, 37, 41, 57, 60,
　　　69, 81, 82, 100, 119, 146, 155, 169,
　　　177, 201, 224, 254, 257, 261, 283,
　　　303, 304, 315, 336, 338, 340
자본주의적 계급 불평등　223, 256
자본주의적 공업화　239, 252, 259
자본주의적 민주주의　43, 44, 303
자본주의적 불평등　67, 260,
　　　306, 315, 317, 318, 339
자본주의적 적대관계　177
자본주의적 착취관계　83
자연적 불평등　60
자유경쟁 체제　214
자유민주주의　38, 214, 318
자유방임 경제이론　223
자유사상　175
자유연애와 자유결혼　270
자유주의　36, 57, 81, 104, 123,
　　　157, 198, 210, 223, 273
자유주의적 자본주의　139
자유·평등의식　175
자작농　221
자주관리기업　338
자주독립국가　208, 211
자주적인 민주공화국 수립　212

장(fields) 이론　46
재벌중심의 경제체제　322
재벌지배체제　319, 336
재분배제도　327
저곡가정책　238, 257
저임금·장시간 노동　257
저항적 실천　274
저항적 역동성　26, 145
저항적 평등 지향　26, 27, 116
적극적 조처(afformative action)　61
적대의 분출　320
적색노조사건　162
적색농민조합　160
적응적 역동성　26
적응적 평등 지향　26, 27, 116, 290
전국농민조합총연맹　211
전국청년단체총동맹　211
전근대적·신분제적 적대관계　177
전태일　240, 242
전태일의 분신　242, 243
전통과 현대의 모순적 융합　95, 96
전통적 민중운동　318
전통적 위계서열주의　100, 193, 203
전통적인 가부장적 규범　277
전통적-인격적 차별　105
전통적-인격적 차별의식　106
전통적-인격적 차별주의　106, 119
전통적인 여성상　276
전통적인 유교문화와 남존여비 의식　268
전통적인 유교적 의식의 약화　295
전통적인 유교적 충효사상　292
전통적인 인격적 (위계)서열주의　118,
　　　199, 298, 299, 303, 306, 332

전통적인 인격적 위계서열주의 재생산   298
전환   45, 46, 49
절대적 가난   241
절대적 균등   62
정규직과 비정규직의 균열과 차별   336
정당민주주의   340
정당성 정치   348
정당한 불평등   69
정의   33, 51, 55, 84, 101, 240, 243, 280, 281, 323, 325, 337, 338, 339, 348
정절 이데올로기 비판   270
정치의 균등화   170
정치적·권력적 불평등   40
정치적 민주주의   249
정치적 민주화   247
정치적 자유와 평등   255
정치적 자유주의   36, 319
정치적 자유화   248
정치적 정당성의 결핍   237
정치적 참정권   53, 54
정치적 평등   110, 227, 258, 322, 323
정치적 평등과 경제적·분배적 평등에서의 후퇴   321
정치적 평등주의   81, 186, 200, 246, 249, 265, 317, 319
정치적 평등주의의 저발전   261
제3공화국 헌법   237
제도적 공정성   328, 331
제도적·탈인격적 평등과 문화적·인격적 평등 간의 불균등 발전   315
제도적 평등   19, 21, 29, 30, 111, 119, 254, 260, 261, 265, 291, 296, 306
제주 4.3항쟁   216, 217, 224, 256

제헌의회   216, 226, 282
조건의 불평등   65, 68, 73, 74, 75, 76, 77
조건의 평등   59, 60, 61
조국 근대화   238
조국의 통일   286
조선건국준비위원회   208
조선공산당   181, 183, 184, 186, 211
조선공산당선언   181
조선공산당 재건준비위원회   185
조선노농총동맹   178, 182
조선노동조합전국평의회   211
조선부녀총동맹   211
조선인 노동자   163
조선인민공화국   210
조선인민당   211
조선청년총동맹   178
조선총독부   226
조선 프롤레타리아 예술가 동맹   187
조선혁명   183
존대법   194, 297, 298, 309, 323, 332, 341, 342
존대법의 존속   1119, 197, 306
존대법 체계   24, 30, 303
존대법 해체   315
존대법 혁신   336, 343
존댓말   301, 302
존댓말의 과잉   342
존칭의 과잉   342
졸업정원제   289
좌·우익세력 간의 갈등   228
좌우합작   210
좌익모험주의   173
좌익세력에 대한 통제와 감시   229

좌익토벌작전　229
좌파를 탄압　212
좌파민족주의　156
좌파정권　83
좌파정당　54
주권평등　159, 201
주권평등주의　148
주민동원　252
주요 산업의 국유화　231
중간계급의 이데올로기　70
중간층　259
중도우파 민족주의　210
중앙정보부　245
중화학공업 육성　247
증세　338
지방인민위원회　210
지배의 정당성　291
지배이데올로기　91
지식사회학　89
지식사회학적 관점　90
지식의 존재피구속성　90
지식인층　230
지식·정보산업　336
지역감정　246
지역 불평등　56, 251
지위불평등　103
지위상승 경쟁　252
지위상승 기회에 격차　260
지위상승(상향적 평등)　119
지위서열　303, 306
지위서열 문화　24, 119
지위서열사회　119, 323, 329, 335
지위서열의식　29, 291, 305

지위집단　39
지주계급 해체　221
지주-소작 관계　177, 200, 227, 228, 256, 258
지주-소작 관계의 해체　210
지하당조직사건　245
직선제 개헌　226
진보당　233, 234
진보정당　231
집단주의　100, 102
집단주의적 문화　307, 308
집합적-공적 평등주의　186, 213, 220, 244
집합적-공적 평등주의 행위전략　152
집합적인 사회개혁 전략　21

ㅊ

차등의 원칙　62, 66, 72
차등적 배분　62
차별　227
차별금지　281
차별의식　324
차별주의　95, 100
차별주의 문화　330
차별주의 심성　299
착취　63, 64, 76
착취관계　40
참여민주주의　339
참정권운동　44, 53
천주교　125, 200
천주교 박해　126

천주교의 평등주의　130
첩　279
첩의 삶　279
청년세대　336
청자존대법　194, 299
체제경쟁　252
초등학교 의무교육　287
최고세율　327
최저임금 인상　337
출발선의 평등　72
취향　47
친일파　215

ㅋ

카프　187
쿠데타　257, 317
퀴어이론(Queer Theory)　84

ㅌ

탈권위주의　296
탈권위주의 의식　292
탈물질주의　55, 56
탈신분제적-인격적 평등　105, 111, 123, 132, 189
탈신분제적-인격적 평등과 시민적-인격적 평등 간의 불균등 발전　189
탈신분제적-인격적 평등주의　118, 140, 141, 144, 145, 152, 199, 265
탈인격적(impersonal)　107

탈인격적 위계서열주의　108
탈인격적 지배　198
탈인격적 지위서열　304
탈인격적 지위서열 의식과 인격적 위계서열주의 의식의 결합상승효과　303, 306, 314
탈인격적 평등　111
탈인격적 평등주의　28
토지의 무상몰수·무상분배　214
토지의 무상분배　211
통일전선　185
통일주체국민회의　246
특권의식　324
특권해체　281

ㅍ

파업　161
패자에 대한 무시　344
평가의 공정성　289
평등　280, 281, 282, 348
평등 관점　345
평등사상　127, 142
평등의식　56, 57
평등주의　16, 18, 25, 28, 58, 80, 81, 84, 87, 90, 91, 92, 95, 101, 102, 114, 150, 154, 170, 173, 227, 228, 231, 232, 235, 243, 249, 265, 289, 302, 328, 335, 337
평등주의 간의 불균등 발전, 균열, 엇갈림, 모순　116, 117, 207
평등주의들의 모순적 공존　117

평등주의들의 불균등 발전　117, 120
평등주의 사상　268
평등주의 심성　19, 85, 120
평등주의 심성의 왜곡　20
평등주의 아비투스　92
평등주의와 (위계)서열주의의 모순적 공존
　　7, 120, 207, 346
평등주의와 차별주의의 모순적 공존　120
평등주의 원칙　346
평등주의의 과잉　324, 326, 329
평등주의의 독특한 분화　207
평등주의의 딜레마　21, 261
평등주의의 모순　23
평등주의의 발전　335
평등주의의 불균등 발전　30,
　　119, 254, 319
평등주의의 역설적 상황　322
평등주의 이념　16, 19, 20, 21, 27, 29,
　　80, 81, 83, 84, 85, 89, 94, 114,
　　120, 140, 148, 170, 170, 186, 200,
　　232, 235, 260, 268, 314, 318
평등주의 행위전략　117
평등한 사회　15,. 16, 26, 69, 83, 117, 144,
　　159, 183, 188, 255, 335, 347, 349
평등한 언어생활　342, 344, 347
평등한 인간관계　347
평민문화　131
평화운동　347
평화적 조국통일　231
평화통일론　241
포스트마르크스주의　83
풀뿌리민주주의　55
프롤레타리아트　37, 188

필요취향　48

ㅎ

하향적 차별 성향　25
하향적 차별의식　117, 119, 291, 304
하향적 차별주의　291, 304,
　　306, 316, 322, 344, 345
하향평준화　325
학교교육　283
학력자본　46
학생운동　243
학원 민주화　235
한국교원노동조합　235
한국적 민주주의　285
한국전쟁　223, 227
합법적 지배　107
행위양식　87
행위전략　114
헤게모니 정치　348
혁명적 노동조합　185
혁명적 농민조합　185
혁명적 인민정권　185
현대교육　174, 267
현대성(modernity)　96
현대적 시민의식　202
현대적 신분사회　333
현대적-인격적 차별　106, 113
현대적-인격적 차별의식　106
현대적-인격적 차별주의　119
현대적 평등주의　100
현대적 학교교육　168

현대적 합리주의   292
현대주의   273
현대화   272
현모양처   273
현세적 물질주의   260
협동조합   83, 338
형식적인 교육기회의 평등   290
형식적 평등   60
형평사   149, 150
형평운동   151, 152
호칭   342
환경보호   55
환경 불평등   56
환경운동   347
환경 위험   56
획일성   307
획일성을 지향하는 문화   297
획일주의적 문화   307, 308
후천적 불평등   60

기타

3.1운동   156
3선개헌안 폐지   241
4.19민주혁명   235
4.19혁명   257
5.16군사쿠데타   235, 237
6월 항쟁   318
7~8월 노동자대투쟁   318
9월 총파업   212
10월 인민항쟁   212
68혁명   55
YH무역 여성노동자   247

> 이 도서는 한국출판문화산업진흥원의 '2019년 출판콘텐츠 창작 지원 사업'의 일환으로 국민체육진흥기금을 지원받아 제작되었습니다.

이 도서의 국립중앙도서관 출판예정도서목록(CIP)은 서지정보유통지원시스템 홈페이지(http://seoji.nl.go.kr)와 국가자료종합목록 구축시스템(http://kolis-net.nl.go.kr)에서 이용하실 수 있습니다. (CIP제어번호 : CIP2020003476)

역동적 한국인 총서 2 (민주주의연구소 총서 20)

한국인의 에너지, 평등주의

평등주의와 서열주의의 모순적 공존

ⓒ 정태석, 2020

초판 1쇄 발행 2020년 1월 31일

지은이	정태석
펴낸이	김명진
기획	성공회대학교 민주주의연구소 · 이건범
편집	임인기 / 디자인 김정환 / 인쇄 재원프린팅

펴낸곳	도서출판 피어나
출판등록	2012년 11월 1일 제2012-000357호
주소	121-731 서울시 마포구 토정로 37길 46, 303호(도화동, 정우빌딩)
전화	02-702-5084 / 전송 02-6082-8855

ISBN 978-89-98408-24-4   93330
책값은 뒤표지에 있습니다.

* 이 책 내용의 전부 또는 일부를 재사용하려면 반드시 저작권자와 도서출판 피어나의 허락을 먼저 받아야 합니다.

** 이 저서는 2014년 대한민국 교육부와 한국학중앙연구원(한국학진흥사업단)의 한국학 총서 사업 지원을 받아 수행된 연구임(AKS-2014-KSS-1230002).